現代ヨーロッパの人間学

現代ヨーロッパの人間学

精神と生命の問題をめぐって

金子晴勇著

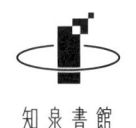

知泉書館

目　次

序　論
　はじめに　　3
　1　人間学における伝統的な三分法　　5
　　（1）伝統的な哲学的三分法　　5
　　（2）キリスト教人間学の三分法（霊性・理性・感性）　　6
　2　世俗化による精神の亡霊化　　7
　3　シェーラーの「問い」とカッシーラーの「知的中心の喪失」　　10
　4　世俗化社会における人間の危機と霊性の喪失　　14
　　（1）宗教に対する無関心　　14
　　（2）世俗化の度合い　　16
　　（3）霊性の復権　　17

第1章　現代ヨーロッパの思想状況と人間学の意義
　1　第一次世界大戦後の思想状況　　19
　　（1）啓蒙の「進歩」思想の問題　　20
　　（2）シュペングラーの「西洋の没落」　　21
　2　ワイマール文化　　21
　3　実存思想と現象学　　23
　4　学問の危機と再建への動向　　25
　5　精神的危機の原因　　27
　6　諸科学の発展と実証主義　　28
　7　『宇宙における人間の地位』の成立状況　　31

第2章　シェーラー人間学とその二元論的構成
　はじめに　　35

1　シェーラー人間学の特質　　　　　　　　　　　　　　　37
　　（1）心的諸機能の段階説　　　　　　　　　　　　　　37
　　（2）精神と人格および理念化作用　　　　　　　　　　38
　　（3）万有在神論の形而上学への傾斜　　　　　　　　　39
　　（4）デカルトの心身二元論の批判　　　　　　　　　　40
　　（5）精神と生命の二元論　　　　　　　　　　　　　　41
　2　シェーラーの間主観性学説　　　　　　　　　　　　　42
　3　宗教的作用としての霊性の意義　　　　　　　　　　　46
　　（1）人間の霊性の作用　　　　　　　　　　　　　　　46
　　（2）霊性の意義　　　　　　　　　　　　　　　　　　47
　　（3）「宗教的作用」（religiöser Akt）　　　　　　　　 48
　　（4）Geist の意味内容　　　　　　　　　　　　　　　 50

第3章　カッシーラーの人間学と心身論
　はじめに　　　　　　　　　　　　　　　　　　　　　　　53
　1　シェーラー二元論の評価と問題点の指摘　　　　　　　54
　　（1）二元的な対立を克服するロマン主義の精神　　　　55
　　（2）シェーラーの二元論と「精神」理解の特質　　　　56
　　（3）哲学の伝統における心身論　　　　　　　　　　　59
　　（4）対極性による心身相関論　　　　　　　　　　　　61
　2　シンボル機能にもとづく人間学　　　　　　　　　　　64
　　（1）シンボリック・システム（象徴系）　　　　　　　65
　　（2）ヘレン・ケラーの場合　　　　　　　　　　　　　68
　　（3）神話論と言語論の分析　　　　　　　　　　　　　70

第4章　プレスナーとゲーレンの哲学的人間学
　はじめに　　　　　　　　　　　　　　　　　　　　　　　73
　1　プレスナーの哲学的人間学　　　　　　　　　　　　　73
　　（1）布置性と脱中心性　　　　　　　　　　　　　　　74
　　（2）人間の定義不可能性と共同性　　　　　　　　　　76
　　（3）文化と社会の人間学　　　　　　　　　　　　　　77
　2　ゲーレンの人間学　　　　　　　　　　　　　　　　　79

（1）新しい生物学の成果　　　　　　　　　　　79
　　（2）行為的人間像　　　　　　　　　　　　　80
　　（3）人間生物学　　　　　　　　　　　　　　81
　　（4）「行動」の観点からのシェーラー批判　　　82
　3　批判的考察　　　　　　　　　　　　　　　　84
　　（1）生物学に立つ人間学の問題　　　　　　　85
　　（2）人間学と生命倫理学　　　　　　　　　　86
　　（3）哲学的人間学の方法に関する問題　　　　87
　4　プレスナーにおける三分法の形態と意味　　　89
　5　ゲーレンの危機意識と代替説　　　　　　　　92

第5章　実存哲学と人間学
　はじめに　　　　　　　　　　　　　　　　　　　97
　1　ハイデガーとヤスパースによる人間学批判　　100
　　（1）ハイデガーの哲学的人間学に対する批判　101
　　（2）ヤスパースによる人間学の批判　　　　　104
　2　実存哲学の他者理解　　　　　　　　　　　　105
　　（1）ハイデガーにおける他者　　　　　　　　105
　　（2）ヤスパースの実存的交わり　　　　　　　110
　　（3）サルトルの相互主体性　　　　　　　　　113

第6章　現象学的人間学の展開
　はじめに　　　　　　　　　　　　　　　　　　　117
　1　フッサールの『現象学と人間学』および形而上学の問題　118
　2　メルロ＝ポンティの現象学的人間学　　　　　121
　　（1）現象学的還元と現象学的直観　　　　　　121
　　（2）現象学と人間科学　　　　　　　　　　　123
　　（3）現象学的な心身論　　　　　　　　　　　123
　　（4）言語の現象学的考察　　　　　　　　　　125
　3　シュトラッサーにおける現象学と人間科学との対話　126
　4　インガルデンの文化的人間学　　　　　　　　130
　5　宗教の現象学的解明　　　　　　　　　　　　134

（1）オットーの宗教現象学　　　　　　　　　　　　　　　136
　（2）エリアーデの聖体示現の現象学　　　　　　　　　　137
　（3）シェーラーにおける宗教の本質現象学　　　　　　　139
　（4）レーウの宗教現象学　　　　　　　　　　　　　　　140

第7章　解釈学的人間学

はじめに　　　　　　　　　　　　　　　　　　　　　　　143
1　シェーラーの解釈学的人間学　　　　　　　　　　　　145
2　ディルタイの解釈学的方法　　　　　　　　　　　　　149
　（1）体験・表現・理解　　　　　　　　　　　　　　　　149
　（2）解釈学的人間学の展開　　　　　　　　　　　　　　150
　（3）作品の解釈と人間学　　　　　　　　　　　　　　　151
3　ガダマーの解釈学と作用史的方法　　　　　　　　　　153
　（1）作用史的意識と歴史　　　　　　　　　　　　　　　154
　（2）視界の融合　　　　　　　　　　　　　　　　　　　156
　（3）人間存在の「自由」と「責任」　　　　　　　　　　157
4　リクールと解釈学的人間学　　　　　　　　　　　　　158
　（1）哲学的人間学の構想　　　　　　　　　　　　　　　159
　（2）『人間，この過ちやすきもの』の人間学　　　　　　161
　（3）『悪の象徴論』における解釈学的人間学　　　　　　164
　（4）『時間と物語』における物語的自己同一性　　　　　166
　（5）霊性の論理としての「超過の論理」　　　　　　　　167

第8章　対話論的人間学

はじめに　　　　　　　　　　　　　　　　　　　　　　　169
1　ブーバーによるシェーラー人間学の批判　　　　　　　170
2　ブーバーの対話的人間学　　　　　　　　　　　　　　173
3　同時代の対話的思想家たち　　　　　　　　　　　　　175
　（1）マルセルの愛と希望の現象学　　　　　　　　　　　175
　（2）エープナーの霊的実在論　　　　　　　　　　　　　178
　（3）ローゼンツヴァイクの『救済の星』　　　　　　　　181
　（4）シュトラッサーの「対話の現象学」　　　　　　　　186

（5）人間学の対話的構成　　　　　　　　　　　　　188
　　（6）「一般化された他者」による構成の発展　　　　190

第9章　社会学的人間学
　はじめに　　　　　　　　　　　　　　　　　　　　　193
　1　コントとマルクスに対するシェーラーの批判　　　　194
　2　シェーラーの社会学的人間学　　　　　　　　　　　199
　　（1）間主観性による社会学の構成　　　　　　　　　199
　　（2）人間の内なる社会　　　　　　　　　　　　　　200
　3　バーガーの弁証法的社会学説　　　　　　　　　　　201
　4　カール・マンハイムの知識社会学　　　　　　　　　203
　5　共同体における人格と価値　　　　　　　　　　　　207
　　（1）人格的意志による共同体論　　　　　　　　　　207
　　（2）目的合理性と価値合理性　　　　　　　　　　　209
　　（3）合理的行動と意志疎通行為による共同体論　　　210
　6　人格の三類型と共同体　　　　　　　　　　　　　　211
　　（1）個体的人格と総体的人格　　　　　　　　　　　211
　　（2）社会的協働の四つの形式と人格　　　　　　　　212
　　（3）秘奥人格としての霊性　　　　　　　　　　　　214
　付論　日本人の社会性の特質　　　　　　　　　　　　　216

第10章　生物学的人間学
　はじめに　　　　　　　　　　　　　　　　　　　　　219
　1　ゴールドシュタインにおける生命と精神　　　　　　220
　　（1）シェーラーの精神と生命の二元論に対する批判　221
　　（2）カッシーラーの機能的な対極性に対する批判　　222
　　（3）ゴールドシュタインの「全体的な生命」　　　　224
　2　ユクスキュルの環境理論　　　　　　　　　　　　　225
　3　ボルクの特殊化と停滞理論　　　　　　　　　　　　227
　4　ポルトマンの「子宮外早世の一年」学説　　　　　　228
　5　ボイデンディークの人間学　　　　　　　　　　　　231
　6　ローレンツの学説　　　　　　　　　　　　　　　　235

7　ヨーロッパ近代の世俗化と科学主義の問題　　238
　　（1）歴史哲学的テーゼ　　239
　　（2）反対感情併存と世俗化のテーゼ　　240

第11章　医学的人間学と心身相関理論
　はじめに　　243
　1　ルサンティマンの精神病理学的研究　　243
　2　フロイトの自然主義的愛とその批判　　247
　　（1）フロイトの自然主義的愛の理論　　247
　　（2）自然主義的愛の理論に対する批判　　249
　3　ビンスワンガーの現象学的人間学　　253
　4　フランクルの「実存分析」　　256
　5　ヴィクトール・フォン・ヴァイツゼッカーの心身相関論　　260
　6　医学における深層心理学的な人間学　　264

第12章　キリスト教神学の人間学
　はじめに　　269
　1　弁証法神学における人間学論争
　　　　（バルトとブルンナーおよびゴーガルテン）　　270
　　（1）カール・バルトの弁証法神学と人間学　　271
　　（2）ブルンナーの「神と人間との結合点」　　274
　　（3）バルトとブルンナー論争　　277
　　（4）ゴーガルテンの神学的人間学と世俗化の理解　　279
　2　ニーバー兄弟のキリスト教人間学　　283
　　（1）ラインホルト・ニーバーの人間学　　284
　　（2）リチャード・ニーバーの応答的責任性　　289
　3　ティリッヒの哲学的神学と人間学　　291
　4　パネンベルクの神学的人間学　　295
　　（1）「世界開放性」の解決　　296
　　（2）自我中心性の問題　　298
　　（3）基礎神学としての神学的人間学　　299
　5　テイヤール・ド・シャルダンの宇宙論的人間学　　301

6　ベンツの神秘主義的人間学　　　　　　　　　　　308

終　章　ヨーロッパにおける人間学的三分法の運命　　313

付属資料
　エルンスト・カッシーラー　現代哲学における「精神」と「生命」　321
　　第一章　　　　　　　　　　　　　　　　　　　　　322
　　第二章　　　　　　　　　　　　　　　　　　　　　330
　　第三章　　　　　　　　　　　　　　　　　　　　　334
　　第四章　　　　　　　　　　　　　　　　　　　　　339
　　第五章　　　　　　　　　　　　　　　　　　　　　345

あとがき　　　　　　　　　　　　　　　　　　　　　　349
参考文献　　　　　　　　　　　　　　　　　　　　　　351
索　引　　　　　　　　　　　　　　　　　　　　　　　362

現代ヨーロッパの人間学
―― 精神と生命の問題をめぐって ――

序　論

ヨーロッパ人間学の伝統的な三分法と世俗化の問題

───────

はじめに

　現代は人間学の時代である。このことはパネンベルクの初期の著作『人間とは何か ── 神学の光で見た現代の人間学』（Was ist der Mensch? Die Anthropologie der Gegenwart im Lichte der Theologie, 1962）の冒頭において初めて明瞭に次のように宣言された。「わたしたちは人間学の時代に生きている。人間についての包括的な学問が，現代では，精神的努力を傾けるべき主要目標になっており，学問研究の多くの部門が人間学に集中してきている」[*1]と。そこには生物学者，哲学者，法律学者，社会学者，心理学者，医学者，神学者たちが独特の問題性をもち込んできて，類似の洞察と共通の言語をもって一つの新しい包括的人間理解を造り出したと彼は言う。したがって古代ギリシア哲学の開始以来先の時代まで続いて来た形而上学の支配に代わって今日では人間学が優勢となり，根本的な変化が訪れた。そうした変化をもっとも的確に表現しているのはシェーラーが『宇宙における人間の地位』の中で言う「世界開放性」であって，そこでは近代以来発見された人間固有の自由を，つまり人間の現存在のすべての規定を超えて問い，その彼方へと踏み出す自由が強調された。これによって人間が動物から区別され，万物にまさって人間を高める根本的な特徴が示された。

　しかし，すでにヨーロッパの人間学は学問としては18世紀の後半にカン

1）　パネンベルク『人間とは何か ── 神学の光で見た現代の人間学』熊澤義宣・近藤勝彦訳，「現代キリスト教思想双書14」白水社，345頁。

トによって構想されており、20世紀に入ってから初めてシェーラーによって学問的に組織化された。さらにシェーラーの後にもそれを批判する形で人間学は発展しており、今日では広い学問分野にわたって展開しているが、基本的には彼によって一応確立されたといえよう。とはいえ人間学の歩みは人間の思索とともに開始されており、古代ギリシアにまでさかのぼることができるばかりか、その歩みは中世をとおして展開し、16世紀にはじまる近代においてはヨーロッパ的な特徴を帯びた形態を生みだし、現代に及んでいる。その歴史をわたしたちは人間学の区分法をとおして心身論の観点から考察してきたが[*2]、現代においてはその歩みをどのように理解できるであろうか。

　ヨーロッパ人間学における心身の区分法には三分法が最大の特徴となっているので、その概要をまず述べておきたい。ヨーロッパ文化を全体としてみるならば、それはキリスト教とギリシア文化の総合として生まれてきており、それを実現した主体はゲルマン民族であった[*3]。そのさいヨーロッパ文化がギリシア的な理性とキリスト教的な霊性との総合から成立していることは自明のように思われるとしても、きわめて重要な契機である。しかも、この理性の働きは真・善・美という精神価値に向かい、霊性の作用は宗教的な価値である聖なるものをめざしている。この宗教的な霊性が哲学的な理性と統合されながら展開するところに、ヨーロッパ文化の最大の特質が認められる。そこにはヨーロッパで実現した文化総合の核心が確認されるからである。

　この総合の試みは古代末期にはじまり、中世を通して次第に成熟していった。近代に入っても初期の段階においては、つまりルネサンスと宗教改革の時代では、キリスト教信仰の一般社会への浸透という意味での世俗化が始まり、次第に広範囲にその影響を及ぼしていった。この世俗化にはキリスト教信仰から生じた社会に積極的に関わる側面と、いつしか俗物根性に染まった「世俗主義」に転落していく側面との二面性がある。ここからヨーロッパにみられるキリスト教に対する肯定と否定との反対感情が併存

2）　金子晴勇『ヨーロッパ人間学の歴史』知泉書館、2008年参照。
3）　歴史家ドーソン（C. H. Dawson, 1889-1970）は、ギリシア・ローマの古典文化、キリスト教、ゲルマン民族という三つの要素の融合によりヨーロッパが文化的生命体として形成されたことを強調している

するという事態が今日生まれてきた*4。さらに，ここから人間学が無神論の傾向をもつようになり，ニヒリズムへの傾斜を生み出したが，同時にこれに批判的に対処する霊性の復権運動を併発させた。

1　人間学における伝統的な三分法

ヨーロッパ人間学の歴史で形成された三分法はプラトン主義の心身二元論にキリスト教の霊性を接ぎ木することによって造られた。その際，キリスト教によって心身を総合する「霊」が強調され，「霊・魂・身体」という三分法の伝統が形成された。この三分法はパウロの言葉「あなたがたの霊も魂も体も何一つ欠けることのないように」（第一テサロニケ5・21）に由来しており，オリゲネス以来説かれてきた。この三分法は「オリゲネス的区分」として16世紀の人文主義者エラスムスに伝わり，聖書学者でもあったルターによって聖書から直接に継承された。さらにキルケゴールもこれを独自の視点からいっそう発展させた。なかでも宗教的な神関係に立つ「霊」（Geist）が近代啓蒙主義の影響によって大きな打撃を受け，心の機能という観点から「霊性」作用は「精神」作用と区別された独自の内容であったにもかかわらず，通俗的な「精神」に解消されるか，全く無視されるに至った。しかしヨーロッパ人間学においては伝統的な三分法を復活させる試みが絶えず起こった。

そこで近代に入ってからカントによって説かれた哲学的三分法とキリスト教三分法との相違について簡潔に述べておきたい。

（1）伝統的な哲学的三分法

人間の自然本性にもとづく哲学的な三区分は古代哲学の昔から知られていた。たとえばプラトンの伝統にしたがうと，理性が悟性と理性とに分けられており，理性・悟性・感性の三つの機能が認識の重要な機能として解明された。カントの『純粋理性批判』がこの種の哲学的な三分法を継承した典型であり，心の認識機能は次の三つの部分に分けられた。

4）　ヨーロッパ文化における世俗化の意義に関しては金子晴勇『近代人の宿命とキリスト教』聖学院大学出版会，2001年を参照。

認識機能	対象の世界	認識の形式	認識の種類	純粋理性批判の分類
①感性	感覚的世界	空間と時間	事物の印象＝表象知	先験的感性論
②悟性	科学的世界	12の範疇	学問的認識＝科学知	先験的分析論
③理性	思想的世界	3つの理念	体系的知識＝観念知	先験的弁証論

この区分を見ても分かるように，これまでの近代社会においては科学的な精神によって目に見える世界にかかわる科学知が悟性知として尊重されてきた。一般的にいって悟性的な人間はさまざまなデータを巧みに処理し，かつ合理的に行動する人であり，しかも利潤を追求するに当たっては目的合理的に活動する人を意味する。これに対し感性の復権が今日説かれているのは当然であり，魂が単にその作用にもとづいて感性・悟性・理性に分類される狭義の「理性」もカントによって批判的に検討された。さらに「感性」はシェリングやヘーゲルによって形而上学的に重要視されてきた。

(2) キリスト教人間学の三分法（霊性・理性・感性）

先に述べたキリスト教に由来する伝統的な霊・魂・身体の三分法が近代ヨーロッパにおいてどのように理解されてきたかを考察してみよう。まず近代の初頭に活躍した宗教改革者ルターが「霊と肉」という宗教的な区分法と明瞭に区別して，霊・魂・身体をその自然本性にもとづいて考察した。同様にエラスムスも人間学的な三分法を人間学の鍵となる言葉として用いた。17世紀の思想家パスカルはエラスムスの観点から人間学的な区分法を定式化した。人間は神と被造物の中間にたち，野獣でもなければ天使でもない。野獣がもっぱら自然界に繋がれ，天使が純然たる霊的存在であり続けるのに対して，人間は二つの世界の住民として同時に二つの領域に結びつけられる。それこそ人間の偉大さにして栄誉でもある。しかし，わたしたちはこの宇宙における特殊的地位が動的発展と冒険の危険を含んでおり，さまざまな緊張と危険とをはらんでいることをも予感する。なお，フランス大革命時代に活躍したメーヌ・ド・ビラン（Maine de Biran, 1766-1824）は『人間学新論』において「動物的生活」「人間的生活」「霊的生活」からなる三区分にもとづいて人間学を構成した。このような三分法はアウグスティヌスやパスカルと同じであり，彼自身はマールブランシュの影響によってそれを確立した。さらに19世紀の哲学者キルケゴールの『死にい

たる病』における三分法についても付言しておきたい。彼は言う、「人間はだれでも、精神たるべき素質をもって造られた心身の総合である。これが人間という家の構造なのである。しかるに、とかく人間は地下室に住むことを、すなわち、感性の規定のうちに住むことを、好むのである」[*5]と。精神を心身の総合として把握するこの視点はきわめて重要であって、ルターが分けた自然本性における三分法と性質における二区分を統合する試みであるといえよう。

　キリスト教三分法のなかでも「霊」および「霊性」はヨーロッパの伝統においては永遠者である神を捉える内面的な「機能」として理解されてきた。だが、同時に霊なる神が人間に働きかけて初めて発動するとも説かれていた。その意味で「霊性」は「信仰」と同義であった[*6]。しかし、このような霊性も理性を重んじる啓蒙主義によって次第に軽視されるにいたり、今日では無神論とニヒリズムの時代となって霊性は消滅の危機に陥った。こうした変化によって人間学的な三分法も崩壊の瀬戸際に追い込まれ、人間性の危機を醸成するにいたった。それには「世俗化」がもっとも重大な影響を及ぼした。

2　世俗化による精神の亡霊化

世俗化 (Secularization) という言葉は語源的にはラテン語の「世代」(saeculum) に由来する。中世では在野の聖職者たちは「世俗に住む」と言われており、修道院に住んでいた聖職者と区別された。また後に宗教改革時代になってから修道院などの教会の財産を国家が民間に譲渡したとき、世俗化という言葉が用いられた。したがって教会財の「払い下げ」や反対に教会から見るとその財産の「没収」といった意味で使われてきた[*7]。

　その際、わたしたちが予め知っておかなければならないのは、世俗化がルター自身の信仰によって積極的に推進されたという歴史的な事実である。彼によると人は救済のために超世俗的功績を積む必要はない。だから

---

5) キルケゴール『死にいたる病』桝田啓三郎訳「世界の名著」474頁。
6) 金子晴勇前掲書、180-96頁参照。
7) 「没収モデル」はブルーメンベルクの説であり、それについては金子晴勇、前掲書、182-84頁参照。

修道院に入って善行をなす必要はなく,「世俗内敬虔」によって生き,与えられた職業を神の召命である天職とみなし,これに励むことによって神に喜ばれるものとならなければならない。したがって世俗化は「キリスト教信仰の合法的結果」(ゴーガルテン)にほかならない。ところが世俗化には意味の変化が起こり,積極的な「世俗化」が歴史の過程において変質し,「世俗主義」に変化するにいたった*8。ここでいう「変質」とは歴史的な風化作用であって労働を支えていた「宗教的な精神」がその亡骸である「亡霊」となったことをいう。こうして「世俗化」は,当初,世俗の中で信仰が活動することによって起こっており,そこに世俗化の肯定的意味があったのであるが,世俗化が過度に進むと,人間が信仰を喪失して俗物化し,拝金主義や仕事のファナティズムまた快楽主義に転落し,「世俗主義」にまで変質するにいたった。

　この世俗化のプロセスは17, 18世紀に起こった近代啓蒙主義と歩みをともにする。この啓蒙主義に対立するのが敬虔主義の運動であって,二つの主義の関連はヨーロッパ諸国で多様な発展形態をとっている。たとえば啓蒙主義の哲学者カントは敬虔主義の影響を受けており,「信仰に余地を与えるために」批判哲学を開始した。しかし実際は理性的な道徳信仰を説いたにすぎなかった。これに対しシュライアマッハーは同じく敬虔主義の影響によって宗教に独自な領域を明確に説いたにもかかわらず,彼自身が同調した内面的で幻想的なロマン主義に影響され,ドイツ観念論と同じ傾向を帯びるようになった。さらに同時代のフィヒテ,シェリング,ヘーゲルはそれぞれ神学研究から出発していき,キリスト教を何らかの仕方で世俗化した哲学の世界を構築していった。

　世俗化による精神の変質に関してはヴェーバーの『プロテスタンティズムの倫理と資本主義の精神』を参照しなければならない。なぜなら,この著作の前半において宗教的な職業倫理が扱われたが,後半になるとこの倫理の土台であった精神が資本主義によって世俗化されるプロセスが解明されているからである。

---

　8)　同様に「自由」が「恣意」に,「個人主義」が「個我主義」に,「勤勉」が「収奪」や「搾取」に変質した。このようにして世俗化はキリスト教信仰から生まれた子どもであったのに,歴史のプロセスの中で今や産みの親とは全く異質な鬼子にまで変質し,親であるキリスト教に公然と反抗するものとなった。

2 世俗化による精神の亡霊化

　先ず彼が注目したのは禁欲による合理化と富の蓄積との関連である。資本主義の生産様式においては、この世の楽しみを捨てて職業にいそしむ精神、つまり禁欲が重要な役割を演じる。禁欲は不正ばかりか、純粋に衝動的な物欲とも戦い、それを「貪欲」（covetousness）や「拝金主義」などとして排斥したものであったが、結果的には富裕となることを究極目的として富を追求するようになった。それゆえ禁欲は「つねに善を欲しつつ、つねに悪を作り出す」力であった。そこには「富を目的として追求することを邪悪の極致としながらも、〔天職である〕職業労働の結果として富を獲得することは神の恩恵だと考える」ような矛盾が見られる。しかし、それにもまして重要な点はカルヴァン主義におけるように「たゆみない不断の組織的な世俗的職業労働を、およそ最高の禁欲的手段として、また同時に、再生者とその信仰の正しさに関するもっとも確実かつ明白な証明として、宗教的に尊重することは、われわれがいままで資本主義の〈精神〉とよんできたあの人生観の蔓延にとってこの上なく強力な梃子とならずにはいなかった」ことである。こうして禁欲による消費の抑制と富の形成を救いの証しとすることとが結合すると、「禁欲的節約強制による資本形成」が生まれてくる。そこからニューイングランドでもオランダでも、「真剣な信仰の持ち主たちが、巨大な富をもちながら、一様にきわめて簡素な生活にあまんじていたことは、度はずれの資本蓄積熱をもたらした」[*9]。ここに初めて世俗化の前提条件が揃ったのである。

　ヴェーバーが注目しているのは宗教が生命を失って世俗化するプロセスである。彼によるとそれが経済への影響力を全面的に現わすのは、「通例は純粋に宗教的な熱狂がすでに頂上をとおりすぎ、神の国を求める激情がしだいに醒めた職業道徳へと解体しはじめ、宗教的根幹が徐々に生命を失って功利的現世主義がこれに代わるようになったとき」である。それを比喩的に表現すれば、バニヤンの『天路歴程』に登場する「巡礼者」が「虚栄の市」を通って天国に急ぐ、内面的に孤独な奮闘に代わって、「ロビンソン・クルーソー」のような伝道もする孤立的経済人が姿をあらわしたと

9）　ヴェーバー『プロテスタンティズムの倫理と資本主義の精神』大塚久雄訳、岩波文庫、344-45頁。キリスト教徒は神と富とに兼ね仕えることができないので、神への信仰によって富を増すようになると、信仰の「腐食現象」である第二の意味の世俗化も必然的に起こってくる条件が揃うようになった。

きである*10。

　こうした禁欲の精神が修道士の小部屋から職業生活のただ中に移されて，世俗内的道徳を支配しはじめ，機械的生産の技術的・経済的条件がそれに結びつくと，それは資本主義的な生産様式にもとづく近代的経済秩序を形成するのに力を貸すことになった。そしてひとたびこの秩序ができあがると，それは圧倒的な力をもってすべての人と世界とを巻き込み，鋼鉄のように堅い檻となって支配するようになった*11。したがって禁欲が世俗を改造し，世俗の内にあって成果をあげ，その勢力が歴史に類例がないほど強力になって，ついには人間の上にその覇権を握るようになった。これが近代ヨーロッパで初めて起こった世俗化であって，「世俗的職業を天職として遂行する」禁欲の「精神」は今や，かつての宗教的信仰の「亡霊」としてわたしたちの生活の中を徘徊するようになった。この発展の最後に現われる「末人たち」(letzte Menschen) にとっては「精神のない専門人，心情のない享楽人。この無のものは，人間性のかつて達したことのない段階にまですでに登りつめた，と自惚れるだろう」という言葉が真理となるのではなかろうか，とヴェーバーは警告した*12。ここに世俗化の最大の危機が襲っている。このような時代傾向を背景にして現代の人間学が深刻な問いと知的中心の喪失感を伴って登場することになった。

3　シェーラーの「問い」とカッシーラーの「知的中心の喪失」

現代の人間学の創始者マックス・シェーラーがはじめて人間学の構想を表明したのは「人間の理念に寄せて」(Zur Idee des Menschen, 1918) であり*13，その冒頭で彼は次のように語った。「哲学のすべての中心問題は，

---

　10)　ヴェーバー前掲訳書，355頁。実際，強力な宗教的生命がないなら，世俗化は起こりようがない。むしろ宗教的な生命がその頂点に到達し，やがてそこから下降するときこそ，世俗化が起こり，そのとき宗教が生んだ子どもが親の地位を簒奪し，没収することによって権力の交替が実現する。それゆえ世俗化は権力の「簒奪」や「没収」として登場することになった。
　11)　バクスターによると，わたしたちは所有物を「いつでも脱ぐことのできる薄い外衣」のように肩にかけるべきであった。しかるに運命は不幸にもこの外衣を「鋼鉄のように堅い檻」としてしまった。ヴェーバー前掲訳書，365頁。
　12)　ヴェーバー前掲訳書，364-66頁。
　13)　この論文は1923年に論文集『価値の転倒』(Vom Umsturz der Werte) に収められた。

3 シェーラーの「問い」とカッシーラーの「知的中心の喪失」

人間とは何か,人間は存在の全体,世界および神のうちにあっていかなる形而上学的位置と状況とを占めているか,という問いにある意味で帰せられる」と*14。このように人間の存在を世界と神との関係において捉える形而上学的な問題設定は「万有における人間の地位」(Stellung des Menschen im All) と言い替えられ,後期の哲学的人間学の代表作『宇宙における人間の地位』(Stellung des Menschen im Kosmos 以後は『人間の地位』と省略する) という表題と同じ意味をもって示されている*15。この著作が出版された1928年にはケルン大学でシェーラーと同僚であったプレスナーの『有機体の諸段階と人間』という大著が「哲学的人間学入門」という副題を付して現われた。この二著作の同時出版によって長らく待望されていた現代における哲学的人間学の開幕が告げられた。

シェーラーは『人間の地位』の序文において1922年以来哲学的人間学の完成に向けて努力してきたことを冒頭で語っている。この序文はその死の数週間前に書かれたものであり,ここに予告されていた『哲学的人間学』は遂に完成するにいたらなかった*16。しかし,この書物は彼の人間学を要約して簡潔に叙述しているため,きわめて難解ではあるが,彼が企図していた人間学の全体像はすべて網羅されているといえよう。序文は続けて1922年以後の研究に言及し,ケルン大学で行なわれた研究が「生物学の基礎」,「哲学的人間学」,「認識理論」,「形而上学」の講義題目の下になされたことを記し,そこでは『人間の地位』よりもはるかに詳細に講義されたと言う*17。

---

14) シェーラー『人間の理念に寄せて』林田新一訳,「シェーラー著作集4」白水社,265-66頁。

15) 1927年4月ダルムシュタット市のカイザーリンク伯の「教養講座」で行なったシェーラーの講演「人間の特殊地位」(Die Sonderstellung des Menschen) はその翌年に『宇宙における人間の地位』として出版された。それは書物としては小さいが,絶大な影響力を発揮し,たちまち哲学上の議論がその魔力にかかって沸騰した。この著作の中には哲学的人間学が明確な姿をとって登場している。

16) この「哲学的人間学」の草稿は今日ではシェーラー全集第13巻「遺稿第3集」に収められている。

17) この講義の順序はこの書物の叙述の仕方にも反映しており,シェーラーはダルムシュタットの講演「人間の特殊地位」を講義ノートにより補強し,自説の大要を圧縮した形で表明したと思われる。また「人間の理念に寄せて」と比較すると生物学をはじめとする経験科学の成果が見事に採り入れられており,人間科学に基づく哲学的人間学の形姿が歴史上はじめて可能となる状況が生まれていたことが判明する。彼は従来一般的に見られた,神学

このような哲学的な人間学が成立した歴史的な状況について彼は「人間と歴史」(1926)という論文のなかで次のように語っている。

「現代ほど人間の本質と起源に関する見解が曖昧で多様であった時代はない。……およそ一万年の歴史をつうじて人間がみずからにとって余すところなく完全に〈疑問〉となり，人間とは何かを人間が知らず，しかも自分がそれを知らないということを人間が知っている最初の時代である。したがって，〈人間とは何か〉に関する確固たる認識を再び獲得しようとするならば，一度この問題に関する一切の伝統を完全に白紙に戻す意向をかため，人間という名の存在者から極端な方法論上の距離をとってこれを驚嘆しつつ注視するようにする以外に方法はない」[18]。

このように語ってから，彼は現代における人間科学の巨大な成果について述べた上で，この知的素材を支配し組織する方法も認識も進歩していない点を指摘する。しかも人間はこのような自己についての認識の欠如に気づくようになっているとも言われる。そこで彼はこうして極度に問題的となった状況において人間に関する考察を開始するに際し，人間の自己認識の歴史，もしくはその自覚史を辿り，「神秘的・神学的・宗教的・哲学的人間論」によって紛糾している事態からまったく自由になって，あくまでも具体的な人間の現象を考察の対象にすべきであると説いた。こうして彼は人間に関する五つの類型，すなわち宗教的人間・理性的人間・技術的人間・生命的人間・人格的人間をとりだして論じている。このような問題意識はハイデガーによっても表明されている。彼はシェーラーに献呈した『カントと形而上学の問題』において同じことを語っている[19]。

同様に同時代の哲学者カッシーラーはこの点を「人間の自己自身の認識における危機」として捉え，次のように言う。

「このような発展によって，人間に関する近代の説は知的中心(intellectual center)を失った。我々はこれに代わって，完全な思想的無政府

的・哲学的・自然科学的な伝統との結びつきを断ち切って，現象学による還元と再構成の仕事を今や彼が人間学自体において遂行しようとした。

18) シェーラー「人間と歴史」亀井裕・安西和博訳，『哲学的世界観』所収論文，「シェーラー著作集13」白水社，128-29頁。

19) ハイデガー『カントと形而上学の問題』参照。

状態を与えられたのである。たしかに，以前の時代においても，この問題に関する見解と学説のひらきは大きかった。しかし，以前には少なくとも，一般的な方向，議論のワクのなかにいれることができた。形而上学，神学，数学および生物学は，人間の問題に関する思想の指導性（guidannce for thought）をつぎつぎに握っており，その研究方向を決定した。この問題の真の危機は，あらゆる個人的努力を指導しうるような，中心的な力が消滅したときに出現したのである。問題が極めて重要なことは，認識と探究のあらゆる異なった分野において依然として感じられていた。しかし，人々の求めうる確固とした権威（established authority）はもはや存在しなかった。神学者，科学者，政治学者，社会学者，生物学者，心理学者，民族学者，経済学者は，すべて自己の見地から問題を探究した。これら個々の分野における様相と展望を結合し，統一することは困難であった。そして特殊の研究分野のうちにおいてさえも，普遍的に認められた科学的原理というものはなかった。個人的因子がますます有力となり，個々の著者の気質が決定的な役割を演ずる傾向を示した。……このような観念の対立が，重大な理論的問題であるばかりでなく，倫理的および文化的生活への危険な脅威であることは，何らの疑いをさしはさむことはできない」[20]。

カッシーラーはここでヨーロッパの人間論が一般的な傾向と枠組みをもたなくなり，知的中心を失い，確固とした権威が失墜して，ついには探究者が各自の見解にもとづいて分裂状態に陥ったと断定した。この断定はシェーラーにおいても認められたのであるが，両者はこの認識の危機を打開するためにまず人間そのものの姿を直視しかつ再考するように決意し，現象学の方法を採用し，無数の理論により着色された人間のイメージのすべてを白紙に還元し（現象学的還元），厚いヴェールによって蔽われた仮面を剥ぎとり，人間と呼ばれる実在の素顔をありのままに視ることを開始した（現象学的本質直観）。このような現象学的還元の試みは，単に諸々の学問を人間学に還元するだけでなく，人間学的成果をも再度人間自体に還元するという試みにほかならないと言えよう。それに対しこれまでの人間観はシェーラーによると「人間の本質に光を当てるよりもむしろはるかに蔽い

---

20) カッシーラー『人間──この象徴を操るもの』宮城音弥訳，岩波文庫，55-56頁

隠している」[21]。この批判的な発言はフッサールの危機文書と同じ内容となっている[22]。ここからシェーラーは伝統的人間学によっては「人間についての統一的理念を所有していない〔がゆえに〕，……これまでの歴史のどの時代よりも現代におけるほど人間が問題となったことはない」[23]と主張した。

このように人間が問題となったのは現象学の出現と時期を同じくしており，学問上の知的中心が見失われたことに関連している。とはいえ問題は学問上の危機だけではなく，人間の中心である人格や霊性の危機をも招来していることである。このことは先に述べた世俗化現象と深く関連しているのではなかろうか。

4　世俗化社会における人間の危機と霊性の喪失

では，世俗化社会に生きる人間は今日現実においていかなる危機に直面しているのであろうか。わたしたちは引き続きこの点を考察しなければならない。

（1）宗教に対する無関心

宗教社会学者たちの研究によると世俗化は近代技術社会の成立と共に生じてきた現象であって，伝統社会がもっていた非合理的な「呪術からの解放」（ヴェーバー）がなされ，宗教選択の自由・伝統に対する相対主義・宗教の多元主義・超自然的世界の消失などが現代社会に浸透するに至った[24]。また世俗化された人間の実体も暴露され，世俗化した末人の姿が「精神のない専門人，心情のない享楽人」（ヴェーバー）や「故郷喪失者」（バーガー）として示され，そこにわたしたちは人間性喪失の危機を感じないわけにはいかない。こうした世俗化の進行は，今日見るように，社会が物質的に安定するようになると起こってくる「宗教に対する無関心」を蔓延させ

---

21) シェーラー『宇宙における人間の地位』亀井裕・山本達訳，「シェーラー著作集13」，16頁。
22) Husserl, Krisis der europäischen Wissenschaft, S.53, in: Husseliana, Bd.,VI.
23) シェーラー前掲訳書，16頁。
24) バーガー『天使のうわさ』荒井俊次訳，ヨルダン社，42頁以下参照。

ている[25]。先に指摘したように,世界への積極的な宗教的な活動が元来の意味での「世俗化」であったのに,今日では世俗化が宗教に敵対する「世俗主義」を意味するばかりか,さらに進んで,その最悪の現象といえる宗教および宗教世界への無関心を蔓延させている。

　このように近代社会がかつての欧米社会のような経済的に安定した状態に達すると,人々は世俗化によって伝統社会で維持されてきた宗教を全く無視して衰退させてきたが,それでも宗教を完全に排除することはできなかった。というのは近代社会においては人間の個人化が進み,社会における宗教の力を衰退させて,世俗化を促進したのであるが,ルックマンなどによって指摘されたように,宗教は他ならないこの個人の領域において今なお生き続けているからである[26]。それゆえ問題となるのは,宗教を排除した世俗化社会が人間に対していかなる影響をもっているか,ということである。世俗化が啓蒙思想によって加速された頃,シュライアマッハーは「宗教の蔑視者」と対決して宗教的な経験そのものに立ち返るべきことを説いた。また20世紀に入ってニヒリズムが「神の死」を宣言したとき,神学者たちはキルケゴールに倣って実存の深みに語りかける神の声を聞いてニヒリズムと対決したのであった。ところが今日の世俗化はそれよりもいっそう手強い状況をわたしたちに突きつけている。これこそ世俗にとっぷりと浸かって安住している宗教的「無関心」という最悪の事態にほかならない。

　ハイデガーは世俗社会に生きる人間をかつて「俗人」(das Man)と規定し,その特質として「おしゃべり」・「好奇心」・「曖昧さ」をあげた[27]。確かに宗教に無関心な人はこうした傾向をもっているが,少なくとも「好奇心」をもっている人はやはり無関心ではない。したがって宗教に対する

---

25) こういう事態の起こった原因を歴史家ドーソンは「世俗化の過程は信仰の衰退からではなく,信仰世界への社会的関心が薄れることから起こる」(『キリスト教文化の歴史的現実』朝倉文市・水野敦子訳「キリスト教文化」1993年,ノートルダム清心女子大学紀要,86頁)と語った。この点に関してドストエフスキーも「完全な無神論でさえ,世俗的な無関心よりましです」,また「無関心な人は愚かな恐怖心以外に何ももっておらない,いや,それとても,感じやすい人が,時たま感じる程度で」と「無関心」の怖ろしさについて語った(『悪霊』の中の「スタブローギンの告白」参照)。

26) 金子晴勇『近代人の宿命とキリスト教信仰』第2章参照。

27) ハイデガー『存在と時間』35-9節参照。

無関心をはびこらせている世俗化は今日ではそれをさらに進行させており，その世俗性は人間には物質的な満足だけで充分だと考えるところにある。だが物質的な満足は「満腹」のように極めて皮相にして一時的なものに過ぎない。そこには心の中心における真の「充実」が感じられない。だが宗教はこの心の深みと関係する。この心の深部をわたしたちは「霊性」と呼ぶことができる。宗教的な関心は実はここから発現しており，人はさまざまな経験を契機としてこれに目覚めるようになる。したがってここから生じる関心は，「好奇心」のような一般的な関心から懸け離れているが，それでもこれと繋がっている。総じて何かに関心をもつというのは，シェーラーも説いているように，根源的には何かに対する愛の現われである[*28]。人間であるかぎり，愛を懐かない者はいない。それゆえ関心をもたない者もいない。したがって漠然とした関心であっても，それが次第に高まって行くならば，「究極的な関心」（ティリッヒ）となり，同時に宗教的な関心も起こってくるといえよう。

（2）世俗化の度合い

一般的に言うなら世俗化は社会から宗教の勢力が減衰していく現象であって，その進行の程度は，マリオン・レヴィが近代化の尺度を簡潔に規定して「動力の生物的資源に対する無生物的資源の割合」としている，この割合と根源を等しくしていると思われる[*29]。近代の技術化社会がどんなに勢力を強めようとも伝統社会を完全に駆逐することはできない。昔から「共同社会なしには利益社会なし」といわれているように[*30]，利益社会である近代社会の土台となっているのは共同社会である伝統社会なのである。したがってハーバーマスが与えた近代社会と伝統社会の区別もこの割合によっている。

ハーバーマス（J. Habermas, 1929-）は『イデオロギーとしての技術と学問』において，ヴェーバーが近代社会と伝統社会とを「合理化」によって根本的に区別したのに対し，それとは「別の範疇的な枠組み」を提起し，「労働と相互行為」の根本的区別から出発した。彼は「労働」によって

---

28) 金子晴勇『マックス・シェーラーの人間学』創文社，12-13頁参照。
29) バーガー『異端の時代』薗田稔・金井新二訳，新曜社，6頁参照
30) M. Scheler, Der Formalismus in der Ethik, S.520. 邦訳「シェーラー著作集3」247頁。

「目的合理的行動」を,「言語」によって「記号により媒介された意志疎通行為」をそれぞれ捉え，この二つの行動要因によってどのように社会がその特徴を形成しているかを捉えた。そうすると近代社会と伝統社会という区別も合理化という単一な基準ではなく，二つの行動要因のいずれがより重要であるか，あるいは優位を保っているかによって識別され，目的合理的行動は経済体系や国家機構といった組織によって制度化され，相互行為の方は家族や姻戚関係の中で制度化されていく[*31]。

この二つの行動の類型のうち相互行為が目的合理的行動を支配しコントロールしている社会が伝統的社会であるのに対し，その反対の支配形態が近代技術社会である。このように人間の意志疎通の相互的行為の優位性にもとづいて伝統社会が形成されるか，それとも労働の目的合理性の優位性によって科学技術社会が形成されるか，そのいずれかであることになる。ヴェーバーが伝統社会の非合理的な営みを批判したのに対し，ハーバーマスは価値中立的で実証的な科学技術社会といえども，伝統社会と等しく，その中で人間が特定の立場の便益や利便に奉仕するイデオロギーを確立し，生の無意味化と人間疎外を引き起こしている点を捉えて，ヴェーバーを批判した。

こうして世俗化の現象は伝統社会と近代社会との「割合」によってその度合いが決定されることになる。確かに近代化は宗教の力を衰退させることによって人間性の危機を引き起こしているにしても，それは現実には国々によって相当な開きをもって現象しているというべきである。

（3）霊性の復権

とはいえ，世俗化社会に生きる人間にも，人間であるかぎり，生まれながらにして宗教心が備わっており，歴史的で伝統的な宗教はこれを育んできたのであるが，この宗教心が世俗化の影響によって正しく育成されない場合にはさまざまな問題が起こってくる。宗教心は人間の心のもっとも深いところに宿る「霊性」とも言い換えられるが，これが働かないと理性や感性に対する抑制やコントロールが失われ，理性のみに頼る極端な合理主

---

31) ハーバーマス『イデオロギーとしての技術と学問』長谷川宏・北原章子訳，紀伊国屋書店, 61-62頁。

者や道徳主義者とか，感性にのみ従う皮相な芸術家や恐ろしい快楽主義者などを輩出させる。その一方では宗教改革時代の「熱狂主義者」(Schwärmer)のような霊性のみを強調して理性や感性を無視した過激な宗教集団が，たとえばアメリカの新興宗教や日本のオウム真理教などのカルト集団が蜂起し，社会秩序を破壊し，暴力的破壊活動に走ることが起こる。これらの宗教運動は社会の秩序を破戒するきわめて危険な要因となっている。それゆえ，これまで行われてきた宗教社会学的な世俗化についての研究と並んで人間学的な研究が要請されてくる。

　世俗化がどのように進んだとしても伝統社会を意志疎通行為を通して支えてきた宗教が全く消失することはなく，個人の意識と意志において宗教がその力を発揮することは期待できる。この意味で人間性の危機を招来した世俗化の時代においても，思いもかけぬ力を個人の内部で目覚めさせることは不可能ではない。もしそうなら世俗化社会には見失われていた新しい宗教的な価値が創造されることによって人間性の危機が克服されるかもしれない[*32]。現代社会で失われた目に見えない超自然的な世界は，異次元の霊的な世界に過ぎないように思われても，人が真に生きる真実な生の世界として，この霊性によってわたしたちに開示されることが期待されるであろう。ここにわたしたちは宗教の生命を喪失した世俗化社会のただ中において人間の深層に隠されている霊性を覚醒する意味を見いだすことができる。その際，わたしたちは現代ヨーロッパの人間学には冒頭に述べたように多様な学問的な展開の中にも霊性の要素が保有されており，その思想的な根源においては，これまで継承されてきた人間学的な三分法の伝統が堅持されている事実を指摘することができる。この視点に立ってシェーラーに始まる現代の人間学を再考してみたい。

---

32) そのさい宗教が生きていた伝統的な社会には神話・伝説・聖者伝・民話・昔話によって伝えられている意味深い世界があった。こうした文化財は人々の日常生活よりもいっそう深い世界を知らせる媒体である。たとえば神話によって民族の歴史のみならず世界創造の始源にまで遡って新たに神の力を与えられることができるし，伝説や聖者伝によって奇跡の力に触れることができる。また，口承により民間に広く浸透している民話によって「わたしたちは昔話を通して霊の国に入る」(ヘルダー)。

第1章

現代ヨーロッパの思想状況と人間学の意義

1　第一次世界大戦後の思想状況

ヨーロッパ思想文化の歴史で近代と現代とを分かつ境界線があるとしたら，それは第一次世界大戦が終結した1918年であろう。というのはこの時点で人々の価値観は根本から変化したからである。それまで比較的安定していた歴史の中で，確実だと予想されていた未来像がもはや通用しなくなった。17世紀の後半においてはじまるヨーロッパの「啓蒙」思想は，貴族にかわってブルジョアジー（市民階級）を，旧体制にかわって革命を，神学にかわって科学を，農村にかわって都市を，それぞれ歴史を担う主役として登場させた。それと同時に資本主義社会が次第に成熟し，ブルジョアジーの力によって革命が次々に起こり，科学技術が振興し，大都市が建設され，これらの力が結集されて新しい世界を造るとき，技術文明とか産業文化と呼ばれる新しい文化が18世紀後半から19世紀にかけて現われはじめた。その際，文化をこれまで導いてきたヨーロッパ的な「霊性」は次第に背景に退き，霊性から切り離されて「理性」が自律しながらも，それが道具化することによって科学技術と提携し，実証主義的な「理性」の時代が支配的になってきた。こうして「理性」はかつてもっていた「深み」を喪失し，単なる合理主義となって全世界に広まっていった[*1]。

　1）　日本が自国の文化を残しながら，「和魂洋才」の立場で，ヨーロッパの「魂」である「霊性」を抜きにして，ただヨーロッパの産業技術のみを受容することができたのは，このような近代文化の歴史から説明することができる。

（1）啓蒙の「進歩」思想の問題

しかし「霊性」を欠いたままで単なる実証主義化した「理性」には大問題が隠されていた。それは特に進歩思想において明瞭となる。実際,「啓蒙」思想の根底には新しいものは旧いものに優るという「進歩」（progress）の観念があった。この観念は近代に特有のもので，中世にはなかった。神が宇宙の創造者として万物を完全な姿に造られたとしたら，人間は神の創造に何も加えることはできないし，ましてや人間の手による進歩など考えられなかった。ところが近代に移ると人間は自ら神のように自然に働きかけ，そこから文化世界を創造していった。ここから「進歩」の観念が生じ，科学技術を駆使して近代の技術文明と産業文明が創造された。だが，その結果はどうであったか。科学と技術は人間の幸福を招来するかのように装いながらも，実際は自然環境の破壊と科学兵器による大量殺戮を引き起こした。これがヨーロッパを中心として戦われた「第一次世界大戦」（1914-18年）とそれに引き続き起こった「第二次世界大戦」（1937-45年）であった。

そこには単なる「理性」にもとづく啓蒙が生み出した結末，つまりヨーロッパの近代化によって生じた末路が見いだされる。この時代の矛盾を身をもって経験した哲学者ホルクハイマーが『理性の腐食』の中で次のように発言していることは事態の本質に的中しているといえよう。

「人類の希望は，初めてそれがヒューマニストたちによって語られた手探りの時代よりも，その成就にはほど遠いように見える。技術的知識が人間の思惟や活動の地平を拡大するにつれ，個人としての人間の自律性，巨大化する大衆操作の装置に抵抗する能力，想像力，独立的判断といったものは衰えていくように思われる。啓蒙のための技術的手段の進歩には非人間化の過程が付きまとっている。かくて進歩は，まさに実現が目指されている当の目標，人間の観念を破壊する」[2]。

このように「啓蒙」の進歩思想には「自己破壊的な弁証法」が明瞭に洞察されている[3]。

---

2) 同様に文学者のシュテファン・ツヴァイクも『昨日の世界』で次のように述べている。「自分達自身の生存というものは，我々の父祖がもっていたような宗教，すなわち人間性はすみやかに持続的に向上していくものだという信仰はないものと思いあきらめてしまった」。

3) ホルクハイマーはアドルノと協力して，1940年代に亡命地アメリカで，ナチスの制覇とヨーロッパ文明の没落を目にしながら，なぜ人類の歴史は不断の上昇的発展でなく，こ

(2) シュペングラーの『西洋の没落』

このような進歩に対する懐疑と相まって,ヨーロッパ世界の没落が強く意識されはじめた。ドイツ敗戦の年に,シュペングラーが『西洋の没落』(1918年)を書き,言論界に衝撃的な大影響を与えたのも第一次世界大戦後の暗い終末意識が人びとの心を支配していたからである。彼はその書の序文において,この書は「歴史についての新しい見解であり,運命の哲学である」と述べているが,この思想は世界史の比較形態学の方法で展開される[*4]。こうして全地球上に広がっている人類の諸文化はそれぞれ独立に成長・発展・死滅を次々に繰り返す。そしてヨーロッパのキリスト教文化もすでに没落しはじめたと分析し,死滅が近づいていると予言した。その際,彼はヘルダー,ゲーテ,またニーチェなどに影響されるとともに,歴史家ブルクハルトのペシミスティックな文明史観にも大きく影響されて,ヨーロッパ文明は今や「成長」「成熟」の段階をすでに経過して「衰退」の段階に入り,「没落」が単に個々の国家のみでなく,全ヨーロッパを包み込んでいると考えた。シュペングラーは文化の歴史を千年の周期をもって回帰する有機体であると考え,それを植物の生長と発達に擬した。すなわち文化には寿命と発達のリズムがあって,老年期にはいると衰微し,没落する。

この時代には「没落」の意識が支配し,過激な破壊主義や実存主義の文学思想が流行するようになる。こうした時代傾向はワイマール文化において典型的に見られたので,次にこれを問題にしてみよう。

2 ワイマール文化

ワイマール文化についてピーター・ゲイはその著作『ワイマール文化』の「序」で次のようにその印象を明解簡潔に述べる。「ワイマールについて考える時,われわれは美術や文学や思想における革新(モダニティ)について考える。例えば,父親に対する息子の,伝統美術に対するダダイズムの,肥った俗物に対するベルリン子の,古いタイプの道徳家に対する放蕩者の

のような野蛮なカタストローフを迎えねばならないのかを追究し,『啓蒙の弁証法』を書いた。これについては後述する。

4) それはこの著作の副題「世界史の形態学の概要」に示されている。

反抗のことを，あるいは〔ブレヒトの〕『三文オペラ』，〔映画の〕『カリガリ博士』，『魔の山』，〔総合造形学校〕バウハウスと〔女優〕マレーネ・ディートリヒのことを考える。そして，とりわけ，世界のいたる所にワイマールが輸出した亡命者のことを考える」[*5]と。この文化は第一次世界大戦の敗戦後にドイツで起こった現象で，ドイツの歴史上はじめて共和国が造られ，古い文化の観念を打破するような文化運動が沸き上がった。

革新運動　この運動は大戦中からの反戦活動と関連のあるドイツ表現主義運動が出発点となって，すべての文化領域を巻き込み，絵画・彫刻・建築・音楽・文学（ドラマ，詩，小説）・オペラなどにおいて，既成の諸形式に対する大胆な破壊活動を行なった[*6]。したがって表現主義運動は従来の文化のすべてを拒否する「掃除」をし，来るべき文化のために自由な空間を作ったのである。この時代を身をもって生きたベンヤミンはその著作『破壊的性格』の中で「破壊的性格がかかげるのは，〈場所をあける〉というスローガンだけであり，その行動も，〈除去作業〉のほかにはない。さわやかな空気と自由な空間への渇望は，いかなる憎悪よりも強い」[*7]と指摘している。

大衆文化　このワイマール共和国は，プロイセンの軍国主義ドイツにはないもう一つのドイツ，ゲーテやカントなどで代表される文化国家ドイツを体現したインテリと文化人の国であった。それゆえ「ワイマール文化は時代の流れによって内側へと駆り立てられたアウトサイダーがつくった，眩惑的なまでにはかない瞬間の作品であった」といわれる[*8]。それは過酷な政治・経済的な混乱状況とは裏腹に，多彩な成果をあげ，1920年代には「黄金の20年代」と呼ばれる文化的繁栄期を迎え，都市の中流サラリ

5）ピーター・ゲイ『ワイマール文化』亀嶋庸一訳，みすず書房，序iii。
6）その活動の有様は映画ともなった『カリガリ博士』に典型をみることができる。これを生み出した「表現主義者たちは，その才能を通じて革命への貢献に最善をつくしたが，他方で，彼らは総じて非政治的な，あるいは少なくとも具体性を欠いた革命家であった」（ピーター・ゲイ前掲訳書，127頁）とゲイは言う。
7）ベンヤミン『破壊的性格』（『暴力批判論』高原宏平訳「ベンヤミン著作集1」晶文社所収）92頁。
8）ピーター・ゲイ前掲訳書，序iv。

ーマン階層に行き渡った「大衆文化」を現出させ，ベルリンはロンドン・パリ・ニューヨークを越えて大衆文化の中心地となった[*9]。

　このような歴史の流れの中で人々は既成の思想に懐疑の念を抱き，それを破壊しながら，自己と社会とを認識し，新しい思考と行動への地平を拓いていった。

3　実存思想と現象学

　このような時代に人々の心を捉えた哲学思想はキルケゴール復興として興った実存思想と厳密な学を標榜する現象学であった。

　実存思想　実存思想は第一次世界大戦後に戦争がもたらした悲惨な経験によって根本的に規定された状況の中でキルケゴールを再発見し，彼の説いた基本概念である不安・絶望・死・躓き・孤独・単独者・瞬間・反復・水平化・公衆などの観念を継承しながら，それらをいっそう発展させた。ハイデガーの「死への先駆」[*10]とか，ヤスパースの「限界状況」はかかる基礎経験の表出であって，彼らは独自の実存的な体験から出発し，世界や人間を客観的に論じる伝統的思考から転じ，もっぱら人間の主体性を意味する「実存」を主題として追求しており，不変の存在・価値・意味などを理論的に考察したりなどしない。

　「実存」という言葉は「現実存在」に由来し，それは世界における人間のありのままの現実から出発し，この現実にとどまりながら真の自己存在を確立しようとする態度を意味する[*11]。この現実存在は，ものが現に個

---

　9)　こうした新旧文化の交代は世代間の葛藤を生みだし，父の世代に対抗する息子の世代という図式で表現される演劇，たとえば「父親殺し」をテーマにした演劇を多数残している。また次第に没落していく家族の運命が当時の文学の主題となっている。つまり，19世紀末の「創業者時代」に経済的基礎を築き，その富を第一次世界大戦で使い果たした父親の世代に対して，息子の世代が反発し，すべてが崩壊していくことが物語られる。たとえば，トーマス・マンの『ブッテンブローク家の人々』はこの崩壊を先取りした作品であって，北ドイツのブルジョア階級の四世代にわたる栄枯盛衰を追跡している物語である。

　10)　ハイデガー『存在と時間』53節を参照。

　11)　もちろんラテン語の「現実存在」(existentia)は「本質存在」(essentia)との区別に拠って，後者と対立的に理解されていることも知っておかなければならない。すなわち本質存在というのは，ものの本質，つまりものの一般的性質や，普遍的意味を問題にし，概念的

別的にある在り方を問題にする。それゆえ概念的に把握される「本質」は「類」という「一般者」にかかわるのに対し，「現実」はあくまで「個」という「個別者」にかかわる。したがって人間は「類」の概念によっては把握できず，人間の一般的性質を科学的にどのように考察しても，それによっては「個」としての人間自身は解明できない。そのため個としての「実存は本質に先立つ」（サルトル）と主張される[*12]。実際，個性こそ人間に具っている基本的特質であるから，わたしたちは自由な主体性を実存として問題にしなければならない[*13]。

しかし，このような単独者の主張がもたらす主観主義的傾向に対し，決定的方向転換を促したのが，この時代に活躍したマルティン・ブーバーの対話的思考である。彼は『我と汝』（1923年）において，「我—汝」と「我—それ」とを対比的にとらえ，汝関係の二者性，他者との生ける交わりの領域，つまり他者とともにある間柄を「間」の領域として解明し，実存哲学の個我主義的側面を徹底的に超克しようと試みた。

フッサールの現象学　このような人間の存在を学問的に把握する方法として実存主義の哲学者たちに決定的影響を与えたのはフッサールの現象学であった。この現象学こそ世界と人間とを伝統的見方から解放し，すべての現象をそれ自体としてありのままに把握させる認識論である。フッサールに始まる現象学はもろもろの世界観や立場から哲学を解放し，主観と客観の対立図式を解体し，意識の内に実在が現われてくるままに明確に把握しようとした。彼は「事がらそのものに帰れ」（Zu dem Sachen selbst）という標語をかかげて，厳密な学としての哲学を創設しようと試み，そのための方法を現象学として提起した。この現象学の方法を人間に適用したのが戦後の実存哲学の発展である。

に理解される存在を指している。
12)　サルトル『実存主義とは何か』伊吹武彦訳，人文書院，19頁。
13)　彼ら戦後の実存主義者に先駆けて，キルケゴールは主体性に立つ主体的真理を説いていた。同じ時代にマルクスが歴史の将来を担う主体としてプロレタリアートという社会的例外者を立てていたのに対し，彼は単独者という例外者を説いて，経済的社会的破産よりも精神の上でいっそう決定的な危機を見ぬいていた。というのはマルクスの説く階級でさえも個性を無視し大衆化を促進していると彼には思われたからである。実存主義の思想家たちは大衆がこの状況から目醒めて実存を取り戻すように説いた。

フッサールによって創始された現象学は，人間の生を徹底的に解明していく上で不可欠な方法を提供した。この現象学からハイデガー・ヤスパース・サルトル・メルロ＝ポンティの哲学が生まれたばかりか，シェーラーはこの方法を倫理学に適用し，プレスナーは生物学や政治学にまで適用を広げた。こうして現象学は人間に関する諸科学を積極的に受容しながら哲学的人間学を確立した[14]。

4　学問の危機と再建への動向

　世界大戦の終結時にヴェーバーはミュンヘンで学生に向かって有名な『職業としての学問』を講演し，個人的な世界観や主義・立場から自由になって客観的な学問をめざすように勧め，合理化と脱魔術化によって崇高な価値が消えていった「時代の運命に耐えるように」と語った[15]。ウェーバーは資本主義がもたらした現実に対し，近代の初めにさかのぼって「目的合理性」とは異なる「価値合理性」がプロテスタンティズムの職業倫理に見られる事実を明らかにし，現代においては「目的」と「価値」との二者が合致した「価値合理性」が必要なのを説いた。また彼は，市民社会の矛盾を原理的に止揚し得ると考えたマルクスとは違って，合理化の非合理的結果という矛盾の唯中にあって，人間そのものが個人の自己責任の自由を保ちながらどのように実践できるかを問うた。彼は社会制度をも個人の社会的行動から分析的に考察しており，どこまでも個人主義者として思索し行動した。そこには実存主義者と同じ態度，つまり近代社会の宿命を承認した上で，これを批判的に見直そうとする態度が明らかに表明された。

　フランクフルト学派　　次にこの時代と批判的に対決したフランクフルト学派についても述べておきたい。ホルクハイマーやポロックの呼びかけで，フランクフルトに社会科学研究所が設立されたのは1923年のことである。フランクフルト社会科学研究所は自由なマルクス主義の研究機関とし

---

　14)　現象学は近代科学がもっている世界観としての問題性を超克し，人間の本来的な「生活世界」に立ち返り，今日多くの素材を提供している人間科学の成果を受容しながら発展し，メルロ＝ポンティが実現させたような現象学的人間学を生み出した。
　15)　ヴェーバー『職業としての学問』尾高邦雄訳，岩波文庫，70-72頁。

て発足し，ホルクハイマーが研究所を指導し始めてから力を発揮し，反ソ連教条主義の立場を鮮明にしていった。そこには前期ルカーチのヨーロッパのマルクス主義と同列の傾向が示された。

　ところが1933年にナチス政権が樹立されると，この研究所はフランクフルトからジュネーヴへ，さらに翌年アメリカ合衆国のコロンビア大学に移転し，名称も「国際社会研究所」と改め，所員は次々とアメリカに亡命した。したがって1930年代におけるこの学派の著作の大部分は，亡命地アメリカで，異文化と経済的逼迫(ひっぱく)のさ中で書かれた。フランクフルト学派の思想は一般に「批判理論」と呼ばれる。これはヨーロッパ市民社会の哲学に対する批判であり，社会理論としては，近代市民社会における「権威」と「技術的合理性」の結合に対する批判およびその告発である[16]。

『啓蒙の弁証法』　さらにホルクハイマーはアドルノと協力して，1940年代に亡命地アメリカで，ナチスの制覇とヨーロッパ文明の没落を目にしながら，なぜ人類の歴史は不断の上昇的発展でなく，このような野蛮なカタストローフを迎えねばならないのかを追究し，『啓蒙の弁証法』を書いた。そのモチーフは，「序文」で「人類はなぜ，真に人間的な状態にふみ入っていく代わりに，一種の新たな野蛮のうちへ落ち込んでいくのか」と簡潔に述べられた[17]。彼らはナチスによる非合理的な大量殺害であるアウシュヴィッツや，亡命先アメリカにおける画一的大衆文化を「新たな野蛮」としてとらえ，その根源を「啓蒙」自身のうちに追究する。「啓蒙」（Aufklärung）とは一般に，中世的抑圧から市民階級が自己を解放した18世紀以来の進歩思想を指しているが，彼らは自然に対する合理主義的な態度である「自然支配」や脱呪術化一般にまで啓蒙の概念を拡張した。こうし

---

　16)　ホルクハイマーの『伝統理論と批判理論』（1937年）によれば，「伝統理論」とはベーコン，デカルトに始まる近代の「知」がドイツ観念論を経て，19世紀の実証主義，現代のプラグマティズム，現象学に至る近代の伝統的思考のことである。近代に生じた自然科学のみならず社会科学も，現実の変化から遊離して，自分の立てた仮説によって世界を造りだしていく。すると，知的な整合性は得られても，現実から離れた観念に転化してしまう。彼はこのような理性の自律性が虚偽を生み出している点を暴露し，人間が真の主体を取り戻して歴史を創造すべきであると主張する。それゆえ彼が「伝統理論」と呼んだのは，ヨーロッパの啓蒙主義の伝統であった
　17)　ホルクハイマー／アドルノ『啓蒙の弁証法』徳永恂訳，岩波文庫，7頁。

て進歩という現代の神話を解体し，未知のものへの恐怖と不安から解放することを「啓蒙」の意味に盛り込んだ。だが人類が野蛮から文明へと進歩してきたのに，なぜこの進歩は同時に文明から野蛮への没落の過程となったのか。それゆえ歴史における進歩というものは，直線的ではなく，対立するものを媒介とする「弁証法的」過程と考えなければならない。このように彼らは考えて，近代合理主義の基礎となっている啓蒙思想こそ，目下の野蛮な状態を生み出している点を指摘し，啓蒙の概念の内にすでに野蛮への退行の萌芽が見られると説いた。したがって「啓蒙」概念には自己崩壊が含意されており，啓蒙の理性が科学技術と提携して経済的生産性を高め，物質的な富を増大させているのに反比例して，大衆は精神的に荒廃し，暴徒にまで変質していって，そこからヒトラーのような独裁者を生み出した。彼らは啓蒙が啓蒙自身に対して批判的になること，および芸術の中に野蛮からの救済を見いだそうとした。

　このように現代ヨーロッパが人類に約束した「進歩」の概念は単なる鬼火に過ぎなかった[*18]。どうしてこのような結果となったのであろうか。ヨーロッパの近代化がめざしてきた人間の尊厳と自由はどうして挫折したのであろうか。

5　精神的危機の原因

このような現代文化が孕んでいた危機的な状況をわたしたちは歴史的に吟味し検討すべきである。そのためにはヨーロッパの「啓蒙」思想を再度問題にする必要があろう[*19]。啓蒙思想はヨーロッパの国々によって多様な形態をとったが，近代哲学の父であるデカルトさえも認めた神の観念と信仰が，理性の光を受けて，消滅する傾向が顕著に示されるようになった。

---

18)　イギリスの文学者で評論家である T. S. エリオット（1888-1965）は progress という概念をきびしく批判し，それは「偽範疇」(pseudo-category) であるという。こうした第一次世界大戦直後に経験したヨーロッパ世界の没落はノルウェーの画家にして版画家のムンク（1863-1944）によっても気づかれていた。彼は人類にせまりくる不安を有名な『叫び』(Der Schrei 1893) において早くもとらえていた。さらに現代小説が物語る人間と世界は荒涼とした原野であって，一方においてはエゴイスティックな個人の無意味な不安があり，他方においては個人の自由を踏みにじる全体主義の脅威がある。

19)　この批判的な試みについて金子晴勇『ヨーロッパ人間学の歴史』第3部第4章を参照。

このような啓蒙の精神によって「理性」は自律し，キリスト教がこれまで説いてきた世界創造の信仰は認めるとしても，自然は単なる対象として分析され，客観的で精密な近代科学の対象となった。そこには自然と人間とがともに神の「被造物」であるという生命的な結合の絆が失われ，有機体的な自然観に代わって，身体を自動機械とみなす機械論的な自然観が時代を支配するようになった。

近代科学の分析的方法　　近代科学は分析的な方法をとっており，カントの認識論である「構成説」はこうした手続きを学問的に検討して造られた[20]。このような分析的な方法は「社会」と「人間」との関係においてもみられ，そこから「個人主義」(individualism)が生まれてくる。すなわち社会の全体は個人に分割され，個人の集合が社会であるとみなされる。実際は個人が社会の中から存在しはじめ，やがて成長してから個体としての完成に達するのに，個人主義は個人を出発点とし，個々人が善くなることによって社会全体もよくなると考える。そして「自然」が人間のために開発されたように，「社会」も個人に奉仕するものと考えられた。ところが自然も社会も人間との生命的な有機的な繋がりが剥奪されると，両者とも人間の手によって必然的に「物化」されるようになった。この過程の最終段階は，人間の道具に過ぎなかった機械が人間を支配するという大逆転である[21]。

6　諸科学の発展と実証主義

実際19世紀後半からは実証的な人間科学としての自然人類学および文化人

---

　　20)　近代科学の分析的思考はデカルトの「方法の四教則」の第2教則「私の研究しようとする問題の各々をできる限り多くの，そして，それらのものをよりよく解決するために求められる限り細かな，小部分に分割すること」に最もよく示されている。従来の有機的な自然観では全体から部分を捉えていたのに，ここでは部分を総合することによって全体を構成しようとする。それゆえ「生ける全体」は細部に分割され，全体から切り離された部分が「理性」によって論理的に加工される。

　　21)　たとえばハクスリーが『すばらしい新世界』(1932年)で語っているように，人間は現代社会の生みだした重い不安な夢をみており，今日では人間がテレビを見ているのではなく，「テレビの飼料」(television-fodder)となった。このように「人間」が「機械」によって操作されるロボットとなり，生命のないサイボーグ人間となった。

類学・心理学・医学・生理学・生物学・社会学などの人間にかかわる科学が新しい学問分野として確立され，その知識の膨大な量が蓄積されるに至った。一般に科学的な知識だけを認めて，そこから知識の統一を求める潮流が興ってきた。そこでは科学的知識だけを「実証的」(positive)とみなされ，形而上学的な言論はすべて「否定的」(negative)とみなして退けられた。これが実証主義である。

コントの実証主義精神　「実証主義」はフランスの社会学者・哲学者のコントによって一般に普及するようになった。彼は1826年に『実証哲学講義』という公開講座をはじめ，1842年に全六巻からなる著作を完成した。彼によると「実証的」とは「現実的」を意味し，これによって人類の精神的発展を跡づけた。この精神の発展の頂点は近代の自然科学の方法のなかに見られ，「神学的」・「形而上学的」・「実証的」と呼ばれる知識の段階を通って発展した。最後の段階「実証的段階」とはもっぱら現象を支配している法則，つまり変化する現象のなかにあっても不変な法則を探求してゆく段階である。その方法は臆測や想像，霊感にもとづくのではなく，事物の冷静な観察と合理的に組みたてられた実験によって法則を求める科学的・客観的方法である。この三段階説の中に「ヨーロッパの世俗化」で説明したのと同一の主張が実証主義の立場からあざやかに表明された。

　伝統的なキリスト教神学やそれにもとづく形而上学は世界認識の根底にそれ自身実証することのできない神の存在とか精神や実体などを置いている。これに対し実証主義の精神は経験科学の知見にもとづく内在的で相対的な理論を貫徹しようとする。この点でコントよりも徹底した形で神学や形而上学への批判を推しすすめたのは，フォイエルバッハのキリスト教批判であった。

フォイエルバッハによる人間学的還元　フォイエルバッハは『将来の哲学の根本命題』の中で「神学の秘密は人間学である」と言う[22]。彼によると宗教とは人間の幸福を欲する本能から考えられたものであり，この願望をかなえてくれるものが神である。つまり全知全能を願う人間の願望

---

22)　フォイエルバッハ『将来の哲学の根本命題』村松一人・和田楽訳，岩波文庫，97頁。

が作りだし、人間の欲する自己の姿を理想化したものが神であるから、神学とは実は人間学なのである。このように彼は神学を人間学に還元し、キリスト教と結びついたヘーゲルの神学的な形而上学を人間学に還元しようとした[23]。

フォイエルバッハの宗教論のもう一つの大きな意義は宗教を人間の自己疎外の形態として捉えている点である。すなわち人間は自己の理想的姿を神として投影し、自分が造った像の前にひれ伏し、その奴隷になっている。これは明らかに人間の自己疎外である。真の神ならぬ偶像礼拝は事実このとおりであるが、フォイエルバッハは本来の宗教的なものに対し盲目であり、神をその玉座からひきずりおろすことよりも、人間を高めることを強調し、人間の賛美に陥ってしまった。このような無神論のゆえに、彼は人間がその願望の充足を彼岸でなく、此岸で実現するようになったと説いた。この点をマルクスが継承し、『ヘーゲル法哲学批判』の中で、「こうして天上の批判は地上の批判にかわり、宗教の批判は法の批判に、神学の批判は政治の批判にかわる」[24]と語って、現実の社会における自己疎外の仮面をあばく批判へ向かった。

このフォイエルバッハの宗教批判の根底には人間に関する自然主義的理解と実証的方法論が含まれていた。宗教の発展とは人間が自分を理想として対象化した神から自己を取り戻していく「実証的」な歴史的過程であり、プロテスタンティズムの運動もそれに到達する一過程として捉えた。こうしてドイツにおける宗教に対する実証的な批判は彼によって開始されるようになった[25]。

現代の実証主義　ウィーン大学においてマッハの科学哲学が発展し、科学者たちが集まって1928年に「マッハ協会」が設立された。他方、ベルリン大学ではライヘンバッハを中心に「科学哲学」を標榜する「経験哲学協会」が設立された。この両者が合同して1929年に学会が開かれ、『科学的

23）　キリスト教が「神は他者のために苦しむ」という場合、主語と述語を交換し、「他人のために苦しむのは神的なことである」とすれば正しい意味になる。神学の仮面が剥奪されると、人間学が見られる。

24）　マルクス『ヘーゲル法哲学批判』「マルクス・エンゲルス全集」第1巻, 大月書店, 416頁。

25）　フォイエルバッハ「ルターの意味での信仰の本質」木村彰吾訳, 『フォイエルバッハ選集　宗教論集』法律文化社, 136頁以下参照。

世界把握』と題するパンフレットが発行され，ウィーン学団の活動が始まった。この小冊子のなかに現代実証主義の精神がよく表明されている[*26]。

7　『宇宙における人間の地位』の成立状況

近代のヨーロッパ精神は啓蒙の「理性」によって自由を実現すべく再出発したはずであった。ところが自由を求めた歩みは，その目的を実現して進歩することに全く挫折し，没落の運命に直面した。こうした苦境に立って実存主義は自己の内に最後の砦を求めた。しかし，そこでの個人は社会に対して敵対的であって，社会に開かれたものではなく，個人主義から脱却できなかった。個人はいかにして他の個人に対して開かれた存在となることができるのか。そこで再度人間の本質への問いが起こってきた。こうして人間が本来的に神と他者と世界に対して開かれた共同的な存在であることが新しい人間学によって解明されるようになった。この人間学によって啓蒙主義が説いた単なる「理性」としての人間ではなく，霊性・理性・感性からなる全体的な人間の回復が叫ばれるようになった。

全体的な人間像　これまでヨーロッパの思想文化においては，「霊性」によって初めて「理性」や「感性」が正しく導かれ，誤りに陥ることなく人間が自己実現できるように定められていると説かれてきた。この生ける全体的な人間像が啓蒙時代このかた消滅し，個人が神・世界・社会から切り離されて孤立させられたが，それが生じた原因は超越的な永遠者である神との霊的な関係を見失い，「信仰」といっても「自己に対する確信」や「理性に対する信頼」しか感じなくなったことに由来する。

　実際，シェーラーの時代に実証的な人間科学としての自然人類学および文化人類学さらに心理学・医学・生理学・生物学・社会学などの人間にか

---

26)　その基本的精神は「科学的世界把握」にあって，基本的態度や観点また研究方向によって特徴づけられた。その際人間によって解きえない問題は原理的にはなく，伝統的な哲学の形而上学は偽装された経験命題であると説かれた。それゆえ正しい知識は経験的認識によるものに限られる。この方法を従来の実証主義から区別するものは，「論理分析」という方法であり，これによってすべての命題の真理内容が検討された（山崎正一『西洋哲学史（三）』岩波全書，1965年，342-68頁，および青木茂「実証主義」宮本武之助編『現代思想』東京堂，1966年，144-61頁を参照）。

かわる諸科学が新しい学問分野として確立され，その知識の膨大な量が蓄積されるに至った。このことが「序論」で述べたように伝統的な人間観の土台を揺るがし，新しい人間学の誕生を促したことに疑いの余地はない。なかでもこの時代には生物学が大きく発展し，ユクスキュルの環境理論が新鮮な理解をもたらし，ヴォルフガング・ケーラーはテネリッファでチンパンジーに対して行なった知能実験によって本能的反射作用を越えた知能が動物に認められることを発表し，それを認めるか否かについて議論が沸騰した。もし動物に実践的知能が認められるとすれば，そのことは人間の本質を規定しようとする哲学的人間学にとって決定的に重要な問い，つまり人間と動物との間には「程度にすぎない区別」(ein nur gradueller Unterschied)しか総じて存在しないのか，という問いが起こらざるをえなかった[*27]。

このような個別科学による問題提起を受けて哲学と諸科学との距離と懸隔がいっそう拡大し，哲学は諸科学の成果に対しいかなる態度を採るかが重大な関心事となった。これに対し現象学の創始者フッサールはその危機文書にみられるように世界観となった自然科学を批判し，事柄の本質を見極めるように説いた。現象学のなかからはハイデガーが基礎存在論によって哲学の基礎づけを試みたのに対し，同じく現象学の立場に立ったシェーラーは諸科学の成果を受容しながら人間の全体的な考察に向かった。その成果が最晩年の『人間の地位』において初めて明瞭に提示された。

シェーラーが人間学の構想を最初に表明した『人間の理念に寄せて』と比較すると『人間の地位』においては生物学をはじめとする経験科学の成果が見事に採り入れられており，人間科学にもとづく哲学的人間学が歴史上はじめて確立されたといえよう。彼はこれまでの神学的・哲学的・自然科学的な伝統との結びつきを断ち切って，現象学による人間学の再構成を試みた。しかし彼は人間学の伝統的な三類型には批判的に対処し，第一のユダヤ教的キリスト教的人間学が神話的表象と人格主義にとどまっている点で批判的であったが，第二のギリシア的人間学では理性が人間の特殊地

---

27) 人間は進化した動物よりも優るものではないのか。そこには本質的区別がないのか。この問いに対しシェーラーは技術的知能をもってしては答えられないと考えて，「賢いチンパンジーと，技術家としてだけ見られたエディソンとの間には，たとえどんなに大きな相違があろうと，程度の相違があるにすぎない」と回答している（シェーラー『宇宙における人間の地位』（前出）47頁の註）。

位を示す概念にまで高められ，世界の本質を捉える超人間的働きによって世界全体の根底に位置づけられている点を高く評価した。第三の自然科学的人間学では特殊科学の増大と価値が高まるに応じて，それは「人間の本質に光を当てるよりもむしろはるかに蔽い隠している」[28]と語って，フッサールの危機文書と同じ内容の発言でもって批判した[29]。したがって，この人間学の三類型によっては「わたしたちは人間についての統一的理念を所有していない」。それゆえ「これまでの歴史のどの時代よりも現代におけるほど人間が問題となったことはない，と言いうる」[30]と主張した。

だが，このような批判的な発言だけでは哲学的人間学が成立する十分な根拠とはならない。そこには一般的に言って存在論が実証主義的な個別科学の観点からでは解明し尽くされ得ないという問題意識や，認識論が科学的な実証性によっては立証できないという問題もあって，存在論と認識論の基礎をこれまでよりもいっそう根底的に考察することが要請されていた。この要請に応えて現象学にもとづいた実存哲学が登場してきたのと同じく，哲学的人間学もこの要請に応えて個別科学の成果を受容しながら，人間の全体という視点から人間学を再構成すべく成立した[31]。

そこでシェーラーは「最も広汎な基盤の上に哲学的人間学の新しい試み」を企図し，人間の本質を植物や動物との比較考察という生物学的解明と人間の特殊地位の形而上学的解明という，二つの方法によって人間学を確立しようとした。前者が『人間の地位』の前半であり，後者がその後半を形造っている。

---

28) シェーラー『宇宙における人間の地位』（前出）16頁。
29) Husserl, Krisis der europaischen Wissenschaft, S.53, in: Husseliana, Bd., VI.
30) シェーラー前掲訳書，16頁。
31) 現代の人間学を発展させてきたのは個別的な科学の成果であって，生物学・医学・社会学・心理学・経済学・政治学などの分野から人間学的解明の試みが続々として発表されるに至った。だが諸科学によって解明された人間についての豊かな成果は必ずしも思想的に統一されたものではなく，経験的事実として提示されたものも最初からある特定の個人的な前提・立場・世界観・イデオロギーから導き出されている場合が多い。したがってそこでは個人的因子が決定的役割を演じており，個人の気質や傾向性が研究方向を決定している。たとえばニーチェは権力意志を宣言し，フロイトはリビドーを強調し，マルクスは経済的・社会的存在を主張する。こうした世界観に特有な一元論的観点からすべてを解明しようとするため，経験的事実は牽強付会にも自己の学説のなかに押し込められるか，勝手に切り捨てられた。

第2章

シェーラー人間学とその二元論的構成

―――――

はじめに

カント倫理学の批判から出発したシェーラーはその人間学の大系を晩年になってから『宇宙における人間の地位』(1927) で完成させた。その思想的発展において1922年を境に彼はこれまで彼の思想上の基本的立場であったカトリック教会から決定的に離れ，それまでも潜在していた汎神論 (Pantheismus)，もしくは万有在神論 (Panentheismus) へと思想的転換を行なった[1]。

彼はこの書の中で「人間とは何か，宇宙におけるその地位は何か」と一貫して問い，存在論が個別科学的な解明では汲み尽くされず，認識論も科学的に基礎づけられないことを自覚する。そこで彼は，精神と生命との相互関係を「精神が生命の衝動を理念化し，生命は理念化して精神となる」とみて，生命形而上学から精神と生命を統一的に捉える新しい人間学を構想する。このようにしてシェーラーは従来の神学的・哲学的・自然科学的な伝統との結びつきを断ち，人間の諸科学が入手した個別的知識の莫大な宝庫を基盤に，人間の自己意識と自己解釈の新しい形式を確立することになった。

---

1) 汎神論は自然即神とみなす宇宙内在論的な神論を言うのであるが，人間において神が生成するという基本的主張を形而上学として確立しようと彼は試みている。したがってスピノザ的な汎神論よりも，エックハルトからシェリングに流れるドイツ神秘主義の「根底」(Grund) 学説に立つものであり，同時にショウペンハウアーやニーチェの生の哲学にも影響された「生命形而上学」でもある。

そこで彼は「最も広汎な基盤の上に立つ哲学的人間学の新しい試み」を企図し，人間の本質を植物・動物との比較考察という生物学的解明と人間の特殊地位の形而上学的解明という，二つの方法によって人間学を確立しようとする。前者が『人間の地位』の前半であり，後者がその後半を形造っている。

生物学と形而上学という二つの方法によって人間学を構成することは，はたして彼が構想した「人間についての統一的理念」を与えることができるであろうか。ゲーレンが批判するように，それでは「昔ながらの舞台の上で小道具を移動させたにすぎない」のであろうか[*2]。ところがシェーラーによると「人間」という概念には初めから次のような悪質な二義性が含まれているので，そうならざるを得ない。すなわち「人間」という言葉には①脊椎・哺乳動物に所属するという生物学的概念と，②それに鋭く対立した事柄の総体という人間の本質概念との，二義性が含まれており，これによって人間の特殊地位が確定される。実際，生物形態学上人間は「脊椎・哺乳動物系列の頂点」（リンネ）と規定され，直立歩行・脊椎の変形・頭蓋骨の均整・脳髄の著しい発達・指と手また顎と歯の退行という器官変形などによって脊椎・哺乳動物の頂点をなしていても，「頂点とはその事象の頂点なのだから」，この規定は人間の動物的規定にすぎない。したがって人間とチンパンジーとは生物形態学上適虫類と対立していても，人間とチンパンジーとの間の対立はそれ以上に激しいものとなっている。チンパンジーも実践的知能においては人間との差は相対的なものにすぎないほど，高度に発達しているが，精神という観点からすると質的差異をもっている。このように人間の動物的側面と精神的側面との二面性が「人間」概念の二義性を形造っている。

確かにシェーラーが『人間の地位』の初めのところで，このような人間の二義性を説いていることは，日常的言語の使用から把握される事態にもとづいているかぎり，現象学的方法による考察として正しいと言えよう。したがって，この二義性を認めるがゆえに形を変えた二元論であるとのゲーレンの批判は必ずしも妥当しない。ゲーレンは伝統となっている心身問題では中立の立場をとり，行動科学的方法を採用しているが，人間のすべ

---

2) ゲーレン『人間学の探求』亀井裕・滝浦静雄他訳，紀伊國屋書店，9頁。

てを衝動から解明しうるものではない。シェーラーは人間の二義性を生命と精神との対立として捉えた上で生命形而上学の観点から統一的に解明し，新しい人間学を確立しようと試みたといえよう。

1　シェーラー人間学の特質

そこで『人間の地位』に展開するシェーラーの人間学の特質を考察し，生命の形而上学の観点から統一的に把握されたとの主張にもかかわらず，それがどのように生命と精神からなる新しい二元論と判定されたかを解明してみたい。

（1）心的諸機能の段階説

彼は当時の新しい生物学的な成果にもとづいて人間の特殊的な地位を考察した。ユクスキュルの環境理論，ケーラーのチンパンジーの知能実験，パブロフの条件反射説などを採用することによって心的諸機能を段階的に分けて考察した。つまり心的機能を①感受衝迫，②本能，③連合的記憶，④実践的知能，⑤精神の五段階に分けて考察した。この点に最初の特質が示される。

　人間の特殊地位は植物および動物との生物学的な比較考察によって確定された。その際「心的諸能力の段階系列」（Stufenfolge der psychischen Kräfte）が立てられて，最下位の「感受衝動」（Gefühlsdrang）に植物が位置づけられ，動物には「本能」（Instinkt）・「記憶連合」（associatives Gedächtnis）・「知能」（Intelligenz）が帰せられた。ヴォルフガング・ケーラーがテネリッファにおけるチンパンジーの知能実験を発表して以来，本能的反射作用を越えた知能作用が動物に認められるか否かについて議論が沸騰した。もし動物に実践的知能が認められるとすれば，そのことは人間の本質を規定しようとする哲学的人間学にとって決定的に重要な次の問いが起こって来る。すなわち人間と動物との間には「程度にすぎない区別」（ein nur gradueller Unterschied）しかないのか。人間は進化した動物よりも優るものではないのか。そこには本質的区別がないのか。この問いに対しシェーラーは技術的知能をもってしては答えられないと考えて，「賢いチンパンジーと，技術家としてだけ見られたエディソンとの間には，たとえどんなに大きな相

違があろうと，程度の相違があるにすぎない」[*3]と回答している。

しかし人間にはチンパンジーに欠けているものがある。それは人間も動物もともに属している生命の流れそのものに由来しないものであって，生命の流れと衝動に対抗して「否」ということができる「精神」なのである。したがって，この精神は生命に対立するものとして立てられた。

このようにして精神が生命に対立して立てられることにより，宇宙における「人間の特殊地位」は明確に定められたとしても，この対立が二元論の陥穽にシェーラーをふたたび陥らせることになり，それをいかに超克するかという問題を後世に残した。

（2）精神と人格および理念化作用

精神としての人間の特質は，動物との比較考察により，世界に対する態度の相違として示された。動物が環境をもち，本能によってその中に組み込まれているのに対し，人間は環境を越えて世界に対して開かれており，世界に向かって距離を保ちながらそれを「対象」として捉えることができる。こうして動物が自分の欲求に対し抵抗できないのに対して，人間はもろもろの欲求物をも対象として立て，これに対し自由に関わることができる。動物が環境に埋没して「我をまったく忘れて」(rein ekstatisch) 行動しており，同様に「光」に向かって忘我的である植物とは違って，意識はもっていても，自己に対する意識をもっていない。これに対して人間は自己意識のみならず，自己の身体的・心的性質をも対象的に把握することができる。それゆえ人間は世界を超越したところに自己の作用中枢をもち，一切の行動に作用統一を与えることができる。この中枢は有機体と環境との対立を超えており，「人格」(Person) と呼ばれる。これが有名な「世界開放性」(weltfrei, Weltoffenheit) の主張である[*4]。

このような人格の主張は，彼の中期の思想において形成された人格主義の表明である。それはまた精神自体が物のように対象的には捉えられない

---

3) シェーラー前掲訳書，47頁。

4) シェーラー前掲訳書，51頁。世界開放性というのは「世界に向かって開かれている」ことではなく，世界をも超えてそれを対象としてみることができるという意味であって，英語では openness beyond the world と訳される。プレスナーはこの事態を「脱中心性」(Exzentrizität) と呼んでいる。

存在であり，精神は「純然たる作用性」であって自己の存在をただこの作用の遂行において捉える。このような精神の中心こそ人格であり，「〈人格〉は対象的存在でも事物的存在でもなく，絶えず自己自身を遂行している諸作用の構造秩序にほかならない」[*5]と説かれた。

　こうした精神の本質として「理念化作用」(Akt der Ideierung) が立てられ，動物の「実践的知能」(die praktische Intelligenz) との相違が示される。たとえば「痛み」を人が感じると，どうしてそれが生じたのか，どうしたらそれを除去できるかと問う。このような痛みに対して医学が実践的に関わっている。ところで人間はこのような痛みという事態を単に感じ，それに関わるだけではなく，それを「理念化」することができる。わたしは痛みを感じると，それを傷つけられた事態の例として捉え，同時に「痛み」そのものをも普遍的な概念として把握することができる。

　このことは仏陀の「回心物語」にその典型的事例を見ることができる。父の宮殿で何不自由なく育った王子シッダルタは，町に四度出てそれぞれ出会った一人の老人・一人の重病人・一人の死者・一人の苦行者に接して生老病死の真理を一挙に会得する。これはこの理念化の作用による。彼は世界と人間のあり方を「苦」とみなし，すべての苦の根源を欲望にあると捉え，この欲望という生の衝動に対し「否」を語り得るところに人間の精神としての本質を理解した。シェーラーは衝動に対してこのように「否」を言うことができる点に動物と本質的に相違している人間の姿を捉え，「人間は〈否を言いうる存在〉〈生の禁欲者〉単なる現実性のすべてに対する永遠の抗議者である」[*6]と語った。

（3）万有在神論の形而上学への傾斜

人間は精神の作用によって知覚の世界の上に理念的思想の世界を形成しているが，シェーラーはフロイトにしたがって精神が衝動のエネルギーを精神的活動へ向けて昇華している，と説いた。フロイトの教説では衝動が生の本来的な実体と成っているのに対し，シェーラーの学説においては精神は最初から存在しており，衝動に対し「否」を言うことによってそのエネ

---

5)　シェーラー前掲訳書，59頁。
6)　シェーラー前掲訳書，68頁。

ルギーを解き放って，自己の精神世界を創造している。したがって精神自体は人間の心的中枢に置かれている存在可能性であって，それによって現実を超越することが可能になる。

　そのような精神の形而上学的存在は高次であっても，低次の存在と比べると弱いものであると，彼はニコライ・ハルトマンの範疇間の法則「強さの法則」にもとづいて主張した。このことは彼が精神の脆弱さを第一次世界大戦で痛切に感じたことに由来する。こうして彼はエネルギーの源泉を衝動に求め，それを精神に向けて昇華しなければならないと考えるようになった。さらに彼は，この精神と生命の衝動との対立を形而上学的に考察し，この対立の根源を「最高の根拠存在」（ein oberstes Grund-Sein）である「世界根拠」（Weltgrund）の中に求めた。それは「自律的存在」（Ens per se）とも呼ばれるように，自由ではあるが，この存在の内にある精神的属性たる「神性」（deitas）が，自己の理念や価値を実現するため，自己の衝動的属性を解放し，世界過程の時間的プロセスを引き受け，世界史の中で人間を通して自己を実現する，と説いた[*7]。このように明らかにグノーシス的で二元論的な神観とヘーゲル的歴史観とに立った彼の学説は，「精神が生命〔の衝動〕を理念化し，生命は理念化されて精神となる」[*8]との命題に示されているように，精神と生命との相互的依存関係を表していても，神性の自己実現の場として人間を捉えているかぎり，「万有在神論」（Panenteisumus）に陥っているとの批判を免れることはできない[*9]。

　このような晩年におけるシェーラーの人間学は，現代の人間科学の成果を受容した上で伝統的な形而上学を再度確立しようと試みた点に，その思想の哲学的意義と精神史における特殊な位置とがあるといえよう。

（4）デカルトの心身二元論の批判

『人間の地位』の後半は精神と衝動との対立を「昇華」の過程として捉える哲学的人間学を提示している。プレスナーが言うようにシェーラーはフ

　7）　この世界根拠の思想はシェリングの『自由論』に展開する根底や無底学説から明らかに導入されたものである。シェリングの「根底」学説については金子晴勇『ルターとドイツ神秘主義』創文社，510-17頁を参照。
　8）　シェーラー前掲訳書，96頁。
　9）　シェーラー前掲訳書，108頁。

ロイトの昇華の学説に魅せられているとしか考えられないが*10, 彼自身はフロイトをも批判しながら, 新しい人間学を唱導している。この新しい人間学の特質はデカルト的心身二元論に対する批判に見られる。

　人間についての古典的理論の近代における代表者はデカルトであり, あらゆる実体を思惟と延長とに分け, 人間のみがこの二つの実体の交互作用のもとにあると説かれた。この心身二元論の結果, あらゆる植物と動物とから心的本能が剥奪され, 心的本性の見かけを人間の生命感情からの擬人的な感情移入によって説明し, 人間の意識や思惟でない一切のものを純粋に機械的に捉えることになった。こうして人間の「特殊地位」は全く不合理にもつり上げられ, 自然から人間が引き離されてしまった。彼は理性を世界の外に立て, 精神の新しい自律と主権, 生命に対する精神の卓越性の認識とに達した。この学説は永らく支持されてきたが, この学説からの絶縁は最近になってやっと始まったとシェーラーは言う。このようなシェーラーのデカルト批判は次の二点に集中している。①デカルトが心身の接点とみなした「松果腺」という場所的に限定された霊魂実体は存在しない。つまりすべての知覚神経繊維が合流しながら神経過程が出会う中枢は人間の身体のどこにも存在しない。②デカルトの心身二元論が設定した裂け目は生命の統一を塞いでいる*11。ところで最近のパブロフの実験が示すように, 一定の刺激により胃液の分泌が生じる事態は衝動的・情念的生の全体を霊魂から閉めだすデカルトにとっては驚異以外の何物でもない。動物における食欲衝動は食物の知覚が生じる条件であるのに, 彼は心的側面での衝動を動物から排除する。さらに食欲に対応する胃液分泌が生命機能の統一的現象として起こっているのに, デカルトは食物が胃に触れて純粋化学的に生じる現象とみなした。

(5) 精神と生命の二元論

このようにデカルトの心身二元論を批判したシェーラーは, 人間において身体と霊魂, 物体と霊魂, 脳と霊魂の対立といったものが実際にはなく, 身体と霊魂の問題という何百年にわたって人々を苦しめてきた事柄は今日

---

10) M. Plessner, Die Stufen des Organischen und der Mensch, 1928, 3Auf. 1975, IX.
11) シェーラー前掲訳書, 87頁。

形而上学上の地位を失ったと断定し，人間のうちに現に存在し，個人的にも体験している対立は精神と生命との対立というはるかに高くかつ深遠な次元のものであると主張した。このようなシェーラーの学説はヘーゲルとよく似ている。なぜなら彼の主張を命題としてまとめれば「精神は生命を理念化し，生命は理念化されて精神となる」[12]となって，ヘーゲルの『法の哲学』序文にある有名な命題「理性的なものは現実的であり，現実的なものは理性的である」と同一の内容となるからである。

シェーラーの時代には先にも指摘したように，生物学が大きく発展した。同時に第一次世界大戦後のドイツの荒廃も従来のキリスト教的世界観を根底から覆すほどの経験となって押し寄せてきた[13]。ここに「生命」と「精神」とを二元的に対立させた理由がある。彼は生命と精神との二元論を生命形而上学の観点から統一的に解明し，新しい人間学を確立しようと試みたといえよう[14]。

しかし，この生命形而上学からの統一的視点は生命と精神の二元論と比べると体系を構成する力が弱かった。そのため先に述べたヘーゲルの生命と精神との統合する弁証法的視点との相違も生じている。そればかりかカッシーラーによっても次章でヘーゲルとの相違点を指摘されるようになった。

2　シェーラーの間主観性学説

シェーラー人間学の大系は晩年の『人間の地位』によってその大綱が示された。しかし，この著作だけでは彼の人間学の全体像は把握できない。なぜなら，それ以前の学問的な代表作『倫理学における形式主義と実質的価

---

12)　シェーラー前掲訳書，96頁。

13)　これがワイマール文化であった。この時期にシェーラーがカトリック教会を去ったのは，個人的な離婚問題が原因していたとしても，キリスト教の神観をもってしてはドイツの再建が不可能と考えられたほどの無力感に彼が襲われていたことに由来する。

14)　この時代にはキリスト教の世俗化が進行し，その最終段階である生物学的自然主義が世界観として支配するようになった。ドイツにおけるこの世俗化の歩みはキリスト教から離れて哲学・歴史学・社会学・生物学の順に支配権を交替させていった。ヘーゲルによってキリスト教の「救済史」(Heilsgeschichte)は「普遍史」へ移行し，世俗化の過程が進行した。しかし，この世俗化がさらに進み，知識人たちは救済を哲学に，諸々の学問に求めた。ところが学問は信仰の対象ではないから，その正体は偶像として暴かれその地位を失ってゆく。

値倫理学』や『同情の本質と諸形式』また『人間における永遠なるもの』などに展開する人間学は優れた内容をもっているからである。そのさい最も重要な点はシェーラーがカントの倫理学を批判することによって自らの思想を確立していったことである。カントは近代のヨーロッパ人間学の完成者である。その中心思想は近代の主観性にもとづく徹底した理想主義の立場であった。ところがシェーラーはこの近代主観性の立場を批判し，間主観性の観点から人間学を刷新したのである。

この間主観性の学説は近代的な思考に対する革命ともいうべき内容をもっている。とくに彼は人間の情緒的世界にもろもろの価値が現象している仕方を現象学的に考察した。情緒は人間の間に生き生きと生起交流する作用であり，優れた間主観的現象である。たとえば「共歓・共苦」という現象には「共に喜び合うとその喜びは二倍となり，苦しみを他者と分かち合うとその苦しみは半減する」という法則が見いだされる。このような「共歓・共苦」の現象は「共同感情」が人間の「自我」に備わった「機能」であることから生じており，「人格」にふさわしい行為的な「作用」である「愛」とは本質を異にしている点が解明された[15]。

ここから二つの学問的に重要な観点が今日においても強調されなければならない。第一は「他者認識」の問題であり，第二は同情倫理学に対する批判から生まれた「愛の秩序」の思想である。さらに共同感情と愛との，区別と関連の理解には愛の哲学者としての彼の面目躍如たるものが認められる[16]。しかし，ここでは第一の点だけを問題にしたい。

シェーラーは他者認識として従来説かれてきた類推説や感情移入説を批判し，その間接推理が自己認識を他者に当てはめたり移入するにすぎない点を指摘した[17]。その際，彼は「自我」と「人格」とを区別し，自我が対象的に認識され，科学的に解明できるのに対して，人格の方は対象的には認識されず，ただ体験的にのみ理解されるという。こうして人格は自我のようには対象化できないけれども[18]，それでも他者との共通の体験から

---

15) 金子晴勇『マックス・シェーラーの人間学』創文社，261-63頁参照。
16) この点に関しては金子晴勇前掲書，256-63頁参照。
17) 類推説はディルタイによって，感情移入説はリップスやフッサールによって説かれた。
18) シェーラー『人間の地位』(前出) 59頁。「精神とはそれ自体で対象となりえない唯一の存在であり，全く純然たる作用性であって，自分の作用の自由な遂行においてのみ自分

他者に対する理解の道が拓かれるようになった。

『人間の地位』においては人格としての精神の特質は，環境によって拘束され，どこまでもそれを肯定せざるを得ない動物との比較考察によって解明される。それに対し，人間は環境を越えて世界に対して開かれており，世界を超えたところから，それを「対象」として捉えることができる。これが「世界開放性」としての人間の根本的特質である[19]。動物が本能によって環境に深く組み込まれており，植物とは違って意識をもっていても，自己に対する意識をもっていないのに対して，人間は自己意識のみならず，自己の身体的・心的性質をも対象的に把握することができる。それゆえ人間は世界を超越したところに自己の作用中枢をもち，一切の行動に作用統一を与えることができる。この中枢は有機体と環境との対立を超えており，「人格」(Person) と呼ばれる。

シェーラーはそれまで他者認識の理論であったディルタイの類推説やリップスやフッサールの感情移入説を否定し，他我の知覚の直接性を説いた[20]。このような彼の間主観性理論の内容でとくに優れている点を指摘してみたい。

まず，彼は人格の非対象性を力説し，人格に対する認識を「理解」(Verstehen) に求める。彼は人格と自我を分け，自我が対象的に実験科学によって解明できるのに，人格の方はそうはいかないと主張する。そこで人格には独自な認識方法が立てられる。

「人格としての（精神的）人格は，そもそも客観化できない存在でありまさしく〈作用〉と同じように現存在に関してもっぱら共同－遂行を通してのみ，存在に参与し得る存在である。この存在参与 (Seinsteil-nahme) のみが客観化して知り得る諸対象についての知の代わりとなり得るものであり，それが可能なのは，知そのものが単に存在参与の一変種，つまり対象化しうる存在への存在参与であるに過ぎないからである」[21]。

の存在をもっている。この精神の中心である〈人格〉は対象存在でも事物的存在でもなく，たえず自己自身を遂行している」。

19) シェーラー前掲訳書，50-51頁。
20) 金子晴勇前掲書，128-56頁参照。
21) シェーラー『同情の本質と諸形式』青木茂・小林茂訳，「シェーラー著作集 8」白水社，360頁。したがって理解とは「或る他の精神の現状存在 (Sosein) に或る存在が精神の

このような存在参与の基本様式が「理解」であって，単なる「知覚」とは全く相違している。

次に，彼は人間の内には社会が本質的に備わっている点を指摘する。彼によると社会が人間の意識に本質として含まれており，社会は個体のなかに最初から内的に現存している。そのため人間は外的に社会の一部であるだけでなく，社会もまたそれに関連する成員としての人間の本質となっている[22]。ここから彼は自己と他者とに分化する以前の共通な根源を示す自他未決定の「体験流」が存在することを説いて，「〈差し当たり〉人間は自己自身においてよりも他人においてより多く生きているし，彼の個体におけるよりも共同体においてより多く生きている」と語ることができた[23]。

これまでの間主観性の学説においては自我がその自己意識から出発して，他我の意識に向かっていったのに対し，シェーラーでは他者の意識が自己意識に先行し，体験された心的生の全体の流れから個別的なものは次第に自己意識に達し，自他の分化もそこから説明された。したがって人間は本質的にまた必然的に社会的存在であり，家のような生命共同体 (Lebensgemeinschaft) において完全に統合された生活を開始し，幼児や原始人に見られるように徐々に自己の境界を区切るようになるとみなされた。

しかしシェーラーは晩年になると人間学をも従来の西欧的な形而上学から基礎づけようと試みる。こうした傾向は，ヨーロッパ精神史における彼の位置を明確に規定している。つまり，彼は人間科学の成果を積極的に受容したが，それは自我を中心とする心的領域に制限され，精神の領域においては伝統的な形而上学にとどまった。こうした二元論的考察による中途半端な人間学はその後の人間学の展開によって厳しく批判された。

本質によって参与すること」であると規定されている。

22) シェーラー前掲訳書，360頁。

23) シェーラー前掲訳書，368-69頁。この引用文に先立って彼は次のように言う「この体験の流れは，事実，自分のものと他者のものとを区別せず，相互に混合した形で含んでいる。……それはたしかに，私たちが自己の体験を他人へ差し入れるいわゆる感情移入の錯覚ではなく，それと対立する方向，つまり私たちが他者の体験を私たち自身のものとして体験する方向である」。

3 宗教的作用としての霊性の意義

現代の世俗化した精神状況にあってシェーラーの人間学は霊性の復権に大いに貢献していると思われるので、次に彼の人間学における霊性理解を問題にしてみたい。中期のカトリック時代においてはシェーラーにとって神の存在は優れた意味で超越的にして、無限の人格であるため、人間の自発的認識作用を超えていると考えられた。したがって神の存在の証明は不可能である。というのは宗教以外の一般的な経験の領域においては推論や分析によって証明は可能であっても、超自然的・神的・人格的な存在者の存在は理性によっては証明され得ないから。それゆえ、もし人格神の存在について総じて語り得るとしたら、それは神自身の側からの「自己提示」つまり「啓示」による他はない。彼は現象学の基本的前提にもとづいて認識をその対象との本質的連関において展開させる。なぜなら認識に対しては常に存在が本質的に相関しているからである。ところで神的人格存在に本質的に相関しているものは、何であろうか。それは神的人格が自己を啓示する際に、それを受容できる人間の働きである「宗教的作用」（religiöser Akt）のみであり、この作用の分析だけが神についてわたしたちが積極的に語りうるすべてである。

（1）人間の霊性の作用

宗教は聖なるものに対する信仰によって成立する。この聖なるものに対する人間の態度は信仰であって、信仰は人格的な信頼という特質をもつのみならず、それが人間の意識に属しているかぎり、人間は信仰の対象を認識する能力をも併せもっている。一般的に言って対象と認識との間には本質連関が求められる。つまり、何かあるものが現象するかぎり、それと相関する意識のうちに認識の機能が存在しなければならない。したがって聖なるものの体験が人間に与えられているかぎり、その対象と意識の志向体験の間には本質的な連関がなければならない。これが現象学の基本的な前提であり、シェーラーはこれを次のように語っている。

「或る対象種が存在するという主張はすべて、この本質連関にもとづいて、この対象種がそのうちに与えられている経験種の申し立てをも要

求する。そのかぎりにおいてわたしたちは，〈価値はその本性上感得する意識のうちに現出し得るのでなければならない〉と主張する」*24。

聖なるものである神は宗教的価値であって，「感得する意識」に現象している。だが，この現象の仕方は対象の「表象」において与えられるばかりではなく，「感得」という作用においても与えられる。この点に関してもシェーラーの次の発言は注目に値する。「世界は体験において原理的には，それが〈対象〉として与えられているのと同様，直接的に〈価値の担い手〉および〈抵抗〉としても与えられる。したがってまた，たとえば風景の美しさ，あるいは好ましさ，愛と憎しみ，意欲と意欲しないこと，宗教的予感と信仰というような，あることを感じるという諸作用のうちに —— そしてこれらの作用のうちにのみ —— 直接的に現われ，またそれに向かって輝き出るあの本質内実も問題とされるべきである」*25。したがって聖なるものは意識の対象としてのみならず，聖者のような「価値の担い手」や「抵抗」としても与えられ，「宗教的予感」や「信仰」の「感得作用」によって把握される。こういう「感得作用」は感性や理性とは相違する「霊性」の作用である。

（２）霊性の意義

霊性は神の啓示を受容するときの心の働きであって，信仰によって啓示内容を受容する作用である。この作用は簡単に言うならば，いわゆる「宗教心」を意味する。すべての人はこの宗教心を自己の内部にもっており，通常は隠されているため，自覚されないとしても，人間が永遠者や絶対者に引き寄せられる絶対的領域を形成している*26。この絶対的領域を満たすものは永遠なる神であり，間違って有限なものがそこに闖入するとそれは偶像となる。

この偶像には金銭・国家・無限の知識・女性などがあげられる。有限的なものが絶対的領域に侵入することは「偶像化」の発端であり，昔の神秘家の言葉を用いて「ものの虜となる」（vergaffen）と言われる*27。これに

---

24) シェーラー『倫理学』吉沢伝三郎・岡田紀子訳「シェーラー著作集2」176頁。
25) シェーラー『現象学と認識論』小林靖昌訳「シェーラー著作集9」299頁。
26) シェーラーはこれを「秘奥人格」（intime Person）もしくは人間存在の本質的な構成要素とみなしている（『倫理学』小倉志祥訳「シェーラー著作集3」293頁）。

よって存在の秩序と価値および愛の秩序が惑乱される。したがって問題となるのは、諸々の偶像を破壊し、絶対的領域における宗教的作用にふさわしい十全な相関者を提示し、見いださせることだけである[*28]。

その際、彼は自然的宗教の意義を「宗教的作用」の解明によって明確に捉えた。

（3）「宗教的作用」（religiöser Akt）

この作用は「神に向かう霊的志向」（geistige Intention auf Gott）とも言われ、たとえば祈り・感謝・崇拝・畏怖などの作用、また悔悟・謙虚・畏敬などの作用を指す。まず宗教的作用が「神に向かう霊的志向」である点について考えてみたい。その際、この作用のプロセスは人間の言語によっては十全に表現できないけれども、心の奥底にある一つのドラマとして描かれる。このドラマの第一幕には人間的な実存状況の認識が求められる。それは「無知と無力」の自覚である[*29]。第二幕はこの志向作用とその対象である永遠者との本質的連関が「断ち切ることのできない永遠の本質的紐帯」であることの考察であり、そこに精神の尊厳と崇高性とが見いだされる。さらに第三幕は永遠者からの光の啓示を受容する出来事である。このような三幕からなるドラマは人間の心の奥底において生じる神と人との関係の動的プロセスである。要約するとそこには次の三点が明らかにされる。

① 聖なる神の前での人間の無知と無力の自覚，
② それにもかかわらず神と人との永遠の本質的な関連と紐帯についての認識，
③ 永遠者の光の啓示による有限者の理性活動がドラマチックに展開する[*30]。

ここにキリスト教的霊性が宗教的作用として捉え直されていることが知

---

27) シェーラー『人間における永遠なもの』亀井裕他訳，「シェーラー著作集7」，279頁。

28) この相関者の内実は，いまだ未知の者には人格神として「提示」されるべきであり，偶像のうちにそれを見失っている場合には，幻滅によって迷いを冷まし，みずから人格神に立ち返ってこれを「確証」すべきである。

29) これはアウグスティヌスによって原罪がもたらした致命的な欠陥として説かれたものである。詳しくは金子晴勇『アウグスティヌスの恩恵論』知泉書館，30頁参照。

30) シェーラー前掲訳書，150-51頁。

3 宗教的作用としての霊性の意義

られる。さらに宗教的作用に固有な法則性が次の三つの特質として取り出される。

(1)「その志向の世界超越性」(Welttranszendenz seiner Intention)。宗教作用がその志向において世界超越的である点が第一に力説される。ここで「世界」というのは人間が経験する事物と事実のみならず，志向する主体としての自己を含めた有限な存在領域の全体を指す。また「超越」というのは総じてすべての種類の世界を超えることである。一般的に「超越とはすべての意識志向に具わる特質である」。したがって意識にはその体験内容を越えて思念することが含まれる。だが宗教的作用において超越は，世界が全体として超越される場合に限って用いられる[*31]。

(2)「それはただ〈神的なるもの〉によってのみ満たされ得る」(die Erfüllbarkeit nur durch das《Göttliche》)。世界に属するものや世界を構成しているもの，したがって有限なものによってはこの作用は本質的には満たされない。こういう洞察はアウグスティヌスの『告白』冒頭の言葉「汝のうちに安らうまではわたしたちの心は不安である」(inquietum cor nostrum, donec requiescat in te) に端的に示される。それは宗教的志向が自己と社会の全行為を含めて有限の事物，有限の財，有限の愛の対象によっては満たされないということの洞察である[*32]。

(3)「それは自己自身を開示し人間に自己を捧げる神的性格の存在者を受け入れること（神的なるものの自然的な啓示）によってのみ満たされる」。宗教的作用の特質は，その他の認識と異なり，それが本質上志向しているその当の対象の側からの応答，対応作用，反応作用を要求することにある。これは愛 (Liebe) が応答愛 (Gegenliebe) と本質的に連関している事態と同じである。こういう応答は，対象が神的人格者という形態を備え，その啓示が志向作用を満足させなければ，本質的に不可能である[*33]。この作用

---

31) シェーラー前掲訳書，252頁。
32) シェーラー前掲訳書，253頁。宗教的志向が有限なものによっては満たされないということは，「浄福・至福」が有限な財によって達っせられず，また「絶望」が自己の所有や環境によらないのと同じ事態であることを見ても明らかである。こうした有限な世界の本質を超えている存在や価値によってのみ満たされる宗教的作用は，日常的経験を超えているため表現できない対象にかかわっており，表現できないという否定的判断を行なったとしても，なおその作用のうちに変わらずに与えられているものが宗教的内実なのである。なお，アウグスティヌスの言葉は『告白』の冒頭部分にある。
33) それに反し「形而上学にとっては神的なものの人格性は到達できない認識の限界

は求めている当の相手から受け取るのであるから、少なくとも受け取ろうとの自発的行為を前提する。神的人格者の啓示は、一般啓示と特殊啓示とに分けられるが[34]、ここでの宗教的作用は両者に妥当する。

したがって宗教的体験は日常生活のなかにあって、それを超越した存在者に触れ、満たされるということを意味する。それは「全く他なるもの」(das ganz Andere) と関わる体験である。この他者は神的人格として人間の内界と外界、歴史と自然の恒常性をとおして象徴的に自己を啓示する。自然現象を介しての宗教的畏怖も人間にとっては量り知れない神的人格に淵源しているといえよう。こうした人格によって救いを受け取ることが宗教体験の本質を構成する。

（4）Geist の意味内容

「宗教的作用」の法則性を明らかにしたことが彼の宗教現象学における最大の功績である。現象学は意識の経験の学である。問題は宗教経験においていかなる事態が生じているかということである。彼はこの事態を「神に向かう霊的志向」において捉え、既述のようにそこに三幕物のドラマの展開と三つの宗教的作用の法則性を取り出した[35]。この法則性の洞察はとくに目新しい要素を提示してはいないとしても、人格的宗教の伝統の中にある宗教作用の本質を的確に捉えている。

次にヨーロッパの伝統となっていた人間学的区分法についてシェーラーはどのように理解していたであろうか。「精神と身体」というもっとも古い人間学の二区分法に対し、シェーラーはパスカルの「三つの秩序」にしたがって精神（理性、心）・悟性・身体の三区分法を採用した。そして宗

をなしているが、宗教にとってはこの人格性はアルファであり、オメガである。この人格性が眼前に浮かばず、これを考え信じ心内にその声を聴くことがないなら、そこでは厳密な意味で宗教について語れない」（シェーラー前掲訳書、257頁）。

34)「一般啓示」とは人間に与えられた宗教作用によって感じとられるものであり、自然現象を介しての宗教的畏怖のように、世界や宇宙における神の感得を言う。だが「特殊啓示」とは特定の聖者キリストや仏陀によって授けられる啓示を言う。

35) 先に説明したようにその第一の法則は「その志向の世界超越性」であって、これは宗教の本質要素といえよう。第二の法則は「それはただ〈神的なるもの〉によってのみ満たされ得る」である。第三の法則は「神的なるものの自然的な啓示によってのみ満たされる」であり、宗教的作用の特質が、本質上志向している当の対象の側からの応答を要求することが説かれた。

教的作用は精神の作用に属していると説いた。ところで,「その心のうちに神が住まい働いている」ホモ・レリギオースス（宗教的人間）と言われる場合，それは「精神的人間」を意味するのか，それとも「霊的人間」を意味するのかという疑問が当然出てこざるをえない。それゆえ，ここで「精神」と訳されているドイツ語の Geist の意味が検討されなければならない。たとえば Gott als Geist と彼が語っている場合，それは Gott ist Geist （ヨハネ福音書4. 24）から来ており，これを「精神」と訳すことは問題となろう。聖書的な πνεῦμα（プネウマ）はラテン語では spiritus と訳され，日本語では一般に「霊」や「霊性」が使われて，「神は霊である」と訳される。ところでキリスト教思想史の伝統では「霊」の理解は哲学的意味と神学的意味との二重の意味をもっている。哲学的意味は霊・魂・身体からなる自然本性的な三分法によって示され，神学的意味は霊・肉からなる実存的二分法によって示される。この二重の意味の明瞭な区別はルター以来説かれて来たが[*36]，シェーラーにおいてはそれが欠けているため，哲学的意味と宗教的意味との概念上の混乱が生じている。一例を先のドラマの第二幕と第三幕で語られたことばで示すと，精神が自己の「言語を絶した脆弱性，虚弱性，不安定性」の唯中で永遠者の「尊厳と崇高性」を生き生きと感じるとき，「神は Geist（霊，精神）であるという宗教的認識がおこなわれる」[*37]と言われる。

　ここには人間精神の永遠者との断絶および神の恩恵による救済とが与えられ，「神は霊である」という宗教的認識が得られると説かれた。この場合「霊」は，パウロの第1コリント書第12, 13章が説いているように，同時に神の救いの心である「愛」を表わしている。ところがこれに続くシェーラーの思想では人間と神との関係が有限な理性と無限な理性との関係とみなされ，理性は哲学的三分法の「精神」と同義語になっている。シェーラーの場合には宗教と哲学との本質的区別が単に対象志向の相違に求められているにすぎず，宗教の中に形而上学が密輸入され，宗教に対する理解の前提となっているのではなかろうか。こうして宗教的概念である「霊」が無意識のうちに自然本性的な「精神」と「理性」に移行している。

---

36)　金子晴勇『ルターの人間学』創文社，13-55頁参照。
37)　シェーラー前掲訳書，152頁。

このような「霊」概念の不明瞭さはシェーラーがヨーロッパの伝統的な三分法を定着させることなく，精神と生命の二元論に陥っているという印象を与えるものとなった。そのため精神と生命とを霊において統一的に理解する道が閉ざされることになった。このことはきわめて残念なことである。しかし，それは彼が晩年の『人間の地位』でキリスト教的宗教性を排除し，生命の形而上学によって人間学の全体を組み立てようとしたことから起こったように思われるが，すでに指摘したように中期の作品においても「精神」と「霊」との厳密な区別がなされていないがゆえに，当然の帰結であったといえよう。

第3章

カッシーラーの人間学と心身論

はじめに

カッシーラーは現代人間学の創始者マックス・シェーラーの『宇宙における人間の地位』(1928年)が世に問うた問題提起を受けて1930年に『現代哲学における「精神」と「生命」』(《Geist》 und 《Leben》 in der Philosophie der Gegenwart) を書いた[*1]。この論文が最初に発表された1930年はシェーラーの書物が出版された頃で，その問題提起によってドイツ哲学界で人間学の議論が沸騰していた時期に当たる。とりわけ心身二元論をめぐって賛否両論が激しく交わされている中で，この論文はシェーラーの意味するところを充分にくみ取りながら，『シンボル形式の哲学』全三巻を完成させたカッシーラーが，その哲学の根本思想に立ちながら彼自身の人間学を創始するというきわめて注目に値するものである。彼はこの著作の第四巻として「哲学的人間学」を準備していたが，ナチズムの迫害を受けるに及んで未完成のまま亡命を余儀なくされた。その後彼はアメリカに渡り，An Essay on Man. An Introduction to a Philosophy of Human Culture, 1944 (邦訳『人間』岩波書店) を完成させ，彼自身の人間学の大綱を世に問うた。しかしながら，この完成を見た書物では現代ヨーロッパの人間学に関する彼自

---

1) カッシーラーの論文《Geist》 und 《Leben》 in der Philosophie der Gegenwart, in: Ernst Cassirer, Geist und Leben Schriften, Reclam Verlag Leipzig 1993 に収められている。この論文の初出は Die Neue Rundschau (Berlin und Leipzig, 1930, I, 244-264SS) であり，後に "Spirit" and "Life" in Contemporary Philosophy, trans. R. W. Bretall and P. A. Schilpp, in: The Philosophy of Ernst Cassirer, ed. Schilpp, p.855-80 として一般に知られるようになった。巻末付録参照。

身の思想は学問的な厳密さにおいてはほとんど展開していない。その意味で『現代哲学における「精神」と「生命」』は彼の人間学的な思想を理解するうえできわめて重要である。

このように人間学を「精神」の側面から再考する傾向と並んで，現代の実存哲学がキルケゴールを復活させる試みとして登場し，現代思想の主流となった。やがて実存哲学が衰退していくことによって，人間学の重要性が注目されるようになり，同じ時代にシェーラーの問題点を超克すべく登場したカッシーラーの人間学の試みが高く評価されるようになった。

それゆえわたしたちは，まずカッシーラーがどのようにシェーラー人間学を受容し批判したかを検討した上で，彼の人間学の特質を考察することにしたい。

1　シェーラー二元論の評価と問題点の指摘

カッシーラーによると現代哲学は自然と精神の間の対立を解消する方法として二つの世界の間の裂け目をその深みの全体にわたって捉え，わたしたちの前に提示する。たとえばルードウィッヒ・クラーゲス（Ludwig Klages, 1872-1956）の著作において生命は精神に敵対する力として現われる[*2]。それゆえ「意識」と「生命」，「思考」と「存在」は，未だそれらの存在の最も深い根の部分で互いに分断されたままである。だから人間が精神の支配に身を委ねると，彼は生命と不和になり，突き刺すような不協和音を発して，吸血鬼のような力に自分自身を委ねるようになる。それに反してマックス・シェーラーの『人間の地位』はクラーゲスの魔術的で神話的な魔力圏からわたしたちを解放する。彼の人間学はいまだ断片的であって，その根本思想は明らかに冒険的な企ての域を出ていない。彼は「生命」と「精神」との対立を決して克服したり和解させようとはしないが，それでもこの二元論がもつ意義，人間自身における存在の根源的な二分化を捉えており，ヨーロッパの伝統的な形而上学とは全く他なる人間像を構想したとい

2）　クラーゲスはドイツの哲学者で性格学者。その著作「心に抗争する精神」でユダヤ・キリスト教的一神教，父性の神，精神主義や知性主義に反対し，異教的な先祖崇拝，女性の神，多神教を評価した。秘教に関心を寄せ内面的な体験を重んじ，物質主義や実証主義に対抗した。

えよう。

(1) 二元的な対立を克服するロマン主義の精神

カッシーラーの人間学における最大の問題はシェーラーが説いた精神と生命との「対立」をどのように解消できるかということである。その際，彼はまずハインリヒ・フォン・クライストがその短編「操り人形劇場」[*3]によってその時代の哲学的な問題を解明することに成功した点に注目した。それは次のような物語の形式でもって叙述された。主人公は身体的な美しさだけでなく，身に付いた優雅な態度できわだった一人の若者であるが，彼が偶然的なきっかけで自分の優美さに気づく瞬間に，その優雅さが失われてしまった。そしてひとたび失われると，それは永久に消えてしまい，どんなに努力しても回復されはしない，と述べられた。クライストがそこから引き出す結論は，自然と意識，身に付いた優美さと意識的な反省とが，それぞれ全く異なった世界に属しており，対極的な緊張関係にあって，互いに対立し合うということである。こうして一方の局面が前面に現われる程度に応じて，他方の局面は退いていく。彼は言う，「有機的世界においてはただ反省がいっそう弱く，不明瞭となるに応じて，美の女神はそこでいっそう輝き，いっそう優勢となる。それにもかかわらず，一方では一つの点から分岐し，無限に向かって進み行く二つの線は，他方では突然ふたたび交差してあらわれる。もしくは，凹面の鏡の中の像が無限に遠ざかっていきながら，それが突如として再びわたしたちの前にあらわれる。そのように知識がいわば無限によって進行するときには，美の女神は再びその姿をあらわす。こうして同時にそれは，まったく意識をもたないか，または無限なる意識をもつ人間の身体構造の中に，つまり操り人形と神の中に，それ自身のもっとも純粋な形態としてあらわれる」[*4]と。

このような運動は楽園の回復の物語をもって具体的に説明される。つまり人間が直接性の楽園からひとたび追放されると，それは知識の木の実を

---

3) この作品は，1810年に「ベルリンの夕刊」に掲載されたが，それはカッシーラーがそれを論じた100年以上も前のことである。しかし，もしその原作者を知らないだれかが，今日，その作品を見たならば，彼はおそらく著者が彼と同時代の人間であると信じるであろう，と述べられた。

4) Heinrich v Kleist: Sämiliche Werke und Briefe in vier Bänden, Bd. 3 : Erzählungen, Anekdoten, Gedichte und Briefe, hrsg. von K. Müller-Salget, Frankfurt, 1990, S.563.

口にしたことから起こったのであるが，犯された罪によって人間は単なる自然的な無意識的な生命の限界を永遠に置き去りにしてしまった。そこで人がその道の終りに再びその初めの状態に戻るためには，自分に指定された軌道を経過しなければならなくなる[*5]。

この小論には，今日の人間学の問題点が明瞭に映し出されている。それはわたしたちの「近代」およびもっとも現代的な哲学思考が実にロマン主義の中に根をはっているという事実である。それは意識的にも，無意識的にも，わたしたちがロマン主義の影響を受け，その模範に依存していることを示している。というのはカッシーラーによると今日新しく「自然」と「精神」の大いなる対立，「生命」と「知識」の対極性が哲学的思索の中心に立ち現われているからである。この対極性というのはロマン主義によって造られた概念手段，ロマン主義によって刻印されたカテゴリーであって，それによって今日の問題提起と問題解決が試みられるように思われる。というのはロマン主義の哲学は，それがどれほど鋭く立てられようとも，この対立のためにあらかじめ明確な形而上学的解決と和解をいつも用意していたからである[*6]。

（2）シェーラーの二元論と「精神」の理解の特質

カッシーラーによるとシェーラーは二つの点で伝統的な形而上学から自己を切り離す。第一に彼は一元論的な「同一哲学」（Identitätphilosophie）の試みのすべてを絶対的に拒否する。したがって生命から精神への発展は否定される。「人間を人間となす新しい原理は，わたしたちが最広義で生命と呼ぶことができるすべてのものの外部に立っている。人間を人間となすものは，すべての生命一般に対立する原理である。それは人間そのものを総じて〈生命の自然な進化〉へと立ち返らすことができない」[*7]。

---

5) Heinrich v Kleist, op. cit., S. 559f.

6) そこでは対立を最期にはさまざまな媒介の道をたどって解決しようと心がける。シェリングは『先験的観念論の体系』の中で「わたしたちが自然と名づけているものは，すばらしい神秘的な書物の中に鍵をかけて閉じ込められている一つの詩である」（Schelling: System des transzendentalen Idealismus, 1800, in: Schellings Werke（hrsg. von M. Schröter, 2. Hauptband, München 1927, S. 628. を参照）と述べている。

7) Max Scheler: Die Stellung des Menschen im Kosmos, 1928, in: Max Scheler: Gesammelte Werke Bd. 9（hrsg.von Manfred Frings），Bern / München 1976. S.31. この書の初版が『人間の特殊

第二に「精神」の諸活動のすべては，生命の基本的な方向に対する断固たる方向転換となる。それは単なる生命に対して否定的なかたちで存在することになる*8。したがって人間はこの転向を実現するところで初めて人間となるがゆえに，精神的存在の根本規定は，生命的なものの魔力・抑圧・依存からの解放・自由・免除である。これこそ「世界開放的」な人間存在なのである。

> 「そのような〈精神的な〉存在は，もはや衝動や周囲世界に拘束されていないで，それや周囲世界から自由であり，わたしたちが好んで名付けているように，世界開放的である。そのような存在は〈世界〉を所有する。それは根源的には彼に与えられた周囲世界に対する抵抗や反応の中心を〈対象〉にまで高めることができる。〔それに反し〕動物は周囲世界へと我を忘れて自分自身を喪失している。彼はこの〈諸対象〉の個別的な本質存在*9を原理的に把握することができる。その際この諸対象の世界とその所与性が生命的な衝動の組織によって，またそれに先だって備えられている感覚機能や器官によって経験されているという制限はない」*10。

こうして人間を動物からもっとも明瞭に区別するものは，彼を取り囲むその都度の現実に拘束されることなく，可能的なるものを自由に直視できることである*11。ここでは「生命」と「精神」との間の「対立」がもっ

地位』という表題で1927年に発表された。カッシーラーのシェーラー引用は全集版と対照とすると圧縮されている。それゆえ翻訳では邦訳『宇宙における人間の地位』「シェーラー著作集13」に拠っていない。以下同じ。

8) 精神は生命に対する否定において生起するがゆえに，生命衝動に対する永遠の抗議者であることをシェーラーは強調する。

9) これは Sosein の訳語であって「相在」とも訳されるが，語義的には「そのようにあるもの」であって，個別的な，具体的にあるものの本質を言う。

10) Scheler, GW 9, S.32. 続けてこう言われる。「それゆえに精神とは事柄に即した作用として事柄の具体的な本質存在によって決定可能な働きである。そしてそのような存在とは〈精神の担い手〉であって，それが自己の外部にある実在との交渉の仕方は動物のそれと比較すると力学的に正反対となっている」。したがって精神の働きは具体的経験に先だって具わっている認識の能力によって遂行される。これはカントのアプリオリな認識と同じことを述べたものであって，アプリオリ主義という特質をカントからシェーラーは継承していることを示す。

11) 「動物は，事物自体に見られるより多い，またはより少ない〈数量〉から〈数〉を抽象することができないのと同じように，周囲世界の事物の特定な内容から空間，時間の抽象的な形式を切り離すことができない。動物はそのときそのときの具体的な現実の中に埋没

も鋭い仕方で強調され，貫徹されている。しかも彼は形而上学的位階秩序と価値秩序における精神の優越と支配を確信し，人間は自分自身の生命に対して原理的に禁欲的に振る舞うことができる存在であると見なし，現実に存在するものに向かっていつも「はい」と言う動物に比べて，人は「否と言いうる者」，「生命に対する禁欲者」，あらわな現実性に対する永遠なる抗議者であると主張する。しかも精神は自らは無力であって，すべてのエネルギーを生命から取り出すと説かれた点が問題となる[*12]。

シェーラーによると「精神は生まれつき，かつ，始源的には自己のエネルギーをもたない」[*13]。したがって，精神は，それ自身の理念構造と意味構造において，生命の諸力に特定の目標を指示するだけで満足しなければならない。それに対してヘーゲルは理念を単なる課題として確信するのではなく，「実体的な力」として出現させると説いたが，この見解ほど明瞭にシェーラーの学説をヘーゲルから分ける観点はない[*14]。シェーラーがヘーゲルと対立して強調するところによると，「人間の精神と人間の意志の力は指導や管理以上の意味をもつことができない」[*15]。そしてその意味するところは単に，「精神そのものが衝動の力の前に理念を差し出すのであって，これらの理念を実現するために精神自身が自己の，それに根源的に所属している力を差し向けるのではないということである」[*16]。

して生きている。〔本能的な〕衝動への期待が運動の衝動に移っていくさいに，それが，知覚や感覚の中で事実的に衝動の実現が起こっているすべてのものに対し，優勢を保つときになって初めて，人間においては，内容の欠けた空間的なもの，およびそれと似た時間的なもの〔空間・時間の形式〕が，知覚のあらゆる可能な内容と事物世界の全体に対して〈先行するもの〉として，根底に横たわっているものとして，出現するという極めてユニークな現象が起こる」(Scheler, GW 9, S.37f.)。

12) Scheler, GW 9, S.44. したがってシェーラーが理解するように，精神はその発端においては全くの無力である。精神が生命との格闘において投入したすべては，精神自体から生じるのではなくて，ユニークな回り道をし，まさしくあの禁欲のわざによって，衝動を抑圧することによって，生命そのものの領域からもぎ取らなければならない。

13) Scheler, GW 9, S.45f.

14) とはいえ精神はこういう目標そのものを生み出すわけではない。精神が指摘する約束の地は，単なる約束の地であり，そうありつづける。

15) Scheler, GW 9, S.54.

16) Scheler, GW 9, S.55f. このことは，目下のところ，人間の発展の目標と本来的な意義として現われているが，「それは本源的に無力な精神と本源的に悪魔的な，つまり精神的理念と価値のすべてに対して盲目な，衝迫との相互的な浸透である」。

(3) 哲学の伝統における心身論

次いでカッシーラーは哲学の伝統から心身関係を歴史的に回顧して主な学説を検討する[17]。その際，二つの問題点が提起される。第一に，もし生命と精神が完全に異質な世界に所属するなら，それらが協力して特殊的な人間的な世界を，つまり「意味」の世界を構成しながら相互に作用し合い，浸透し合うような，完全に統一的な能力をどうして実現することができるのか，ということである。ところがシェーラーは，精神が生命の世界に直接的な影響を及ぼさないし，そこに浸透しないことを力説した。彼は精神が，生命衝動の力に対抗して自分自身の力を設定しないとしても，純粋なシンボル機能，つまり道を指示し，方向を教示する機能でもって満足するという事実を強調する。それゆえ諸々の理念は働きかけないが，それは導き，指導するにしても，特定の方向をとるように強要はしない。そこで彼はこの点を形而上学的に基礎づけようとし，その理由を世界根拠の統一性に求めた[18]。しかし彼はアリストテレスの精神に関する教えが巻き込むのと同じ内面的な困難さに直面する[19]。

この問題に対するアリストテレス自身の立場は，彼の目的論の体系のうちに与えられている。純粋な精神は何ら物質的なものと混合されていない「純粋な作用」(actus purus) としての「思惟の思惟」である。これこそアリストテレスの神であって，この神はそれでも世界を動かす。神は世界を「愛された対象が愛する人を動かす」ように動かす[20]。ところが神と世界の間の，また理念と生命の間の関係についてのこのような深遠な解釈は，シェーラーにはもはや役に立たない。それは古臭くなっており，「いわゆる

---

17) 心身問題の歴史的展望は『シンボル形式の哲学』第3巻，木田元・村岡晋一訳，岩波文庫，189頁以下にも考察されている。

18) Scheler, GW 9, S.51「世界根拠の統一性」というはシェーラーが『宇宙における人間の地位』の終わりのところで提示した形而上学的概念で，ヤコブ・ベーメやシェリングの説いた学説である。

19) アリストテレスの「精神」(vous) または「作用する理性」は，低次の魂の機能に対し上位に位置しており，精神は「外から」生命の世界に入り，また心的な存在の世界に入っていく。しかし，どのようにして精神は自らが属していない世界に作用することができるのか，理念の超越性がどのようにして生命の内在性と合一されることができるのか，という問題に直面する。

20) アリストテレス『形而上学』第12巻1072b3参照。したがって神は自動的な機械のような仕方で，外的な刺激を通して動かすのではない。

目的論的な世界観という支持がしたい無意味さ」のゆえに否定される[*21]。では，他の解決法があるのか。もし生命自身に内在する「理念への心の動き」(Zug zur Idee) がないならば，プラトン的に言うなら理念に対する憧憬や理念をめざす努力が現象界にあらかじめ働いていないならば，理念が生命の前に立てる範型 (Vorbild) に生命が従うことはどのように理解できるのか。もしも精神が生まれつき完全に無力であるとしたら，生命力と生命衝動を堰き止める働きはどうして成功するのか。精神と生命の間における対立の問題はいまや心身問題の一点に集中するので，次にカッシーラーは心身の「合一」(unio) という統合問題に対するデカルトの思想を検討する。

　デカルトは心身の二元論から出発する。それゆえ魂は身体的に起こることで何らかの新しい力を生むことができないし，すでに現存する何らかの力を滅ぼすこともできない[*22]。彼によると魂には物理的な領域における運動の方向 (Richtung) を決定したり，ある条件の下では変更できるということだけが残されている。このように方向の変更することにこそ，身体に対する魂の影響が成り立つ。

　そこでカッシーラーは，シェーラーがフロイトとともに「生命の昇華」と呼んでいるものも，わたしたちが昇華を実行できる精神をその本質において無力であると考えねばならないとしたら，それは到底理解できないし，あり得ないであろう，と主張した。また抑制や昇華は究極的には何らかの積極的な契機や積極的な衝動に帰されなければならない。だから「精神」をもっぱら無力とみなすならば，精神は何らかの方法でそれ自身を超えて何かに影響することは不可能となろう[*23]。それゆえ生命が精神に対して全く他なるもの，精神と全く矛盾的に対立するものとして立てられると，

---

21) Scheler, GW 9, S.51.

22) というのは身体的世界は均質的で完結した強固な因果律の組織を形成しており，それは厳格な保存の法則によって，宇宙における運動量の一定の法則によって決定されているからである。そういうわけで魂は自分からは何らの運動のエネルギーを創造したり，すでにある何らかの運動エネルギーを滅ぼしたりすることもできない。

23) そのような無力な精神について，次のファウストの発言が全く妥当するであろう，と彼は考える。「おれのこの胸のうちに住んでいる神は／おれのたましいの奥底を掻き立てることはできる。／その神はおれのもつあらゆる力に君臨しているのだが，／そのくせ外界のものは何一つ動かすことができないのだ」(ゲーテ『ファウスト』手塚富雄訳，中公文庫，1566-69)。

この対立は解消されることがなくなる。つまり，精神の呼びかけが虚無の中に次第に消滅しないで，生命の領域でどのように聞き取られ，そこから理解されるべきか考えることができなくなる。

　（4）対極性による心身相関論
そこでカッシーラーが問題にするのは，シェーラーが論難するヨーロッパ人間学における「古典的」教説と彼自身の根本的な観点との間には，つまりすべての現実に対する絶対的な力を精神に対して認める見解と，精神を生まれながら「無力な」原理として見る見解との間には果たして対立関係が成り立つであろうか，ということである。

　力の概念の検討と「形相を造る力」　　力と無力の対立を立てるためには，「力」の概念が完全に一義的な概念であって，厳密に同じ意味でなければならない。だが，ここには多義性が認められる。なぜならシェーラー自身は「活動する力」と「形相を造る力」を区別していないからである。活動する力が周囲世界をあるがままに捉え，周囲世界に直接的に立ち向かうのに反し，形相を造る力はこの周囲世界へと直接的に結びつけられず，自己のうちで充足的であり続ける。したがって後者は「現実」（Wirklichkeit）の次元においてではなく，純粋な「像」（Bild）の次元において運動する。この運動は次のような特質をもつ。
　　「ここで人間精神は直接的に事物に向かうのではなく，むしろそれ自身の世界に，記号の世界に，シンボルと意味の世界に自身を繭を作るように織り込んでいく。そしてそれとともに精神は，下等動物において〈感受〉と〈反応〉を連結する直接的な統一性を，当然のことながら喪失する。動物の世界においてはこの統一がもっとも厳格に保たれていることこそ，恐らく動物の世界，その有機的な堅固さ，そしてその内的な生命の健康という特徴的な特質の一つである」[*24]。
　それに反し精神の世界では，生命の流れがただ流れ去っているのではなく，ある地点で引き留められ，必然的に方向転換と帰還，すなわち「心的な傾向」の変化や方向性の変化が起こる。ここにシェーラーの言う精神の

24）　カッシーラー『人間』宮城音弥訳，岩波文庫，61-63頁参照。

「否」をいう禁欲と抵抗の根本思想が有する真理がある，とカッシーラーは主張する。このように精神が自分自身の存在の深みから引き出す力を生命に対して対立的に措定しているかぎり，精神は決して無力ではない。形相を造る間接的な活動は，仕事や行為の直接的な活動とは相違しても，それは「純粋な作用」(actus purus) なのである。真の「観念」(Idee) は自己自身を生みだし，自己を生み出す作用の中で同時に客観的な実在の新しい生き生きとした表象を自己から産出する[25]。こうした純粋な形相の機能的な性格から，すべての形相が自己において反定立的であるばかりか，必然的な対極性が形相に存在しなければならないことも明らかになる。形相の中で作用を及ぼしているのはいつも二重の運動である。それは引き寄せる力と突き放す力，引力と斥力の絶えざる交替運動である[26]。この二重の自己規定は，あらゆる種類の造形的な活動とあらゆる種類の「象徴的な造型」(symbolische Formung) に妥当する。この造型する作用は，世界にいわばある距離を置くことによって，つまり我と世界との間に仕切りの柵を立てることによっていつも開始する。ここから人間においては精神的な世界が仄かに立ち現われてくる。

　このように内的な形成過程の終わりに，実在的なものが人間の視界に再び立ち現われてくる。ケーラーの知能実験でも，動物に期待されうるもっとも高い能力が「回り道」(Umweg) の術であることが明らかになった[27]。これに対して人間精神の世界の形成は，言語や道具の使用および芸術的表現や概念的な認識において世界を構築するときのように，永続的で，不断に拡大され，洗練された「回り道の術」(Kunst des Umweg) によって行なわれる。したがって人間は世界において，かつ，世界をとおして現実の世界を征服するために，「非現実」(Unwirkliche) の世界の中に，仮象と遊戯の世界の中に戻っていかねばならない。

　このような精神の機能をカントは「生産的構想力」(produktive Einbildungskraft) のもとに捉えた。この力によって感覚的「知覚」(Wahrnehmung)

---

25) スピノザ『倫理学』第2部43命題, Scholium.
26) それゆえゲーテは「芸術に優って確実に世界を回避する道はない」と言い，「また，芸術に優って確実に自分を世界につなぎとめる道はない」とも言う (Goethe, Maximen und Reflexionen, in: Sämtliche Werke (Artemis-Gedenkausgabe, Bd. 9, S.503, S.176)。
27) Scheler, GW 9, S.28 ff. 参照。

1 シェーラー二元論の評価と問題点の指摘

や「すべての可能な知覚の構成要素」も形造られる[*28]。こうして「客観的な」経験世界の構成は精神の本源的な形成力と，この形成力がそれによって働く根本的な法則とに依存している。

　シェーラーの哲学的人間学が問題にしたものは，「精神」の領域と「生命」の間に起こっている緊張・止揚できない差異・アンチテーゼである。彼は安易な「一元論」の試みのすべてを拒否したが，再び精神と生命という他の形而上学的な対立に移ってしまった。こうして精神か生命かという単純な「二者択一」へと導かれてしまう。したがって彼のもとでは最初から「生命とは異質な精神」と「観念には盲目な生命」とが互いに対峙していることが明瞭である。

　シェーラーが力説した禁欲主義が切り開く転換する力は「精神の力」である。この禁欲主義は，何かに関わる関係的な (relative) 性格をもっており，禁欲は生命そのものからの離脱ではなくて，むしろ生命が自らの内で経験する内的変化と転向である。この転向において，つまり「生命」から「観念」への途上においては運動と対立しているような静止状態はない。人間はその活動において動物のように抵抗を感受することによってではなく，対象の直観によってその活動が起こる。このように対象に向かって高揚することは，精神の論理的側面における形相的なカテゴリーを造り出す。これが起こるのは，わたしたちが「象徴的な諸形式」(symbolische Formen) という事物と人間との中間の領域に入り込むときである。このことは人間が自己と実在との間に立てる，多様な像－世界を見わたすときにのみ，理解され，指摘することができる。このことは実在を取り除いたり，突き放すためではなく，実在との距離を置くことによって初めて実在を自己の視界に取り込むためである[*29]。

　カッシーラーによると精神と生命の対極性は今や他なる光の中でわ現われてくる。シェーラーのもとでは精神はいわば一種の実体的なもの (Substantivum) にとどまっていた。したがって形而上学的関心のほうが現象学

---

28)　カント『純粋理性批判』A, 120 の注参照。
29)　それは直接実在に触れる近さを求める単に手で触って知る近接感覚から，距離をおく遠隔感覚である目で捉えることへと実在を高めるためである。言語，芸術，神話そして理論的知識のすべては，精神が「距離を置く」というこの過程において，各々がそれぞれの内的な法則にもとづいて一緒に働いている。

的な関心よりも優先していた。だが精神は機能的な力として考察すべきである。ヘーゲルが言うように実体は「主体」（Subjekt）となることができる[*30]。ヘーゲルは「精神の力はただそれが外化する表現と同じだけ偉大である。その深さは精神が自己の解釈において拡がっていき，あえて自己を失うだけ，それだけ深まる」と語った[*31]。この原理を実行に移すためには，精神と生命が相互に対立する関係として把握するだけでなく，同時に，まさしくこの対立のゆえに，両者は相互に捜し合い，求め合うということを要求する。ここでは精神と生命の間に対極性が存続しており，両者の絶対的な異質性は消えている。

こうした精神の作用をカッシーラーは言語の根源現象から説明する。言語を純粋な遂行において捉え，フンボルトの要求にしたがって，言語をエルゴン（所産）としてではなく，活動（エネルゲイア）として捉えるならば，そのとき言語は形を創造する作用となる。こうして彼の人間学は言語活動を通して考察されるようになった[*32]。

2　シンボル機能にもとづく人間学

カッシーラーは現代の人間学において事物と人間の間に言語が象徴となって介入し，事物の意味を把握する作用を明らかにした点で優れた功績を残した。そこで次にカッシーラーが人間を「象徴を操る動物」と規定した人間学の意義を明らかにしたい。

このような彼の哲学的な人間学が見事に展開しているのは晩年の『人間 ── この象徴を操るもの』（An Essay on Man, 1944）である。そこでわたしたちはこの著作を取りあげて彼の人間学の特徴を考察してみよう。

---

30)　これが有名な「実体─主体学説」である。これについての詳しい研究は樫山欽四郎『ヘーゲル精神現象学の研究』創文社，を参照。

31)　この言葉は緒言ではなく『精神の現象学』の序文にある。Phänomenologie des Geistes, hrsg. J. Hoffmeister, ph. B., 1952, S.15.

32)　シェーラーの人間学にはこのような言語への洞察が欠如している。この点に関して Paul Good, Anschauung und Sprache. Vom Anspruch der Phänomenologie auf asymbolische Erkenntnis, in: Max Scheler im gegenwärtige Philosophie, S.111-26参照。

（1）シンボリック・システム（象徴系）

彼はその人間学を確立するに際して，生物学者ユクスキュル（Jakob Johann von Uexkull. 1864-1944）の環境理論の検討から開始する。ユクスキュルは動物がその環境に順応しているのみならず全く適合している構造を感受系と反応系との間に見られる機能的円環をなす連結において捉え，人間学に生物学の新しい批判的原理を導入した。それによると動物的生命を明らかにする唯一の鍵は，比較解剖学の事実のうちに与えられる。彼はもっとも下等な生物の研究から始め，次第にあらゆる形態の有機的生命に研究を拡張した。そして彼は生物学的「種」が，外界の刺激を受け入れる感受系およびそれに反応する反応系は，すべての場合に密接にからみ合っている点を力説した。この感受系と反応系の両者は彼によって動物における「機能的円環」（Funktionskreis）という同一連鎖をなしている[*33]。

このような生物学的な環境理論を人間世界にどのように結びつけることができるであろうか。カッシーラーはこのユクスキュルによって提唱された図式を利用することによって人間を新たに把握する中心を見いだす。彼は次のように語っている。

「人間の機能的円環は，量的に拡大されるばかりでなく，質的に変化をも受けてきている。人間は，いわば自己を，その環境に適応させる新たな方法を発見した。あらゆる動物の種に見出されるはずの感受系と反応系の間に，人間においては，シンボリック・システム（象徴系）として記載されうる第三の連結をみいだすのである。この新たな機能の獲得は，人間の全生命を変形させる。他の動物にくらべて，人間はただ広さの広い実在のうちに生きているだけではない。人間はいわば新次元の実在中に生きているのである。—— 人間は，ただ物理的宇宙ではなく，シンボルの宇宙に住んでいる。言語，神話，芸術および宗教は，この宇宙の部分をなすものである。それらはシンボルの網を織る，さまざまな糸であり，人間経験のもつれた糸である」[*34]。

このように人間の機能的円環は，量的に拡大されているばかりでなく，質的変化をも受けて来た。人間はいわば自己をその環境に適応させる新た

---

33) カッシーラー前掲訳書，63頁。
34) カッシーラー前掲訳書，63-64頁。

な方法を発見した。あらゆる動物の「種」に見いだされるはずの感受系と反応系の間に、人間においてはシンボリック・システム（象徴系）として記載されうる第三の連結が見いだされるからである。この新たな機能の獲得は人間の全生命を変形させた。

　昔からよく使われてきた人間の定義に「言語」が重要な意義をもっている。というのは「理性的な動物」(animal rationale) という人間の古い定義がギリシア語に遡ると「言葉をもっている動物」(ゾーォン・ロゴン・エコン) に由来し、「言語」と「理性」とが同義になっているからである。実際、ギリシア語のロゴスは「理性」をも「言葉」をも意味する。こうして昔から人間と動物との種差は言語に求められた。この言語は人間における最高の象徴機能であって、動物の場合には外界からの感受とそれに反応する機能的連関が本能作用によって直結し、一般的に定型的な反射として与えられているのに対し、人間においては感受と反応との間に象徴組織が造られ、反応は思考過程の介入によって遅延し、とくに言語によって織り成される文化の世界を形成する。この点を中心にして新たに人間学が今日確立されるようになった。とりわけカッシーラーによって人間と言語の関連が解明されており、現代の人間学では人間と言語の関連が重視される。総じて言語は音声と文字という「記号」体系をとおして「意味」を伝達する。記号は物理的であるが、意味は精神的であり、意味を運んでいる記号こそ「象徴」（シンボル）である[*35]。自然の対象に知覚作用を向けて事物の認識を得ているように、わたしたちは記号と意味とをつなぐシンボル機能によって人間文化の世界を構成している。ここでは言語の象徴的意義の解明によって言語と人間との密接な関連を問題にしてみたい。

　それゆえ人間は「シンボル的動物」(animal synbolicum) として定義される[*36]。この定義に示される動物との相違は動物の無意識的感情の表出である「情動言語」(emotional language) と、人間の文章法と論理構造をもつ「命題言語」(propositional language) との相違に端的にあらわれる[*37]。また

---

35)　「象徴」というギリシア語「シュンボロン」は、一つのものの相合う両半分である「割符」を意味する。しかし、そこには使用する人のあいだに約束が交わされる必要があり、シュンボロンはその証拠たる「しるし」として用いられた。だが、「赤」という言葉は少しも赤くないように、「しるし」と「もの」の間は直接対応しないで、記号化は非類似にまで発展している。

36)　カッシーラー前掲訳書、66頁。

動物がパブロフの有名な条件反射の実験で明らかなように，その行動においてサイン（合図）やシグナル（信号）に物理的に反応するのに対し，人間はシンボルによって人間的な意味の世界に生きている。というのはカッシーラーが説くように「シグナルは物理的な〈存在〉の世界の一部であり，シンボルは人間的な〈意味〉の一部である。シグナルはオペレイター（操作者）であり，シンボルはデジグネイター（指示者）である」[*38]。さらに動物の知能と人間の知性との間にも大きな隔たりがあって，「動物は実践的想像および知能をもっているのに対し，人間のみが新しい形式のもの，つまりシンボル的想像およびシンボル知能を発展させたということができる」[*39]。このシンボル形式は一般性と有効性をもった原理であり，人間に特有な世界である文化世界へ参入する入り口となっている。シンボル原理の一般性によって事物の直接性から離れて抽象的に思考することが可能となり，その有効性によって事物に距離を置いて適切に関係し，事物の意味を多様に表現できる。サインとシグナルが事物に固定的に関連しているのに反して，人間のシンボルは可変的であり自由に動くものである。ここに人間文化の多様性と豊かさ，またその歴史が認められる。もしこのシンボルの原理がないとしたら，人間の生活は動物一般と同様に生物としての必要と実践的知能の範囲に限られ，プラトンの洞窟内の囚人のように，暗い灰色の物理的世界に閉じこめられ，人間的な意味の世界，つまり宗教・芸術・哲学・科学によって拓かれる人間文化の世界は存在しない。

　現代は合理化による世俗化の過程が進行しているにもかかわらず，人間を「理性的動物」であると定めた人間の定義は力を失わなかった。なぜなら合理性はまさに，あらゆる人間活動のうちに含まれている性質であるから。それゆえ言語はしばしば理性または理性の源泉そのものと同一視されてきた。しかし理性的な概念的言語と並んで，情動的言語があり，論理的または科学的言語と並んで，詩的想像の言語もあって，そこに人間経験の広さと深さが示される。したがって言語は単に抽象的な思想や観念を表現

---

37) 人間の発するすべての音声は，なお，大部分，この層に属していても，人間の言語は音節化されており，命題言語となっている。ここに認められる情動言語と差異は，人間世界と動物世界の間の真の境界を画している。それゆえ人間の言葉の分析によって，わたしたちはつねに動物界には比類をみない，シンボル機能という最も重要な要素に到達する。

38) カッシーラー前掲訳書，76頁。

39) カッシーラー前掲訳書，78頁。

するばかりか，感情および愛情をも表現する。事実，昔から人間は多くの思想家によって「理性的動物」と定義されたのであるが，その際，理性によっては解明できない経験的な事実は問題とされなかった。これに反して「シンボル的な動物」としての人間の定義は広く文化一般にまで射程が広がっており，人間経験の全体を言い表わす。だから「シンボルを操る動物一象徴的動物」と定義することによって，人間が動物と異なる独自な特質と差異を指示できる。こうして人間の前途に新たな文明への道が拓かれたのである。

　シンボル的思考とシンボル的行動が，人間生活の最も特徴的な姿の一つであること，人間文化の進歩全体が，これらの条件にもとづいていることは，否定できない。シンボリズムは人間経験のいっそう深い源泉にも，さらに広範な経験領域にも適応できる原理である。わたしたちは人間のシンボル的態度を，動物界を通じて見いだされる他の様式のシンボル的行動と比較して区別するために，カッシーラーにしたがって神話・芸術・言語・科学・歴史をとおしていっそう正確に理解することができる。

（2）ヘレン・ケラーの場合
こうしたシンボルのもつ重要な意味はサインからシンボルへ，実践的知能からシンボル知能への発展によって明瞭となる。この点は聾唖にして視力も失われていたヘレン・ケラーの体験によってきわめて明確に指摘された。その体験というのは手で書き示された「水」（water）という触覚言語（記号）が冷たい水を意味していることの発見である。この点を明らかにするためにカッシーラーは二人の盲目で聾唖な子ども，ローラ・ブリッジマンとヘレン・ケラーの意味深い経験を考察する。彼らは特別な方法で語ることを学んだ。ヘレン・ケラーの先生であるサリヴァン夫人は，ヘレン・ケラーが人間言語の意味と機能を真に了解し始めた精確な出来事を記録した。夫人自身の言葉は次のような記録である。

　「非常に重要なことが起ったので，今朝あなたに手紙を書かなくてはなりません。ヘレンが，彼女の教育上，第二の大きな進歩をしたのです。彼女はどんな物も名をもっているということ，そして，手のアルファベットが彼女の知りたいと思っている，あらゆることに対する鍵であるということを学びました。その朝，彼女が顔を洗っていたとき，

2 シンボル機能にもとづく人間学

彼女は水という名前を知りたいと思いました。彼女が何かの名前を知りたいと思うとき，それを指して，私の手をそっと叩くのです。私は water と綴りました。そして，朝飯の後まではそのことは何も考えませんでした。〔その後で〕私達はポンプ小屋に行きました。そして，私はヘレンに私がポンプをおしている間，水の出口の下に，コップをもたせておきました。冷たい水がどっと流れ出てコップを充たしたときに，私はヘレンの，何も持っていない方の手に，water と綴りました。手の上にかかってくる冷たい水の感覚に，密接に結びついてきた，この言葉は，彼女を驚かしたようでした。彼女はコップを落し，釘づけにされたように立っていました。新しい光明が彼女の顔に現われてきました」[40]。

ヘレン・ケラーは，以前に，ある物またはある事と，手のアルファベットのある種のサインを結合することを学んでいたのだった。しかしカッシーラーによるとサインおよび身振りの利用から，言葉すなわちシンボルの利用に至る，決定的な進歩を，この記録以上に判然とした方法で記述することはまず不可能である。では，この決定的な瞬間においてヘレンは何を発見したのか。以前から彼女にはこれらのサインと若干の触覚的印象の間に，固定した連合が樹立されていた。触覚的印象は感覚的なものであるが，それは非感覚的意味を孕んできて[41]，人間の言葉がもっている真の姿と意味を理解するように促進する。だがそのためには，二つのことが不可欠である。第一に，子どもは，すべての物が名前をもっていることを知ることであり，第二に，名前のもつシンボル機能は，個々の場合にのみ制限されているのではなく，人間思考の全領域に及ぶ普遍的な原理であることを理解しなければならなかった[42]。だから重要なものは，個々の煉瓦や石

---

40) カッシーラー前掲訳書，79-81頁。これに続けてこう言われる。「彼女は数回 water と綴りました。それから彼女は地上にしゃがんで名をきき，ポンプと垣根を指さしました。そして急に振返って，私の名をきいたのです。私は teacher とつづりました。家に帰る途中彼女はすっかり興奮していて，さわるものの名前をみな覚えましたので，数時間のうちに，彼女は彼女の知っている言葉に，新しい言葉を三十もつけ加えたのでした。翌朝，彼女は輝いた仙女のように，起き上りました。彼女は物から物へ眼を移し，すべての物の名前をきき，非常によろこんで私にキッスしました。……そして私たちは彼女の顔が日毎に豊かな表情となるのに気づいています」。
41) 『シンボル形式の哲学』第3巻ではこれが「シンボルの受胎」と言われる。
42) ヘレン・ケラーの例は，人間がその人間世界を構成する際，その感覚的素材の性

ではなく，その全体を組み立てる建築の形式としてのシンボリズムの機能である。このようにして人間の思考の道具として言語が学ばれたのである。もし人間の生活は生物学的必要と実際的関心の枠のうちに限定されるなら，人間はプラトンの洞窟の比喩にある囚人のように，宗教・芸術・哲学・科学によって人間に拓かれる「イデア界」（思想界）への通路を見いだすことができない[*43]。

（3）神話論と言語論の分析

さらにわたしたちはカッシーラーが彼の人間学の観点から文化の領域をどのように把握し，言語との関連を追究しているかを考察してみたい。

彼は人間の文化的営みをシンボル形式によって考察する際に，とりわけ神話と宗教の現象に注目する。「人間文化のあらゆる現象の中で，神話と宗教は，論理だけで分析することが最も困難なものである」[*44]とカッシーラーは言う。神話と宗教の世界が，混沌としていると感じられようとも，彼はカント主義者らしく「神話的想像および宗教的思想内容を探求するのではなく，形式を探求する」[*45]と述べているように，彼は神話と宗教の経験に見られる，主観的意識の構造を取り出そうとした。この研究は『シンボル形式の哲学』第2巻で行なわれているが，内容的に簡単には要約できないので，初期の著作『言語と神話』を参照してみよう。彼はカントにしたがって人間の思考は現実を単に受動的に写すだけの鏡ではなく，むしろシンボル的世界そのものをつくりだす活動的な原因 (agent) であると考えている。その際，彼はカント的方法がよく示されているところで次のように語った。

「このような精神の自己解体に対してただ一つの救済手段がある。それはカントが〈コペルニクス的転回〉と呼んだものを真剣にとりいれることである。すなわち，知的形式の内容，意味およびその真実性を

質に依存していないということを示している。人間文化の特殊の性格ならびにその知的および道徳的価値は，それを構成している材料に由来せず，その形式すなわち，その建築的構造に由来する。それゆえ人間は，そのシンボルの世界を，極めて貧弱でわずかな材料からも構成することができる。

43) カッシーラー前掲訳書，93頁。
44) カッシーラー前掲訳書，159頁。
45) カッシーラー前掲訳書，161頁。

2　シンボル機能にもとづく人間学

……そうした形式そのもののなかに，その真実性と内在的意味とについての評価と基準とを見出さねばならないのだ。われわれはそうした形式を，なにか別のものの単なる模写と考えるのではなくて，そうした精神的形式のひとつひとつのなかに自発的な発生法則をみてとらなければならない。つまり最初は実在的なものの固定的なカテゴリーのなかに与えられたもののたんなる記録といったもの以上の，独創的方法と傾向とをもった表現形式をみてとらねばならない。この観点からみれば，神話と芸術と言語および科学とは，シンボルになってくる。……したがってこの特殊の象徴形式は，現実の模倣ではなくて，その器官なのだ。なぜなら，いかなる現実的なものも知的理解の対象となり，われわれにとってはっきり目に見えるようなものになるのは，まさにそうした形式の力による以外にはないからである。……言語と神話と芸術および科学……はいずれもが精神的現実の構成のなかで同時に有機的に機能しているのだが，にもかかわらず，それぞれの器官のひとつひとつは固有の役割をもっているのだ」[*46]。

わたしたちは世界を受動的に心に映しているのではなく，心の作用によって世界を心の中に構成している。これが「コペルニクス的転回」によって知られる，認識論上画期的な意義をもつカントの学説(構成説)である。しかしカッシーラーは狭いカテゴリーによる悟性的な認識の平板さを批判し，多様な内容をもって展開している文化を生ける姿において捉え直そうとする。そのためにはシンボル形式が重要であって，それは単なる模倣ではなく，現実の器官 (organ) であり，これによってのみ文化的現実は余すところなく把握されると説いた。つまりすべての現実は人間にとって歴史的発展のうちに人間精神がつくりだしてきた文化的現象やシンボル的表現なのである。

この客観的意味のシンボル世界は，いわば人間にのみ役立つ「現実の新しい次元」である。文字通り，人間は，自分が創造し，想像する「シンボル世界」に生きている。これを彼は『人間』において次のように結論している。

「言語，神話，芸術および宗教は，シンボルの網を織る，さまざまな

---

46)　カッシーラー『言語と神話』岡三郎・岡富美子訳，国文社，17-19頁。

糸であり，人間経験の，もつれた糸である。あらゆる人間の思想および経験の進歩は，この網を洗練し強化する。人間はもはや，実在に直接当面することはできぬ。彼は，いわばそれを，面とむかってみることができぬのである。物理的実在は，人間のシンボル的活動が進むにつれて，後退してゆくようである。人間は，〈物〉それ自身を取り扱わず，ある意味において，つねに自分自身と語り合っているのである。彼は，言語形式，芸術的形象，神話的シンボルまたは宗教的儀礼中に，完全に自己を包含してしまったゆえに，人為的な媒介物を介入せしめずには，何物をも見たり聴いたりすることはできない」[47]。

カッシーラーはカントの認識論上の構成説を乗り越えようとしている。彼のよるとさまざまな文化的学問はいわば精神の言葉である。そこにはシンボル表現の多様なあり方が展開する。自然や物の本質を直観するために人はシンボル表現の裏側にまわることはできない。なぜなら人間の経験はすべての人間のパースペクティブを決定するシンボルによって形式的に構成されているからである。このようにして今やカッシーラーにとって，シンボルは人間文化の根本要素を構成するものと考えられた[48]。

---

47) カッシーラー『人間』（前出）35-36頁。
48) マックス・ミュラーは，神話は言語のたんなる副産物として説明されるという奇抜な説を提唱した。彼は言語に内在する不明瞭性において神話の特徴を捉えた。これに対しカッシーラーは原始精神にとって，言語は社会的な力であり，超自然的力となる。だから「ロゴスは宇宙の原理となり，人間知識の最高の原理となる。」

第4章

プレスナーとゲーレンの哲学的人間学

―――――

はじめに

シェーラーの二元論に対する批判では，カッシーラーに続く人間学の試みであるプレスナーとゲーレンをあげることができる。両者は形而上学に傾斜しすぎたシェーラー人間学の問題点を指摘し，新しい観点から精神と生命の二元論を克服し，現代の哲学的人間学を代表する思想家となった。

1　プレスナーの哲学的人間学

シェーラーの哲学的人間学が発表された1928年に，プレスナーも『有機体の諸段階と人間――哲学的人間学入門』(Die Stufen des Organischen und der Mensch. Einleitung in die philosophischen Anthropologie) を出版したが，大部な著作であったため，当時はあまり注目されなかった。しかし形而上学に傾斜しすぎたシェーラーとは違って彼は独創的な生物学的考察から出発し，冷静な科学的探求を展開しており，この著作はその後発表した彼の文化的・政治的人間学ともども今日の状況に対し優れた意義をもっている。

　この著作の第二版の序文にはシェーラーに対する批判が述べられている。プレスナーはケルン大学でシェーラーのもとで哲学の教授資格を取得し，員外教授として教鞭をとった。先の著作出版当時は三七歳の若さであったこともあって，一般にはその弟子と思われていた。したがって彼の「段階」(Stufe) の説はシェーラーの影響によるものと見なされていたが，彼としては有機体に特有な現象を示している特徴に注目しており，それを

論証する場合にも，歴史的に多様な規定を受けた感情・衝動・欲求・精神の概念を避けており，また自然科学や心理学のような概念装備をもってしてもそれを考察するのには成功しないと言う。とくに彼はシェーラーの「汎心霊論的方法」(panpsychistische Weise)やフロイトに魅せられた傾向に対して批判的な態度をとった[1]。その中でもシェーラーの精神と生命との二元論に対しては批判的であり，後に述べる有機体に特有な位置づけ「布置性」(Positionalität)から一元的に解明しようと企図した。さらに彼は，人間の身体的側面を無視した実存哲学に対しても批判的であり，生物学的事実にもとづく「人間生物学」の方向に向かっている。この方向はゲーレンに引き継がれていく。こうして人間も他の生物と比較して考察されたが，形而上学的解釈は極力退けられ，「この探求は生物学者と行動科学者との作業の基礎となる外部的直観の枠内に厳格に留まっている」と語った[2]。そこから展開する彼の植物・動物・人間の本性についての哲学的探求の特質を次にあげてみたい。

(1) 布置性と脱中心性

プレスナーによると世界における有機体の位置づけ「布置性」から有機体とその領域との構造連関が一貫して理解されうる。植物は周囲世界のなかに組み入れられており，世界に向かって開放的な有機的な組織を造っている。「有機体がその生命を発現するあらゆる場合に，自己を直接その周囲世界に組み入れ，自己をそれに適応する生命圏に従属する一断面にする形式は開放的である」[3]と説かれる。それに対し自己に中心を置く周界を作りながらそれを全体の世界から独立したものにする動物は開放的ではなく，全体世界に対し閉鎖的となる。だから動物は中心をもち，そこから外に向かって生きかつ行動することができるとはいえ，閉じた世界に生き続ける。この閉鎖性のゆえに「動物はその中心から出たり，入ったりして生きているが，中心としては生きていない」[4]。したがって動物は自分自身

---

1) H. Plessner, Die Stufen des Organischen und der Mensch, 1928, 3Aufl. 1975, IX. この書の詳しい解説書として奥谷浩一『哲学的人間学の系譜』第2部，梓出版社，2001年，95-202頁，がある。
2) H. Plessner, op. cit., XIX.
3) H. Plessner, op. cit., S.219.
4) H. Plessner, op. cit., S.288.

に回帰する体系を作っても，自己の身体に対する距離がないため，自己を反省できず，自己を中心として体験してはいない。

プレスナーではシェーラーの人間学が生命と精神の二元論に転換するところで，それを避けるべく「一つの補助概念」が「精神」の代わりに導入される。それが「脱中心性」（Exzentrizität）という概念である。すなわち高等動物は，植物とちがってその生命の表出の中心を自分自身のうちにもっているの対し，人間はそのような中心を超えて同時に脱中心的である。したがって人間は自分の中心を自分のうちにもつのみならず，同時に自分の外にもそれをもっている[5]。それゆえ自己の身体を超えたところに中心をもって初めて，反省とか対象化とか言われているものは成立する。プレスナーはこの事態を「脱中心性」と呼んでおり，それを透視画法の「消失点」（Fluchtpunkt）として明らかにした[6]。

絵画は遠近法によって描かれる。この遠近法の線は四つの隅から中央に向かって延びており，一点に収斂している。そしてこの点は無限に延びて消失する。この目には見えないが，あり得る一点こそ，そこからわたしたちが世界を対象として見ている「観察者」としての「中心」である。この中心は世界の外，身体の外，つまり人間の意識の内にあってもなお意識の外のものとして経験される。こうした精神の構造的理解こそシェーラーの二元論を超克するものであった。

前に〔第2章で〕シェーラーが精神の対象化の作用として捉えたことをプレスナーはこのような透視画法によって見事に説明する。シェーラーの精神概念は生命に対抗する原理として人間の内にあったのに，プレスナーの脱中心性の概念は人間の精神の作用を自分の内にだけではなく，同時に自分の外にも透視画法の消失点としてもっている。こういう精神の態度を

---

5) 動物は自分自身に回帰する体系を作っても，自己を体験してはいない。それは自己の身体に対する距離がないため，自己を反省できないからである。それに対し自己を反省できる人間の場合には，中心として生きるばかりでなく，この中心を自己の身体の外にもっている。もしそうでないなら，反省できないであろうから。

6) 「この生体〔人間〕は自己自身を所有し，自己を知り，自己自身に気付き，その点で我として存在し，〈自己の背後に〉存在する自己の内面性の消失点であり，この点は自己の中心から遠ざかって，生命の一切のあり得る遂行に対しこの内面の領域の情景を眺める観察者となっているため，もはや客観化され得ない，もはや対象の位置に移り得ない主体の極である」（H. Plessner, op. cit., S.290）。

シェーラーは成熟した人格の概念に見いだしたが[7]，今や客観的な距離を置いて現実世界とかかわる能力としてプレスナーによって捉えられた。これが自己省察の能力としての自己意識の根源的な機能であって，新しい精神の理解である。「結局のところ人間の脱中心性とは，自己意識の別名，したがって精神の別名にすぎない」[8]。しかもこの精神は有機体の構造から把握されたのであるから，精神は，シェーラーが考えたように，生命と二元論的に対立するものではなく，生命それ自体の構造的変異であるといえよう。このプレスナーの概念はこの著作が出版された当時充分に理解されなかったが，彼はこの「脱中心性」を自説の中心に据えてその哲学的人間学を展開させていった。こうしてシェーラーの生命と精神の二元論がこの説によって克服されるようになった。

(2) 人間の定義不可能性と共同性

脱中心性に立つ人間は，それによって外界と内界，つまり対象と意識に分裂し，両方の側に立ちながら，それらの束縛を受けずにその外に立って，一所不在である。人間は中心に立つことを止めるわけにはいかないが，それでも絶えずその中心から脱して行かざる得ない。だから，わたしは今いるところにいないで，今いないところにいなければならない。それゆえ，わたしは今居ない無の中に立ち，同時に自己の外に立ってそれを認識している。しかし自己のこの拠り所のないことの認識は世界根拠や神へとわたしたちを導くことになる。この事情は次のように説明される。

「自己自身の拠り所のないことは同時に世界により頼むことを人間に禁じ，世界の制約性として現われてくるが，そこには現実の空しさと世界根拠の理念とが人間に立ち現われてくる。脱中心的位置付けの形式と絶対的・必然的・世界を根拠付ける神とは本質的な相関関係に立っている」[9]。

プレスナーはシェーラーの「世界根拠」としての形而上学的神を，このような脱中心性から説明した。だが脱中心性は，その本性である一所不在性にもとづいて，すべての実在と世界根拠とに疑惑の眼を向けさせ，形而

---

7) 金子晴勇『マックス・シェーラーの人間学』創文社，304頁参照。
8) パネンベルク『人間学』佐々木勝彦訳，教文館，39頁。
9) H. Plessner, op. cit,. S.345.

上学的な神の存在証明をも粉砕して止まない。だから人間はまことに定義できない存在であり,「それを表す記号は果てしなく続く無限性という直線である」(Sein Zeichen ist die Gerade endloser Unendlichkeit)[*10]と言われる。それゆえ彼の形而上学に対する否定的態度は生物学主義に立つゲーレンとも異なっている。ゲーレンのように人間を自己保存の観点から見るのでは,人間の本質は見極められないし,本質的に人間は生物学の対象ではありえない。とはいえシェーラーのように形而上学に飛躍するのではなく,精神科学の方法にもとづいて人間をその自己了解から解釈していかねばならない。たとえば共同世界について彼は次のように解釈する。人間はその脱中心性によって世界に対し自己の位置を固定できないため,自己から出て他者や自己に絶えず汝・彼・我と言って関わっていかざるを得ない。それゆえ共同世界とは,このように或る人によって他の人たちの領域として捉えられる,自己の位置の形式である。人の精神的性格は,他者と共なる「我々―形式」の中にあり,人と人との間に精神という世界の領域が存在している。そこには理性的認識に伴われている主観・客観という区別はなく,他者へのこのような位置形式のなかに精神のあり方が明らかに現われていると説かれた[*11]。

　しかしながら彼は「生きものとしての人間」という論文では他者との共同存在を動物との対比から考察している。それは人間における「視線の相互性からくる再帰的関係性」であって,これにより自我は他者をもつのみならず,他者でもあって,他者のうちに自己自身としての他者を捉える。このような自我性の内に共同存在は根ざしている。「人間のみが,視線の相互性によって許されている感覚をもつ点で相互的でありうる。……動物のようにこの再帰的関係性が欠けている場合には自分の映像との同一化ということは存在しない」[*12]。じっさい,鏡に映った自分の映像に対する動物の無関心さはこのことをよく表わしている。

(3) 文化と社会の人間学
他の有機体に対して際立った特性である人間の「脱中心性」は人間の生物

---

10) H. Plessner, op .cit., S.346.
11) H. Plessner, op. cit., S.303 ff.
12) プレスナー「生きものとしての人間」(『現代の哲学的人間学』(前出) 所収) 64頁。

学的側面のみならず精神・文化科学的側面にも拡大された。プレスナーは『権力と人間性』(1931)において人間を文化を出現させるための生産的な場とみなし，すべての文化活動・経済・国家・芸術・宗教・科学などは人間の創造的業績として生み出されると説いた[*13]。したがってこれらの業績は人間の欲求へと還元して解釈される。しかし彼は精神・文化科学の人間学的還元に留まっていない。彼は人間がその業績からも完全には理解されない，隠された側面を絶えずもっていることをその「脱中心性」から説き明かしていく。この点は『人間の条件への問い』(1976)所収の論文「隠れたる人間」において明瞭に説かれた。彼はかつてシェーラーが人間の根本的特性として主張した「世界開放性」(Weltoffenheit)をとりあげ，これが古代や中世の世界像を近代において突破し，言語や思惟という媒体でさえも人間にとり制限とならない，と次のように語っている。

「もし人間の脱中心的地位に関するわたしの説が正しいとすれば，人間にとってはこれらの限界といえども透明なものとなり，自由に処理できるものとなるであろう。人間の本性が人間に，限界設定から身を引かせるのである。人間はあらゆる定義から身を引くのである。つまり人間は〈隠れたる人間〉(Homo absconditus)である」[*14]。

したがって人間はその隠れた本性のゆえに自己を完全には知ることができず，自己の前にある目的か自己の背後に付きまとう自己の複製たる影に過ぎないものとなる。だからこそ人間は歴史をもつのである。人間は歴史を創り，歴史が人間を創る。歴史の中で活動する人間は予期しない出来事に出会って挫折し，裏切られて自己の姿を覆い，ふたたび自己を隠すことになる。こうして人間は世界に開放され，曝されておりながら，同時に隠されている。それゆえ元来は神の汲み尽くしがたい豊かな本質を示しているこの「隠れ」という概念は，人間にこそふさわしい。

プレスナーによって発展した哲学的人間学は，その後ゲーレンによって彼の生物学的視点が継承され，人間生物学へと進展した。しかしゲーレンの生物主義的傾向は人間の全体像を正しく捉えてはいないとの批判を受けるに及んで，現今ではプレスナーが再評価されるようになった[*15]。

---

13) H. Plessner, Macht und menschliche Natur. Ein Versuch zur Anthropologie der geschichtlichen Weltansicht, in: Zwischen Philosophie und Gesellschaft (Suhrkamp) S.276ff.

14) プレスナー「隠れたる人間」(『現代の哲学的人間学』(前出) 所収) 43頁。

2　ゲーレンの人間学

ゲーレンの哲学的人間学は，現代の総合的人間科学という性格をもつ代表的な形態であって，これを正しく理解し，さらに批判的に発展させていくべき基礎文献である。ここではシェーラーからの哲学的人間学の発展という視点から彼の思想をとりあげ，その人間学の特質を指摘するに止めざるをえない。

彼の主著『人間 ── その本性および世界における人間の地位』（Der Mensch, seine Natur und seine Stellung in der Welt）が出版されたのは1940年であるから，シェーラーとプレスナーの著書が出てから18年が経過したことになる。その間の生物学の発展がゲーレンにとって大きな意義をもっていたことは，この書物の第一部をみても明瞭である。そこではオランダの解剖学者ボルクとスイスの動物学者ポルトマンの学説にもとづいて人間学が展開する。それゆえ両者の人間生物学について簡単に触れておきたい[16]。

（1）新しい生物学の成果

ボルクの学説では「特殊化」と「停滞」の説がゲーレンに大きな影響を与えた。猿の胎児および幼児は人間的特質を備えているのに，成長した猿は森の生活に合うように「特殊化」しており，そこに適応的進化が認められる。それに反し人間では進化が減速し，人は形態学的には「停滞」した猿の胎児である，とボルクは人間の顎と歯，さらに皮膚・爪・触毛から立証した。この学説からゲーレンは人間がかつてヘルダーが言ったように「欠陥動物」であり[17]，生まれながらの生活上の「負担免除」（これもすでにアルスベルグによって指摘されていた）[18]をすべく行動するように定められている，との帰結を引き出した。次に，スイスの生物学者ポルトマンの有名になった「子宮外早生の一年」という学説がゲーレンに影響を与えた。生理学的に言えば人間は正常化された早産児であって，胎児上の半期を母

15）　K. Lorenz, Einfhrung in die philosophische Anthropologie, 1990, S.81, 100-3. またパネンベルクに対するプレスナーの脱中心性の影響について本書，第12章，第4節を参照。

16）　詳しくは本書第10章，第3，4節を参照。

17）　A. Gehlen, Der Mensch. Seine Natur und seine Stellung in der Welt, 6 Auf. 1962, S.32-34. 平野具男訳『人間』法政大学出版局，31-33頁参照。

18）　M. Scheler, op. cit., S.59.

体外ですごし，直立歩行・言葉・技術的行動の三つの素質をもって生まれ，社会的触合いの中でこれらの素質を学習によって発展すべき課題が授けられている。ゲーレンはここから人間が文化的行動によって自らを「訓育」する動物であるとの結論を得た。

このようにして形成されたゲーレンの学説の特質を次にいくつかあげてみよう。まず，シェーラーの二元論と対決している点から見ていきたい。

(2) 行為的人間像

ゲーレンはその主著において人間学が解明すべき目標として立てた「人間学的図式」について述べたところで，彼の人間観の全体を提示して次のように言う。

「人間は行為する生物である。それは，いずれ詳しく説明する意味において〈確定〉されていない。すなわち自分が自分の課題となり，自分に向かって態度をとる生物といってよかろう。外界へ向かってとるその態度の方は行為と呼ぼう。つまり自分が自分の課題となるかぎり，人間はまた自己に向かって構えをとり，〈自分を何物かにする〉。それはできればなしで済ませるような贅沢ではない。〈未完成〉は人間の身体的条件であり，自然本性なのだから，人間はまたどうしても訓育の生物となるだろう」[19]。

このような「行為」概念こそシェーラーも克服できなかった二元論を超克するものとして立てられ，人間の全機構はこれによって解明された。そして「行為とは予見と計画に基づいて現実を変化させることであり，こうして変化させられた，ないしは新たに作られた事実と，それに必要な手段との総体を文化と称することにする」[20]と説かれた。したがって行為と文化こそ人間の本質を規定していることになる。

ここからシェーラーの二元論，つまり「精神」と「生命」とを対立させ，精神を生命の反対者となす立場は，「反自然学」であるばかりか，「超自然

---

19) A. Gehlen, op. cit. S.32. 前掲訳書，30頁。

20) A. Gehlen, Zur Systematik der Anthropologie (in:Hrsg. N. Hartmann, Systematische Philosophie, 1942) S.71f. 亀井裕訳「人間学の体系構成」，『人間学の探求』紀伊国屋書店，17頁。なおシェーラーとの人間学的相違点に関していっそう詳しくは，Rückblick auf die Anthropologie Max Schelers (Arnld Gehlen Gesamtausgabe, Bd. 4, S.247-258) を参照。

学」でもあって，それは依然として古代的・キリスト教的な人間学の枠内に留まっており，「昔ながらの舞台の上で小道具を移動させたにすぎない」と批判された[21]。さらに彼は精神・魂・意志といった抽象的な概念がすべて本質概念であるため，古い観念の詰まった形而上学的概念となっているとみなし，いつかは経験の事実と衝突するがゆえに，それらを排除すべきであると主張した。こうして形而上学的方向をとっている理論のすべてを締め出し，人間に関する個別科学の成果を受容しながら人間の全体を経験的・科学的に叙述する「人間に関する哲学的科学」こそ真正な哲学的人間学であると説いた。

(3) 人間生物学

人間に関する個別科学の中でもゲーレンがもっとも重視したのは生物学である。そこから彼の人間学は「人間生物学」という性格を明らかに帯びてきた。彼以前にすでに語られていた「欠陥動物」にしても「負担免除」にしても，問題はそれらが科学的に実証されていることであり，生物学こそそれをなし得ると彼は考えた。また「訓育」とか「文化」，さらに「道徳」さえも生物学的に解明されるようになった。このような彼の研究方法について次のように語られる。「生物研究の経験的方法は生物学的方法と称することができよう。今これに関連する対象は人間の行為なのであるから，そこで人間の態度を生物学的に考察する仕方いかんという問題が生じる。……この考察法はごく普通に言われる狭い意味においても生物学的方法である」[22] と。

こうした方法によって考察される対象たる人間は次のように定義されている。

> 「人間が訓育の生物であり，また文化を創造するということが人間をすべての動物から区別する所以であり，それが同時に人間の定義にもなる。……人間以外に自分のもとの本性を予見をもって能動的に変化させて生きていく動物はいないし，習俗的な掟や自己訓育をもつ動物もいない」[23]。

---

21) A. Gehlen, op. cit., S.66. 前掲訳書，9頁。
22) A. Gehlen, op. cit., S.75. 前掲訳書，23頁。
23) A. Gehlen, op. cit., ibid. 同上。

ではゲーレンが，その主著の大半を費やして，人間の行動と文化との根底にある構造として考察した「負担免除」の原理は，人間学に対していかなる意義をもっているのか。彼はシェーラーの説く人間の「世界開放性」を認める。しかし，そこにある「非動物的な刺激の横溢」や見通しのきかない「不意打ちの場」に人は曝されているため，人間は自力で負担の免除をなし，自己の生存の欠陥条件を生存のチャンスへと切りかえざるをえない。そこから人間にふさわしい行動・言語・道具・文化が生み出されてくる。人間は自分に適応していない場に立って，まさしく自分の欠陥と負担とを負いながら自分の生存を自力で講じていかねばならない。だから「自分の不適応性を利用し，世界と自分とを見通して，世界を自分の手中に収めることを知る」[24]が，人間の生物としてのこの基礎的事実に立脚して，彼はプレスナーとシェーラーとを次のように語って批判する。「人間の〈脱中心〉とか〈生の外に位置する立場〉等々と言われ，大抵の場合直ぐに〈形而上学的〉に解釈されている事柄が証明し得る正当性を有していることの核心はこの点にある」[25]と。

（4）「行動」の観点からのシェーラー批判

ゲーレンは行動という視点からシェーラーの精神と生命衝動との二元論を克服しようと試みる。その際，彼自身は衝動をどのように理解していたのか。彼の主著『人間』の第三部でこの問題は詳論され，そこから彼の人間学の基礎が確立された。人間の特殊地位は行動にかかわっており，衝動はその欲求を満たし解消すべく行動を呼び起こす。ところで世界に開かれ，それに適合した行動がなされる場合，衝動は僅かに解消されるにすぎず，堰き止められた衝動は過剰になってしまう。こうして一方において衝動は行動によって文化の形成力となり，他方において解消されずに残って過剰衝動となる。そのため前者の文化的視点に対し後者の生物学的視点が対立してしまう。だがこの「不整合」こそ「内面性」を創りだす[26]。

---

24) A. Gehlen, op .cit., S.94. 前掲訳書，49頁。
25) A. Gehlen, op. cit., ibid. 同上。
26)「一方では欲求と欲動，他方ではその充足とそこで働く能動的な行為，この両方の間の〈不整合〉は，〈内面的な〉ものを一般にはじめて露呈させる決定的な情勢であり，実にこの不整合自体，それが〈内面世界〉である」(A. Gehlen, Der Mensch, S.338 f.)。

2　ゲーレンの人間学

　このような内面性の理解はニーチェの『道徳の系譜学』に従っている。ゲーレンによると人間はこの内面性によって目的像をもち，この像のなかで行為の指令が具体化され，衝動的生も導かれる。しかしこの目的像は固定的なものではなく，その反対が可能な偶然性に委ねられているため，それが制度化されている場合にのみ拘束力がある。なぜなら制度は個人の欲動をよく抑えて，包括的な秩序をもたらすからである。それゆえ，ここへ向けての調整と方向づけの営みが，習俗・道徳・宗教の業にほかならない。

　このようにゲーレンは行動学的な人間学の基礎を衝動という生物学の視点から捉えており，行動も結局「人間生物学」の立場から一貫して捉えられた人間学が確立されたといえよう。しかし，そこには生の哲学者ニーチェや非合理主義者ショウペンハウアーの影響も至るところで現われており，客観的な科学的成果よりも自己の好みの哲学によってその思想が導かれている[27]。この哲学を個別科学に優先させる傾向のゆえに，ゲーレンは人間に関する科学の諸成果を真に総合的に受容する人間学を確立するのを困難としている。それゆえシェーラーの生命と精神との二元論を克服する総合的視野を確立することを彼が成し遂げたか否かはきわめて疑わしい。

　もちろん哲学的人間学の発展という見地から見るならば，ゲーレンはたしかにシェーラーの批判者であり，シェーラーによっても受容された生物学を，その後の発展をも含めて，自己の人間学の基礎に取り入れた[28]。しかしシェーラーが生命と精神との二元論の立場から精神をして生命欲動である衝動を抑制する作用とみなしたのに対し，ゲーレンは「距離」や「抑制」を司る器官として「ヒアトゥス」（中断，間隙）という中立的な表現を選び，これによって知覚と衝動との隔たりを捉えた[29]。これによっ

---

27) 奥谷浩一前掲書，210頁参照。
28) シェーラーとゲーレンとの共通な観点は多く認められる。たとえば動物は衝動に拘束されているが，人間はそれから自由に，非現実的な経験をもつことができる点や人間と動物との差異は，直立歩行にも，知能にも，道具と火の発見にもない点が共通している。動物の「環境」と人間の「世界開放性」との理解も同じである。また衝動に対する「否定」とゲーレンの衝動の強制からの「距離」および「本能」の抑制は相違していても，人間が外界や自己に対して「距離」をもち得る点では両者は一致している。
29) シェーラーが衝動を抑制する「精神」を説いたのに対してゲーレンは，「ヘムング」（抑制）という表現の代りに，「ヒアトゥス」（中断，間隙）という中立的な表現を選んだ。それは知覚と衝動の隔たりのことを指す。環境世界に縛られている動物の場合には，知覚は先天

て動物では知覚と本能が機能的に直結しているが，人間の場合には本能が退化し〔＝欠陥動物〕，知覚が本能的な反応を呼び起こさない点が強調され，ここから知覚が独自なあり方を発展させ，衝動的関心に縛られず，事物自体に向かうことができるがゆえに，科学的認識が生まれる。人間は本能退化によって刺激と反応の間の「ヒアトゥス」を造りだしており，これこそ欠陥動物の無力から生まれた根源的事態である。

このように人間における動物的生命衝動に対して精神が「否」を言う「抑制」がシェーラーを人間学的二元論に導いたのに対して，ゲーレンは刺激と反応の間の「ヒアトゥス」でもって二元論を克服した。というのは彼はこのヒアトゥスを人間の身体的構造として，つまり「欠陥動物」である人間の原初性と無力さの結果として純粋に生物学的に理解したからである。

3　批判的考察

これまでシェーラーに発しゲーレンに至る哲学的人間学の展開を概観してきたのであるが，それは主として生物学によって拓かれた新しい人間学の局面であった。シェーラーの時代にはユクスキュルの環境理論やパブロフの条件反射の理論，さらにはケーラーのチンパンジーの実験が行なわれ，学問として大きな流れが起こっていた。同時に第一次世界大戦後のドイツの荒廃は従来のキリスト教的世界観を根底から覆すほどの経験となって押し寄せていた。シェーラーがカトリック教会を去ったのは，個人的な離婚問題が原因していたとしても，キリスト教の神観をもってしてはドイツの再建が不可能と考えられたほど深く人々は無力感に落ち込んでいたからであるといえよう。そこに彼が生命と精神とを二元的に分けて提起した理由がある。そのなかでも「生命」の要素が生物学によって科学的に大いに解明されるに及んで，この土台の上に哲学的人間学は確かに学問としていっそう発展した。わたしたちはこのような性格をもった人間学について批判的に考察してみたい。

的に本能の解発因として働いて，知覚と本能がそれ自体で完結した機能的な円環を形成している。人間は本能退化のため知覚は正確な本能的反応を呼び起こさない。こうして知覚はその独自な発展をなし，単に衝動的関心に限定されないで，事物それ自体に向かうことができる。

(1) 生物学に立つ人間学の問題

ゲーレンはボルクとポルトマンとの新しい生物学に負うところが大きかったが、その後コンラート・ローレンツの動物行動学が新たに旋風を巻きおこした。さらにオランダの生理心理学者ボイデンディークの動物と人間との比較研究なども高く評価された。したがって生物学に立つ人間学の新しい展開は、今後もさらに進展し、人間学の発展を促すであろう。たとえばシェーラーの弟子であることを自ら任じるロータッカーは人間が環境に依存しながらも、環境から自由である側面を強調し、「文化の人間学」(Kulturanthropologie) を樹立した[30]。またボイデンディークは言語・交わり・微笑などから動物社会学を確立し、自ら『出会いの現象学』を書いた[31]。

このように生物学自体も発展しているし、その研究の成果が人間の自然本性のなかに意味あるものとして確証されるならば、わたしたちはそれを真理として受容しなければならない。なぜなら何らかの形で自然本性に根ざしていない学説は消滅する運命をもっているからである。実際、人間の本性は、探求していっても、探求し尽くしがたい豊かさを秘めている。それはプレスナーが先に「隠された人間」において語ったとおりである。

また人間の本性は動物のそれと比較すると欠陥をもっている、とゲーレンは言いながらも、そのことのゆえに却って文化を創造する存在であってみれば、否定的な欠陥といえども肯定的側面を打開するほどの豊かな本性を人間は秘めているとも言えるであろう。彼の主張するこの本性の理解と解釈とは、きわめて弁証法的であって、もはや生物学的ではない。こうした欠陥動物としての人間の理解はポルトマンによって問題視され、「人間の場合、本能的器官形成の脆弱さに比して他の中心的衝動システムの途方もない強化」が対抗していると指摘された。欠陥を克服するために文化を創造すると言われた人間にはこうした優れた精神が対応している[32]。同様にボイデンディークは『人間と動物』の中で「人間とは精神的機能という上層をもった動物ではない。人間は化肉した (inkarniert) 精神である。つまり身体性 (Leiblichkeit) によって媒介されたいかなる人間の行動のう

---

30) E. Rothacker, Philosophische Anthropologie, 1964. 谷口茂訳『人間学のすすめ』思索社、113頁以下参照。
31) 金子晴勇『対話的思考』創文社、162-67頁参照。
32) A. Portmann, Zoologie und das neue Bild vom Menschen, 1951, S.20.

ちにも〈精神の次元〉が開示される」[33]と言う。またゲシュタルト心理学が解明したように，人間の感覚には一本の鉛筆を知覚する場合に小さいとか大きいとか或いは標準的であるなどが伴われた感覚が起こっており，こうした規範にもとづく知覚は意識的判断なしに生じる。このように規範を彼は「化肉した（身体に同化された）規範」と呼んだ[34]。

　ところで人間と動物の比較研究にはひとつの大きな制限があることを看過してはならない[35]。それは研究する観察者が人間を見る仕方と動物を見る仕方とが相違しているということである。もちろん二つの見方を限りなく接近させることは可能である。しかし人間間の「了解」は相互的に確認できるのに，人間と動物との間には原則的にそれは不可能である。したがってディルタイが主張したように内側からの「了解」と外的・説明的・一方的な「観察」とは根本的に相違しており，動物に対する人間の「理解」には限界があると言わなければならない。したがって人間と動物との比較研究の限界を知った上で，人間の生物学的研究は続けられねばならないといえよう。

（2）人間学と生命倫理学

シェーラーからゲーレンに至る哲学的人間学の発展は生物学を基礎にして進められてきたが，心理学・社会学・医学・言語学といった科学の観点からも人間学の新しい展開をわたしたちは期待することができる。これらの諸科学の成果を「創造的な主観性の支配圏内に取り戻すこと」（プレスナー）はカントの「超越論的主観性」に代わる現代哲学の根本的課題といえよう[36]。この課題は「諸科学の人間学的還元」とも言うこともできる[37]。そのさい生命と精神とを統一的に把握することを研究課題とする生命倫理学に，諸科学の成果を人間学へと還元させるための媒介の役割を，演じさせることができよう。実際，ゲーレンが「人間は行動する生物である」と

---

33) ボイデンディーク『人間と動物』浜中淑彦訳，みすず書房，81頁。
34) ボイデンディーク前掲訳書，115頁。
35) シュルツ『変貌した世界の哲学』第2巻　藤田健治他訳，二玄社，340頁以下参照。
36) ボルノー／プレスナー『現代の哲学的人間学』藤田健治他訳，白水社，28頁からの引用。
37) ボルノー／プレスナー前掲訳書，同頁。このことがカントからカッシーラーへの哲学的な発展としても捉えられるとボルノーは言う（同29頁）。

規定したように，行動によって人間は自己形成を行なう生命であり，しかも行動の規範は生命と精神を統合する生命倫理学の扱う主題なのである。加えて倫理学の「倫」が「仲間」や「間柄」を意味しているように，「人間関係学」である倫理学は広く生命体の関係に係わっているがゆえに，生命倫理学を通して諸科学の成果を受容することも可能である。さらに倫理学が扱う人間関係は科学的に分析できる客体的なものに留まらず，心身を具えた人間の全体が他者にかかわる態度決定によって具体的に構成されるため，人間関係の中に心身の統一たる「精神」が働いていることが理解される。その際，精神は，シェーラーが説いたように，生命に対立する存在でなく，キルケゴールのいう「魂と身体とを総合する第三者」であり，心身の「関係」に「関係する」行為的作用として理解されねばならない[38]。既述のようにシェーラーは「精神」(Geist)をヨーロッパの形而上学的伝統にしたがって二元論的に理解するのではなく，むしろ古来のキリスト教的人間学の三区分法にしたがって理解すべきであったと思われる。この区分法にしたがえば，精神は「精神(霊)・魂・身体」のなかに組み込まれており，実体的には「魂」(Seele)と同じであっても，魂とは機能が相違していると考えられる。この精神が働きかける対象を，魂と身体とから成る自己および他者であると定めれば，精神は自他へ働きかける作用のなかに現象することになる。したがって生ける精神の力を広く人間関係のうちに捉えることによって人間学はいっそう優れた意義・視点・役割をもつことになるといえよう。

(3) 哲学的人間学の方法に関する問題

哲学的人間学が新しい学問として成立してきた過程をこれまで解明してきたが，終わりにこの学問に特有な方法に関して反省してみたい。すでにこれまで繰り返し言及してきたように，哲学的人間学は「哲学」の一部門である以上，個別科学とは相違しており，人間の何らかの部分ではなくその全体を考察の対象とする。したがって人間を二元論的に分割して考察することは，それがプラトンやデカルトまたシェーラーによって行なわれ，その影響が今日に至るまで甚大であったとしても，終始一貫して拒否されな

---

38) キルケゴール『死にいたる病』桝田啓三郎訳，「世界の名著」435頁以下参照。

ければならない。もちろん何かを考察するためにはわたしたちは全体を部分に分けて分析しなければならない。しかし全体は部分の総和によっては単純に構成されない。全体は部分の総和以上の内容をもっている。このことは人間自身においても，人間の集団においても真理である。では，人間自身を，また人間の集団を，統合しているものは何か。実にこのことこそ哲学的人間学の探求すべき最大の問題である。そして「部分の総和以上の内容」とは部分に属さないで，部分を統合する，したがって心身を統合する「精神」であると思われる。この統合しているものをギリシア人は「宇宙」に求め，キリスト教は「神」に求め，近代人は「自我」に求めてきた。そこに哲学的人間学の歴史と類型とが展開していた。近代を受け継ぐ現代に生きるわたしたちは，「自我」に対する反省から出発し，近代的主観性の問題点を徹底的に批判検討しなければならない。

　これまで考察してきたことからすでに明らかなように，哲学的人間学は人間の営みのすべてを人間自身に還元していく。このような「人間学的還元の原理」こそ，カントの「超越論的主観性」に代わる原理として確立され得るであろう。この還元に続く「構成」は，主観の作用にのみ委ねられるべきではなく，科学・芸術・宗教・政治・社会といった文化の領域のうちに，したがって単なる主観的思惟によっては把握しがたい統一の働きのうちに，わたしたちが関与しながら人と人とを結びつける精神を捉え，それを基礎にして間主観的な認識を確立すべきであろう[*39]。このような統一する精神の作用にもとづく構成は「人間学的構成の原理」と呼ぶことができる。

　しかしここで忘れてはならないことは，プレスナーが「脱中心性」により明確に提示した，人間の定義しがたい特質である。それは実存哲学がとくに力説した点でもあった。なんらかの観点なり立場から人間を定義しても，その定義は一面性を免れえないし，それに加えられる反省の力によって突破されてしまう。とはいえ，このことは知的絶望を意味するのではなく，かえって人間のうちに隠され秘められている人間性の豊かさを言い表わしている。哲学的人間学は，この隠されている人間の現実に絶えず立ち

---

39)　間主観性に立つ認識論によるシェーラーの類推説と感情移入説との批判について詳しくは本書第2章第2節参照。

向かい，驚きの念をもって，常に新たに，この汲めども尽きることのない存在の解明を志すのである。わたしたちの考察したこの学問の現代における成立過程は，このような存在解明のほんの端緒にすぎない[*40]。

4　プレスナーにおける三分法の形態と意味

さらにわたしたちは新しい哲学的人間学とこれまでヨーロッパの歴史において継承されてきたキリスト教人間学の三分法との関係について考察すべきである。シェーラーの人間学的五段階説における「精神」には伝統的な「霊」概念も包含されており，霊性は「宗教的作用」として解明された。では，プレスナーはこの点をどう考えていたのであろうか。『遅れてきた国民』の中で彼はヨーロッパ近代に起こった世俗化をキリスト教の衰退現象として捉えているが，同時に代替物によって内容が置き換えられるという代替理論をも表明している[*41]。

　彼はこの代替理論をもって現代ドイツの精神史を解明する。ドイツにおけるキリスト教信仰の世俗化において信仰の代替物となったのはまず「哲学」であり，次いで歴史学・社会学・生物学が相次いで入れ替わった。ところで近代啓蒙主義が進むなかで信仰の代わりに世俗文化が繁栄した背景には，ルター派教会と国家との強い結びつきがあり，ともに宗教の空洞化を促進させた。ここからドイツでは政治的にも宗教的にも順調に発展した西ヨーロッパの国々とは全く相違した傾向が生まれ，宗教に代わるものとして学問や哲学へと関心が集中するようになった。それに対し自由教会を

40）　なお，プレスナーはゲーレンを行動主義者ときめつけ，その人間学は人間の水準を引き下げる試みであるとみなし，次のように批判する。「欠陥存在者（この概念は高度におし進められている人間の脳髄化に対してはまったく無意味なもの）とか負担免除といった諸概念をもってしては，ただ，第三帝国の種族論の饒舌家たちと同様に生物学についての理解を持ち合わせていない心情的生物学者が欺かれるのみである」（プレスナー「生きものとしての人間」『現代の哲学的人間学』（前出），70頁）。

41）　「信仰の世俗化とは，しかしながらたんに信仰の根源的実体が喪失したあとにある種の形式や機能が残って，それを世俗的な意味内容が埋めることを意味するだけではない。以前の信念，内容及び形式が崩壊した後に，まったく新しい信念の次元で古い精神が再生することをも意味している。その観点からすると，信仰の世俗化には，なんらかの形で時代遅れになったものが，生きのいい等価物で置きかえられるという，多くの歴史経過に働く代替のメカニズムが反映されている」（プレスナー『ドイツロマン主義とナチズム』松本道介訳，講談社学術文庫，177頁）。

中心に神学上の問題へと社会的関心を高めていったアングロ・サクソン諸国と異なり，官僚的な領邦教会（Landeskirche）を有するドイツでは事情が異なっていた。ドイツでは信仰が失われたあとにその代替物がそれに置き換えられたが，そのような代替現象は他国では起こりえなかった。なぜなら他国では古い信仰が成長して新しい信仰態度が生まれるか，あるいは真の啓蒙精神や無信仰が発生していったからである。それに対しドイツのプロテスタンティズムは，世俗化によって堅固な宗派信仰を失ったが，それでも世界観的な表現を求める独自の敬虔な態度が生き残っていた。それは仕事と遊びに，研究と芸術に，また社会，経済，国家の全活動に浸透していった。そこから「文化」という言葉に込められた特別な感情が理解できる。この文化を概念にまで高めた表現としての「哲学」は必然的に〈グローバルな〉壮大さをもって表現された。このドイツ的な文化形態こそ，哲学が実証科学へと同化されるのを不可能にした。哲学をこのように導いたのはロマン主義であって，プレスナーによると「ドイツ精神に対するいわゆるロマン主義の深い影響，つまりロマン主義がドイツ固有のもの一切の実現であり，最高の刻印であるかに見えるという事実は，市民時代の視野から見て，ルター主義が教会内では失敗であったことを暗示している」[42]。

したがって内的な信仰と外的な教会制度（領邦教会）との緊張関係が，文化的にかつ宗教的にドイツ人を学問など世俗の領域での活動に駆りたてたのである。この文化という領域でのみ個人は職業をもって市民生活を持続しながら敬虔な信者であることができた。これがドイツにおけるプロテスタンティズムの世俗化の一般的傾向であった。ここには世俗信仰が歴史における最大の可能性を実現させており，信仰の衰えゆく時代に，市民的な趣味や読書の文化を発展させ，私人としての教養文化を開花させた[43]。これこそプレスナーが言うように，領邦教会によって満たされなかった宗教的情熱が哲学や文化の世界に流入した結果である。他方，彼はロマン主義における民族主義的色彩の濃い傾向についても語っており，それもやはり信仰の世俗化がもたらしたと説いた[44]。

---

42) プレスナー前掲訳書，116頁。
43) この点に関して野田宣雄『ドイツ教養市民層の歴史』講談社学術文庫，1997年参照。
44) プレスナー前掲訳書，109頁。

世俗化の最終段階である生物学的自然主義との対決　ドイツにおけるこの世俗化の歩みはキリスト教・哲学・歴史学・社会学・生物学の順に支配権を交替させていった。ヘーゲル哲学においてキリスト教の歴史観が哲学に取り入れられたことは世俗化の歩みとなった。この点をプレスナーはキリスト教の「救済史」(Heilsgeschichite)から「普遍史」へという移行に見ており、そこに世俗化の過程を捉えている*45。しかし救済史的な思考は世俗化が進んでもなお生き続けており、知識人たちは哲学にはむろんのこと、歴史学にも社会学にも救済を求めようとした。ところが学問は信仰の対象ではないから、その正体は偶像として暴かれ、その地位を失墜させた。その過程の終末には生物学が覇権を握ることになった。しかもそれは「人種の優越」を誇る生物主義的な世界観として一世を風靡するに至って、ナチス一派がアーリア人種を最優秀民族とし、ユダヤ人を抹殺する人種理論の登場となった。

さらに西ヨーロッパの諸国ではダーウィン主義が熱狂的に歓迎され、生物学的発展史に救済のよりどころを求めようとした人々も少なからずあったが、啓蒙主義の伝統の中には理性信仰と並んで人間への信頼が保たれていたので、生物学的な世界観への抑制がきいていた。プレスナーは言う、「初期啓蒙主義の理性信仰と人間信仰がなおも生きていたので、この信仰は、彼らの公共生活の中で、生物学的な自然主義に対する強い抑制力を形成した」*46と。だがドイツではその抑制がきかず、「生物学的自然主義」を運命として受け入れることになった*47。

こうして時代を次々に風靡した世界観やイデオロギーに対する懐疑と疑惑とが生じてきた。もちろん伝統的な形而上学に批判の目を向けたカントの批判哲学は信仰に余地を与えるためとは言いながらも、イデオロギー批判によって空想的な理念のみならず制度的な信仰も崩壊させた。これが最高位の神から理性、歴史、社会、生物へ向かって高い場所から一段一段下へ引き降ろしてゆくような運動となった。しかもその最低にして最終段

---

45)　金子晴勇『近代人の宿命とキリスト教信仰』聖学院大学出版会、192-95頁参照。
46)　プレスナー前掲訳書、360頁。
47)　この主義は「人種と人種の混血、遺伝それに魂―精神の素質と肉体的特徴の関わりを説明する生物理論」と言われる。それはまた「自然科学を通じて卑俗化したロマン主義」とも称されている。

階がナチズムの「生物学的自然主義」であるとプレスナーは主張する。

ところでプレスナー自身は生物学から出発し、「脱中心性」の観点から哲学的人間学を確立したが、時代の生物学的な世界観と格闘する運命に直面した。実際、この種の世界観は近代の世俗化の歴史における最終段階を示すものであった。このようにナチスとの対決に終始したプレスナーと対照的なのは、時代精神に迎合したゲーレンであった。

5 ゲーレンの危機意識と代替説

ゲーレンは人間が文化的行動によって自らを「訓育」する動物であると説いた。したがって行為と文化こそ人間の本質を規定しており、人間にふさわしい行動・言語・道具・文化が生み出される。人間は自分には適応していないような場に立って、まさしく自分の欠陥と負担とから自分の生存を自力で獲得していかねばならない。こうして人間の知性は動物が服する器官適応の強制から人間を自由となし、原生的状態を改変して自分に役立てる。これが技術であって、技術はもっとも普遍的な意味において人間本性に属する。それは人類とともに成長し、文明史上真に決定的な二つの区切りを生じさせた。その第一は先史時代における狩猟文明から定住と農業への移行、つまり新石器時代革命であり、第二は現代における産業文明への移行である。彼によるとこの現代の産業文明期への移行は狩猟文明から農業文明への先史時代における新石器時代革命にも比すべき大変革期である。

技術時代の魂の危機　この産業文明期における人間学的状況をゲーレンは『技術時代における魂の危機』において考察した。この時代の特質は「無生的自然」、すなわち「鉄とコンクリートの都市・電気と原子力」の世界である。このような技術時代の精神もしくは「魂」は全地球を制圧し続け、「わたしたちはつい二百年ほど前に始まった世界産業文明のとば口に立って」おり、「文明の分野および人間の神経として、このさき何百年も持続しうるこの大変貌に捉われぬものは何ひとつあるまい」[48]と言う。

---

48)　ゲーレン『技術時代における魂の危機』平野具男訳、法政大学出版局、122頁。

このような状況下にある「魂の状態」こそ「技術時代の魂」にほかならない。それはフランス大革命時代に活躍したスタール夫人の言う「心のヴェールは残らず引き裂かれた。先人たちはその魂からこれほどの虚構の主題をつくりださなかった」という言葉に暗示されている事態である。では，この「虚構の主題」とは何か。それは文明が自然から遊離した場合に，それを補填しようとして生まれるものであって，生ける現実から離れて虚構に走ることによって生じる。それが現代技術社会では道具的意識を補充するために造られる。とくに技術は道具的意識から生まれており，現代では知性も道具化と技術化がなされ，もっぱら無機的自然に働きかけ，概念化と抽象化さらに脱感性化を引き起こしている[*49]。そこでは合理的な思考力およびそこに展開される抽象的モデルと数学的概念形成が，無機的自然において瞠目すべき精度に達し，無機的自然は有機的自然にもまして認識可能であると考えられた。そこに顕著に現われている特質は「芸術と学問におけるもとより精神的領域上の凄まじいばかりの知性化と，直観性・直接性および非問題的な親近性の撤廃である」[*50]。それゆえ芸術と科学の分野における先端的仕事と作業は抽象的にして非感性的となり，結局は専門家だけが近づくことのできる表象観念を産み出し，その道の玄人に一切を委せることになった。こうした概念化と脱感性化，また数学的方法への傾向は，論理学から始まり経済学にも社会学にも，さらに民族学にも，また歴史学にまででも浸透した。

　道具は本来人間の負担を軽減する試みから生まれたものであったが，こうような「道具的意識」は「技術時代の魂」となって，現代人の心的エネルギーを導いて有機的な社会を解体するように誘発する。それは50万年前に遡る「道具」に発し，青銅器・鉄器時代を経て化学的合成物質に至り，蒸気機関の発見から石炭・石油の利用，そして最終段階としては原子力をもってする無機的エネルギーによる身体・動物的有機力の追放にまで至った。こうして有機物から無機物へと技術化が進行し，ついには生命が無機物や事実の集合によって窒息するようになった。これが技術時代の魂の危機の実体である。

---

49) ゲーレン前掲訳書，88-89頁。
50) ゲーレン前掲訳書，26頁。

トーテミズムと禁欲の意義　ゲーレンによると現代は文明時代に入る以前の原始時代と同じ状況を呈している。今日の危機的な状況は新石器時代に入る以前の混沌とした狩猟の一大修羅場であった原始時代に比せられる。この点は主著『人間』の最終章において示唆され，『原始人と現代文明』によって提示された，トーテミズムの深遠なる意味であり，そこには野蛮が「人間化」される展開が含意される。人間が欠陥動物であるのは「本能の減退」から起こっており，人間はその本能の退化によって，すべての動物がいまだそなえている抑制的調整作用の全系列を失ってしまった。こうして同類を殺戮することに対する自然的抑制をヒトはその人間化とともに喪失したようだと説かれた。

　ゲーレンによれば人間の目的意識や衝動的な形成力が裏目に出て，その本能減退を促し，真の本能的な抑制機構は深刻な打撃を受けている。そうすると必要なのは欲望を抑える禁欲である。禁欲主義は「人間が己れの独特の体質に精神をもって対決する，真に基本的な現象」といえよう。元来「道具的意識」には「制度」を造る作用は備わっていない。実際，狩猟文明は飽食に陥ると道具的態度の道を突走り，食糧の安定を図ることなく，食人風習を当てにした。そこには目的のために手段を選ばぬという野蛮行為も起こっていた。ところが原始の狩猟人が動植物を種族の統合の働きとしてトーテムを立て，「目的を離れた義務」によってこれを守り育てた点が考慮されなければならない。これによって近親相姦が防がれたのは禁欲が放縦な欲望を自らに禁じたからである。こうして人類はトーテム動物との同一化によって新たな進化の段階に達したのである。それは抑制という禁欲的行動である「訓育」によってこそ達成され，人間化への道を拓いた。したがってトーテミズムこそ現代において「技術」の暴走を食い止めるべきものとして想定される。このようにゲーレンは高度産業社会において人々の意識が欲望に駆り立てられて疾走しているとき，トーテミズムにおける人間らしい「禁欲」の意義を想起した。

　キリスト教的な理念であった自由・平等・博愛・人間性などが世俗化されて現代に及んでいるが，「禁欲」はプロテスタントの倫理の中で資本主義の「精神」を世俗化して「亡霊」となしたが，それでもなお意義をもっており，ゲーレンは「人間学はこれを高度のカテゴリーに数え入れるほかはない」と言う。なぜならこれまでの経験によれば，「極度の贅沢と極度

の腐敗は手に手をとってすすむ」からであり，ヘーゲルの名づけた「否定的なるもの」から人間が過度に負担免除されると，すべてが歯止めもなく「抑制を欠いて」蔓延するようになり，同じくヘーゲルによると「拒否と排除とを能くしえぬものは誰しもやがてその光芒を失う」からである[*51]。

また，この禁欲こそシェーラーの人間学によると人間と動物を隔てる精神の根源的な作用である。ここに世俗化された現代社会において人間の本来の姿を再考する時期が熟していることが暗示されている。つまり人間は霊性を喪失した結果，それを補填すべく動物的な生命原理に立ち返るように説かれたのである。こうして生じた人間学的三分法における霊性の破壊は，生命原理を霊の位置に置くという代替作業によって遂行されたことになる。

---

51) ゲーレン『人間学の探究』亀井裕他訳，紀伊国屋書店，1970年，173頁。なお，Gehlen, Urmensch und Spatkultur, 1964, S.174 をも参照。

第5章

実存哲学と人間学

―――――――

はじめに

　実存哲学は，ヨーロッパが第一次世界大戦という戦争経験によって悲惨な生活状態に陥ったさなかに，前世紀の中頃に活躍したキルケゴールの単独者の思想を発見し，主体的な真理を説いた，現代哲学の一つの運動もしくは傾向であった。この哲学運動は彼の不安・絶望・死・躓き・孤独・単独者・瞬間・反復・水平化・公衆などの観念を継承しながらさらに発展させたが，ハイデガーの「死への先駆」とか，ヤスパースの「限界状況」と「脆さ」，サルトルの「嘔吐」のような独自の実存経験から出発し，世界や人間を客観的に論じる伝統的思考から転じて，もっぱら「実存」を中軸に主体的真理を追究した。したがってこれまでの伝統的な哲学のように不変の存在・価値・意味といったものを認識論的に問うたのではなかった。

　キルケゴールは近代の終末を物語る大衆の出現を預言者的洞察の下に見ぬき，大衆社会の中に埋没し，「実存を欠いた現存在」（ヤスパース）として自己を喪失している人格の尊厳を取り戻そうと奮闘した。しかし新しい問題は「実存を欠いた現存在」の捉え方にあった。一般的にいうなら哲学における「存在するもの」と「存在」の間の「存在論的差異」と同様に，「実存」は「現存在」と「実存」との関係として捉えられ，日常的な世界における「現存在」から「外に立つもの」（ex-stans）として「実存」（existentia）を捉える視点が共通の問題意識として立てられた。

　この種の問題設定には哲学における伝統的な存在論の視点だけが優先しており，諸科学の関与を最初から排除する哲学的偏見と断定とが見られる

ように思われる。もちろんこの観点や傾向は主体性を強調するかぎり不可避的であって、こういう観点の有する欠陥は後に論じるように他者理解で露呈するようになった。ところで実存哲学は人間学に対して最初から批判的であって、人間学における人間概念の曖昧さを鋭く攻撃した。この曖昧さはすでに考察したように人間学が常に受容してきた個別科学、とりわけ生物形態学上の人間の規定と関係していた[*1]。したがってシェーラーの人間学は現象学的視点に立って人間と世界との関係を、諸科学の成果を可能なかぎり受容することによって解明しようとする。それゆえ九鬼周造が主張するように「実存哲学と哲学的人間学はやや視点を異にするに過ぎぬほぼ同型の哲学である」[*2]と言うことができるが、諸科学との関係から見ると両者は全く相違した哲学であると言わねばならない。

　ところで近代の世俗化と人間学的三分法の観点から見ると、キルケゴールはヨーロッパの伝統的な三分法の回復者であった。彼は主体性の時代を通過することによって霊性を単に静的な仕方で感性と理性の上位に立てるだけではなく、感性と理性を総合する動的な第三者として把握し、心身関係において行為的な決断と愛のわざの主体として捉えた[*3]。彼は霊性の総合作用が時間と永遠とに関わるように、自己における水平的な契機、および神との超越的な垂直関係との二重構造によって動的に展開すると考えた。ところが彼以後にその影響を受けながら登場する現代の実存哲学はこの総合形態を受け継ぎながらも、それを世俗化させていき、霊性の中にある精神が信仰から離れるに応じて霊性の作用を希薄化していった。このことは「実存」の概念がその後どのように定義されているかを見ると判明する。ヤスパースは『実存哲学』のなかで、このキルケゴールの実存規定に忠実に従いながら実存を次のように定式化した。「実存は自己自身に関係し、そのことにおいて超越に関係する自己存在である。この超越により自己存在は自らが贈られたものであることを知り、超越の上に自らの根拠をおくのである」[*4]と。ヤスパースの超越者の体系には有神論的性格が認められるが、これは次のハイデガーへの移行の過渡的段階である。彼は『存

---

1) 本書第2章「はじめに」を参照。
2) 九鬼周造『人間と実存』岩波書店、1947年、100頁。同様な立場として Hans Leisegang, Einfuhrung in die Philosophie, 6Auf.,1966, S.107ff 参照。
3) 金子晴勇『ヨーロッパ人間学の歴史』知泉書館、395-406頁参照。
4) K. Jaspers, Existenzphilosophie, 1964, S.17.

在と時間』で実存について次のように言う。「現存在がそれへとこれこれしかじかの態度をとることができ，またつねに何らかの仕方で態度をとっている存在自身を，わたしたちは実存と名づける。……現存在は，おのれ自身を，つねにおのれの実存から，つまり，おのれ自身であるか，あるいはおのれ自身でないかという，おのれ自身の可能性から，了解している」[*5]と。ハイデガーは自己存在との関係のなかで実存を捉え，神との関係を問わないがゆえに，超越は「現存在から実存」への自己超越となっている。この思想はサルトルの無神論において極端なまでに明確化された。彼は言う，「わたしの代表する無神論的実存主義はいっそう論旨が一貫している。たとえ神が存在しなくても，実存が本質に先立つところの存在，何らかの概念によって定義されうる以前に実存している存在が少なくとも一つある。その存在はすなわち人間，ハイデガーのいう人間的現実であると，無神論的実存主義は宣言する。……人間はみずから造るところのもの以外の何者でもない」[*6]。ここでは人間はもはや神に向かうことができないばかりか，「神は死んだ」（ニーチェ）と宣言し，人間は自分自身のみに関わらざるを得なくなるばかりか，みずからを自己の創造者なる神の位置にまで高めた。こういう仕方での自己神化は霊性の完全な喪失となり，精神は亡霊となった。こうしてヨーロッパ社会での最高価値であった神が積極的に否定され，「無神論とニヒリズム」という世紀の病が蔓延するようになった。

　このように最高価値としての神を積極的に否定するようになった実存哲学はヨーロッパ近代の世俗化がもたらした現象であった。そこには近代人の自己理解とともに起こった自我の肥大化によって超越的な神の光を遮り，それによって「神の蝕」が生じ，地上はふたたび暗くなり，無神論とニヒリズムの時代に突進してゆくことになった。そこから霊性の光が消滅する出来事が発生したのである[*7]。

　ここでは先ず実存哲学と人間学の相違をハイデガーとヤスパースによる

　5）ハイデガー『存在と時間』原・渡辺訳，世界の名著，80頁。
　6）サルトル『実存主義とは何か』伊吹武彦訳，「サルトル全集」人文書院，16-17頁。
　7）マルティン・ブーバーは近代的人間の主体性が自己中心的なものであり，自己を絶対化し，自我の肥大化や物神化となって神の光をさえぎる「神の蝕」という現象をうみだしたと主張した（ブーバー『かくれた神』三谷・山本訳，「ブーバー著作集5」みすず書房，32頁）。

人間学批判から考察し，次に霊性の光が消滅した現代実存哲学の他者理解を問題にしてみたい。

1　ハイデガーとヤスパースによる人間学批判

哲学的人間学が独立した学問として成立するのは，1928年シェーラーが『人間の地位』を世に問うたときにはじまり，同年にプレスナーの著作『有機体の諸段階と人間 —— 哲学的人間学入門』によって人間の存在を全体的に考察する人間学が確立された。シェーラーは人間学を新たに獲得した生物学の豊かな資料とともに生命の発展段階説のなかに投入し，人間をも動物界の一員に組み入れながら，同時に禁欲原理としての「精神」のなかに「人間の特殊地位」を回復する。ところがプレスナーは最初から生物学から出発し，生命の発展段階説に立ちながらも，有機的自然界に対する「人間の特殊地位」を人間の「脱中心性」によって見事に捉えた。またシェーラーがその「精神」によって再び形而上学に立ち返り，精神と生命との二元論に転落したのに対し，プレスナーは世界に対する中心・脱中心的な有機体の位置づけによって首尾一貫した視点を堅持した。こうして両者は可能なかぎり現代科学の成果を採用しながら人間学を新たに基礎づけようと試みた。

　実存哲学と人間学との同時成立　　こうした人間学の歩みと実存哲学の展開とはその成立において並行現象を呈していた。当時のドイツにおける第一次世界大戦後の混迷した状況にあってキルケゴールの実存思想が本格的に受容され，ハイデガーやヤスパースの実存哲学が誕生するにいたる。この時期に哲学的人間学も同時に生まれたのであるが，実存哲学が時代を支配する世界観として君臨していったため，人間学は第二次世界大戦後になってから実存哲学の力が衰微するに及んで新たに注目されるようになった[8]。ところでシェーラーとハイデガーの間にはほぼ同時にその哲学が完

---

　　8)　そこでこの間の哲学史の筋道を辿ってみよう。まず，ハイデガーは『存在と時間』を1923年に着手し，1926年に完成，1927年に出版した。ヤスパースは『哲学』の著述を1924年に開始し，『世界観の心理学』(3Auf. 1925年) でその「構想」を発表し，1932年に『哲学』全3巻を完成した。それに先んじてシェーラーは『人間の理念のために』(1919年) と『人間におけ

成されており，シェーラーは『存在と時間』を熱心に読み，高く評価し，両者の間には親しい学問的交流があった[*9]。だが最後の書となった『人間の地位』は綱領的な叙述に終始しており，ハイデガーへの言及はない。他方ハイデガーは『存在と時間』では自己の現存在の分析論が一般存在論の基礎を問うたものであり，「人間」という概念の不明瞭さのゆえに「人間学」を避け，人間存在の存在論的考察のない「哲学的人間学」に対しては消極的評価を与えている。またシェーラーの最後の著作に対して彼は『カントと形而上学の問題』で批判的に取り上げ，哲学的人間学の問題点を指摘した。そこで，まずハイデガーの現存在の分析論の特徴を指摘してから人間学への批判について触れてみたい。

（1）ハイデガーの哲学的人間学に対する批判

ハイデガーはその現存在の分析論によって人間学の批判を行なった。その際「人間」（Mensch）概念の曖昧さのゆえに「現存在」（Dasein）が用いられた[*10]。この現存在には「存在了解」が属している。なぜなら存在の意味は現存在においてはじめて明らかになるからである。だが，こうした現存在は日常的在り方においては自己の実存に達しておらず，世間の中に深く埋没し，非本来的な「世人」に転落している。そこで本来的自己へと決断し，実存的変容を遂行しなければならない。こうした『存在と時間』に展開する現存在の実存論的分析論は「現存在の存在」としての「実存」を分析の主題とし，存在の意味を問う存在論の根本問題に方向づけられている。現存在は「おのれの存在において，この問いにおいて問い尋ねられている当のものへと態度を取っている存在者」[*11]であり，「おのれの存在におい

る永遠なるもの』（1921年）を発表し，『人間の地位』（これは1927年の講演「人間の特殊地位」にもとづいている）を1928年に出版した後，同年に死去した。このように1920年代に相次いで哲学の主著が発表されたことは，実存哲学と哲学的人間学とでは方法において相違していても，人間存在への探求の方向性と志向において共通していたといえよう。

9）とはいえシェーラーのハイデガー評価は『存在と時間』に書き込んだ欄外注記が残っているだけである。フリングス『マックス・シェーラーの倫理思想』深谷昭三・高見保則訳，以文社，17頁。

10）シェーラーも「人間」概念の曖昧さを問題にしたが，そこには生物学的意味と精神的な意味とが混入している点と両者を分離することによって彼は二元論の陥穽にはまってしまった。第2章の叙述を参照。

11）ハイデガー『存在と時間』原・渡辺訳「世界の名著」83下頁。

てこの存在自身へとかかわる」ことによって「存在的に際立っている」*12。したがって現存在は自己の関わり方と「存在可能」に委ねられており，自分の存在遂行によって必然的に実現する存在可能が「実存」として定義される。さらに伝統的な人間学の基本定式「理性をもった動物」は一般に自明のように用いられ，人間の「この存在者の存在への問いが忘却されたままになっており，むしろこの存在は〈自明な〉ものとして，その他の創造された諸事物が事物的に存在しているという意味において把握されている」*13と批判された。それゆえ人間学や心理学また生物学に先立って行なうべき存在論，つまり基礎存在論が企図された*14。

さらに『カントと形而上学の問題』では，人間学の理念が哲学の本質から基礎づけられていないとして繰り返し批判される。「これらの問いが論究されない以上，一般に哲学の内部における哲学的人間学の本質，権利および機能について決定を下しうるための地盤が欠けている」*15。したがって人間への問いが哲学の基礎的な問題となることなしに可能であるか，と問われる。ハイデガーの基礎存在論は存在論のための考察であって，それによる現存在の実存論的な分析論は，それ自身では哲学的人間学ではなく，人間学とは主題上の区別がある。彼によると，「現存在の実存論的分析論は，あらゆる心理学，人間学，まして生物学に先だっている」*16。それゆえ，彼の試みは「実存論的人間学」とも呼ばれる*17。

だが，はたして人間の本質への問いは人間学の地盤と地平では問われえないのであろうか，という疑念が起こってくる。つまり人間への問いは，すべての科学的研究に先立って，ただ自己自身への問いの条件と可能性から，つまり基礎存在論的にのみ遂行されうるのか。この点でメルロ＝ポンティのハイデガーとシェーラーに対する批判は傾聴に値する。彼は『人間

---

12) ハイデガー前掲訳書，383下頁。
13) ハイデガー前掲訳書，131上頁。
14) しかし批判されたこの人間の定義はあまりにも古く，伝統的な人間学にも現代の人間学にもすでに妥当していないものであった。
15) ハイデガー『カントと形而上学の問題』木場深定訳「ハイデッガー選集19」理想社，1967年，229頁。
16) ハイデガー『存在と時間』（前出）125上頁。
17) ハイデガー前掲訳書，814下頁。この種の試みとしては Otto Pöggeler, Existengiale Anthropologie in: H. Rombach, hrsg. Die Frage nach dem Menschen. Aufriss einer philosophischen Anthrospologie, 1966, S.443-60.

の科学と現象学』において現象学と経験科学との関連を心理学・言語学・歴史学において検討し,哲学と人間科学との対立は超えられると主張した。なぜなら本質は事実の外に,永遠は時間の外に,哲学的思考は歴史の外にあるのではないから。こうした学問的態度はシェーラーの本質現象学では徹底されていなかったし,ハイデガーでも見失われている[18]。というのは後者は民俗学や心理学に先だって哲学による自然的世界解明が前提されるべきであると断定的に述べ,哲学の優先権だけを主張しているからである。こうした優先関係の代わりにいまや相互関係ないし交互関係が立てられる。したがってシェーラーやハイデガーでは哲学と人間科学とが単純に対立させられていた断定が批判され,世界に関する断定の停止である現象学と人間科学とが結びつくことによって,哲学はいっそう深く世界へ内属することになる。ここに哲学的人間学は,今日,現象学的人間学として成立し得る理念的正当性が明らかである[19]。

　ところでシェーラーとハイデガーは現象学的還元において一致していた。それは諸科学の成果をも発動させないで人間の本質を捉えようとする態度に明瞭に示された[20]。ここには両者の科学に対する共通な姿勢が見られる。しかしシェーラーは科学の成果を人格ではなく自我に関するかぎりで受容しようとした点で,世界の現実に関わる人間の理解を推し進めていた。そこには存在論が個別科学的な解明によっては汲み尽くされ得ないことや,認識論が科学的には基礎づけられ得ないという問題意識もあって,存在論と認識論の基底をこれまでよりもいっそう深く掘り下げるように要請されていたといえよう。この要請に応えて実存哲学が認識問題の根底にある「存在」の問題を解明すべく登場してきた。これと同じく哲学的人間学もこの要請に応えて個別科学の成果を受容しながら,「人間の全体」とい

---

18) シェーラーの生命と精神の二元論では精神の領域が形而上学的考察の対象となり,不充分であった。

19) メルロ＝ポンティ『眼と精神』滝浦静雄・木田元訳,みすず書房,94頁。

20) 『人間の地位』の序文でシェーラーはその理由を次のように述べている。「人間を研究対象とする個別科学のいやがうえにも増加したことが,人間の本質を明らかにするよりもむしろ,遥かにそれを分からないものにしてしまう。したがって人はこういえる,歴史上いかなる時代も今日のように人間が問題視されたことはない」(M. Scheler, Die Stellung des Menschen im Kosmos, 6Auf. 1962, S.9-10)。ハイデガーも同様な趣旨のことをシェーラーに献呈した『カントと形而上学の問題』において語っている（ハイデガー『カントと形而上学の問題』（前出）第4章, 36節）。

う視点からいっそう根底的な基礎づけをなすべく成立したといえよう[*21]。

（2）ヤスパースによる人間学の批判

ヤスパースは精神医学の大家としても知られていたように，経験諸科学の成果にも通暁していたが，合理的な哲学と経験科学の方法によっては人間の本質を捉えることができないという前提のもとに，人間とは何かという問いを哲学の思惟の核心に据えた。そして人間とは実験科学的に解明できる対象ではないことを力説した。人間の本質はその現象と行動によっては捉えられもしないし，理解されもしない。それは一つのXであり，或る程度知ることはできても，決して認識できない不可知的なものである。わたしたちは人間「である」ことはできるが，自分が何であるかを「知る」ことはできない。こうした本質からなる存在に彼は「実存」という名称を与えた。人間は科学的な認識によって段階的に解明されるようなものではない。人間の自由は絶対的に独自なものであり，自然の秩序における例外的現象である。それゆえ人間の「自然」の実証的な研究といえども憶測的なものにすぎず，そうした認識と法則にさえ人間自身は先立って実存している。

ヤスパースは『精神医学総論』の「知能」と「人格」の章で人間を包括的な全体として捉えなければならないと論じている。たとえばこう主張される。

「生命現象をしらべると，分析が詳しくなるにつれてますます新たな物理化学的なこまかい関連がみつかる。しかし生命そのものは常に〈全体的なもの〉で，それを分析すると細分化されたものが出てくるが，それは生きたものではなく，単なる物理化学的なもので，決して生命そのものではない。生命はただ記述されるだけである。……これとある程度似ているのは精神生活に対するわれわれの態度である。われわれは精神生活からいくつものこまかい関連を分析して取り出す。しかし分析を進めてゆくとますます痛切に感じられるのだが，いつも精神の〈全体的なもの〉が分析にかかわらず残ってしまう。……〈あ

21）ボルノー「哲学的人間学とその方法的諸原理」（ボルノー／プレスナー『現代の哲学的人間学』藤田健治他訳，白水社）22-23頁参照。

らゆる才能の全体〉，生活の課題に適応するため何かの作業に使える能力手段を〈知能〉という。〈了解的関連の全体的なもの〉，殊に欲動生活と感情生活，評価と志向，意志などの全体を〈人格〉という。知能と人格は依然としてわれわれにとって非常にはっきりしない概念である」[22]。

ここからヤスパースは人間学の批判を行なった。人間に関する経験科学が的はずれの不適切なものであるだけでなく，いかなる認識的な学問も人間を捉えることはできない。人間は認識可能な対象であるような客体ではない。実存としての人間は個体的であり，歴史的瞬間に立っている一回的な存在であって，独自的で代替不可能なものである。認識はこれを捉えることができず，捉えたものは普遍的で抽象的なものに過ぎない。このような実存の学問的な記述不可能性は，確かに人間学の否定を意味する。全体としての世界・実存・超越者（神）は原理的に認識不可能である。とはいえ彼の実存開明によって獲られた知は，人間の非対象的な人格の理解に貢献していると思われる。

2 実存哲学の他者理解

（１）ハイデガーにおける他者

先にわたしたちはシェーラーがカントの倫理学を批判することによって自らの思想を確立し，カントの近代的主観性を批判し，間主観性の人間学を樹立したことを考察した[23]。

この間主観性学説には彼のもっとも優れた人間学的考察が認められる。そこには近代的な思考に対する革命ともいうべき内容があった。とくに彼は人間の情緒的世界にもろもろの価値が現象している仕方を現象学的に考察した。情緒は人間の間に生き生きと生起交流しているもので，優れた間主観的現象である。次に，彼は人間の内には社会が本質的に備わっている点を指摘した。彼によると社会が人間の意識に本質として含まれていて，社会は個体のなかに最初から内的に現存している。そのため人間は外的に

---

22) ヤスパース『精神医学原論』西丸四方訳，みすず書房，1977年，281-82頁。
23) 本書第2章の第2節「シェーラーの間主観学説」を参照。

社会の一部であるだけでなく，社会もそれに参与する人間の本質となっている*24。ここから彼は自己と他者とに分化する以前の共通な根源を示している自他未決定の「体験流」がわたしたちに存在すると説いて，「〈差当り〉人間は自己自身においてよりも他人においてより多く生きているし，その個体におけるよりも共同体においてより多く生きている」と語った*25。

　これまでの間主観性の学説では自我がその自己意識から出発して，他我の意識に向かったのに対し，シェーラーでは他者の意識が自己意識に先行し，体験された心的生の全体の流れから個別的な自我も次第に意識されるようになり，自他の分化もそこから説明された。したがって人間は本質的にまた必然的に社会的存在であり，家のような生命共同体 (Lebensgemeinschaft) において完全に統合された生活を開始し，幼児や原始人に見られるように徐々に自己の境界を区切るようになると説かれた*26。

　このような人間の理解は実存哲学の個人主義的な人間理解と対立しているように思われる。わたしたちはこの観点から実存哲学と人間学の根本的違いを解明できるであろう。

　実存哲学の根本的思考においては人間の「現存在」(Dasein) と「実存」(Existenz) が対立的に措定されている。現存在は「世界－内－存在」として共同的に生を営んでいる他者を本質的に含んでおり，他者が自己の現存在を促進するか妨げるかして共存すると考えられた。したがって実存哲学にとって人間の現存在の根源的事実自体のうちに他の人間はつねに活動的に共同の生活を営んでおり，ヤスパースは「わたしは他者との交わりにおいてのみ存在する」と述べ，ハイデガーはこの事実を「現存在は本質的に共存在 (Mitsein) である」と定式化した。とはいえ，この他者は個々の現存在をその本来的存在たる実存に向けて現成させるための単なる背景にすぎないと考えられた。そこでハイデガー，ヤスパース，サルトルにおける実存と他者の関係をとおして実存哲学と人間学との関連を考察してみよう。

　ハイデガーにとって「共存在」と「共現存在」という人間に独自な存在

24）シェーラー『同情の本質と諸形式』青木・小林訳，白水社，360頁。
25）シェーラー前掲訳書，368-69頁。
26）本書第2章第2節参照。

様式は，人間が世界の中で孤立しているのではなく，その「世界－内－存在」を他者と共にある存在として経験し，「世界－内－存在と等しく根源的である」卓越的な様式において存在する。このような存在様式を解明していって明らかに示されるのは，日常的経験に見られるように，周囲世界は職人の仕事世界のように道具や文化財からなる世界であり，そこには他者と交渉して事物を使用し，人間が相互に利益を分かち合う人間的世界がある。だが，この世界で出会われる他者の現存在という存在様式は道具的存在からも事物的存在からも区別された。

　「この存在者は，事物的に存在しているのでもなければ，道具的に存在しているのでもなく，解放する現存在と同じように存在している。……この存在もまた共に現にそこに存在している。このような共にをおびた世界－内－存在を根拠として，世界は，そのつどすでに，わたしが他者と共に分かちあっている世界なのである。現存在の世界は共－世界なのである。内－存在は他者と共なる共存在なのである。他者の世界内部的な自体存在は共現存在なのである」[27]。

それゆえ孤独なモナド的主観性を想定し，それを後から他者へと感情移入するという考えは真の事態に当たっていない。感情移入は根源的実存論的現象ではなく，むしろその意味は共存在に基礎づけられる。「他者は事物的に存在している人格事物として出会われるのではなく，わたしたちが遭遇するのは〈仕事中〉の彼らである」[28]。したがって共存在や相互共存在の根拠は多数の主体が集まっていることの中にあるのではなく，「他者は世界の中でおのれの共現存在において出会われる」[29]。孤独もかかる共存在の欠如的あり方であって，「ひとりで存在していることが可能であることこそ，共存在を証明するものである」[30]。この共存在が固有な現存在の一つの規定であるなら，共存在は認識の対象としてではなく，行為的な「顧慮」（Fürsorge）の対象として与えられる。それゆえ顧慮が相互的な他者関係の根拠であっても，現実には他者を無視し，心にもかけない欠如的あり方が支配的であって，そこに平均的な共現存在の性格が見られる[31]。

27）ハイデガー『存在と時間』（前出）228上，228下頁。
28）ハイデガー前掲訳書，230頁。
29）ハイデガー前掲訳書，230頁。
30）ハイデガー前掲訳書，231頁。

では他者(他の現存在)はそのつど自己である現存在に対しいかなる意義をもっているのであろうか。他者は現存在にとってたえず現前しているけれども、フッサールの相互主観性の理論と同様にハイデガーの共存在の分析においては他者との直接的出会いの出来事、「汝」としての他者の発見が欠けている。他者の独自な存在を介して自己が自己となるとは説かれない。他者も技術を身につけ、道具を通して行為する人々を構成する。それゆえ他者によって自己が非本来性へと頽落する側面が強調され、現存在は共存在をさしあたり「世人」(das Man) の形で経験する[*32]。世人の存在様式は「空談」・「好奇心」・「曖昧さ」の三概念で規定され、世人の大衆的存在と実存とは決定的に対立する。

「現存在が存在しているのではなく、他者が現存在から存在を奪取してしまっている。他人の意向が現存在の日常的な諸存在可能性を意のままにしている。……こうした他者こそ、日常的な相互存在においては差しあたってたいてい現にそこに存在している当のものなのである。……誰もが他者であり、誰ひとりとしておのれ自身ではない。世人でもって日常的な現存在は誰であるのかという問いが解答されたのだが、そうした世人は、誰でもない者であり、この誰でもない者にすべての現存在は、たがいに混入しあって存在しているときには、そのつどすでにおのれを引き渡してしまっている」[*33]。

このように他者を実存にとって悪しき世人とみる考え方は正しいであろうか。ハイデガーによれば、このような世人としての現存在がその本来的存在を取り戻すのは、自己を変革する「実存的変様」(existentiale Modifikation) においてである。このようにして自己を獲得した実存は世界に立ち向かい、ありのままの事実性と有限性を引き受けながら、自己をそこに投入する。したがって実存は世界から離脱しながら同時に世界に自己を投企してゆく。

ところでこの実存哲学の問題は他者の理解にあるといえよう。他者との

---

31) ハイデガーは顧慮の二つの極端な可能性を指摘し、他人に代わって責任を負い尽力する場合と他者が実存的に存在しうるように手本を示す場合を区別している。

32) Heidegger, Sein und Zait, 1960, S.118.「むしろ他の人々というのは、人がその中にいるのに、そこからたいてい自己を区別していないものである」。これが世人としての他者の規定である。

33) ハイデガー前掲訳書、240, 242頁。

共同のあり方，つまり仲間世界は積極的に肯定されず，実存が現成する背景に退いているのみならず，世人としての他者ははっきりと否定される。他者を実存を阻む世人，大衆，公衆とみなす考えはキルケゴールに由来するとしても，キルケゴールにおけるような，その全存在をかけて語りかける婚約者レギーネ・オルセンのような他者の存在が見当たらない。他者を世人とみる見方には近代の個人主義と大衆的集団主義との分裂した状況が反映している*34。

　こうして現存在は本来的自己と非本来的自己に分けられ，日常的世界の中に没入しているかぎり本来的な存在可能から頽落している。差しあたり自己は世人の日常性と平均性の中にいる。「差しあたって〈私〉は，おのれに固有な自己という意味で〈存在している〉のではなく，世人という在り方における他者なのである」*35。この他者となった現存在に対して，「本来的自己存在は，世人から分離されたところの，主体の一つの例外状態ではなく，本質上の実存範疇としての世人の一つの実存的変様なのである」*36。このように他者との共存在も必然的に世界への頽落となって現われざるをえず，「本来的存在」つまり自己的になった自己存在は「世人＝他者」から決然として身を転じる「実存的変様」において実現される。したがって実存は必然的に共同性の地盤から身を引いた単独者以外の何ものでもない。

　このように世人と実存とは決定的に対立する。それゆえ自然のままの共同存在は厳密な実存概念から見ると，実存を妨げ抑圧するものとして現われて来ざるをえない。本来的自己存在はこのような共同存在からの離脱において実現されるのであって，本来性に固有な内容があるわけではない。共同的世界をこのように世俗的なものと見るところに，ある意味でキリスト教的世界観が反映しているともいえよう。しかし近代以前の人間，とく

---

　34)　他者を実存にとって悪しきもの，実存を脅かすものと考えるのはハイデガーやサルトルの実存思想の特徴であるともいえよう。彼らは他者について語り，共存在や相互的主体性を説く。たとえば「一つの偶然的必然性」としての他者についてサルトルは語る。しかし，これはただそのように説くだけであって，別の意図がそこにある。それは「地獄とは他者のことだ」という『出口なし』の終わりの台詞に示される他者蔑視である。こういう思想は独我論と権力主義に転落する傾向があるといえよう。
　35)　ハイデガー前掲訳書，244上・下頁。
　36)　ハイデガー前掲訳書，245下頁。

に古代人は集合的に思考し，民族共同体に和合して生きており，世人としての自己の実存を非本来性や疎外であるとは考えなかった。父祖の範例に従う生活こそ，彼らの本来性であった。歴史的に思惟し，人間存在にかかわる歴史的差異を問題としない場合にのみ，このような観点は成立するのではなかろうか。

しかしハイデガーにおいても孤独な実存が最終的な言葉ではありえず，実存が本来性へと決断的に突破するため呼び開く良心の声によって，世人の公共性や空談を断ち切るとき，その実存の基礎に立つ本来的共存在が成立する。決意性によって現実の世界を運命的なものとして引き受け，配慮的生活関係と顧慮的な他者との共同存在に向かって現存在は自己を企投し，他者の良心となる[37]。これこそ現存在の「現」の状況であり，それは状況を決定する決意性によってのみ存在する。

（2）ヤスパースの実存的交わり

ヤスパースもハイデガーと同様の傾向を示しているが，そこにはまた一つの重要な相違点が認められる。彼は『現代の精神的状況』の中で，大衆的な生き方を「実存を欠いた現存在」と呼んだが，これはハイデガーの「世人」と通底する人間理解である。彼も平均化した日常的な共同体から決然と身を引くことによって実存に達すると主張した。また実存的共同を顧慮として説いたハイデガーと同様に，ヤスパースも実存者と実存者との間にともに実存を覚醒し合う「愛しながらの闘争」を説いた[38]。

ヤスパースはその主著『哲学』第2巻「実存開明」で人間の特質を「限界状況」と「交わり」によって考察した。彼は人間がまずその置かれた状況の中で自己と成ることを，しかも自己喪失から自己自身を回復することを求めた。こうした状況は現実における根源的な所与の事実である。しかも彼はこの否定しえない事実を「限界状況」と呼んだ[39]。この限界状況

37）「決意した現存在は他者の〈良心〉となることができる」（Das entschlossene Dasein kann zum Gewissen der Anderen werden. SuZ, S.298.）（ハイデガー前掲訳書，477下頁）。こういう良心観は独裁者と無形の大衆との関連を連想させる。この点に関しては金子晴勇『対話的思考』59-60頁参照。

38）これについては本書112頁を参照。

39）「たとえ状況の一時的な現象が変化したり状況の圧力が表面に現われなかったりすることがあっても，その本質においては変化しないところの状況がある。われわれは，この

には死・悩み・戦い・偶然・罪・世界への不信があげられる。それらはまた人間の挫折点でもある。このような不可避的な状況に対して真剣に関わるところに彼の実存哲学の特質が見られる。だが，こういう傾向は個人としての人間に向かい，他者に関わる人間の間柄という倫理の領域から離れ，個人主義的となり，社会から見ると消極的生き方となる[*40]。したがって実存哲学に特徴的なことは人間を他者との共同関係から分離させて，自己と成る主体性を強調している点である。とはいえ，それは独我論に陥るのを避けるために共同性をも同時に問題とせざるを得ない。

このような実存思想をヤスパースは「実存の交わり」として解明し，他者との共同の意義を考察した。彼はハイデガーと同様，現存在の交わり（日常的世人の世界）と実存の交わりを区別する。しかしヤスパースでは，ハイデガーとは決定的に相違して，他者との交わりが実存の覚醒にとって優位をもち，しかも，この交わりが「代置されえない二個の自己」の間に成立することが説かれた。

その際，彼は「交わりに対する不満の経験」に着目し，ここから実存開明がはじまる根源を捉える[*41]。交わりは自己意識の根底にあり，「意識一般としてわたしはすでに他の意識とともにある。意識が対象なくしてありえないように，自己意識は他の自己意識なしには存しない」[*42]。それゆえ，孤立した人間というものは，限界表象として存在するだけであって，事実としては存在しない。だが他者を対象としてとらえるのでは実存の交わり

ような自己の現存在の状況を限界状況と呼ぶ。すなわち，それは，われわれが越えることもできないし，変化させることもできない状況であって，これらの限界状況は驚異や懐疑についで哲学のいっそう深い根源である」（ヤスパース『実存開明』草薙・信太訳，創文社，231頁以下参照）。

40) たとえばキルケゴールには恋人のレギーネという他者が与えられてはいるものの，不幸な恋愛経験から他者に対する態度が消極的になっている。彼は言う。「各人は『他人』と交わることに注意深くあらねばならない。何故ならば，ただ一人して目的地に達するからである」と（キルケゴール『わが著作活動の視点』田淵義三郎訳「創元社版選集8」144頁）。

41) 「交わりについての不満は，実存へ迫る突破，ならびに，この突破を開明しようとする哲学するはたらきのための根源である。あらゆる哲学するはたらきが驚きとともにはじまり，世界知が懐疑とともにはじまるように，実存開明 (Existenzerhellung) は，交わりの不満の経験とともにはじまる。このような不満こそ，わたしはそのつど代理されえぬ他者を通じてのみわたし自身として存する，という思想を理解しようと欲する哲学的反省にとっての，出発点なのである」（ヤスパース前掲訳書，66頁）。

42) ヤスパース前掲訳書，68頁。

は成立しないで，不満が残る。他者は「そのつどの唯一の他者」でなければならない。「わたしの可能的な自己存在の深みから ── 他人のうちの同じ可能性から呼びかけられて ── 要求されている交わりにおいて，わたしは，そのつどの唯一の他者とともに，わたしであるところのものとなる」[*43]。ここから実存的交わりが，実存と他者との二者性に立ち，相互承認もしくは相互受容の関係の中で成立する[*44]。ヤスパースは実存的交わりを要約して次のように語っている。

「実存的交わり……交わりを通じてわたしは，わたしが自己自身と出会ったことを知るのであるが，このような交わりにおいては，他人はもっぱらこの他者だけである。すなわち，この〔他者の〕存在の実体性の現象は，唯一性である。実存的交わりは，前以って造り上げて見せることも模倣することもできず，絶対的にそのつどの一回性をもってなされる。この交わりは代置されえない二箇の〈自己〉の間に存する。……この交わりと結合することによって，孤立した自我存在を止揚したのである」[*45]。

ヤスパースにおいて「実存と他者」の主題は「交わり」の共同存在の中で統一的に把握される。しかも，この実存も他者もそれぞれの自己存在，つまり実存の孤独に立ちながら，交わり，つまり他者とともなる存在をもつ。したがって孤独と交わりは相互に要請し合う対極性をなしている。「交わりに入ることなしには，わたしは自己となりえないのだし，孤独であるのでなければ，交わりへ入らない」[*46]。しかも，この交わりは全体として決着のつくものではなく，生成と創造の過程の中に生き続けており，交わりの中に顕わになるこの過程を「愛しながらの闘争」といい，「実存のための闘争にあっては徹底的公明さ，あらゆる権力と優越感を排除すること，他者の自己存在と自分の存在とを同等に取り扱うこと，などのため

---

43) ヤスパース前掲訳書，68頁。
44) したがって「他者が彼の行為において，独立の彼自身とならないなら，わたしも独立のわたし自身とならない。他者が従順にわたしに服従する場合にはわたしは，わたし自身とならない。他者がわたしを支配する場合も，同じである。相互の承認においてはじめて，わたしたちは，双方ともに，わたしたち自身となる。みんなが獲得しようと欲するものを，共同でのみ，わたしたちは獲得することができる」(ヤスパース前掲訳書，69-70頁)。
45) ヤスパース前掲訳書，73頁。
46) ヤスパース前掲訳書，78頁。

の闘争である。この闘争において二人はためらうことなく進んで自己を示し，問題にしあう」[*47]。しかし各自が交わりの一瞬においてそれぞれの自己存在となるのでは「二つの頭をもった独我論」となってしまうのではなかろうか[*48]。

それゆえ，このような実存的交わりは孤独な単独者同志の間でのみ可能であって，人間の集団に対して転用することは原則的に不可能である。また交わり自体も瞬間の出来事であって，「絶対の交わりは，時間のうちにあっては，ただ瞬間の確認としてあるにすぎない」とあるように，持続的状態とはなりえず，瞬時の贈り物として与えられるがゆえに，実存自体と同様に脆いものである。それゆえ実存的交わりは，自然と歴史を通して発展して来ている文化的な社会とは明らかに相違する。とはいえ自然と歴史によって形成された共同体は実存の自由な行為によって受容され内面化されないならば滅んでしまうと実存哲学は主張する。こうして実存的要求の絶対性が人間の共同存在の尺度となっており，実存哲学は共同存在へ向かっていても，やはり「実存」の立場から自己をも他者をも把握しようとする。そこから他者が自己にとって脅威となったり，他者も自己と同じような実存に達するよう挑戦すると説かれても，あくまでも実存の優位の下に他者は二次的存在へと引き下げられてしまう。それは実存哲学が実存をまず単独者として捉えていることから生じる必然的な帰結である。こうした特徴は1960年以降のサルトルにも見いだされる。

(3) サルトルの相互主体性
サルトルは他者との出会いの中から他者と相互的に関わる人格性を主張する。彼はハイデガーの「共存在」概念を批判検討し，もしハイデガーのように「共存在」を自己の存在の本質構造に属するとすれば，他者は抽象的で非独立的なものとなってしまい，自己の外にある現実の他者との具体的出会いはなくなると言う。共存在が世界内存在の構造であると考えるのは，ハイデガーが観念論を克服していない証拠である[*49]。このような批

---

47) ヤスパース前掲訳書，82頁。
48) 金子晴勇『対話的思考』105-06頁参照。
49) 「なるほど，彼〔ハイデガー〕のいう超越は，観念論の超克をめざす。またたしかに，それは，観念論が，自己自身のうちにとどまって自己自身の心像を眺めるだけの一つの

判的分析のあとで，他者の実存は偶然的で還元不可能な事実であって，他者との出会いの事実性を「事実的必然性」と彼は言う*50。

この他者はわたしが具体的他者「ピエールと共にある存在」という事実に根ざしている。他者はわたしに眼差しを向けている者として現象し，そのまなざしはわたしの羞恥，いら立ち，怖れ，おごり，誇りを引き起こす。こうして劇作『出口なし』の終わりにある有名なせりふ「地獄とは他者のことだ」が発せられた。このように無視できなく肯定せざるをえなかった他者は今やわたしの存在をおびやかす敵として登場する。ところが他者との相互的関係自体は『実存主義はヒューマニズムである』の中では「相互的主体性」という形で新たな展開を見せはじめる。デカルト的コギトの絶対的真理性を語った後に，これを修正して彼は次のように言う。

「デカルトの哲学とは反対に，またカントの哲学とは反対に，われわれは〈われ考う〉によって，他者の面前でわれわれ自身をとらえる。そして他者はわれわれにとって，われわれ自身と同様に確実なのである。こうしてコギトによって直接におのれをとらえる人間は，すべての他者をも発見する。しかも他者を自己の存在条件として発見するのである。彼は他人がそうと認めない限り（彼は機知に富むとか，意地が悪いとか，嫉妬ぶかいとか人が言うその意味で）自分が何者でもあり得ないことを理解している。わたしに関しての或る事実を握るためには，わたしは他者を通ってこなければならない。他者は，わたしが自分に関してもつ認識に不可欠であるとともに，わたしの存在にとっても不可欠である。こうした状態において，わたしの内奥の発見は同時に他者を，わたしの面前に置かれた一つの自由，わたしに同調しまた

主観性を，われわれに提供するかぎりにおいて，かかる観念論を超克することに成功する。けれども，こうして超克された観念論は，観念論の私生児的な一形態，すなわち経験批判論的心理主義の一種でしかない」（サルトル『存在と無』第3部「対他存在」人文書院，70-71頁）とサルトルは言う。

50)　「われわれは，他者に，出会うのである。われわれは，他者を，構成するのではない。他者の存在の必然性は，もしそうした必然性が存在するならば，一つの（偶然的必然性）であるのでなければならない。いいかえれば，他者の存在の必然性は，コギトがいや応なしに受けとらなければならない〈事実的必然性〉という型に属するのでなければならない。他者がわれわれに与えられうるのでなければならないのは，一つの直接的な把握によるのであるが，この直接的な把握は，その事実性という性格を，〈出会い〉に委ねている」（サルトル前掲訳書，72頁）。

反対してしか考えず，また意志しない一つの自由としてわたしに発見させる。こうしてわれわれは，ただちに，相互主体性とわれわれの呼ぶ一つの世界を発見する。人間はこの世界においてこそ，現に自分があるところのものと，他者があるところのものとを決定するのである」[*51]。

サルトルのこの「相互的主体性」の観念は，シェーラーの「間主観性」と同じく，「実存と他者」を総合する見地であるが，この観念はサルトルの哲学においていかなる具体性をもって展開しているのであろうか。1960年代に入ってから，彼は『方法の問題』と『弁証法的理性批判』において独自の思想的発展をなした。その中で相互的主体性がどのように確立されているかを考察してみよう。

サルトルは『方法の問題』で観念化し教条主義化したマルクス主義に対し生ける人間の現実を回復すべく実存主義をそれに媒介しようと試みる。彼はまず「哲学とは興隆期にある階級が自己についての意識をもつ或る仕方である」と定義し，プロレタリアートの実践的叡知の総合としてのマルクス主義こそ当代の唯一の哲学であるが，スターリン主義に現われているような不幸な事情の下に過去20年来それは停滞してしまった。それゆえ無神論的実存主義は欠乏症にかかったマルクス主義に人間の現実の生血を通わせる思想として意義がある。このようなマルクス主義と実存主義との結合の試みは，多くの問題をもっているが，現代哲学の一つの方向を示していた。この書物では個人と階級との対立の間に，人間が家族・居住集団・生産集団を形成すること，つまり集団形成の中に相互的主体性の作用が見られる点が指摘された[*52]。

彼はこの相互主体性の説を『弁証法的理性批判』の中で詳細に検討し，相互的主体性にもとづく集団形成が論じられた。だが個人的自我の立場が台頭してきて，個人としてのわたしを通して集団も生まれ，それもわたしの防衛のためであって，わたしの全体化の行為によって集団の構成はなさ

---

51)　サルトル『実存主義とは何か』(前出) 51-52頁。
52)　さらに続けて人間の自由とみなされる投企が弁証法的唯物論の中に人間的意味を証しする契機であること，つまり投企には家族の下に育つ幼年期の克服と文化や言語という用具の問題や投企には選択が先立つ状況の意味を明らかにし，決定論はありえないことが説かれた。

れる。要するに集団は個人的な自我が持ちたいと欲するもの以外の何ものでもない。個人の実践力はこのように強大である。ところが他者は少しも助けとならず，稀少性によって価値が決定される世界ではむしろその存在は危険である。すべての人に十分なほどものが行き渡らないところでは，他者は脅威になっている。人間は欲求の主体であって，この欲求を満たしうる物質的事物が不平等に分配されている状況では，マルクス主義のほかに意義ある哲学はないと強調された。

　サルトルの相互的主体性の観念はフッサールやシェーラー以来説かれており，彼の独創ではないが，サルトルの思想をよく検討してみると，「相互的」よりも「主体性」に強調点が置かれていることが判明する。しかも，この「主体」は欲望的主体であって，自己の欲望を満たすために集団を形成するものと考えられ，ヘーゲルやマルクスが市民社会の根底にあると見ぬいた人間と少しも変わっていない。もともと欲求が生じるのは稀少性の世界においてなのだと彼はくり返し語った。この何ものも十分でない世界では，「他者」の現前はわたし自身の欲求の充足を脅かすがゆえに，他者は今やわたしを脅かす「敵対者」となっている。実存が自己の主体を越えて他者との人格的共同の場に立つことが見られない。サルトルの「他者」は自我の反映，つまり第二の自我 (alter ego) にすぎない。彼は第二の自我をもてあそぶが，そこには少しも独自性が見当たらない。したがって彼は実存主義に立った世界観的なイデオローグにすぎなかった[*53]。

---

53) このような単独者の主張がもたらす主観主義的傾向に対し，決定的方向転換を促したのが，マルティン・ブーバーの対話的思考である。彼の思想について本書173-95頁を参照。

第6章

現象学的人間学の展開

はじめに

　現代の人間学がマックス・シェーラーによって成立し，彼の二元論がプレスナーやゲーレンによって批判的に超克されてきた経過をこれまで辿ってみた。こうした経過は新たに提起された人間科学とりわけ生物学の新しい発展にもとづいて展開された。ところで生物学のみならず心理学・歴史学・社会学・精神医学・自然科学・社会科学などの個別諸科学の成果を受容しながら人間を新しく把握する人間学の共通する学問方法は実存哲学との間に大きな相違をもたらした。この方法によっても人間学の心身的な側面は大いに解明されたとはいえ，精神と人格に対する哲学的な基礎づけの方は必ずしも十全になされたとは言えず，人間と形而上学との本質的な関連は単に批判的に超克されるべきであると説かれたに過ぎなかった。そこで，わたしたちはシェーラーの形而上学を正当に評価するためにも，彼も自己の学問方法として採用した現象学の立場から人間学を基礎づける必要がある。このような人間学は「現象学的人間学」と称することができる。そこでわたしたちは現代において新しい展開をはじめたこの現象学的人間学を取り上げ，なかでもシェーラーの問題提起を継承しているメルロ＝ポンティが現象学と人間学との関連をどのように把握しているかを考察してみたい。

　フッサールによって創始された現象学は人間の生を徹底的に解明していくうえに不可欠な方法をわたしたちに提示した。たとえば彼の「現象学的還元」はシェーラーによって従来の人間観を退けて「人間の素顔」を捉え

直す試みとして解釈され，彼の「世界開放性」の理解はプレスナーの「脱中心性」によっていっそうの展開をもたらした。彼らは二人ともフッサールの現象学にしたがって人間に関する諸科学を積極的に受容しながら，哲学的人間学を確立したのであった。それゆえ現象学的還元の方法は人間学にとっても重要な意義をもっている。つまり近代科学がもっている世界観としての問題性は現象学的還元によって克服され，人間の本来的な「生活世界」(Lebenswelt) に立ち返り，今日多くの素材を提供している人間科学の成果を受容しながら，人間学は学問として確立されなければならない。ここに現象学的人間学の理念と課題がある。

　それはとくに現代においてはメルロ＝ポンティによって実行に移されている。

1　フッサールの『現象学と人間学』および形而上学の問題

ここではまず現象学の開祖フッサールがハイデガーの現存在の分析論による本質論や人間主義的な科学による哲学の基礎づけとも批判的に対決し，超越論的現象学に立って人間諸科学を基礎づけている点を問題にしてみよう。そのためには彼の晩年の論文「現象学と人間学」[*1]を参照してみたい。彼は超越論主義と人間学主義との対立について語ったのち，あるべき超越論的現象学の方法，とくに現象学的還元の意義について論じている。ここでいう超越論主義というのは哲学の基礎を人間のなかに，しかも具体的＝世界的現存在の本質学の中に，求める立場であり，インガルデンへの書簡を参照するとハイデガーの『存在と時間』および『カントと形而上学の問題』において展開している観点を指しているといえよう。一方，人間学主義というのは心理主義とも言い換えられているように，人間科学および心理学によって哲学を主観的に基礎づける試みである。これらの両者はともに近代特有の主観主義的な傾向をもっているが，主観的なるものへの学問的反省が不可欠であるがゆえに，フッサールはこの両者に対する原理的な批判を提示し，「現象学的哲学はどの程度までその方法的基礎づけを《哲学的》人間学によって見いだしうるか」と問うている。そして「超越論的

---

1)　フッサール「現象学と人間科学」粉川訳，現象学研究会編『現象学研究』vol.2, 1976所収。

1　フッサールの『現象学と人間学』および形而上学の問題　　119

ないしは構成的現象学」から「哲学的人間学の可能性の問題に判定をなしうる原理的な洞察」を説いた。この洞察について彼は①普遍的「存在信憑」(Seinsglaube) の自明性，②エポケーによる超越論的認識領野の成立とエポケー遂行者としての人間，③現象学的還元と世界研究との関連，④相互的主観性と客観的世界の措定という問題点を論じている。

　ところでシェーラーはここでの「超越論的ないしは構成的現象学」に立つフッサールではなくて，『イデーン』以前の現象学の方法に立っている。したがって彼は後期のフッサールに対しても批判的であったが，両者は研究領域が相違しているゆえ，その相違点も目立っていた。シェーラーは倫理学，宗教学，社会学が関与している具体的現実の中で哲学研究を志してきたため，彼の哲学には人間生活の具体性と現実性が濃厚に彩を添えている。それに対しフッサールは『イデーン』で超越論的観念論を基礎づけ，意識の分析に向かったので，主観性と観念性の色彩が強い。それに反しシェーラーは理性よりも存在の優位を告げ，主観が客観に従属し，理性が現実に従うため，認識が受動的になる傾向を帯びてはいても，現象学的直観によって事実領域における真理を解明していった。

　さらに，シェーラーの現象学における二つの大きな特質をフッサールとの関連において述べておかねばならない。①彼は，多くの初期の現象学者（その中にはニコライ・ハルトマンも含まれる）と同様に，本質直観の現象学から超越論的現象学へと移行したフッサールに従わなかった。したがってフッサールの間主観性の議論が『デカルト的省察』の第五省察で他者の存在を認識論的に正当化する問題に巻き込まれ，不確実な解答をせざるを得なかったのに対して，シェーラーは超越論的現象学以前の一般的・心的現象の領域で間主観性の問題を解明していった。②フッサールが人間経験の純粋に理性的構造を解明したのに対し，シェーラーは経験の非合理的な本質構造と法則とを解明した。つまり無記な科学的法則の世界ではなく，価値・良心・共同感情・愛憎・羞恥・共同社会といった具体的で情緒的な生活に注目し，それらの現象の内にある不変の構造を見いだそうと努めた。この領域は実存と同様に現象学によって解明されるのに適したものである*2。フッサールは存在の意味を問うて存在論に向かっていったの

　2）　この点をラウアーは次のように力説している。「フッサール自身の現象学的考察は

であるから，意味を価値と見れば，シェーラーによる情意生活の領域での現象学的考察も意義深いものであったといえよう。

なお，ここでフッサールの現象学に従いながらも人間科学と形而上学との関係を考察したニコライ・ハルトマンの存在段階説が顧みられなければならない。シェーラーは生命と精神の二元論に立って，実践的知能と精神とを区別し，精神の機能によって形而上学を再興させようと試みた。しかし，その後の人間学の展開は，この形而上学を人間科学の成果を取り入れることによって克服する方向をとり，ゲーレンにおいては形而上学が完全に否定され，人間生物学という性格を帯びるようになった。それゆえ現代の人間学の主流は形而上学の否定の方向に向かっているとしても，人間の形而上学的素質はそれとして与えられている事実である[*3]。それはカントによると回答不能な問いによって悩まされる理性の運命である。もちろん諸科学は，この問題に対し新たにカテゴリーを立て，可能なかぎり存在の解明に向かっている。こうした存在解明は一般存在論に属している。では，一般存在論と形而上学との関連はどのようになっているのであろうか。これにハルトマンは存在段階説によって方向性を与えた。

現象学の影響の下にハルトマンは独自の存在論を確立し，存在段階説によって形而上学と存在論とを区別した。彼は存在論を次のように規定している。「存在論はもろもろの現実的および理念的対象の構造を，それに関していかなる根本的表現（Aussage）が立てられうるかを問いながら，探求し分析するものである」[*4]と。それゆえ存在論は広い意味で存在についての学問的解明を意味する。その際，彼は存在を物質・生命・意識・精神と

主として論理的，認識論的，またある程度存在論的であったことは正しい。とはいえ現象学は，彼が考えていたように価値の領域で最も有効なものである」（Q. Lauer, Phenomenology, It's Genesis and Prospect, 1958, p.10）と。

3）カントはこれを，解決できない問いによって悩まされる運命であると考え，次のように語っている。「人間の理性はその認識のある種類において奇妙な運命をもっている。すなわち，それが理性に対して，理性そのものの本性によって課せられるのであるから拒むことができず，しかもそれが人間の理性のあらゆる能力を超えているから，それに答えることができない問いによって悩まされるという運命である」（『純粋理性批判』高峯一愚訳，河出書房新社，17頁）。ここで語られている理性は狭義の思弁的理性であって，科学的な認識に関わる悟性と区別されている。

4）ハルトマン『存在論の新しい道』熊谷正憲訳，協同出版，1967年，20-36頁にある学説の要約。ここにある「根本的表現」というのは範疇を指している。

いう四つの段階に分け，段階ごとに範疇を立てて，存在の特殊なあり方が科学的に解明される。彼はこの存在段階説にもとづいて旧来の形而上学の誤りを指摘する。その第一は，従来の形而上学が解決できないものを解決しようとした誤謬である。存在には認識できる側面があっても，決して解けない謎や矛盾が残るが，適切な方法によってそれをいっそう明瞭にし，認識できない部分をいっそう小さく局限できる。それでも認識が達し得ないXは「形而上学的なもの」であり，非合理的な存在の側面である。したがって第二の誤りは，形而上学が学問ではなく，答えることのできない一つの問題連関であるということを知らなかったことである。それに対し，存在の認識可能な側面の解明は一般存在論の分野に入る[*5]。

それゆえ現代の現象学的人間学はこのような観点に立って個別諸科学の成果を受容しながら人間存在を解明する。その代表はメルロ＝ポンティである。

2　メルロ＝ポンティの現象学的人間学

メルロ＝ポンティはフッサールの現象学にもとづいて人間の世界における存在を解明し，人間の科学の成果を積極的に取り入れている。ここでは彼の現象学的方法が提示されている『人間の科学と現象学』から現象学的人間学の特質を考察するに止めたい。

（1）現象学的還元と現象学的直観

彼は主にフッサールの思想を検討しながら，現象学的本質直観と人間の外的認識である経験科学との生ける関連を追求した。20世紀以来哲学と人間科学とは危機に見舞われていた。実証的な人間科学（たとえば心理学・社会学・歴史学など）は哲学やあらゆる思考を外的諸条件の複合作用と考えていたため，相対主義に陥り，精神による真理の確信を失っていた。こうした危機に直面してフッサールは人間性というものが成り立つための諸条件，つまり，すべての人が共通な真理に与ることができるための諸条件を

5）このようなハルトマンの解釈はボヘンスキー『現代ヨーロッパの哲学』桝田啓三郎訳，岩波書店，1956年，250頁以下に拠る。

確定させようと考え，哲学と人間科学の危機を同時に解決しようと試みた。それゆえメルロ＝ポンティはフッサールの「現象学的還元」の意義もこのことの解決にあったとみなした。実際，哲学者が反省するとき生活のなかにいつしか入り込んでいる断定的な先入見は一旦停止され，根付いてしまった世界についての暗黙の断定が露呈される。それゆえ哲学による反省の第一の成果は，反省に先立って生きているがままの世界（生活世界）の現前をふたたび取り戻すことである。そして，この種の反省は無限に遂行され，対話を通して他者との交渉に入っていかざるをえない。したがって「最後の・哲学的な・究極の・根源的な主観性，つまり哲学者たちが超越論的主観性と呼ぶものは，間主観性（Intersubjectivität）にほかならない」[6]と主張される。この間主観性こそ彼がシェーラーを継承する立場である[7]。

　メルロ＝ポンティによるとフッサールがめざしていたのは，人間性を条件づけるものについての研究であって，人間の科学が全体として進歩することと両立しうるような，統合的で積み重ね可能な哲学を樹立することであった。したがって彼はヘーゲルの考え方に近づき，ヘーゲルのいう「内容の論理」である「現象学」が事実の内容そのものをしておのずから思考可能になるように組織し，歴史的事実や人間的世界と環境に広がっている精神の歩みを捉えようとする。ここに現象学と歴史や文化とが積極的に結びつけられる[8]。今や現象学は人間科学をも含めた人間学である現象学的人間学をめざすことになった。

　また現象学が説く本質直観も何か神秘的なものではなく，具体的でかつ普遍的でもあるため，人間科学を改造し発展させることができると，彼は主張する。それゆえ人間の経験は，外から観察する者には，社会的に規定され，物理的に限定されているとしても，それとは別に，この経験が普遍的・間主観的・絶対的意味を得てくる観点から理解され，その経験の意味

6）　メルロ＝ポンティ『眼と精神』木田元訳，みすず書房，18頁。
7）　シェーラーの間主観性については金子晴勇『マックス・シェーラーの人間学』第3章「他者認識と間主観性」創文社，99-164頁参照。
8）　メルロ＝ポンティは言う，「現象学とは，一方では歴史のなかにあるがままの人間のあらゆる具体的経験，しかも単に認識経験だけでなく，生活や文化の経験をも取り集め，他方それと同時に，この事実の展開のうちに自ずからなる〈秩序〉〈意味〉〈内的真理〉，つまりそれらの出来事の進展を単なる継起とは思わせないような一種の〈方向づけ〉を見出そうとする二重の意図をもつ」と。同掲訳書，22頁。

が本質直観によって取り出される。

したがって本質直観というのは意識が志向しているものの意味ないしは本質の顕在化にほかならない。この意味や本質は経験のなかに含まれていたものであって，自然的態度と呼ばれている生活態度にも見いだされ，そこではいまだ主題化されない意味がこの直観によって取り戻される。

（2）現象学と人間科学

さらにメルロ＝ポンティの優れた点は現象学と現代の人間科学とを密接に結びつけている点である。彼は経験科学，とくに心理学・言語学・歴史学との関連を検討し，哲学と人間科学との対立は超えられると主張する。というのは哲学が探求する事物の本質は経験的な事実の外にあるのではなく，また永遠の真理は変転し続ける時間の外に求めるべきではなく，人間の営みである哲学的思考は歴史の外にあるのではないからである。それゆえ現象学はこうした人間経験の世界に深く関わってこそ真の学問的成果に到達する。彼が開拓していった哲学の基本的な態度は，シェーラーの本質現象学においては確かに晩年に顕著に示された形而上学への傾斜のゆえに徹底されていなかった。この点の批判がゲーレンによって行なわれたが，彼自身の形而上学に対する偏見のゆえに方向性を誤ってしまった。問題は歴史とともに発展する人間科学の成果を採用しながら世界観や特定の立場の哲学の独断的な前提を批判し吟味することによって人間性の全体的理解を進めることにある。こうした人間科学を採用しながら進展する現象学的人間学の歩みを考察してみたい。

（3）現象学的な心身論

メルロ＝ポンティの心身論は現象学的な方法によって展開する。彼は他者を必然的に対象化する超越論的主観性の立場からは，他者の主観性を語ることは不可能であるという難問（アポリア）を解決するため，主観性の概念を変更し，それが他者の志向性と主体性を許容する「受肉せる主体」でなければならないと主張する。身体こそこのような主体であり，身体としての主体は，主体（触れる手）と客体（触れられる手）のように，対象と意識とに二分化する前の両義的存在であり，身体によって世界に帰属する「世界内属存在」であり，無名で前人称的形態たる「ひと」(on)つまり自

他共生の状態にある[*9]。それゆえ他者の志向性は「ひと」の志向性としてわたしの知覚に潜在的に含まれている。このように他者関係を意識の能動的作用から受動的な身体の志向性へと移し，身体の交流関係で成立する根源的知覚段階が重視される。

このように世界に住みついている身体は，客観的な誰のものでもない身体ではなく，この「わたしの身体」として現象している身体である。この身体は世界に馴染んでいる「原初的習慣」として取り出される。身体的に実存するというのは世界に実践的に関わりながら習慣によって自己の行動の仕方を構造化し，身体を中心にして上下，前後，左右に方位づけられている。こうして身についた習慣は「身体図式」を形成する。彼は「幼児の対人関係」において「ひと」から個別的主観への移行を身体図式によって考察し，この図式の組織化により自己の行動が生まれると説いた[*10]。それは明瞭に意識された自己の身体像に先立って行動を起こさせるように潜在的に作用する，一種の全体的・潜在的な身体的知覚である。これは身体の視覚・聴覚・体感の全体が連合するという心理学の概念であって，この図式の組織化によって自己の行動が生まれ，同時に他者にもその行動が相補的形態において生じていく。したがってこの身体は見える身体ではなく，人を動かし，内側から生きられる潜在的なイメージである。

メルロ＝ポンティはこれを「現象的身体」として捉えなおしている。わたしが行動するとき知覚される身体は，外側から観察される対象的な「もの」ではなく，自分でも心のうちで描かれるイメージでもなく，自己の身体を内側から生き，非対象的に知覚している。それは感覚能力と運動能力との統一体であって，運動する身体を知覚しながら同時に運動可能な空間が周りに開かれており，わたしの意志を準備している。こうした現象学的考察によって心身は分離できない形において現象していると説かれた。

そこでメルロ＝ポンティは類推や感情移入を退けて，他者の直接的・全体的直観による認識を説くようになった。「感覚について偏見がひとたび

---

9) この視点はシェーラーの「自他未分化の体験流」と酷似している。これについて第2章の (2) を参照。
10) この身体図式という学説はイギリスの神経病理学者ヘッドとオーストリアの精神医学者シルダーによって提唱されたものである。メルロ＝ポンティ「幼児の対人関係」(『眼と精神』みすず書房，所収論文) 134, 140頁以下参照。

除かれさえするならば，一つの顔，一つの署名，一つの行為は単なる〈視覚的所与〉，その心理的な意味を知ろうと思えば自分の内的経験のなかを探らねばならぬような視覚的所与といったものではなくなるし，また他人の心の動きも，一つの内的意味に浸透された総体としての一つの直接的対象となる」[11]。なお受肉せる主体が自己の有限性を積極的に捉えて，世界に対する独自の態度を形成し，世界に関わる仕方を統一することによって自己の「スタイル」を身につけてゆく。これは個別的自我の特質であって，世界に対する自我の態度である。このスタイルの相違は，たとえ他者の身体構造とほとんど似ていなくても，自他の間に「ずれ」（décalage）を感じさせ，そこに自他の分化が起こっており，「わたしと他者とはいわばほとんど中心を同じくする二つの円であり，両者はかすかな神秘的なずれによってのみ区別される」と説かれた[12]。

（4）言語の現象学的考察

今日言語現象の研究の中でもメルロ＝ポンティやクワントの言語の現象学は人間と言語との内的な関連を指摘する。とくにメルロ＝ポンティは，幼児が言語を習得する過程で大人とのコミュニケーションの重要性を強調した。その際，彼はソシュールの言語論を受容し，とくに「言語体系」（ラング）と「発語」（パロール）を区別しながら両者の関係を現象学的に考察した。彼の主張を明快な「ソルボンヌ講義」によって示してみよう。

　もし言語現象を静態的に見るならば，たしかにソシュールが言うようにそこには概念的差異と音声的差異があるだけである。しかしメルロ＝ポンティは言語を生きた活動とみなすと，言語活動は「他我とコミュニケーションを行なおうとする総体的意思」にもとづいており，集団の中にあって語ろうとする意図をもつ主体に発源する[13]。それはチェスのゲームと類似している。ゲームがその規則にしたがってなされるように，わたしたちは言語体系を前提とし，多くの可能性の中から選択しながら他者に語りか

---

11)　メルロ＝ポンティ『知覚の現象学』I，竹内・小木訳，みすず書房，112頁。この点はシェーラーの他者の知覚理論と同一である。金子晴勇『マックス・シェーラーの人間学』138-45頁参照。

12)　メルロ＝ポンティ『世界の散文』滝浦静雄・木田元訳，みすず書房，177頁。

13)　メルロ＝ポンティ『意識と言語の獲得 ── ソルボンヌ講義1』木田元・鮫岡峻訳，みすず書房，1993年，121頁。

けていく，生ける言語活動こそパロールの現象である。このような言語体系と言語活動との間には画一性の要求と表現性の要求とがある[14]。画一性の要求によって制度化された言葉が生まれ，言語が在庫するようになる。だが，これは惰性化によって生じたもので，これだけで事足れりとすると，言語体系は貧困化する。このように磨耗した表現を新しくすることによって言語的創造が惹き起こされる。それはパロールという語る行為によるのであって，この行為によって「表現性の要求」は担われる。言語はそれを金属で叩くと火花の散る石のようであって，「言語は，そこから無数のメロディを引き出すことのできるピアノのようなものである」[15]。

このパロールの現象学から言うと言語を語る主体から切り離して言語を論じることは無意味であり，言葉を伴わない思考は風のように空しく，思考を伴わない言葉は音声記号のカオスにすぎない。それゆえ「思考は言語に住みついているのであり，言語は思考の身体なのである」[16]と言われる。

このようなメルロ＝ポンティの言語論はクワントの『言語の現象学』によってさらに密接に日常生活へと適用された[17]。

3　シュトラッサーにおける現象学と人間科学との対話

シュトラッサーはフッサールの現象学を経験的人間科学に適応させようと試みた。彼の関心は主として「心」（Seele）の領域に向けられ，経験的な心理学と伝統的な学説との間に具体的な人間の心や感情を捉える現象学的心理学を探求した。ここに哲学が実証主義の科学と哲学との分裂に直面し，彼は反哲学的な科学と反科学的な哲学の両方を批判し，哲学と科学との相

---

14)　メルロ＝ポンティ前掲訳書，109頁。
15)　メルロ＝ポンティ前掲訳書，112頁。したがってこのパロールは語る主体の自由に発する創造行為であるがゆえに，「言語体系（ラング）のすべての再構成の基底には偶然が働いており」，この偶然が語る主体からなる共同体によって体系的な表現の手段にまで導かれて，言語体系の発展が生じる。したがって言語とは偶然を常に同化していく動的な体系であると考えられた。
16)　メルロ＝ポンティ前掲訳書，126頁。メルロ＝ポンティは思考を表現する手段や道具として考えられていた言語をいっそう人間に近づけて捉え直した。
17)　クワント『言語の現象学』長谷川・北川訳，せりか書房，彼の説に関しては金子晴勇『対話的思考』創文社，47, 213頁参照。

3 シュトラッサーにおける現象学と人間科学との対話

互の関連を追究した。それゆえリクールが言うように，シュトラッサーは常に「境界地帯の歩哨」であって，哲学と科学との媒介が行なわれる境界地帯に留まりながら，「現象学と経験的人間科学との対話」を追究していった[18]。

シュトラッサーは『人間科学の理念』で人間科学は，人間が人間であるいわれをペルゾーン (Person) として言い表わすと言う。この言葉で彼が考えているのは，「自ら環境世界を造り変えていく自由な主体」としての人間の独自性である。ところが現代の客観主義的傾向の科学では，主体としての人間が人間科学の広大な領域から組織的に追放される。そこでは人間は事物のように客体として捉えられるに過ぎず，あるいは少なくとも科学的装置というフィルターを通じて捉えられる限りで考察されるに過ぎない[19]。

それゆえ行動科学に代表されるような客観主義的「科学主義」は，その極端な科学概念によって人間の独自性を捉えることができず，他方，実存主義に代表されるような主観主義的「自由の絶対主義」は，人間の独自性を強調するあまり，科学性を喪失する。両者は，ともに，経験的人間科学としての地位を保ちえない。ここから人間科学に固有な科学性が求められ，人間科学は，客観主義（実証的な科学主義）に陥ることなしに客観的認識に到達し，また主観主義（サルトル的な自由の絶対主義）に陥ることなしに人間の固有性（自由な主体）を捉えることができなければならない。それに対し現象学的哲学にとって客観性を主観性の志向作用の相関者として捉えることが，その基本的態度であると言われる[20]。

---

18) シュトラッサーはオーストリアの出身であるが，ナチス・ドイツによるオーストリアの併合に際してベルギーに逃れ，その地でフッサールの遺稿の保存と整理に当たっていたフッサール・アルヒーフの仕事に加わる。彼は『デカルト的省察』のドイツ語版の編集と校訂に携わっている。

19) たとえば行動科学においては，人間は「刺激・反応図式」によって実験的に捉えられるかぎりでの有機体に限定されている。客観主義的傾向においては，特定の狭義な科学概念・経験概念にもとづいて，「人格としての人間」は，科学の外に追放されてしまう。だから「人間が始まる所で行動科学は終わる」と言われる。

20) こうして経験的人間科学と現象学的哲学との対話は，この著作の第二研究「客観性の本質と変貌」において進められ，なかでも「第三の客観性の可能性と必然性」において人間科学が則るべき新しい客観性の理念が探究され，これによって人間科学が基礎づけられる（次頁の叙述を参照）。

「客観性の三つの水準」　そこで彼は本質的に異なる客観性の三つの形態を指摘し，その「客観性の三つの水準」を次のように規定した。

　第一の客観性の水準は原始文化の水準で，人間は知覚的見方に囚われていることを打破する。彼は共同体の他のメンバーたちからそれを学ぶ。このような最初の意志疎通による知識によって事物に密着しないで伝統や規範となる「言葉」が生ずる。

　第二の客観性の水準では，思考する人間が，彼の所属する偶然的な諸関係から解放される。それゆえ彼は現実の共同体の制限を突き破り，理性的人類全体に妥当する理論を構築する。彼は親密な生活世界の確固とした大地を放棄して，普遍的思考の波立つ海へ冒険に出る。

　第三の客観性の水準では，思考する人間の手から人類の使用している言語や科学的装置，研究共同体の検証ならびに批判を克服し，他の者たちにまだ隠されている意味を形而上学者として情熱的に告げながらも，意味喪失への不安に身をさらす。だが部分的真理の普遍的妥当性に対する彼の信頼は根源的経験にもとづいている。彼は他の人たちが見ていないあるものを，自分が見ていることを自覚し，それが彼に語る権利を与える[21]。

　今日の科学的な合理的説明体系は実証主義と同じく崩壊に瀕している。なぜなら人間が創造した世界は人間自身の秘密を知らないかぎり，最終的には説明されえないからである。この人間自身の秘密は彼が「形而上学的動物」(animal metaphysicum)であることから発生する。それによって人間は本質的に現実から超越するように定められている。しかし，こうしたことは「実証的」観点からは説明できない。では，どのようにして経験科学者と哲学者との接近は可能であろうか。それは双方の謙虚さから生じる。哲学者も経験論者も「区別する術」を体得し，自分たちの権限と，同時にその権限の限界を知って，以前よりも控え目にならねばならない[22]。

---

　21)　シュトラッサー『人間科学の理念』徳永恂・加藤精司訳，新曜社，274-75頁。
　22)　経験的な科学者たちは科学主義を放棄する傾向にある。ヴェルナー・ハイゼンベルクは「それゆえ，自然科学においても，研究の対象はもはや自然そのものではなくて，人間の問題設定にゆだねられた自然である，そしてその限り人間はここでもまた自分自身と出会うのである」と述べている。それゆえ「自然科学的世界像は……本来の意味での自然科学的世界像であることを止める」ようになり，現代哲学者も体系の時代には自然なことと思われた「思弁的思考の帝国主義」は今日ではもはや考えられないと言う。それゆえ両者の間の「領界侵犯」の懼れは今日ではもはや存在しない（シュトラッサー前掲訳書，同頁参照）。

解釈学的思考の時代　今日哲学者たちに求められているのはより高い品位の「謙虚さ」である。哲学に期待されているのは解釈学的意味であって,「歴史の意味, 人間の運命, 世界の存在などについての哲学者の考察がどんなに厳密かつ体系的に進行しても, その結果は解釈 (Deutung) 以外の何ものでもない」。この点はハイデガーの『存在と時間』が現われて以来, ますます顕著になってきており,「体系」の帝国主義に代わって力を得てきている解釈学としての哲学の基本姿勢である。つまり「哲学は, 各人がある一定の限定された意味ですでに知っているところの最も日常的なことを, まず解釈する術である。哲学はまさにそのことによって〈発見〉(Entdeckung) の術でもある。哲学は, 親密なもの・周知のもの・前面に現われているものによって覆われてしまっているものの〈覆いを－取る〉(ent-dekt) のである。存在的に (ontisch) 経験されたものが存在論的に (ontologisch) 理解されなければならない。ここに哲学者に残されている課題がある。すでに親しいものとなっていても, まだ理解されていない元の経験の反省的解釈としての哲学という考え方を, われわれは解釈学的考え方と呼ぶ」[*23]。

こうして次のような結論に到達している。「真の哲学者は皆それぞれ本当の真理のいくばくかを看取したのである, とわれわれは確信している。〈彼は部分的真理をもっているのである〉」[*24]。したがって唯一絶対の哲学, 永遠の哲学はありえないというカントの立場が再び主張され, 対話による真理探究への貢献度によって哲学の価値が決定される。

現象学と人間科学との対話　しかし現象学と人間科学との間に相互的な対話が可能であるならば, この対話をとおして人間科学が現象学から何

---

23) シュトラッサー前掲訳書, 285頁。

24) シュトラッサー前掲訳書, 288頁。続けてこう言われる。「しかし, このことはすでに彼〔哲学者〕が包括的真理を所有していないことを意味する。なぜならば, もし包括的真理をもっているならば, 彼は哲学的思索を止めるであろう, つまり彼はもはや哲学者でなくなるであろうから。哲学の多元性についてのわれわれの考え方は, すべての哲学的体系を等価値のものと見なすことを, 意味するのでもない。けれども, さまざまの違った哲学の価値は, 結局のところ, ある特定の文化圏の中で──時には違った諸文化圏の間で──幾世紀にもわたって行なわれる, 真理探究者たちの対話への有意義な貢献の多寡によってはかられる。ある哲学体系が他の体系の完全に正当な, 決定的判定の規準となることは決してありえない」と。

を得るかだけでなく，現象学が人間科学から何を得るかが問われなければならない。この点では，本来フッサールのうちにあった哲学への基本的な信仰そのものが批判される。かつて現象学は，デカルト的な無前提性の理想をラディカルに追求し，理性の自給自足の王国の上に哲学の自律を確立できると信じた。この信仰が成り立つかぎり現象学にとっては人間科学との対話は必ずしも必要ではなく，個別科学は副次的なものにすぎなかった。しかし20世紀中葉以降の多くの現象学者と同じく，シュトラッサーはこういう「第一哲学」への信仰を断念する。彼は後期フッサールとさえ一線を画して「解釈学的地平にとどまる」という仕方で現象学を制限する。ここから現象学にとって個別科学との対話は本質的な課題となる。「今日現象学的哲学者は人間科学との対話の中でしか，もはや自分を考えることはできない」という彼の言葉は哲学の自律性を放棄するのではなく，哲学の自足性に対する信仰を破る理性の自己批判力こそ哲学の自律性を証しすると言えよう[*25]。

4 インガルデンの文化的人間学

フッサールの現象学を継承する現代の現象学者の中からシュトラッサーの他にロータッカーの『文化の人間学』やラントグレーペの『歴史の現象学』やインガルデンの『人間論 ── 時間・責任・価値』が発表され，現象学的人間学がさらに展開するようになった。ここでは芸術作品の人間学的考察を行なったポーランドの現象学的哲学者インガルデン（Roman Ingarde, 1893-1970）を取りあげてみたい[*26]。彼は文学的芸術作品の重層構造を解明し，そこに実在的対象と理念的対象のいずれからも区別される，志向的

25） 人間科学との対話を主張するシュトラッサーの基本姿勢は，「われわれは科学によって人間を説明することができるとは信じない。むしろわれわれは人間から出発して，科学をよりよく理解できるようにすることを望む」という言葉によく示されている。なお，彼は『対話的現象学の理念』を書いている。この点については本書第8章の叙述を参照されたい。

26） インガルデンはクラクフに生まれる。ゲッティンゲン大学に留学し，フッサールの影響を受け，シェーラーと同じくゲッティンゲン現象学派として出発するが，師に対する厳密な批判的理解者であり，文学的芸術作品によって現象学の新たな地平を切り開いた。その学説は，彼が1956年ヴェネツィア国際美学会議に参加して以来，国際的に広範な影響力を発揮した。

対象性の領域を明らかにした。フッサールが意識全般の本質を志向性と規定したのに対し、インガルデンは志向性を特定の対象領域に限定した。実在的対象と理念的対象が意識の関与なしに存在するという意味で、自律的であるのと対照的に、この志向的対象性は物質的自然に基礎を置きながらも人間的意義によって創造される。それゆえ存在において物質的自然に依存するがゆえに、「他律的」である。したがって文化的対象はすべて存在他律的であるが、この対象領域こそ、人間の創作力が生み出すもっとも豊穣な領域であると説かれた。

こうして現象学的人間学の展開は芸術作品を創造する人間の活動に中にも把握されるようになり、それが志向的対象性の領域において解明されるようになった。ここではこうした人間学の特質だけをあげてみたい。

基底としての現実を超越する人間と創作活動　人間は自分が自然の一部分であるとか、単なる動物に等しいとか、個体とみると動物よりも勝れていないとか、残余の自然から根本的に区別しにくいものであるとか、こういうことを人間はどうしても信じることができない。たとえ科学が人間を動物と同定しても、それによっては決して満足することなく、自分の死さえも信じないし、友人の死すら無視して、自分の魂は不死であると自分自身に言いきかせる。また腐敗した屍体を目にして戦慄し、それを地中深くに埋葬するが、満身の努力を振り絞っても自然の限界を超えようとし、それが不可能と知るや自分を不幸であると考える。こうして自分のもっている力と生まれつきの本性を乗り越えて生きようと試み、自分のために新たな世界を創造する。これが新しい現実である文化世界であって、その世界に人間性の相貌を授ける。それゆえ人間の超越する精神は文化世界をとおして実現する。ここに精神と生命との二元論が克服される端緒がある。

したがって人間は農業や技術という科学の力でもって自然を変えながら、自然がもちえない意味をそれに付与し、自然そのものの所産とは本質的に異質な作品を創造する。このような作品の世界は新しい現実であって、人間存在を完成させるための補完物となっている[27]。

---

27)　インガルデン『人間論 ── 時間・責任・価値』武井勇四郎・赤松常弘訳、法政大学出版局、1997年、第一章「人間と自然」2-3頁。

この新たな現実全体の基底には自然があるのに人間はそれに気づかず，この文化世界という表面の薄い層が人間生活や運命の意味全体を変えることにも気づかない。だが，それにもかかわらず人間は今やこの世界のなかで一定の役割を演じる人格，自律と自由の基盤をもつ人格となっている。この人格は一定の法体系に服しているが，それは自然の法則とは全く異なるものである。このようにして生きるなら人間は幸いとなり，善となるばかりか，全人類よりも偉大にして，完全なる神に接近することができると考える。もちろん人間の創造力には限界があるが，自然の中に作品や人間的性格を現象的に存在させるに必要な変化を引き起こすことはできる。だが人間の創造した文化的所産は，自然という現実の影の類いに過ぎず，単なる純粋志向的な所産にすぎない[28]。

自然と文化との二つの領域にまたがる存在の悲劇　それゆえ人間は自然と文化という二つの異質な本質の境界線上に存在する。だが文化だけが人間的な世界と考えられていても，自然の方が遥かに実在的であって，それは動物性に由来する。したがって人間は自然を基礎にして自然の懐の中で生活しなければならない。それでも人間は自分の特殊な本質にしたがって自然の限界を超越しなければならない。それゆえ人間の運命は悲劇的となり，人間の独創性と人間存在の有限性が示される。人間は自然を認識するばかりか，意志の力によって善と美の価値を実現する。確かにこれらの価値は志向的領域においてのみ現われるにすぎないが，自然よりも高い現実を人間に対しもっており，人間はこれらの価値の実現に仕え，その実現に成功する場合，無益に生きてはいないとの確信をもつ[29]。

価値実現に対する責任　自分の生き方に責任を感じるのは人間だけであり，その行動の動機となっているのは利益だけでなく，人間だけが利益と関係のない芸術作品や精神的状況を創造できる唯一の被造物である。こうした作品の美を追求して人間世界を豊穣にするために，人間はひたすら芸術作品を創作する。しかし価値カテゴリーの中では生命価値（たとえば

28）　インガルデン前掲訳書，4-5頁。
29）　インガルデン前掲訳書，6頁。

栄養物）や快適価値（たとえば健康とか快楽）といった相対的な価値に人間は魅せられるのではなく，「人間の創造力にその実現が依存する内在的質の絶対的価値，一言でいえば，道徳的価値と美的価値」に魅了されており，この価値の実現が人間に幸福をもたらす。これらの価値は自然の中や物質的世界の中にはなく，世界の中に価値が出現する実在的諸条件が創出されなければならない。人間はこれらの価値を予見する特殊知能によって事物を造り変え，諸過程を創りだし，自然的世界を基礎にした新たなる世界を，価値が示される人間的文化的世界を創り出す[*30]。こうした文化世界の中において生命と精神との統合された存在が確認される。

芸術作品の創作と自己変革　このようにして人格性の刻印をもった精神価値を創り出すときには，完全な満足がえられる。また精神的な価値の高い創作物に直接触れることによって人間自身が造り変えられるのであるから，人間的現実を創出すべく最善を尽くすことによって人間は自分自身を豊かにする。とはいえ人間の創造力には限界があり，自然を現実的に造り変えるにはその力があまりにも貧弱であるため，人間によって創作された現実はただ志向的に創り出されたものであって，いわば実在的自然の基盤の上に置かれた薄い層にすぎない。

それゆえ人間の本性は動物性の限界を乗り越え，人間らしい精神的な価値創造者という役割を引き受けることによって動物性を超越する絶えざる努力を求める。このような精神的な使命と努力がないとき，人間は自己の死となる純然たる動物性に転落するのであるが[*31]，それでも人間は絶えず新たに全く新しい現実（いわば擬似現実）を自ら創造することに努める。だが，この現実はひとたび創られると人間を取りまく世界のきわだった構成要素となる。これが文化の世界である。たとえば彼は農耕や建築などの技術の力によってこの世界が創りだされ，芸術作品，科学理論，形而上学の体系や神学の体系，言語，国家，公共制度（たとえば学校）や私的制度（たとえば銀行，会社など），法体系，通貨なども創りだされる。さらに歴史的知識によって過去の作品を掘り起こし，かつ，伝達しながら歴史的現

30）インガルデン前掲訳書，「人間性」第2章9頁。
31）インガルデン前掲訳書，「人間と人間的現実」第3章14頁。

実を創り出す。これによって今活動している世代の生活は，すでになされた歴史的過程や出来事の継続となる[*32]。

この擬似現実全体と交流することによって人間自身がその影響を受けて変化し，造りかえられ，新たな性格の特徴，新たな愛好と憎悪，新たな情熱と情愛をうるようになる。こうして身体，思考，感性と欲求自体までが変容を受けことになる。また前世代の相続者となることによって孤立を脱し，共通世界をもつようになり，人類の全体生命に融合される。このことによってわたしたちは別世界に住む別人となる。また作品はわたしたちの子孫であるばかりか，わたしたちも自分の作品のいわば子孫となる。さらに作品と交流することによって，作品なしには生きられなくなり，以前と同じ人間のままでいることもできなくなる。というのは心身の全体が作品世界の影響を受けているからである[*33]。

このように芸術学における人間的世界の現象学的解明は人間学にとっても大きな意味をもつようになった[*34]。

5　宗教の現象学的解明

わたしたちは序論に述べたようにヨーロッパの現代における世俗化の現象を考察の対象としているがゆえに，終わりに宗教に対する理解が現象学的にどのように展開したかを宗教現象学をとおして考察すべきである。ここでも現象学が個別科学としての宗教学と結合して大きな成果をもたらした。それゆえ宗教的な価値「聖」とそれを担った「聖なるもの」についての現象学的解釈だけを問題にし，それ以前の近代的解釈としてはカントの聖価値に対する理解のみを提示し，それが現象学によってどのように批判的に超克されたかを解明したい。

カントの宗教論　ヨーロッパ啓蒙時代を代表する哲学者カントは，近代の合理的精神にもとづいて宗教を理解しようとした。その宗教論の表題『単なる理性の限界内における宗教』がよく示しているように，彼は道徳

---

32)　インガルデン前掲訳書，14頁。
33)　インガルデン前掲訳書，18頁。
34)　本書第7章にこの点はさらに詳細に検討される。

的な理性の立場から宗教の自然的基礎を解明した[*35]。このような合理主義においては「聖」の概念は本来の非合理性を失い，道徳的に合理化され，倫理学的な最高価値とみなされた。したがってカントは「神聖」という観念のもとで「完全に善い」という道徳法則に服している意志を考えた[*36]。

宗教的「聖」の特質　しかし「聖」は元来宗教的起源をもち，古代の神話的世界に見られた超越的な力であった。さらに歴史を遡れば，原始社会のタブー（禁忌）の中に起源を求めることができる。この禁忌の成立をデュルケムは『宗教生活の原初形態』で考察し，それが聖観念の中に論理的に含まれていることを指摘した。「聖なるものはすべて畏敬の対象であり，あらゆる畏敬の感情は，それを経験する者にあっては，禁制の運動によって表現される」[*37]。この聖なる世界は俗世界と対立し，俗を極力排除しようとする[*38]。これが禁忌の原則であって，聖なるものは俗なる，平均的なものから分離していて，精神・身体的に隔離されており，触れてはならないものである。したがって「聖」は倫理的なもの一般にはかかわらないで，むしろそれと激しく対立する，非合理的なものであるといえよう。

---

35) カントは啓蒙思想にしたがって人間理性の有限性を自覚し，ライプニッツやヴォルフの合理的な神学に立つ思弁的形而上学を解体した。なかでも『純粋理性批判』の「超越論的弁証論」で神の存在証明の無意味さを説き，信仰に場所を与えるために誤った知識をとり除かねばならなかったと言う。こうして近代人にキリスト教信仰への道を切り開いたのであったが，彼自身は道徳的命法の無制約性に立つ道徳的宗教を信奉した。

36)「ところで意志が道徳法則に完全に一致することは神聖性と呼ばれる」（カント『実践理性批判』波多野精一他訳，岩波文庫，246頁）。もちろん，このような神聖性は究極目的であって，それへの無限の進行が求められており，「道徳的に完全」という意味での「神聖」は最高存在者なる神の意志との一致によってのみ達成される。「私の意志が神聖にして仁慈な世界創始者の意志と一致することによってのみ，この最高善を希望し得る」（前掲訳書，259頁）。彼によると人間が神聖でなければならないのは，人間が神聖そのものである「道徳法則」を担っている主体であり，聖なるものの担い手であるからである（前掲訳書，263頁）。ここに人間の尊厳が求められている。

37) デュルケム『宗教生活の原初形態』下，古野清人訳，岩波文庫，1973，34頁。

38)「神聖な事物をわれわれが想到するとき，俗的対象物の観念は，抵抗なしには，精神に表象されえない。われわれの中の何物かが，この観念が精神に座を占めることに反対する。これが，この近接を受容しない聖なるものの表象である。しかし，この心理的対立，この観念の相互的な排除は，当然，それに対応する事物の排除にまでいたらねばならない。これらの観念が共存してはならない以上，事物が抵触し合ってはならないし，決して関係してはならない。これが禁忌の原則そのものである」（デュルケム前掲訳書，151頁）。

（1）オットーの宗教現象学

ところで現象学の方法に従うルドルフ・オットーは聖なる神の表象から出発していって『聖なるもの――神観念における非合理的なもの，およびその合理的なものへの関係』(1917) を書いた。彼は「聖性」(Heiligkeit) が，元来，宗教の本質を表わす概念であるのに，発展した宗教の段階においては倫理的に合理化されて用いられたがゆえに，概念的に不明確になっている点を指摘し，聖性を純粋に捉えるためヌーメン (numen「神性」) というラテン語からヌミノーゼ (Numinose「ヌーメン的なもの，神聖なるもの」) という言葉を作り，聖なるものを的確に捉えるためにこれを使用した。

ヌミノーゼは概念や論理では捉えられず，言い表わしがたく，規定できないもの，したがって神秘であり，人間の能力を超越した「全く他なるもの」である。この言葉で表明される特質はこれまで聖なるものの属性として挙げられていたように，「荘厳」(majestas)・「力」(Energie)・「崇高」(Augstum) であり，さらに「巨怪性」(Ungeheur)・「不気味なもの」(unheimlich) が付け加えられる。これに直面すると人は自己の存在の極微な有様を自覚し，「被造物感情」(Kreaturgefühl) を抱くようになる。この感情は聖なるものに出会うとき，まず戦慄と畏怖とを引き起こすため，ヌミノーゼの本質的要素が「戦慄すべき神秘」(mysterium tremendum) として定式化される。これによって聖は俗から分離される。だがヌミノーゼは恐れとおののきを起こすのみならず，そこで感得される「驚嘆すべきもの」(Wunderbare) は同時に「素晴らしいもの」(Wundervolle) であって，人を不思議な法悦の境地に導き，人はこれに引き寄せられ，それと交わり一つになることを願う。この引き付ける要素は「魅する神秘」(mysterium fascinans) と呼ばれる。このようにヌミノーゼには戦慄と魅了，反発と吸引，距離と関係といった相反する矛盾的要素が統一されているが，この二つの作用が対立しながらも調和されているところに聖なるものの本質的構造があると考えられた。

オットーがヌミノーゼという範疇によって解明した方法は聖なるものの現象学的考察にとって重要である。こう言われている。

「さてこの範疇は全く独自なものであるがゆえに，あらゆる根源的事実と同じく，厳密な意味で定義を下すことができず，ただ論議し得るのみである。すなわち論議によって相手を自分の心情との一致点にま

で導いてくると，その範疇が相手の心の中で動きだし，活動しはじめ，相手を自覚させるに違いない。この方法はさらに次のようにして支援することができる。相手がすでに熟知し精通している，他の心情の領域で発生する，これと類似なもの，またこれと対照的なものを挙げておいて，それから〈わたしの言うXはこれではないが，これに似ており，あれと対照的である。そういえばあなたは自分で悟るではないか〉と付け加える。換言するとわたしたちのXは厳密には教えられず，ただ刺激され，覚醒されるだけであるということになる。〈霊から生まれた〉ものは，みなそうなのである」[*39]。

このヌミノーゼという範疇によって聖価値の様態を捉えようとする場合，オットーがここに提示している探求方法は，間接的な指示による覚醒であって，探求されている現象と類似するもの，もしくは対照的なもの，との相違点とを指摘しながら，不適当な心象を取り除き，当の現象を探求している者の眼前にそれを顕ならしめるという現象学的方法である。さらに一般的な概念的な理解が不可能であるため，相手の心情を刺激して，理性能力を超えた，霊性を覚醒し，当の現象が自己の姿を霊性に開示するがままに直観的に把握するように導く。これが宗教的認識の基本とされる。

(2) エリアーデの聖体示現の現象学

次に現代における宗教現象学の大家エリアーデの方法を検討してみたい。彼は『聖と俗——宗教的なるものの本質について』(1957) においてオットーの研究を継承しかつ発展させて，「聖なるものの現象をその多様な全貌において解明しよう」[*40]とし，単に聖なるものの非合理的側面だけではなく，俗との対照においてその全体を問題にした。彼によると「人間が聖なるものを知るのは，それがみずから現われるからである」。この顕現は「聖体示現」(Hierophanie = hieros〔神聖な〕+ phainomai〔現われる〕) と呼ばれる。

「およそ宗教の歴史は，もっとも原始的なものから高度に発達したものまで，多数の聖体示現，すなわち聖なる諸実在の顕現から成り立っ

---

39) R. Otto, Das Heilige 1963, S.7. オットー『聖なるもの』山谷省吾訳，岩波文庫，1967年，16-17頁参照。

40) エリアーデ『聖と俗』3頁。

ていると言ってもよかろう。もっとも原始的な聖体示現（たとえば何かある対象，石とか木に聖なるものが現われること）から，最高の聖体示現（キリスト者にとってイエス・キリストにおける神の化身）にいたるまで一貫した連続が流れている。われわれはいつも同じ神秘な出来事に直面する。すなわち〈全く他なるもの〉，この世のものならざる一つの実在が，この〈自然〉界，〈俗〉界の不可欠の要素をなす諸事物のなかに現われるのである」[*41]。

こうして一個の石は見かけは石にすぎないとしても，聖なる石となっている。これは背理であるが，聖体示現においては超自然的な現実となっている。「宗教的経験をもっている人にとっては，全自然が宇宙的神聖性として啓示され得る。そのとき宇宙は全体が聖体示現となっている」[*42]。だがこのような聖なる世界は，近代になると非神聖化されており，俗なる世界しか経験できなくなっている，と彼は説いた。

人間は宗教的経験と世俗的経験とからなる二つの世界にまたがって生活してきており，聖と俗の世界が人間の生存状況に浸透しているため，聖と俗の存在様式は人間存在に深くかかわっている。それゆえ，それは哲学的人間学，現象学，心理学の対象となる。こうしてエリアーデは聖なる空間（宇宙・世界・国土・都市・神殿・寺院・天幕・家さらに人間の身体における聖体示現）と聖なる時間（暦の祝祭・新年祭・神話・祭儀・通過儀礼・冠婚葬祭）について宗教史的考察を詳細に展開した。そこから彼は宗教的人間が聖化された宇宙である聖なる次元に生きていたことを解明し，それによって同時に近代社会の人間が聖なるものを失った世界に生きていることを対比的に明らかにした。

したがって近代社会は宗教的に言えば聖なるものを失った「世俗化」された世界である。では世俗化とともに聖なる次元は完全に喪失したのであろうか。その際わたしたちはこの世俗化がどのようなプロセスによって成立しているかを社会学的に考察しなければならない。ヴェーバーの「呪術からの解放」という近代プロテスタンティズムによって生じた合理化を再考し，バーガーやルックマンによって宗教社会学が今日解明している事態

---

41) エリアーデ前掲訳書，3-4頁。
42) エリアーデ前掲訳書，5頁。

を正確に認識する必要がある[*43]。さらに，同時にそのことによって失われた世界を回復させることは望み得ないのであろうか，と問わねばならない。ただし，ここで注意すべき点は，近代における合理化や世俗化とともに宗教が，「目に見えない」心の深みに入っていることである[*44]。

16世紀の宗教改革以来，人格主義の優位のもとに自然科学の領域が宗教から切り離された結果，合理化と世俗化とが極端に進行したのは事実である。しかし，その結果宗教の生命は決して消滅したのではなく，神秘主義の流れを見ても分かるように，それは内面性の深みである霊性の内に生き続けている[*45]。

このような霊性の作用を「宗教作用」として現象学的に考察したのがマックス・シェーラーであった。

(3) シェーラーにおける宗教の本質現象学

シェーラーは宗教の本質現象学を確立しながら霊性の作用を「宗教的作用」(religiöser Akt) として考察した[*46]。それは神の啓示を受容するときの心の働きであり，信仰によって啓示内容を受容させる作用である。神的なものには「自己による存在者」(Ens a se)，「全的活動性」(Allwirksamkeit)，「聖性」(Heiligkeit) という三つの規定が与えられているが，それらはすべて根源的で他のものから導出不可能であり，宗教的作用によってのみアプローチすることができる。この作用は「神に向かう霊的志向」(geistige Intention auf Gott) である[*47]。この志向は神からの応答を求め，世界の構成要素によっては満足しない。宗教はこの作用対象によって働きかけられる啓示や接触の場において成立し，その対象は証明され得ないけれども，

---

43) 金子晴勇『近代人の宿命とキリスト教』97-116，124-41頁参照。

44) この変化はすでに中世の晩期14世紀に起こったドイツ神秘主義に淵源し，さらに16世紀のルター派の神秘主義，17世紀の敬虔主義運動と自然神秘主義を経て，シュライアマッハー，シェリング，キルケゴールにいたる神秘思想の展開によって明確になると思われる。

45) 神秘主義は「霊性の学」とも呼ばれうる特徴をもっている。近代人も神秘主義によって理性や感性の他に霊性が覚醒され，この霊性の作用によってかつての聖なる世界とそれに対する信仰とが回復されてきたし，今日においても回復されうる希望が残されている。

46) 本書第2章 (2) を参照。

47) それは三つの特徴をもっている。すなわち，①世界を超越する志向である，②この志向は神によってのみ満たされる，③自己を開示して人間に捧げる神的存在者を受容することによってのみ満たされる。この詳しい叙述は本書第2章第3節の (2) を参照。

霊のうちにこの作用を目覚めさせ，呼び覚ますことができる。

その際，聖という価値は宗教的作用の対象である「神的なもの」に結びついている。彼は言う，「自己自身による存在者と万有を貫く全的活動性とには，聖という価値様態とそれに帰属する豊富な価値性質の一切が神的なものの理念において直接的に結びついていることは，宗教意識からすれば必然的かつ本質的なことである」[*48]と。この聖という価値の種類は存在の完全性の度合いから合理的に導出され得るものではなく，絶対的に価値あるものに属しており，この価値は必然的に存在するのであって，これに向かう宗教的意識にとって神への愛と畏怖は信仰にさえも先行している。さらにこの聖価値は実定的な宗教に必ず見いだされる普遍的定量であり，「聖なるものは他の一切の価値に対して先取されるべきであり，それゆえにまた，他の価値種類に属する一切の財の無条件的な犠牲をみずから要求する権利をもつ」[*49]と説かれた。ここから「聖なるものへの犠牲」が宗教的道徳の基礎となった。

さらに聖という価値様態は快適価値・生命価値・精神価値・聖価値として段階的に考察され，「それは志向において〈絶対的な諸対象〉として与えられている諸対象に即してのみ現出する」[*50]と解された。それゆえ絶対的な領域には聖価値がアプリオリに与えられており，他の一切の価値は同時にこれの象徴となる。またこの価値に対応する状況は「浄福」と「絶望」の感情であって，この感情は相対的な「幸」「不幸」から全く独立している。なおこの価値に対する応答作用は「信」と「不信」，「畏敬」と「崇拝」である。さらにこの価値を根源的に捉える作用は愛の作用であり，愛は人格にかかわるがゆえに，「聖の諸価値の領域における自体価値は本質法則的に〈人格価値〉である」[*51]と説かれた。

(4) レーウの宗教現象学

オランダの宗教現象学者ファン・デル・レーウは，シェーラーによって開

---

48) シェーラー『人間における永遠なるもの』所収「宗教の諸問題」，「シェーラー著作集7」，亀井他訳，1978年，117頁。
49) シェーラー前掲訳書，119頁。
50) シェーラー『倫理学における形式主義と実質的価値倫理学』上，吉沢伝三郎訳，「シェーラー著作集1」，1976，206頁。
51) シェーラー前掲訳書，207頁。

始された宗教の現象学を「より広い視野とより深い土台」に据えて展開させた。それは神学や宗教哲学のように規範的な学問ではなく，宗教の諸現象を一つの構造のなかに位置づけ，それによって固有の本質を把握しようとする。それは宗教史的事実の客観性でも体験の主観性でもなく，両者の中間にある諸現象の「本質」を看破させるような理解可能性であって，現実には完全に実現しなくても，それによって現実が理解可能になる構造である鋳型を本質として捉える。こうして宗教の経験(Erfahrung)のEr(獲得)が関わる客体である聖なるものが，人間の精神に主体化され，「超越的なもの」が人間の生に介入し，救いをもたらすことによって聖なるものの現象が生じる。レーウの『宗教現象学入門』にはその成果が簡潔に示されている[*52]。

このように宗教における現象学的人間学は，シェーラーの本質現象学を含めて，宗教学の成果を受容しながら今日に至るまで展開してきている。さらに現象学的人間学は個別科学の中でも社会学，生物学，医学の成果を受容しながら発展してきているが，それは本書の第9章から第11章にわたる研究において考察される。

---

52) レーウ『宗教現象学入門』田丸徳善・大竹みよ子訳，東京大学出版会，1979年。

第 7 章

解釈学的人間学

はじめに

先に現代の現象学が人間科学の成果を採り入れて現象学的人間学を発展させていることを解明した。この流れの中でどのようにして経験科学者と哲学者との接近は可能であろうかを問題にしてシュトラッサーが解釈学の意義を説いていたことを想起したい[1]。彼は哲学者たちに高い品位の「謙虚さ」を求め，哲学に期待されているのは解釈学的意味であって，「歴史の意味，人間の運命，世界の存在などについての哲学者の考察がどんなに厳密かつ体系的に進行しても，その結果は解釈（Deutung）以外の何ものでもない」[2]ことを強調した。この点はハイデガーの『存在と時間』が現われて以来，ますます顕著になってきており，「体系」の帝国主義の代わりに力を得てきている，解釈学としての哲学の基本姿勢である[3]。ここから唯一絶対の哲学，永遠の哲学はありえないというカントの立場が再び確認され，対話による真理探究への貢献度によって哲学の価値が決定された。それゆえ後期フッサールとも一線を画して「解釈学的地平にとどまる」決意が求められた。この要請に応えるのが解釈学的人間学である。

---

1) このことは哲学者と科学者との双方の謙虚さから生じる。両者はまず互いの立場を「区別する術」を体得し，その権限の限界を自覚しなければならない。とりわけ体系の時代には自然なことと思われた「思弁的思考の帝国主義」は断固として退けられなければならないと主張した（本書128-29頁参照）。
2) シュトラッサー『人間科学の理念』徳永・加藤精司訳，新曜社，285頁。
3) シュトラッサーは解釈学について本書第6章第3節に引用したシュトラッサー前掲訳書，285頁の言葉を参照。

ところで「解釈学」(Hermeneutik)とは元来，聖書や古典のテキスト解釈における技法や理解および解釈の理論として形成された。それゆえヨーロッパの伝統において解釈学はテキスト解釈の技法として説かれてきた。これがやがて文学や哲学また法学にも応用され，今日では人間学にも影響し，解釈学的人間学を導き出した。このような新しい人間学が形成されるようになった現代哲学の歩みは，シェーラーから始まり，歴史的意識を重視するディルタイを経て，ハイデガー，ガダマーおよびリクールなどの思想系列を生み出した。

ディルタイにおいては精神科学の方法論として解釈学が採用された。ここでは解釈学が古典文献のテキスト解釈法に限定されないで，あらゆる種類の「生の表出」もしくは「表現」にまで拡大された。彼はシュライアマッハーの解釈学を継承しながら解釈学の目標を「作者が自分自身を理解していた以上に，よりよく作者を理解すること」に定めた[4]。しかし彼は解釈学を認識論的な観点から展開し，普遍妥当的な理解の可能性を心理学的に探究しながらも，当時発展してきた歴史学の影響を受けることによって人間存在の歴史性を解明していった。この歴史性によって人間は過去に対する絶えざる解釈に依存している者であると見られたがゆえに，パーマーによると人間は「解釈学的動物」(hermeneutical animal)であると言われる[5]。ここから解釈学的人間学の理念的可能性は明らかである。

ところで解釈学の認識論的な傾向はハイデガーの『存在と時間』においては認識論から存在論に転換し，解釈学とは理解や解釈に関する理論のことではなく，解釈することの遂行として考えられた。というのは従来の主観的な認識論では存在に触れることがないからであり，人間が認識に先だってもっている漠然とした存在理解を手引きにして，その内容を解釈しながら人間のあり方が解明されたからである。これによって「基礎的存在論」の課題が生まれ，解釈とは先行的な理解内容を「仕上げる」(ausarbeiten)作業となり，彼は伝統的解釈学から決別することになった。

これに対しガダマーは，ハイデガーの基礎的存在論にもとづいて理解を

---

4) ディルタイ『想像力と解釈学』由良哲次訳，理想社，1962年，90-91頁。なお，この定義はカントの『純粋理性批判』の「先験的弁証論」の初めのところでも採用されている(B370, 高峯一愚訳，世界の大思想10, 248頁)。

5) R. E. Palmer, Hermeneutics Interpretation Theory in Schleiermacher, Dilthey, Heidegger, and Gadamer, 1969, p.118.

認識様式ではなく，基本的な存在様式とみなしたが，理解を「人間の世界経験と生活実践の全体」として把握し直し，「現実的な経験の理論」と規定した。ここから解釈学の意味が多様化されたが，解釈学的人間学への方向も明らかとなり，その中からリクールが「テキストの解釈」として解釈学を再考し，解釈学的な人間学を説くに至った。

そこでわたしたちは解釈学をテキストの解釈に限定しないで，人間存在の解釈をおこなったシェーラーの解釈学的人間学を最初に問題としてみたい。ここでは先にシュトラッサーが語っていた意味において多大な哲学的貢献を見いだすことができるし，ハイデガーが言う意味での存在の解明がなされている。

1　シェーラーの解釈学的人間学

シェーラーの人間学の特質は精神と生命の二元論的構成に求めることができる[*6]。この観点から人間が解釈された場合の偉大な発見をわたしたちは「羞恥と羞恥心」(Über Scham und Schamgefühl, 1933)という論文に中に見いだすことができる。この論文で彼は人間学的な二元論から出発し，人間を精神と生命欲動という二原理の接触点としてとらえた。その際，彼は羞恥心（羞恥感情）こそこの二原理の接触点であって，二つの原理がそこで触れ合う「場所」であると考えた。したがって羞恥感情は人間存在に必然的に結び付けられている機能であって，その果たす役割は極めて重要である。この点は旧約聖書のアダムの堕罪神話によって比喩的に示された。その神話によると人間は「神の似姿」として造られたがゆえに，精神的志向が高く定められていたのに，身体的欠乏のゆえに禁断の「木の実を食べると，自分が裸であるのに気づいた」，つまり羞恥を感じたという。ここに人間の高い精神的人格と身体的欠乏との間にある不均衡と不調和が羞恥感情が起こる根本条件をなしており，精神と生命欲動とが触れ合い抗争していることから羞恥感情が発生する点が指摘された。したがって羞恥心が強い人ほど，その志向も高いし，人間的な資質も優れていることになる。こうしてシェーラーは，羞恥を消極的な徳として規定したアリストテレスと

---

6)　本書第2章41-42頁を参照。

は正反対の解釈に到達した。この正反対の解釈においてわたしたちは優れた解釈学的人間学の成果を捉えることができる*7。

　羞恥は人間における精神と身体，霊と肉，永遠と時間，本質と実存が触れ合うところで，両者の「過渡」として現象する。このような橋渡しのない神や動物には羞恥は存在しない*8。この橋渡しにおいて羞恥感情は意識の志向や注意が突然「後向きになるさいに」生じる。羞恥感情は意識におけるこうした志向性の現象，とくに「自己への返り見」（Rückwendung auf ein Selbst）や自己と他者との間に生じる「志向の食い違い」において起こる。この羞恥感情の現象学的考察で次のような二つの本質的契機が指摘されている。

　第一の本質契機は「自己への返り見」である。一例として火事場での母親が挙げられる。彼は言う，「たとえば，火災のさいにわが子を救出しようとする母親は，スカートもはかずに肌着のままであっても家から飛び出すであろう。しかし助けられたと知って，わが身をかえりみるや否や，羞恥がおこる」。このように火急な場合には，外に向かう志向が非常に強くなり，自己に対する意識は希薄となっているが，その後「自己への返り見」が起こるとき，羞恥感情が発生する。

　第二の本質契機というのは，こうした「返り見」のなかに自他の志向性のくい違いが気付かれるときに生じる羞恥感情に現象しているものである。このことは，たとえば次の三つの組み合わせに生じている志向性を検討してみると，判明する。すなわち，モデル・患者・女主人はそれぞれ画家・医者・召使によって裸の体を見られても，羞恥を感じない。なぜなら彼らは自己が美的現象・症例・主人として一般的に客観化して相手に見られているのを知っているからである。そこでは両者の志向性は一致している。

　　7）　羞恥はアリストテレスによって青年ならともあれ大人においては好ましからざる徳と考えられていた。しかし，この羞恥のもつ優れた意義をはじめて明確に説いたのはシェーラーのすぐれた業績といえよう。羞恥は人間における精神と身体が触れ合うところで両者の接点として現象するが，このような橋渡しのない神や動物には羞恥は存在しない。こうしてシェーラーにおいてはアリストテレスの羞恥に対する解釈とは正反対の結果が得られるようになった。

　　8）　シェーラー『羞恥と羞恥心』浜田義文訳，「シェーラー著作集15」137頁。「われわれの存在が生物学的目標よりも高次の世界のために使命を負うていることを羞恥心は指し示している。高次なものとして授けられた天職がそれに反抗する傾向性によって挫折するとき，そこにつねに羞恥心が現われる」。

それなのに画家・医者・召使が個人的関心から恋愛の対象として相手をみるや否や，それが相手によって気づかれたときに，相手は「自己への返り見」によって羞恥心を抱くようになる[*9]。

　一般化と個体化との志向のくい違い，もしくは志向のずれから羞恥をこのように把握した卓見は高く評価されなければならない。先のモデルの場合は一般化の志向から個体化へ移るとき羞恥が生じているが，恋人同士の場合にはともに個体化から出発していても，会話のなかに他の人との比較が入って一般化の志向が感知されると，そこに志向性のくい違いが生じてきて，羞恥感情が発生してくることになる。

　その際，羞恥とは「一般者の全領域に対する個人としての自己防御の必然性の感情」であると解釈される[*10]。実際，性生活というものは，人間にとって最もありふれたものでありながら同時に極めて個人的な事柄であるがゆえに，羞恥感情は性生活と密接に結びつく。ここでは性愛と性衝動との緊張関係が認められる。前者は個別的な価値へ向かい，それに献身する愛であり，後者は快楽に向かって単に種族を維持するための「感性的性衝動」であって，両者の緊張関係から性的羞恥感情が現われてくる。そこには「生命的愛（その集中が性愛である）の価値選択的機能と感性的快感（その集中が性快感のくすぐったさである）へ向けられた欲動衝動とのあいだの緊張」が生じており，そこから羞恥心が起こってくる[*11]。これに対し精神的心的羞恥感情においては「精神的および心的な愛の価値選択的機能と生命力一般の向上をめざす生命の根本欲動との間の緊張」が根底に存在している[*12]。

　シェーラーの羞恥論には身体的な自然本性に備わっている機能の分析にとどまらず，羞恥心は人間の高貴な感情として精神的で人格的な愛と深い関連をもっていることが指摘される。彼は性的な羞恥感情の基本構造を現

---

9)　シェーラー前掲訳書，31-32頁。この視点は社会学者作田啓一の『恥の文化再考』で日本の社会学的構造が恥の形態で考察される場合に利用された。

10)　シェーラー前掲訳書，48頁。

11)　シェーラー前掲訳書，48頁。それゆえ性的羞恥は身体的・感性的羞恥を代表し，精神的・心的羞恥と区別される。前者が感性的・生命的の欲動と感情の成層だけを前提とし，人間の発達段階のすべてに現象しているのに対し，後者のほうは精神的人格の存立を前提し，人間として成熟する段階からはじめて現象する。

12)　シェーラー前掲訳書，48頁。

象学的に探求していって,羞恥心が人格的に理解される真の愛の助手となっていると主張する。なぜなら羞恥は個人の自己自身への返り見によって発生するが,この自己感情はさまざまな欲望に対する「個人としての自己防衛の必然性から出た感情」であるといわれたように,低次の欲動に対抗する高次の価値選択に向かう緊張であるから。というのは身体的羞恥にせよ,精神的羞恥にせよ,低次の欲動(性欲動と生命欲動)と高次の愛(性愛と精神的愛)との対立関係と緊張から人間の心は構成されており,前者のみが相手によって引き寄せられると,後者の「真の愛」が自己防衛を起こし,「志向のくい違い」に気づかせることによって羞恥心を喚起させるからである。このようにして羞恥は比喩的に言うと「蛹を被う繭」であって,その中で蛹がゆっくり成長することができる。だから愛する人は女性の羞恥に逆らっては何事もなし得ないのであり,「彼の愛の表現のみが[相手から]応答愛を高めることによって羞恥を正当な仕方で取り除くことができる。しかし彼の欲動活動の発現ないし展開は決してそうすることはできない」[*13]と解釈された。

　彼によると人間は精神と身体,永遠と時間にまたがる存在であり,全存在を挙げて高次の存在に向かわない場合に羞恥を感じる。この羞恥は独特な「返り見」によって志向のくい違いにおいて現象するがゆえに,羞恥は人間がその本来の高貴な存在から頽落したときに,それを阻止する自己防衛の感情であると言えるであろう。それゆえ,この羞恥は志向のずれと分裂を自覚することによって「真の愛」を回復させ,羞恥心を克服させるまで愛を高める。このような意識作用としてそれは「愛の良心」(Gewissen der Liebe)であるといえよう[*14]。

　羞恥心と同様に「悔悟」や「ルサンティマン」の分析においてもシェーラーの優れた解釈学的人間学が展開する[*15]。しかし彼の解釈は精神と生命の二元論から遂行されたものであった。ではこの二元論はどのように克服されうるのか。これが今日の解釈学的人間学の課題であって,まずディ

---

13) シェーラー前掲訳書,66頁。
14) シェーラー前掲訳書,99頁。
15) これらに関する詳しい説明は金子晴勇『マックス・シェーラーの人間学』276-84,206-23頁を参照。なお,本書第11章にはルサンティマンの簡単な紹介がなされているので,それを参照されたい。

ルタイは生命の哲学からこの二元論を克服しようとした。

2　ディルタイの解釈学的方法

そこでわたしたちは生命の立場から解釈学的人間学の方法を拓いたディルタイの思想を検討してみたい。ディルタイ（Wilhelm Dilthey, 1833-1911）はあらゆる精神的世界の構造を「体験」（Erleben）あるいは「生」（Leben）から解明しようと初めて試み，元来言語学の領域に属していた「解釈学」（Herneneutik）を哲学的な認識の方法にまで高めた。こうしたディルタイの学問方法論がいわゆる「解釈学的方法」（die hermeneutische Methode）として考察されたが，それを批判して今日の哲学的解釈学が展開するようになった[16]。

（1）体験・表現・理解

ディルタイは言語や文字が人間の「生あるいは体験」（Leben oder Erleben）をもっともよく定着させて保存し，完全に包括的で客観的「表現」（Ausdruck）となっているという基本的認識から出発する。したがって人間の精神を一般に「理解」（Verstehen）にもたらすためには，文芸や諸思想のみならず政治，経済，社会の諸機構・諸制度というヘーゲルの客観的精神の領域まで，文字を媒体とする「解釈」（Interpretation）が可能でなければならない。それゆえディルタイの解釈学的方法は「体験・表現・理解」（Erleben, Ausdruck, Verstehen）の三つの契機から構成される。このような彼の解釈学的方法は自然科学とならんで現代の学問を確立するのに大きく貢献した歴史学を哲学的に基礎づけようとする「歴史の認識論」をめざして形成された。したがって彼は「生の歴史性」（Geschichtlichkeit des Lebens）を提唱する。これは彼の解釈学の特徴をよく表わしている概念である。生は本質的に歴史的であり，客観的精神としての広義の文化一般にまで発展するがゆえに，客観化された文化から分析的に生は理解され，逆にまた文化の歴史は生そのものから解釈されなければならないと説かれた[17]。

---

16) O. F. Bollnow, Das Verstehen. Drei Aufsätze zur Theorie der Geisteswissenscaften, 1949, R. Bultmann, History and Eschatology, 1959; Gadamer, Wahrheit und Methode, 1960 などにディルタイの批判と修正の試みが見られる。

（2）解釈学的人間学の展開

では解釈をとおして人間学がどのように展開するのであろうか。たとえば芸術家は想像力を駆使して自己の体験を客観的な素材によって表現するが，彼の体験と表現からどのようにして作品の理解は生まれてくるのであろうか。ここではディルタイの『体験と創作』に収められている「ゲーテと詩的想像力」という論文を参照してみよう。そこでは詩人の体験と想像力による表現との関連が次のように語られる。

「詩の一般的性質は，すべて生活と想像力と作品の形成との関係から出てくる。文学作品は言葉により個々の事象を現前せしめ現実の仮象を与える。それは現実の生活から離れて，それ自身のまとまった総体性において日常生活の必然の外なる仮象の世界に人を住まわせ，人の実在感情を高め，制限された人のもつあこがれ，もろもろの可能態を体験したいあこがれを満たす。それは人間により高くより強い世界を見る目を開いてやる。そして生活と事象との関係から事象のもっとも深い理解にいたるまで精神上の経過を全身全霊的に追体験させる。……作品は生の一特質を開示し，……生の連関における事象への価値を追体験させる。そこで生の連関そのもの，およびその意義が事象の中からひらめいて見えるように事象を提示するのが，最大の詩人たちの技法である。かくて詩はわたしたちに生の理解を開く。偉大なる詩人の目をもってわたしたちは人間の事物の価値と連関とを見る」[18]。

この種の解釈学でとくに問題となっているのは生の体験と表現（作品）との構造的関連である。この関連はゲーテの場合には「体験されたものがそっくりそのまま表出のなかに入っていく」と言われている。だが，象徴性の強いカフカの作品のような場合はどうなるであろうか。そこでは芸術作品が自己の体験を直接的に表現していない[19]。それゆえ「詩を作者の

---

17) W. Dilthey, Die Entstehung der Hermeneutik, Gesammelte Schriften, Bd. 7,; Plan der Fortsetzung zum Aufbau der geschichtlichen Welt in den Geisteswissenscaften, Entwüfe zur Kritik der historischen Vernunft, Erster Teil: Erleben, Ausdruck,und Verstehen. 「歴史的理性批判への試論」細谷恒夫訳，「ディルタイ著作集」第4巻，『歴史的理性批判』創元社，1946年，201-440頁。

18) W. ディルタイ『体験と創作』上巻，柴田治三郎訳，岩波文庫，1961年，229-30頁（一部改訳）。

19) この点でキルケゴールが『現代の批判』の中で次のように主張していることは注目に値する。「あることを根源的に体験している人はだれでも，その理想性の力によって，同じことのあらゆる可能性と，その反対のことの可能性とを同時に体験する」（キルケゴー

生涯との関連において一つの心理的な記録として読み，情況的な知識から，より多くの意味や個人的な言及を読みとろうとするのは，詩の冒瀆である」[20]と言われるのは当然である。作品を読んでわたしたちが感動を覚えるのは，詩人の生涯に対する同情ではなく，詩の構成による。詩は象徴性を高度に発展させているがゆえに，詩的な芸術作品そのものがわたしたちに芸術を体験させるといえよう。

　ある対象を芸術作品となしているのは作品自身のもつ高い象徴性であって，それがわたしたち自身に体験を生み出す。つまり作品自身が作用してきてわたしたちの想像力を刺激し，美的体験を引き起こすのである。作品は創作者の手によって客観化された精神なのである。この精神は単に事物から成り立っているのではない。創作者の精神は芸術作品を鑑賞しているとき，観賞する者の内に現象する。作品は物質的素材（石・木・音・声・言葉・文字・俳優など）を通して或る非物質的なもの，非現実的なもの，つまり精神を映し出している。芸術家は「物」の固い素材を，自己の想像のルツボで溶解し，詩的・音楽的・造形的形象の世界を創造する。それは現実の単なる仮象ではなく，冷静な科学的現実でもなく，一つの意味を伴った高次の人間的な現実，つまり文化の現実である。このように詩人の想像力によって高められた現実がわたしたちを照明し，わたしたちの心を新しい意味で満たす。芸術家は「賢い受け身の態度」（ワーズワース）によって高次の意味を受胎した現実に満たされ，その現われを身をもって表現する[21]。

（3）作品の解釈と人間学

次に，これらの芸術作品と観賞する人との間に成立する関連について考えてみたい。体験を表現するのは創作者であって，作品を観賞する人は同時にそれを追体験して解釈する。ここに解釈学の問題が提起される。ディルタイの場合，この解釈はテキストに表現されている原体験を追体験するこ

ル『現代の批判』桝田啓三郎訳，岩波文庫，1981年，89頁）。
　20）ランガー『芸術とは何か』池上保太・矢野萬里訳，岩波新書188頁。
　21）この有様は運慶が仁王を刻む様子に見事に表現されている。漱石の『夢十夜』第六話を参照。そこには現象学的な芸術の理解が見事に描写されており，人がものに触れて直観的に本質を感受する作用とその本質に促されて表現に導かれる有様とが語られる。

とによって実行される。というのは作者の原体験と読者の追体験との体験の共通性にもとづいて理解が生まれるからである。この理解はディルタイによれば原作者が自己自身を理解している以上に作者をよく理解することを目標とする。このことは,ボルノーによると,原作者が無意識のうちに前提していることを解釈者が顕在化することによって遂行される[22]。つまり解釈とは作者が無意識のうちに前提している体験内容を顕在化する試みであり,芸術作品を人間的生の可能性に還元する行為であるがゆえに,それは人間学的還元を意味するといえよう。

　芸術家の創造する世界は形象と文化の世界であり,人間がこの世界に生きることは日常生活からの逃避を意味せず,反対に新たに捉えた生を力強く実現することである。芸術が創造する世界は物理的な現実から離れているため,超人間的な要素のゆえに物質的には無力に見えるが,実際には新しい高次の意味の世界を構成する。そこに「形象の合理性」があって,ゲーテが説いているように「芸術,つまり第二の自然は神秘的ではあるが,さらに理解可能でもある。というのはそれが悟性のうちに起源をもっているから」[23]といえよう。この悟性は科学とは異なった視点と側面をもっており,独自の合法則性にしたがう活動である[24]。こうして芸術は現実に豊かで溌剌とした多彩なイメージを与え,ありのままの現実にいっそう深遠な意味と洞察また解釈を与える。人間は「世界開放性」によって現実を超越し,いっそう高い観点から世界を豊かに解釈しながら生きることができる。これが解釈する人間の特質である[25]。

---

22) O. F. Bollnow, Das Verstehen. Drei Aufsätze zur Theorie der Geisteswissenschaften, 1948, S.25-33.
23) ゲーテ『箴言と省察』岩崎英二郎・関楠生訳「ゲーテ全集13」所収,潮出版社,1980年,309頁。
24) カッシーラー『人間』宮城音弥訳,岩波文庫,353頁。
25) ディルタイが生の全体を歴史的発展から捉えようとする際に,歴史が審美的立場から見世物を見るように眺められており,人間存在の可能性を見て楽しんでいるように捉えられる(R. Bultmann, History and Eschatology, p.125.)。真の歴史的個性は客観的精神という文化一般の立場に解消し尽くされず,心理学的には把握できないような生の深みにある,隠れたる主体的な事実に立脚しているのではなかろうか。なぜなら,その場合にのみ一般者に解消できない個性の特質が認められるから。

3 ガダマーの解釈学と作用史的方法

次にディルタイやハイデガーの思想を継承しながら「哲学的解釈学」を創始したガダマー (Hans-Georg Gadamer, 1900-2002) は人間存在の歴史性と古典文献学の研究に支えられて大作『真理と方法』(1960年) を完成させた。彼は単なる解釈の技術としての解釈学ではなく，ハイデガーによって開拓された方向にしたがって再度テキストの解釈を問題とし，そこで経験される出来事を現象学的手法によって明確にすることをめざした。彼の解釈学が問題にするのはカントの人間学的な問いと同じであって，「理解はいかにして可能となるか」という問いに関する次のような問題提起である。

「この問いは，主観性によるいっさいの理解行為に先行する問いである。当然のことながら，理解をこととする諸学問の方法的行為，そうした学問のもろもろの規範や規則にも先行している問いである。ハイデガーによる人間の現存在の時間的分析論は，わたしの考えでは，理解というのは主体におけるさまざまな行為様式の一つなのではなく，現存在の存在様式そのものであるということを見事に示した」[*26]。

このように人間における理解の作用には「現存在の存在様式」が認められる。そこから「解釈」が人間的現存在の根本的な動態として解明されるようになった。ここから形成された「解釈学」は現存在の有限性と歴史性の根底となっている根本的な動態を捉えて，人間の世界経験の全体の本性を解明することになった。このことは『真理と方法』の第2版の序文に説かれているように，解釈学と人間学とが結びついて新しい人間学の地平を開拓するように導いたのである。この点は古代の芸術作品についての経験によって明らかである。たとえば古代の神々の像は，今日では近代的な美術館の中に展示されているが，その昔においては神殿の中に立っていた。それにもかかわらず今日わたしたちの前に立っているそのままの姿のなかにも，それが由来するかつての宗教的経験を含んでいる。このことは認めざるをえないであろう。もしそれを認めるなら，この神々の像の元来の世界もわたしたちの世界の一部であるという重大な帰結をもたらし，過去と

---

26) Gadamer, Wahrheit und Methode, 2Aufl. 1965, XIV (Vorwort).『真理と方法』I, 轡田収他訳, 法政大学出版局, 1986年, XII頁.

現在の二つの世界を包括する普遍的な解釈学的宇宙が現前することになる。このような経験に見られる「理解」は作品に対する主観的な態度から生まれるのではなく、理解される当のものの存在から生まれる「作用史」（Wirkungsgeschichte）に属する。実際，すべての再生的営みはまずは解釈であり，それによって正しい理解がもたらされるからである。それゆえ「作用史の原理が理解の一般的な構造契機である」と主張された[27]。

（1）作用史的意識と歴史

この作用史には歴史の経過の中で作用を受けた結果として生じた意識（つまり歴史によって規定された意識）と歴史によって規定されているということそのものについての意識がある。それゆえ，このような作用史の意識は近代の歴史的かつ科学的意識をも支配しており，しかもこのことは個々人の自覚を超えて生じている。したがって作用史的意識は歴史的な規定を受けた徹底した有限性の自覚を伴っている。この有限性を忘れたディルタイのような歴史学派の精神史的な歴史解釈は，歴史を書物のように読もうと試みて，歴史を精神史の高みに据えざるをえなかった。そこでガダマーは歴史や伝統を歴史学的知識の対象とは考えないで，人間存在に対する作用契機として捉え，自己の理解は有限であるが，この有限性に対して現実・抵抗・不条理で理解不可能なものが働きかけて，新しい経験をもたらすと考えた。ここに「汝」によってのみ見えて来る真理，他者に語らせることによってのみ見えて来る真理が確認され，自分では認識できないことを教えてくれる事態こそ価値あるものであると説かれた[28]。それゆえ認識主観によってのみ概念的に把握されているところでは，存在は忘却されており，経験されていないことになる。こうした存在の回復はハイデガーのいわゆる「転回」によって提示されたものである[29]。このような現実的な経験を把握する理論としてガダマーは「解釈学」を用いた。というの

---

27) Gadamer, op. cit., S. XIX. 前掲訳書 XVII頁以下。
28) Gadamer, op. cit., S. XXII. 前掲訳書，XXII頁。
29) 「転回」（Kehre）というのはハイデガー哲学の発展を指す言葉である。彼は『存在と時間』を執筆してから10年間は現存在の形而上学を説くようになり，1928年に初めて基礎的存在論からメタ存在論への転回を告げられ，実存の構造分析論から形而上学的存在者論（Ontik）へと向かった。初期には存在を客観化する傾向のため主観主義的であったが，「存在の思索」によって存在の真相へと転回した。

はこの現実的な経験こそ思惟にほかならないからであって，言語や遊戯（Spiel）はそれを演じる者の意識に尽きるものではなく，語る主体の態度以上のものを捉えさせる。ここに経験の真意がある。だが，このような経験は現象学的に記述することができても，形而上学による知的で概念的な構成を拒絶する[30]。

　経験が証示することはわたしたちが互いに拒否されたり，受け容れられたりしながら，次第に歴史意識が形成されることである。ここから彼は「作用史の意識」（wirkungsgeschichtliches Bewusstsein）を説くようになり，この意識はもはや方法論や歴史的探究には関係なく，この方法論や歴史についての反省意識に属している。それはわたしたちが歴史や歴史の作用に曝されているという意識なのである。ガダマーは『小論集』の中で「歴史的作用」について次のように語った。

　　「この言葉でわたしが第一に意味するのは，過去がわたしたちにとって対象となりうるように，歴史的生成から脱け出ることも，それから距離を保っていることもわたしたちにはできない，ということである……。わたしたちはつねに歴史の中に位置づけられている……。つまりわたしたちの意識は，現実の歴史的生成によって決定されてしまっているので，意識は過去と対決しあう位置にいる自由はない，ということなのである。他方，わたしが意味するのは，問題はこうしてわたしたちに及ぼす作用をつねに，新たに意識化することであるため，わたしたちが経験したばかりの過去は何であれ，それを全面的に背負いこみ，いわばその真理をひきうけざるをえないということである」[31]。

　このような歴史的作用の概念から，テキストを解釈する人が対象であるテキストに関与する関係が明らかとなる。それは「我と汝」の関係とその経験である。なぜなら作用史的な経験は我と汝の間に生じ，汝との邂逅をとおして体得される理解作用なのであるから。理解とはこのように他者によって働きかけられて，わたしの視界が他者の見方，考え方を受けいれることによって広がってゆくこと，つまり視界の融合であり，ここに真実な人間の存在が「邂逅と対話」にあることが知られる。

---

30) Gadamer, op. cit., S. XXII-XXIII. 前掲訳書，XXII頁。
31) Gadamer, Kleinere Schriften, I, Philosophie, Hermeneutik, 1967, S.158. リクール『解釈の革新』久米博他訳，白水社，1985年，172頁からの引用。

そのような解釈学によって示された人間学的な意義を次に「視界の融合」および「自由と責任」という二つの事例によって明らかにしてみよう。

(2) 視界の融合

人間の現実の姿には他者との親密な関係としての愛の広がりがあり，そこには他者の視点を自己のうちに受容してゆく「視界の融合」(Hoizontverschmelzung) が起こる。対話の中でわたしが他者に出会う経験には他者の理解の仕方とわたしのそれとが一つに融け合い，わたしの視界と理解が拡大してゆくことが認められる[32]。ガダマーによると，わたしの考えに対立し矛盾している意見や生き方は，それ自身の権威を主張し，それ自身の立場の承認を求める。まさにこのゆえに，それを理解しようとする作用が起こる。ここには全くの他者として「汝」を経験することから，返って逆に他者から働きかけられて成立する「作用史的経験」の事実が明らかになる[33]。

ところで，このようにして生じる「視界の融合」という考えは，歴史的認識の有限性という根本的制約や条件に結び付いており，それを超えている観念的な総合を排斥する。わたしの視点が有限であるのは，何かの視点に閉じ込められているからではなく，ある状況においては縮小したり，他の状況においては拡大することができる地平の有限性による。したがって異なる状況にいる二つの意識間の遠隔コミュニケーションは，それぞれの地平の融合によって，つまり，それぞれの企図や意図が遠く隔たっていても，開かれたものであるなら，両者が交流することによって実現する。ここから「視界の融合」がきわめて生産的な考え方を提起する。というのは視界の融合には自分に固有のものと異質のものの間の，近いものと遠いものとの間の，緊張が含まれており，この観点から人間における差異の働きは，自他の共同化の中に含まれていることが捉えられるから。こうして自他の融合から差異が分化してくることが判明する。

このことはシェーラーの間主観性の立場に接近した視点である。シェーラーは人格の非対象性を力説し，人格に対する認識を「理解」(Verstehen) に求めた[34]。さらに彼は社会が人間の意識に本質として含まれていて，

---

32) Gadamer, Wahrheit und Methode, S. 289-90, 375.
33) Gadamer, op. cit., XXI (Vorwort).
34) 彼は人格と自我を分け，自我が対象的に実験科学によって解明できるのに，人格の

人間は外的に社会の一部であるだけでなく, 社会もまたそれに関連する成員としての人間の本質となっていることを明らかにした[*35]。なぜなら自己と他者とに分化する以前の共通な根源を示している自他未決定の「体験流」を彼は現象学的に捉え「〈差当り〉人間は自己自身においてよりも他人においてより多く生きているし, 彼の個体におけるよりも共同体においてより多く生きている」と語ることができたから[*36]。したがってシェーラーでは他者の意識が自己意識に先行し, 体験された心的生の全体の流れから個別的なものは次第に自己意識に達し, 自他の分化もそこから説明された。これこそガダマーが作用史的経験や視界の融合によって説いている事態にほかならない。

(3) 人間存在の「自由」と「責任」

さらにガダマーはモノローグと対話の基本的相違として, 対話における「自由」の契機を指摘する。対話に油がのってくると, どちらが対話をリードしているのかわからなくなるだけではなく, 対話自体が一つの生ける精神を帯びてきて, 対話に参加している者を導いているような気持にさせる。この点について『真理と方法』第三部の初めのところにある次の言葉はすばらしい証言である。

「わたしたちはよく対話を〈運営する〉というようなことを口にするが, 対話が本来的なものになると, 対話を指導しているものは, 一方の, あるいは他方の話し手の意志に依存しなくなってくる。だから本来的な対話というものは意図して実現できるものではない。むしろ, いっそう正当には一般的に言って, 〈わたしたちを対話のなかに連れこむ〉とまでいわなくとも, 〈わたしたちは対話のなかに落ちてゆく〉と言われる。……そこで〈それはすばらしい対話であった〉とか, 〈星のめぐり合わせが悪かった〉とかと言うことができる。こういうすべてから対話が自らの精神をもっていることが告げられる」[*37]。

方はそうはいかないがゆえに, 独自な認識方法を存在参与 (Seinsteilnahme) に求める (シェーラー『同情の本質と諸形式』青木・小林訳, 白水社, 360頁参照)。
35) シェーラー前掲訳書, 360頁。
36) シェーラー前掲訳書, 368-69頁。
37) Gadamer, Wahrheit und Methode, S.361.

わたしたちが喜んで対話に参加するのは，対話自体がわたしたちを導き，当初の予想に反して，まったく新しい局面を拓き，新しい真実の姿を発見するように導いているからである。ここに対話にたずさわっている者が自己をひとたび離れて「自由」になり，自己を他者のなかに再発見する「喜び」がある。

　この点は『人間と言語』の中でも次のように指摘される[*38]。ガダマーは対話をゲームと比較して，ゲームの面白さはゲーム自身の運動のなかに，自己を忘れてみずからを投入することにあり，したがって，遊戯の気分が基本的には「身軽さ」「自由」「成功の幸せ」という精神に満たされている状態であることにあると言う。このことはそのまま対話にもあてはまる。ゲームで自分のカードを投げることはひとつの「自己投入」であり，冒険であるが，それは自己を捨てゲームの流れに自己の存在を賭けることを意味し，それによって予想をこえる，また下まわる結果を受け入れるのはゲームの運命である。ここにある自己投入の「自由」と，結果を負う「責任」との関連は対話そのものにも，人間の経験自体にも妥当する。それゆえ「遊戯は，現実の視座の中で〈生まじめ〉な精神の虜となっている新しい可能性を解放してくれるとともに，道徳的なヴィジョンが見させてくれない変容の可能性を主観そのものの中に拓いてくれる」と言うことができる[*39]。

4　リクールと解釈学的人間学

ポール・リクール（Paul Ricoeur, 1913-2007）は初めマルセルやヤスパースの実存哲学およびフッサールの現象学の影響を受けて哲学的人間学を構想した。最初の著作『G・マルセルと K・ヤスパース ── 秘義の哲学と逆説の哲学』（1948）にはそうした影響が認められる。しかし彼はフッサール現象学の観念論的傾向を批判し，ハイデガーの『存在と時間』の影響のも

---

38) Gadamer, Mensch und Sprache, in: Kleine Schriften I, Philosophische, Hermeneutik, 1967, S. 93 ff.
39) リクール『解釈の革新』（前出）215頁。この点についてガダマーはすでに遊戯（Spiel）はそれを演じる者の意識に尽きるものではなく，語る主体の態度以上のものである，と先に述べていたが，リクールの表現の方がいっそう的確に事態を述べている。

とに，解釈学的現象学の哲学を確立するようになった。フランスはこの時代に現象学の最盛期を迎えており，サルトルの『想像力の問題』，メルロ＝ポンティの『知覚の現象学』が発表された。これらに続いてリクールの『意志の哲学』が現われた。彼は主にパリ第十大学（パリ・ナンテール）の教授として活躍し，多数の著作を発表した。

フッサールの現象学が意識の客観化する作用にもとづいて対象を構成しようと試みたのに対して，リクールはマックス・シェーラーと同じく情動的で意志的な意識にもとづく実践的行為の中にいっそう根源的な意味で人間の現象が示されると考えた。そこには「意志の受動性は，意識の超越性よりも優越する」ということが提示され，フッサールの超越論的観念論が批判された[40]。

（1）哲学的人間学の構想

まずもっとも有名となった代表作『意志の哲学』を取りあげてみよう。その第一巻は『意志的なものと非意志的なもの』（1950年）であり，第二巻は『有限性と有罪性』と題され，1960年に二冊本として出版された[41]。その第一冊が『人間 ── その過ちやすきもの』であり，ここに彼の哲学的人間学の骨子が示された。その第二冊は，『悪の象徴学』である。この著作によって神話の解釈学が展開し，神話のシンボルに含まれる人間学的意味が解明され，シンボル機能の分析にとどまったカッシーラーを超えて，神話に見られる具体的な人間の経験が人間学の中に採り入れられた。ここでは主として『人間 ── その過ちやすきもの』と『悪の象徴学』によって彼の人間学の特質を考察したい[42]。

40）この意志は創造する行為ではないばかりか，意志は受動的なもので，その自由は，意識が選び取ったのではなく，存在論的な基礎づけに依存しているがゆえに，「わたしは考える」に先だって「わたしはある」への解釈学的転換を生んだ（久米博『現代フランス哲学』新曜社，246頁，260頁参照）。

41）『意志の哲学』の第一巻『意志的なものと非意志的なもの』は「意志の形相論」と題され，ヤスパースの哲学から「意志と自由」の主題が選ばれ，意志は自由を行使するが，自由の限界は意志の限界であると考えられた。マルセルの哲学からは「私の身体」の主題が選ばれ，私の身体は私の存在に参与しているが，身体は非意志的なものである。これら二つの主題はデカルトのコギトをその抽象化から全面的に回復すべく結びつけられ，コギトは「私は考える」だけでなく，「私は意志する」も含むとみなされた。

42）この『意志の哲学』の各巻と分冊を整理すると次のようになる。

デカルト以来主観的思惟としてのコギトが強調されたが，リクールは心身の二元論を退けて，心身一如において思考が身体と密接に関連している点を重視する。彼はコギトの真の姿を捉え直そうとして次のように言う。

「コギトの奪回は全面的でなくてはならない。わたしたちはコギトのただなかで，身体と，それによって養われている非意志的なものを見いださねばならない。コギトという統合的体験は，わたしは欲する，わたしはできる，わたしは生きるなどを包含しており，そして一般的な形で，身体としての実存を包含している」[*43]。

リクールは意志的行動を決意・行動・同意という心理学的な三つの契機で捉える。意志の決定にはつねに動機が見いだされる。動機と決意の関係は物理的な因果関係ではない。身体はもっとも基本的な動機の源であって，身体とともに非意志的なものが入っている。それゆえ欲求・情動・習慣といった非意志的なものは，意志的なものとの関連において意味をもっている。この意志のなかには，非意志的なものが働いているがゆえに，非意志は意志に合体して，人間の構成要素をなすばかりか，意志が意識よりも下位に置かれることによって存在のなかに根を下ろすことになる。このような「意志の経験論」によってリクールはフッサール現象学の超越論的観念論を批判するようになった。しかしここでは「過失」の概念が「超越」の概念とともに現象学的還元によって発動を停止されたがゆえに，人間の本質論が純粋反省の方法で考察された。だが第二巻ではこれらの実存的な概念が考察の対象とされた。それは『人間，この過ちやすきもの』と『悪の象徴論』として1960年に発表された。ここでは，第一巻で括弧に入れられ

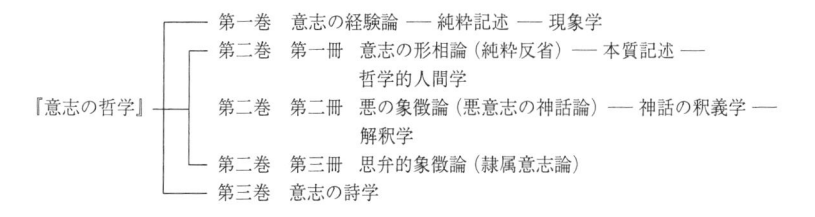

```
               ┌─ 第一巻  意志の経験論 ── 純粋記述 ── 現象学
               ├─ 第二巻 第一冊 意志の形相論（純粋反省）── 本質記述 ──
               │                哲学的人間学
『意志の哲学』─┤
               ├─ 第二巻 第二冊 悪の象徴論（悪意志の神話論）── 神話の釈義学 ──
               │                解釈学
               ├─ 第二巻 第三冊 思弁的象徴論（隷属意志論）
               └─ 第三巻  意志の詩学
```

第二巻第二冊「悪の象徴論」はその第一部「一時的象徴，穢れ・罪・罪過」（邦訳「悪のシンボリズム」）第二部「始まりと終わりの神話」（邦訳「悪の神話」）となっており，第三冊と第三巻は著者の出版予告にもかかわらず，現在までのところ出版されていない。

43）リクール『意志の哲学』第1巻『意志的なものと非意志的なもの』「意志の形相論」19頁（久米博，前掲書，245頁からの引用）。

ていた過失と超越が考察の対象となり，過ちやすい有罪的意志の経験論が展開する。有限な存在である人間は，ヤスパースが力説したように本性上脆いものであり，過ちやすい。ここから可謬性の条件が取り出される。人間の過ちやすさは，人間の自己と自己自身の不一致という人間の内なる断層のなかに見いだされ，そこから悪が入りこむと考えられた。

（2）『人間，この過ちやすきもの』の人間学
この著作の中に彼の哲学的人間学の基本構図が示される。とりわけ過失の可能性としての人間の条件が，プラトン，アリストテレス，デカルト，カント，ヘーゲルらの著作を参照しながら，現象学によってではなく，純粋反省の方法で探究される。その書名には「過ちやすい」(faillible) という語が出ているが，それは「断層」(faille) に由来しており[44]，「感情が開示するのは，自己と自己との不一致というこの秘やかな裂け目である」[45] と説かれた。このような人間の構造の裂け目や断層として人間の脆さ，過失，悪の可能性が人間の本質として記述され，ヘブライとギリシアの神話を素材として悪や有罪性の問題がとり扱われる。

　リクールは人間の特質を「自己の自己に対する不均衡」から解明する。この視点はキルケゴールの「関係としての自己」を想起させるが，そこには単なる自己意識の心理学的分析を超えた視点が求められ，行為する人間が打ち消しがたい悪に直面して自己を理解する発端が捉えられた。このようにして「悪の可能性」は行為し受苦する人間性の脆弱さに求められ，「それは本質的には道徳的悪の可能性が人間の素質の内に刻印されているということである」との結論に達する[46]。彼はこの悪の可能性を人間のありかたのうちに探求し，それに対する責任意識を自由の中に探究した。しかし自由の意識には「倫理的世界観においては，自由が悪の理由であるということだけが真であるばかりでなく，悪の告白もまた自由の意識の条件でもある」[47] ことも含まれている。人間が悪を告白したり罪を悔いるのは，他でもあり得た自分を想定しているからであって，その意味で悪の

---

44) リクール『人間　この過ちやすきもの』久重忠夫訳，以文社，215頁。
45) リクール前掲訳書，216頁。
46) リクール前掲訳書，204頁。
47) リクール前掲訳書，17頁。

告白自体は自由の働きの現われである。そこには「根源的肯定」と呼ばれる事態が前提されている。

このようにリクールは「自己の自己に対する不均衡」（disproportion de soi à soi）から人間を把握する手掛かりを捉えており，そこに悪が生起することを可能にする「人間の存在性格」を総体的な仕方で把握した。

> 「この総体的性格が人間の自分自身との不一致に存する。この自己と自己に対する〈不均衡〉が，可謬性（過ちやすさ）の理由となるであろう。もし悪が人間とともに世界の中に入ったとするならば，〈わたしには怪しむにあたらない〉。と言うのは，人間は自己自身よりも大きい，また小さい，不安定な存在論的本性を呈する唯一の現実だから」[48]。

これとよく似た考察がデカルトの『省察』第四省察でも試みられている[49]。デカルトは人間が最高存在と非存在の中間を占めると考えた。しかしリクールはこのような存在と無の思弁的な存在論を退け，人間における不均衡を「有限と無限の両極性」として捉えようとする[50]。彼によると人間は有限と無限という二つの極を〈媒介〉しながら生きる。これこそ人間の〈自己〉に特有の性質である[51]。

したがって人間が悪を経験できるということは，人間存在の内奥に人間が生まれながら受けている制限や条件を超えて作用している根源的な働きがあることを，逆説的な仕方で証示しており，わたしたちは正にそこにおいて有限な人間の無限性への関わりを把握し，有限と無限との二つの極を媒介しながら生きている人間を理解しなければならない。それゆえ悪を人間の有限性と同一視する観点は一貫して退けられ[52]，人間存在において

---

48) リクール前掲訳書，22頁。

49) 「そして私が，あたかも神と無との中間者，最高存在と非存在との中間者として構成されている。したがって，私が最高の存在者によって創造されたものであるかぎりにおいては，私を欺いたり誤謬にさそったりするものはもちろん私のうちに何もないが，私がまたあるしかたでは無すなわち非存在にもあずかっているかぎりにおいては，いいかえると，私自身が最高の存在者ではなく，きわめて多くのものが私に欠けているかぎりにおいては，私が誤るのもなんら驚くにはあたらない」（デカルト『省察』井上庄七・森啓訳，世界の名著「デカルト」274頁）。

50) 「両極性」の概念はカッシーラーの心身論でも用いられたが，それは二元論ではなく対立を孕んだ動的な展開を興す磁場と考えられる。

51) 「人間は天使と獣の間にいるから中間者なのではない。彼が中間的なのは，自己自身の内においてであり，自己と自己との関係によってである。人間が中間的なのは彼が混合的だからであり，彼が混合的なのは媒介を行なうからである」（リクール前掲訳書，24頁）。

有限と無限とを逆説的に媒介する，とりわけ不均衡な媒介をなす，人間の自己のあり方が見いだされ，そこに悪の可能性が捉えられた。

　さらにリクールは自己の自己に対する不均衡の事態を認識から実践へ，さらに感情の次元へと探求をすすめる。感情や心情 (coeur, Gemüt) は人間存在の不均衡な構成をよく表わしており，この不均衡を内面化しているがゆえに，感情の次元においてはじめて，不均衡は「わたしの」不均衡として感得される。彼はパスカルの伝統にしたがって感情の現象学的分析を行ない，そこに独自の志向的な法則性を見いだす。「要するに認識が主体と客体の二重性を構成するのに対して，それとは対照的に感情は，どんな極性，どんな二重性よりも深い，我々の共犯性・内属性・帰属性を絶えず回復する，世界への関係の表示として理解される」[53]。このように感情によって明らかになった人間存在の不均衡は「快の原理と幸福の原理の不均衡」という形を取っている[54]。

　しかも「有限である快」と「無限である幸福」とは「根源的な不均衡」として構成される。快が個別的であるのに対し，幸福は人間存在の全体に関わる規定であって，人間の感情に固有の存在様式は，個別的な快と全体を求める幸福との統一，したがって「幸福による快の侵犯」として把握される。リクールは言う，「幸福への志向は個々の快に侵食し，その都度の達成を超えた意味を付与する。しかし逆に，個々の快は幸福をけっして到達できない地平の位置に追いやる。したがって，人間の感情は，有限でも無限でもない〈無際限〉あるいは〈終わりなき探求〉とならざるをえない」[55]と。人間は感情においてこのような有限と無限の不均衡な媒介をなす存在であって，そこに根源的な葛藤を身をもって証示する。こうした有限と無

---

52)　たとえばヤスパースは罪責性を「限界状況」の一つに数え入れ，ハイデガーはそれを現存在の「顧慮」の構造から捉えるような観点を言う。だが有限性の概念からは罪責性は説明できない。「悪を有限性と等置する見方は，悪の経験を成立させる〈根源的肯定〉への洞察を欠いており，悪の経験そのものに適合していない」(杉村康彦『ポール・リクールの思想』創文社，40頁)。

53)　リクール前掲訳書，138頁。

54)　「実際，感情の運動に二種の終末があるということが示される。一方は孤立し，部分的，有限的な行為あるいは過程を仕上げ完成させる。すなわち快である。他方には，人間の全的な活動を完成すること，それは宿命・使命・実存的投企の結末になるであろう。……それが幸福である」(リクール前掲訳書，148-49頁)。

55)　杉村康彦前掲書，41頁。

限との媒介によって人間が脆い存在であることが示されるが、そこに認められる「断層」は人間の可謬性にほかならない。ここに展開する一連の考察の結論として彼は哲学的人間学の基本命題を次のように提示する。「わたしは直接に人間を考えるのではなく、合成によって、根源的肯定性と実存的否定性の〈混合〉として考える。人間とは有限の悲しみにおける〈肯定〉の〈喜び〉である」[*56]。

このような『人間』に展開する人間学は、彼の哲学全体の基本的立場である「行為し受苦する人間の反省哲学」と関連しており、考察の出発点となった「自己の自己に対する不均衡」の概念は悪の可能性に関する問題ばかりでなく、「哲学的人間学」の発端となる基礎的な省察を導き出した意義をもっている。

(3) 『悪の象徴論』における解釈学的人間学

『悪の象徴論』では、人間の過ちやすさ、悪の可能性がいかにして現実となるかが追求される。それをリクールは、「わたしは罪を犯した」と認める告白のなかに探る。その場合、罪の告白は直接的表現をとらず、「わたしは汚れた」という象徴的な表現をとることに彼は注目する。実際ギリシア悲劇において、たとえば『オイディプス王』において罪を犯したことは不浄による穢れとして物語られる。というのは「穢れは汚れから類推されるし、罪は道から逸れることから、罪過は重荷から類推される」[*57]とあるように、穢れは罪や罪過よりも直接的で物質的でさえある。それゆえ「穢れは、物質的な〈きたないもの〉をとおして、聖なるものの中にあって、まさしく穢れて不浄なる存在であるという人間の状況を指し示す」[*58]。それゆえ悪を表わすもっとも根源的で原初的な言語は「穢れ」という象徴言語である。

また穢れから罪への展開では「罪の観念を支配しているカテゴリーは、神の前というカテゴリーである」[*59]と説かれる。このカテゴリーは最初は広く解されており、「神の契約」という神と人の社会的な関係に現われる。

---

56) リクール前掲訳書、214頁。
57) リクール『悪のシンボリズム』植島啓司他訳、渓声社、27頁。
58) リクール前掲訳書、32頁。
59) リクール前掲訳書、92頁。

というのは「罪は倫理的事象である以前に，宗教的な重大事象なのである。つまり罪は抽象的な規則の違反ではなく，人格的な絆の侵害なのだ」[*60]から。それゆえ罪はギリシア的思弁とは全く相違する形態の言葉によって解明される。それは預言者の言葉に示され，「神によって人間に差し向けられる要求が，無限の規模をもっているという事態が明らかとなり，この無限の要求こそ神と人の間の測り知れぬ距離と悲痛とを穿つ」[*61]のである。このような要求の無限性によって人間の罪の根深さが暴かれる。この種の人格的な経験を物語の形で表明したのが，聖書の巻頭を飾る「アダム神話」に見られるような「悪の神話」であり，それをアウグスティヌスのような後代の思想家がいっそう精巧にして，合理的に解釈したのが「原罪」の観念である。それゆえ原罪の観念がアダム神話に描かれているように最初に生まれたのではなく，それはキリスト教的な罪の経験の理解の最終段階に登場する。もしそうなら，こうした歴史的観念の集積としての原罪の観念を括弧に入れて，原初的な悪の経験を本質現象学的に洞察することができよう。こうしてリクールはアダム神話とその類型に属する諸神話の解釈に着手する[*62]。したがって彼は神話や象徴言語の解釈によって人間の原初的な悪の経験に迫っていき，それ自体では混沌とした悪の経験を彼は簡明ならしめる。ここに彼の解釈学的人間学が展開する。

　その際，歴史において展開する神話をテクストとしてどのように解釈すべきであろうか。わたしたちはテクストの前で自己理解を深めていく際に，テクストにわたしたちの有限な理解能力をおしつけるべきではなく，テクストを読解するとき，自らの自我を想像の上で自由に変更し，ひとたび有限な自我を捨て去った後で，より内容の豊かな自己をテクストから受け取らねばならない。これこそガダマーの作用史的経験を継承する基本姿勢である。リクールは言う「自己を理解するということは，テクストの前で自己を理解し，読解行為に到来する自我とは異なる自己の諸条件を受け取ることである」[*63]と。わたしたちは彼がここで読解以前の有限な自我と，テ

---

60) リクール前掲訳書，95-6頁。
61) リクール前掲訳書，101頁。
62) リクール『悪の神話』一戸とおる他訳，渓声社，1980年を参照。そこには創造神話（シュメール，アッカド神話），悲劇の神話（ギリシア悲劇），堕罪神話（アダム神話），追放された魂の神話（オルペウス神話）という四つの類型が詳細に論じられる。
63) 久米博『現代フランス哲学』（前出）254頁からの引用。

クスト世界によって構成される自己とを区別していることに注意したい。こうしたテクストを前にしての自己理解を例証するものとして，彼は「物語的自己同一性」という概念を使っている。

（4）『時間と物語』における物語的自己同一性
この「物語的自己同一性」という概念はリクールが三巻からなる大著『時間と物語』（1983-85）の結論で提示したものである。彼はアウグスティヌス的な人間学的時間とアリストテレス的な自然学的時間との差異から考察を開始し，物語によって二つの時間を統合形象化することを試みた。その際，彼は物語をアリストテレスの「芸術は模倣の様式である」というミメーシス論によって定義する。ミメーシスというのは修辞法の一つであって，言語や動作を模写して，人や物をリアルに表現しようとする手法である。リクールによると物語とは行動のミメーシスであり，それは物語の筋にほかならず，筋とは出来事の組立てなのである。筋による組立てが物語的論理を構成し，これによって人間の行為が説明され，理解されるようになる。これが「物語的理解」である。それゆえ人間とは何かという人間学の問いは人生物語によって答えられる。こうして人生を一つの物語として語ることによって「自己同一性」（identitè）が獲得される。それに関して次のように言われる。

　「〈自己同一性〉とはここで実践の一カテゴリーの意味に解される。個人または共同体の自己同一性を言うことは，この行為をしたのはだれか，だれがその行為者か，張本人か，の問いに答えるものである。まず，だれかを名ざすことによって，つまり固有名詞でその人を指名することによって，その問いに答える。しかし固有名詞の不変性を支えるものは何か。こうしてその名で指名される行為主体を，誕生から死まで伸びている生涯にわたってずっと同一人物であるとみなすのを正当化するものは何か。その答えは物語的でしかあり得ない。〈だれ？〉という問いに答えることは，ハンナ・アーレントが力をこめてそう言ったように，人生物語を物語ることである。物語は行為のだれを語る。〈だれ〉の自己同一性はそれゆえ，それ自体物語的自己同一性にほかならない」[64]。

ここに誕生から死に至る全生涯をとおして自分が同一人物であることが証

しされる。その際この「誰」の首尾一貫した同一性こそ自己同一性であり，そこに自己を一つの物語として語る「物語的自己同一性」が認められる。

「物語的自己同一性」には人間学にとってもっとも重要な「自己認識」が含まれる。「自己認識の自己は，『弁明』におけるソクラテスの言によれば，吟味された人生の結実である。吟味された人生とは，大部分が，われわれの文化が伝える歴史的でもあり虚構でもある物語のカタルシス的効果によって浄化され，解明された人生である。自己性はこうして，文化の作品によって教えられた自己の自己性なのであり，自己は文化の作品を自分自身に適用したのである」。ここには物語と歴史の関連も指摘される。

この物語的自己同一性には二つの主要な形態がある。物語の第一の形態は読み手と書き手が同一である自伝である。第二の形態は民族共同体に関するものである。そして第一の形態が第二の形態である共同体の歩みを物語った歴史と関係づけられる。たとえばイスラエルのようにその共同体が産みだした歴史文書が聖書として受容されるが，自己同一性は時間過程で変質することがあり得るため，主体の自己性を汲み尽くすことはできない。それゆえ物語的自己同一性が真の自己性となるためには，倫理的責任をとる決意が必要とされる。「各人に，私はここに立つ，と言わせる決意」つまりルターのヴォルムス国会における決意が不可欠となる[*65]。

(5) 霊性の論理としての「超過の論理」

リクールはフランスのプロテスタンティズムを代表する思想家でもあって，ドイツのルター学者エーベリングの聖書解釈学の影響を受け[*66]，信仰義認論にもとづくキリスト教的な霊性の論理を解明した点でも注目に値する。彼は使徒パウロの律法批判の中に一般的な倫理に立つ論理とは異質な「等価の論理の転覆」を捉えた。等価の論理が倫理的な応報説に立脚しているのに対して，パウロが「律法の呪い」とみなすのは，律法に適った「善い」行ないが逆に宗教的な罪に転落していく事態を指している。つま

---

64) リクール『時間と物語』第3巻，久米博訳，新曜社，1990年，448頁。なお，この書において歴史・物語・現象学との関連に関しては久米博「ポール・リクール『時間と物語』における〈歴史学と物語論と現象学の三者会談〉について」「現象学研究」vol.18, 1992参照。
65) リクール前掲訳書，453頁。
66) リクールは「エーベリンク」という論文を書いている。その詳細に関しては杉村康彦前掲書，208-10頁を参照。

りそれは善い行為を重ねていくことによって高慢となり，ますます罪へ深く落ち込んでいくという事態である。これは等価の論理から見れば逆説でしかない。しかしその背景にはパウロが説いている「罪が増したところには，恵みはなおいっそう満ちあふれました」（ローマ 5・25）という宗教的な根源的な経験が存在する。ここには罪の増加と逆対応的に恩恵が増大するという「超過の論理」が成立する。こうした逆対応には善行「にもかかわらず」罪人となり，悪行「にもかかわらず」善人であるという自覚がなければならない[*67]。もちろんそこには，すべての人間の罪を背負って十字架上で死んで復活したイエス・キリストの犠牲的愛が前提されている[*68]。

リクールは『解釈の葛藤――解釈学の研究』の中で罪責に関する倫理的次元と宗教的次元の相違を考察しながら，この超過の論理を明らかに説くに至った。このような一般的な倫理の次元よりもいっそう深い宗教の次元において，自由は希望の光に照らされて，自らの死にもかかわらず自己を肯定し，あらゆる死の兆しにもかかわらず死を否定しようとする。この論理について彼は次のように言う。

「同様に〈にもかかわらず〉のカテゴリーは生命の突入の反面もしくは逆の面，聖パウロの有名な〈なおいっそう〉（ローマ 5・25）のうちに表現された信仰の視点の反面もしくは逆の面である。このカテゴリーは〈にもかかわらず〉よりもいっそう根本的なものであって，超過の論理（the logic of superabundance）と呼ぶことができるものを表わしている。それは希望の論理である」[*69]。

このような霊性論理にもとづいてリクールの哲学は意味を「贈与する言葉」に目を開いていく解釈学的人間学となっている。

67） この逆対応の論理に関しては金子晴勇『ルターの霊性思想』2009年，164頁以下および301頁以下を参照していただきたい。

68） イエス・キリストによる神の贈与は，罪の自覚が増加することに打ち勝って「なおいっそう」満ち溢れる恵みである。それは人間的な理性と論理では汲み尽くせない「超過」と「剰余」であるが，この恵みを受けることによって救いへの希望をもつことができる。この点でリクールはマルセルの『希望の現象学と形而上学に関する考案』の影響を受けている（本書177頁参照）。

69） Ricoeur, The Conflict of Interpretations Essays in Hermeneutics, 1974, p. 437. さらに，この論理は日常生活や政治また世界史において発見される。この「にもかかわらず」は喜ばしき「なおいっそう」の裏面，陰の面にすぎない。それよって，自由はこの満ち溢れの経綸において自らを感じ，知り，自己がそれに属することを欲するようになると続けて語られる。

第8章

対話論的人間学

はじめに

近代の人間学がカントの超越論的主観性に立つ人間学という特質をもっているのに対し，現代の人間学はシェーラーの間主観性に基礎づけられた人間学において対話的に構成された特質をもっている。それはすでに前章の解釈学的人間学においてもテクスト解釈が対話的になされている点にも提示されていたが，とくにシェーラーの形而上学的な残滓を有する人間学に対する批判となって興ってくる。とりわけ彼の同時代人の中でも彼と親交の厚かったマルティン・ブーバーの「対話の哲学」によってそれは批判的に超克され，対話的に構成された人間学が誕生した。さらに現象学の立場からシュトラッサーは『対話的現象学の理念』を著し，対話関係の相互性が主観と客観の間にも生かされ，認識論的にも豊かな成果を生み出した。こうして対話の有する相互性の原理によって対象が主観の一面的理解を越えてリアルな現前にもたらされる。というのは相互的で有限な存在である人間は自己から一切を創造する神のコギトではなく，実在と相補的関係に立っているからである。そこから関係的主体と関係的客体とが交互的に交代しうるばかりか，「汝は我よりも常に先行している」との汝の優位性が説かれた。さらに対話の原理はカトリックのキリスト教的思想家マルセル（1889-1973）においては単独者の個別的実存を超克する新しい思想を形成し，同じく同時代の対話的思想家のエープナーやローゼンツヴァイクによって新しい思考として登場し，期せずしてブーバーと同じように対話論的人間学の形成に貢献した。

このような対話論的人間学は今日ではさらに社会心理学からも解明されるようになった。つまり，対話は個人の間で交わされるのみならず，社会や共同体との関係でも重要な意味をもち，社会に積極的に関与する存在としての人間のあり方が説かれるようになった。

そこでわたしたちは，まずシェーラー人間学に対するブーバーの批判から考察をはじめることにしたい。

1　ブーバーによるシェーラー人間学の批判

ヨーロッパの伝統的形而上学の歩みを考えてみると，古代ギリシアから中世キリスト教を経てヘーゲルの哲学にいたるまで，ヨーロッパの知的伝統は精神が衝動を支配する関係を説き続けており，精神の形而上学を確立して来た。ところがヘーゲル以後，精神と生命との関係は逆転し，精神は無力となり，生命の下部構造からすべてを解明する自然主義的世界観が登場し，形而上学が拒否されるようになった。このような精神の無力を認めながらも，シェーラーは生命の発展すべき究極目標を定める力を精神に帰したのであった。この点に関してシュルツは適切にも次のように語る。「シェーラーは古典的伝統とその否定との間を媒介する位置を占めている。そこに西欧の人間学の展開のなかでの彼の独特の一回かぎりの地位がある。だが，この媒介の立場は問題を含んでいる」[*1]と。彼によるとシェーラーが精神の優位を認めるのは，伝統が誤るはずがないという信念と，精神が生命衝動に対し「否」を言いうる事実である。この点でゲーレンの「自己保存」の立場よりシェーラーの学説の方が優れているが，このシェーラーの学説は精神が衝動を否定する力と持論として掲げる「精神の無力」との間に矛盾を起こしてしまう。この点をとくに問題として論じているのが，マルティン・ブーバーである。

対話によって拓かれる間の国　ブーバーはその著作『人間の問題』においてシェーラーの人間学と批判的に対決した。ブーバーは第一次世界大戦中にシェーラーと直接出会って対談したことを回顧してから，『人間の

---

1) W. Schulz, Philosophie in der veränderten Welt. 藤田健治他訳『変貌した世界の哲学』第2巻，299頁。

地位』の結論にある形而上学を批判し，その精神概念の矛盾を指摘した。

　ブーバーは大戦中に主観性の哲学から間主観性の哲学へと思想上の転向を行なった。彼はそれを「狭い尾根」という言葉で表明した。戦後になって彼がシェーラーに出会ったとき，シェーラーは「わたしはあなたの〈狭い尾根〉に非常に接近しましたよ」と述べて彼を驚かせた。しかしブーバーは次の瞬間に「狭い尾根は，あなたの考えているような場所ではありません」と応じたと記されている。ブーバーは思想上の転向をなす前はドイツ神秘主義とユダヤの神秘主義ハシディズムの影響の下に立ち，非人格的な根源的根底が人間の魂の中に誕生し，この魂の住いに神が内住し，絶対者が自己の内に生成すると考えていた[*2]。シェーラーはその「狭い尾根」でもってブーバーの転向以前の思想のことを指しており，それをさらに強化して「神の生成」という概念に達したとブーバーによって判断された。

　しかし，ここでシェーラーの思想上の発展を考えてみると，『共同感情』，とくにその第三部の他我の知覚理論において彼は間主観性の新しい学説に到達していた[*3]。また『人間の理念に寄せて』では人間を「神と生命との間にある何か」ではなく，「間」（Zwischen）そのものとみなし，人間を神が現象してくる場と考えていた[*4]。したがってブーバーの発言はこのようなシェーラーの精神的発展を正しく捉えていない。事実，二人とも人格的邂逅点を「間」によって考えていたとしても，対話の哲学者はこの「間」を人格的な関係において捉えているのに対し，形而上学的な人間学者は非人格的な存在連関において捉えていたのであった。したがって後者は前者に向かって「あなたの立場に非常に接近した」と語っていたのであって，同じ立場になったと表明したわけではない[*5]。

精神と生命衝動の二元論に対する批判　　ブーバーによってシェーラーが批判されたのは絶対者の属性としての精神と衝動との二元性である。ブ

---

　2)　この間の事情については Gesammelt von M. Buber, Ekstatische Konfessionen,（邦訳『忘我の告白』田口義一訳，法政大学出版局）参照。
　3)　T. J. Owens, Phenomenology and Intersubjectivity, 1970, p.87-107.
　4)　M. Scheler, Zur Idee des Menschen, GW. Bd.3, S.186,『人間とは何か』小島洋訳，理想社，288頁。
　5)　この間の事情について詳しくは金子晴勇『マックス・シェーラーの人間学』87-88頁を参照。

ーバーによると，この二元性はスピノザの思惟と延長との二元性を連想させるが，スピノザでは二つの属性が相互に協調関係に立ち，調和しており，補足し合っているのに，シェーラーでは分裂し対決している。したがってシェーラーの思想はスピノザよりもショウペンハウアーの思想に近く，ショウペンハウアーがその代表作『意志と表象としての世界』において「意志」といっているものが「衝動」と名づけられ，「表象」といっているものが「精神」と名づけられていると考えられた。さらにブーバーはショウペンハウアーの哲学によって培われたシェーラーの二元論は，「世界を創造し，物質を司るより低次の原神と，世界を救済する純粋に精神的な高次の原神というグノーシスの二原神論にまでその起源を遡ることができる」[*6]と言う。しかもグノーシスとの相違は二つの原理が一つの世界根拠の二属性となっている点だけであって，そこでは「現代人の神化された肖像が投影されているように思われる」とまで彼はシェーラーを厳しく批判した。

精神の概念における矛盾　シェーラーと同時代に生きたブーバーの証言によれば，シェーラーも戦争中にある決定的な体験をもち，その体験内容は精神の根源的な無力として表明された。同時代人の体験としてはハイデガーの「死への先駆」とかヤスパースの「存在の脆さ」などが一般によく知られている。シェーラーはニコライ・ハルトマンの範疇間の法則「強さの法則と弱さの法則」によって理論的に補強されて，精神の無力を説いたのであるが，これをブーバーは批判し，そこにはシェーラーの思想上の内的矛盾が認められると指摘する。すなわち世界根拠には二つの属性があって，世界史の中で精神が表現されるために衝動を解放する，と説かれているが，もし精神が無力であったら，どうして精神は衝動をまず抑止しておいて次いで解放できるのか，と批判した。したがってシェーラーの世界根拠の概念は精神における根源的な威力を要求していることになり，精神を無力とみなすことによって世界根拠の概念自体に内的矛盾が内包されてしまう。この批判はまことに鋭く，かつ妥当なものといえよう[*7]。

---

6) M. Buber, op. cit., S.136 前掲訳書，144頁。
7) この精神の無力の問題性に関してカッシーラーが提示した疑問と解決を論じた本論文第3章1節を参照していただきたい。ところで精神と衝動との真実なる関係は小児がはじめて話しだす際の言語への「精神的衝動」を見ても分かるように，両者は元来分離していない，

シェーラーは精神を世界から距離を保ち，それを対象として認識する力として捉えていたのに対し，ブーバーは世界への親密な関与のなかに，経験のカオスをコスモスに編成しようとする情熱とともに，精神がその固有の実在を獲得する点を力説した。そして精神は世界と人間と神との親密な関係のなかで誕生し，共同体を統治しているのに，「シェーラーが根源的だと考える精神の無力は，例外なく，共同体崩壊の随伴現象である」*8と批判する。したがって世界から逃れ，自己の身体からも逃れて，脳髄の城砦へ立て籠もった精神は衝動との分裂に苦しむ病める人間だけを手に入れることになる。ここにはじめてフロイトはその心理学の対象を，シェーラーはその人間学の対象を手に入れる。このようにブーバーはシェーラーを徹底的に批判した。

2　ブーバーの対話的人間学

シェーラーに始まる間主観性の現象学的人間学と対比すると，ブーバーに始まる対話論的人間学はいかなる意義をもっているのか。ブーバーはその代表作『我と汝』(1923)において対話の思想的意義を力説した。その要点だけを簡潔に述べてみよう。ブーバーはシェーラーと同じく他者との関係という現実に立ち向かうが，「人間とは何か」という問いは人間的人格がすべての存在者との本質的な関わりの考察を通してのみ答えられると考える。それを捉えるには他者に「汝」と言って対話的に関わる「関係」の世界に歩み入る以外に方法がなく，「それ・彼・彼女」という三人称的な発語においては真実な関係は与えられていない。このようにして人間の本来の姿は対話関係にある「人間と共にある人間」であって，「他者との共感を求める，しなやかな人間の側面」が強調された*9。したがって純粋な単独者も純粋な社会もともに抽象的なものにすぎず，「単独者は，他の単

―――――――――――

とブーバーは主張し，次のように言う。「小児はしゃべる時に初めて〈才気にあふれる〉のであり，しゃべろうと欲することによって，才気にあふれるのである」(M. Buber, op. cit., S.155, 前掲訳書，156頁)と。このように精神は小児の場合，言語への衝動，つまり他者とともにコミュニケーションの世界や形象の世界に生きようとする衝動として活動している，と彼は反論した。

8) M. Buber, op. cit., S.155, 前掲訳書，165頁。
9) ブーバー『人間とは何か』児島洋訳，理想社，172頁。

独者との生きた関わりに踏み込む限りにおいて実存的事実である。……人間的実存の基本的事実は人間と共存しつつある人間である」[10]。この事実を，彼は「間」（zwischen）の範疇で表わし，それは対話的状況の中に存在している「人間的現実の原－範疇」であると言う。

> 「対話的状況が含んでいるもっとも強力な瞬間には事象をめぐる円の中心は個人性の上にも，社会性の上にもなく，ある第三者の上にあるということが紛れもなく明らかとなる。主観性の彼方，客観性の此方，我と汝とが出会う狭い尾根の上に，間の国は存在する」[11]。

このような他者を具体的な全体性において知覚する意識作用をブーバーは「リアル・ファンタジー」（Realphantasie）と呼んだ。彼はこの作用について『人間の間柄の諸要素』で次のように説明した。まず対話の相手をその「現状存在」（Sosein）つまり「現にそのように存在するこの人間」として「感得する」[12]。そのためには人格存在に決定的に参与する精神を把握しなければならない。この精神は「人格の現前化」（personale Vergegen-wärtigung）によってのみ把握される[13]。こうして人格間において現前化された他者を意識が十全に捉えるためにはリアル・ファンタジーの作用が不可欠である。この他者をその「現状存在」において把握する作用は一般には「直視」（Intuition）と呼ばれているが，それでは単なる主観的な意識を出ていない。何よりも他者の精神を捉えなければ他者理解は成立しない。「それは独自の本質から見てもはや直観（Anschauen）ではなく，大胆で，飛翔力が強く，他者へのわたしの存在のもっとも力強い動きを必要とする飛降（Einschwingen）である」[14]。こうして初めて人格をその全体性・単一性・唯一性において把握できるが，その際，重要なのは相手との生ける関係の内にあってのみ他者に対する真の認識が獲られるということである。このリアル・ファンタジーの作用は人間がもっている能力であって，

---

10) ブーバー前掲訳書，174頁。
11) ブーバー前掲訳書，177頁。
12) ブーバー『人間の間柄の諸要素』，『対話の原理Ⅱ』佐藤吉昭訳，「ブーバー著作集2」みすず書房，100頁。
13) 「感得は，わたしが他者に根本的に関わるとき，つまり他者がわたしのもつ現存（Gegenwart）となるときに，はじめて可能なのである。それゆえわたしは，この特別な意味での感得を人格の現前化と名付ける」（ブーバー前掲訳書，102頁）。
14) ブーバー前掲訳書，104頁。

それは「この瞬間に存続していても，感覚的には経験することができない現実を心の現前にもち来たらし保持する能力である」[*15]と説かれた。それは民話に出てくる「灰かぶり」と呼ばれた薄汚い末娘をありのままに見ながら，同時に将来の王女の姿を捉える王子の直観に比せられる。この作用によって先の「飛降」が実現し，これによって「わたしにとって他者は他者自身の自己となる」[*16]ことが実現する。この認識は相互に受け入れ合い・肯定し合い・証し合うという相互性と一体になって生じており，人間の自己自身との関係からは，つまり超越論的な主観性からは実現不可能となる。したがって「人間は自己存在という天与のパンを相互に渡し合うのだ」[*17]と言われる。

3　同時代の対話的思想家たち

さらにこの時代に登場してきた多数の対話的な思想家を取りあげ，どのような観点から対話の哲学を創始し，対話論的人間学の形成に貢献したかを考察してみたい。

（1）マルセルの愛と希望の現象学

まず同時代のカトリックの実存的思想家マルセル（1889-1973）によって単独者の個別的実存を超克した原理的に新しい人間学が形成された。マルセルは自己の生活体験から観念的な哲学思想によっては達せられない人間存在の秘義を明らかにする。彼は存在を客体化し，所有物となしえず，ただ共同的に関与し，主体と他者との交わりの中にとどまる程度に応じて，存

---

15)　ブーバー『原離隔と関わり』稲葉稔訳，「ブーバー著作集 8」みすず書房，『哲学的人間学』23頁。
16)　ブーバー前掲訳書，25頁。
17)　ブーバー前掲訳書，26頁。このように他者理解の方法をもっともよく示しているのはドストエフスキーのポリフォニー小説である。対話によって創造される世界は彼の創作活動においては創作家から全く独立した個体となって現われる。そこに登場する人物は作家から離れた独自の存在なのである。それゆえ「それぞれに独立して互いに融け合うことのないあまたの声と意識，それぞれがれっきとした価値をもつ声たちによる真のポリフォニーこそが，ドストエフスキーの小説の本質的な特徴である」（ミハイル・バフチン『ドストエフスキーの詩学』望月哲男・鈴木淳一訳，ちくま学芸文庫，15頁）と言われる。この点について詳しくは金子晴勇『人間学講義』知泉書館，30-31頁参照。

在に到達すると考えた。そのためには自己が他者や実在とともにあり、それと出会っていなければならない。この出会いによって自己の存在が大きく変化する。これは稀な経験であるが、恋愛や友情の中では起こっており、人間的愛の経験の中に自己中心的生き方が打ち破られて、「汝」との交わりから新しい存在が創造される。それゆえ実存は日常性や公共生活から分離して単独者となることによって達せられるのではなく、かえって他者や実在に向かって自己を開き、自己の外に出て、他者と出会い、交わりの中に立って、我と汝の共同たる「わたしたち」のなかで実現される。

平等と兄弟愛との本質的差異　このことを解明するために彼は平等と兄弟愛との本質的な現象学的な相違を指摘する。たとえば他者から不当に傷つけられる場合には、わたしたちは平等の名の下に自己の権利要求にしたがって行動を起こすが、そこには兄弟愛がないと言われる[18]。平等の権利要求が自己主張であるのと相違して、兄弟愛は他者に向かう人間の貴いあり方である[19]。兄弟愛には「相互的主体性」に立つ人間のあり方が示される。それゆえサルトル流の個人主義的な自由論、また科学技術的な統制による支配、さらに政治的な全体主義によっても兄弟愛は損なわれる。兄弟愛には人間が自己を何らかの道具のようなものとすることに対する断固たる拒絶が含まれている[20]。兄弟愛は人間をその隣人に結びつけ、自己中心的な生き方から人を解放する。それは現代人の捕囚である「自己自身の虜となる」ことからの解放でもある。

　「われわれはすべて自分自身の虜となりがちなものである。単に自分の利害や、情熱や、あるいは単なる偏見の虜となるだけでなく、もっ

---

　18)　マルセルは言う「ところがもし人が兄弟愛の根底に見出される他へ向かって拡がる認知の働きに注意すれば、それがごく自然に、平等にみられるような権利要求とは反対の方向に向かっていることがわかるでしょう」（マルセル『人間の尊厳』三雲夏生訳、春秋社、177頁）と。
　19)　マルセル前掲訳書、190頁。彼によると人間の有限性の内にこそ人間の本質的な尊厳が見いだされる。たとえば「自由」についても本性的な自由など全く無意味であって、希望の現象と同じく「自由が生まれるのは捕囚の状況の中においてであり、まず解放されることの憧れとして生まれる」と主張される。
　20)　マルセルは人間を非人間化する社会にあって自己を何らかの道具とする、つまり手段とする考えを拒絶する。「自己に対する尊敬ということは、まさに自分を道具のようなものにしてしまうことに対する、断固たる拒絶を含んでいる」（マルセル前掲訳書、194頁）。

と本質的な仕方で自己中心的で，すべてのことを自分の側からしか考えようとしない心の傾きの虜になりがちなものである。これに反して兄弟愛に富んだ人間は，自分と兄弟の間に通う交わりによって，兄弟を豊かにするすべてのことによって自らも何らか富まされるものである」[21]。

このようにして相互的主体性である兄弟愛こそ「あらゆる種類の分裂に反対するもの」[22]であり，他者に対し献身的に関与する態度である。

マルセルの対話の思想は『希望の現象学』の中で「希望」の視点から見事に展開する。「わたしは希望する」という表現は，他者との関係を，しかも絶対者である神との出会いと救いを示唆する。というのは現実が暗黒の試練という状況下にあって，絶望しかないのに，「わたしは汝に希望する」が，「わたし」と「汝」とを希望の根底によって支えているから。この希望はあらゆる制限を超えた絶対者（神）への希望への発展を含んでいる。

「絶対的希望とは，被造物がいまある自己の一切を，ある無限なる存在から受けており，なににもよらずある制限を課そうとするなら躓きになるということを意識するとき，彼がその無限なる存在に対して行なう応答として現われるものである。この絶対的な〈汝〉は，その無限の寛容さのうちにわたしを虚無から救い出してくれたのであるが，この〈汝〉の前にいわば身を沈めるとき，わたしは絶望することを永遠に禁じられているように感じる」[23]。

このような希望は「それ自体灰燼に帰する能力を付与されている都市の中心にある」ものであって，希望は授ける者と受ける者との対話の相互作用の「交わり」に結びつける。それに反し絶望は対話を拒否する孤立と結びつく。それゆえ希望は主体を越えて他者との共同，つまり「わたしたち」の中で生まれてくる。この「わたしたち」の中で出会う者は最内奥まで変革され，真の愛徳に近づく。マルセルの哲学は実存主義の中でも全く新しい対話による共同性に立脚しており，キリスト教の宗教的経験を手がかりとして対話論的人間学を解明している点で優れている。

---

21) マルセル前掲訳書，191頁。
22) マルセル前掲訳書，192頁。
23) マルセル『希望の現象学と形而上学に関する草案』山崎庸一郎訳，「現代の信仰」平凡社，277頁。

（2）エープナーの霊的実在論

ブーバーと同じ対話の原理を見いだしたのは，同時代人のドイツ人の中には数多く見られるが，その一人としてフェルディナンド・エープナー（Ferdinand Ebner, 1890-1931）がまずあげられねばならない。彼はオーストリアのウィーン郊外のある小学校の無名の教師であったが，『言葉とその霊的現実 —— 霊性論的断章』（Das Wort und die geistigen Realitäten, 1921年）を出版したことによって注目されるようになった。彼はドイツ観念論との言語哲学的な対決をとおして対話思想を展開する。すなわちエープナーは，観念論の孤独な我と主観の意識内に閉じ込められた汝に対して，人間の生のもっとも深い霊的現実を言語において起こすような「我－汝の関係」を対置する。人間は語る存在である。そして，まさにそのことによって人間は霊的実在としての自己を啓示する。ここから彼はすべての人間の実在を対話的存在として捉え直した。このことは1917年の日記に「コペルニクス的転回」として次のように記されている。

　「わたしは，あなたを求めているうちに〈あなたが向こうからわたしを暖かく迎えてくれる〉のに頼っているのをいつも感じた。そうだ，この中に或る深い意味があるのではなかろうか。人は，あなたを求めて発見しようとする間に，あなたが向こうから出迎えてくれることに頼っていると感じたが，このことが問題なのではないのか」[24]。

ここには彼が生涯にわたって懐いていた問題意識と思索の基本方向が明瞭に示される。彼はまず「孤独とその克服」という問題から出発し，この問題を人々の間に求め，さらに自己の理想の姿にも求めたが，すべて失敗する。そこから神が彼を求めて働きかけてくることを願うようになった。このような精神的葛藤を経て1919年に主著『言葉と霊的現実』が書かれた。自我の孤独は普遍的な理念によって思惟するような抽象的自我に由来するのであるが，具体的な生活の現実を見ると，現に生きている「わたし」は，具体的に存在する「あなた」との言葉を交わす関係においてのみ自覚される。しかも，この「あなた」は，抽象的に考えられた「もの」ではなく，全人格をこめて「言葉」によって語りかける「あなた」である。彼は言う，「事態はきわめて簡単である。わたしの現実存在は自己自身との関係の中

---

24) Ebner, Das Wort ist der Weg. Aus den Tagebüchern. 1949, S.127-28.

にあるのではなく、あなたとの関係にある」[*25]と。だが彼は「わたしたちの霊的な生活の究極的な根底においては、神こそ人間における真の〈わたし〉に対する真の〈あなた〉である」[*26]と自己の経験にもとづいて語る。ここには同時に「わたし」だけでなく同時に「あなた」もわたしに向かって親しく語りかけてくることが経験されており、このような対話の発見こそ先に「コペルニクス的転回」と言われた根本体験であった。

この体験には一つの逆転が認められる。具体的な生活の現実では、わたしがあなたを求めているのではなく、逆に、あなたの方がわたしを求めて出迎えている。この事実こそ抽象的な思考の世界とは全く相違した具体的な生活現実の特質である。その際、彼は「言葉」(Wort)が次のような特質をもっていると主張する。「言葉が一人称と二人称との間で交わされる事実から、精神的な意味で言語を基礎づけるすべての試みは出発すべきである」[*27]と。さらに言葉の意義について次のように言う。ハーマンに言及しながら「わたしたちの魂の目に見えない本質は言葉によって啓示される」。また「マックス・シェーラーによると言葉をもっていることが言語を可能にしている。この言葉は、それが人間に授けられている究極の根拠において理解すると、神に由来する」。さらに「わたしとあなたとの関係なしには、単にわたしが存在しないばかりか、言語もない。自我の自分だけであるという存在は、精神的な人間生活における根源的な事実ではない」[*28]。これらの思想の背後にあるのは、対話の原理であって、わたしがあなたに向かって一方的に語りかけるのではなくて、逆に、あなたも、わたしに向かって語りかけているという事実である。ここにエープナーの思想における間－人格論がその完成された全貌を現わしはじめる。彼はこの対話の原理を神との関係から導き出した。

---

25) Ebner, Das Wort und die geistigen Realitäten, 1952, S.26.

26) Ebner, op. cit., S.28.

27) Ebner, op. cit., S.29. そうするとブーバーの『我と汝』(1923)と全く同じ思想に過ぎないように思われるが、エープナーの書は2年前に出版されているため、彼の独創は疑い得ない。この点に関して次のように言われている。「この〈汝〉は単に存在するばかりか、〈我と汝〉の間には直接的な関係が成立している。この点は〈我とそれ〉関係と一つにされることはできない。これを認識したことがフェルディナンド・エープナーの主要な功績である」(Th. Schleiermacher, Das Heil des Menschen und sein Traum vom Geist, F. Ebner Ein Denker in der Kategorie der Begegnung, 1962, S.26)。

28) Ebner, op. cit., S.30-33.（三つの引用とも）。

「神との関係は，人格的なものであり，またそうあるべきである。だから，それはわたしのあなたに対する関係としてのみ理解される。文法においては一人称の二人称に対する関係として理解される。その際，文法ではその間にむろん価値の位階は表現されていない。ところが，わたしとあなたの関係は，語りかける人格と語りかけられる人格との関係でもあり，〈言葉〉がそこにおいて息づき，生きている〈霊的な場〉(die geistige Atmosphäre) でもある。そこには〈言葉〉は神の方から来て，最初から終わりまで，人間の中を通って神に帰ろうとする。だから，わたしとあなたの関係は，言語が実際にそこで語られる霊的な場面であるから，究極的には人間の神に対する関係以外の何ものでもない」[*29]。

こういう神と人との対話的な関係は次のような対話論的な考察を導き出す。

「神の人間に対する関係は，〈わたし〔神〕は在り，わたしによってあなた〔人間〕が在る〉(Ich bin und durch mich bist du.) という恵みと愛の創造の言葉に表われている。だが人間の神に対する関係はこれとは逆になっていて，この関係を通して人間は自分の存在と霊的根底とを知るようになる。ここですべての祈りを担い，意義を約束する言葉は〈あなた〔神〕は在り，あなたによってわたしが在る〉(Du bist und durch Dich bin ich) である。神としてのあなたが一人称であり，人間としてのわたくしは二人称である。このように霊的存在の位階秩序がはっきりと打ち立てられる。神は〈自我の投影〉(die Projektion des ichs) ではない。多くの心理学者たちは，人間と神との生きた関係を捉えずに，ただ神的なものについて人間的な理念だけを捉えている。あなた〔神〕の存在 (Existenz) がわたしの存在を前提としているのではない。逆に，わたしの存在があなたの存在を前提としている」[*30]。

わたしが神に呼びかけるとき，わたしが主体であり，神は客体であるが，人格的な出会いと対話では，神が語りかける主体であって，人間は語りかけられて初めて真の人格となる。こうして対話関係では神こそ「言葉」の

---

29) Ebner, op. cit., S.37-38.
30) Ebner, op. cit., S.53.

主体であり，人間はこの「言葉」によってとらえられ，変革される存在である。このように対話の中で主客の秩序の逆転が起こっている。ここに「霊性論的な実在論」(der pneumatologische Realismus)の内実が明らかとなる。

　この書物は1920年代だけでなく，それを超えて影響を与えた。とりわけ現代における多くの神学者たちに中でもゴーガルテンに強い影響を与えた[31]。彼はエープナーの考えを積極的に採用し，神の歴史的な言葉が具体的な歴史的状況における人間によっていかに理解されうるかという問題に立ち向かっていった[32]。

（3）ローゼンツヴァイクの『救済の星』

フランツ・ローゼンツヴァイク（Franz Rosenzweig, 1886-1929）は，カッセルでドイツに同化したユダヤ人の家庭に生まれた。大学ではじめ医学を専攻したが，やがてその関心が哲学と歴史学に向けられるようになる。哲学をハインリヒ・リッケルトのもとで，歴史学をフリードリヒ・マイネッケのもとで学び，やがて『ヘーゲルと国家』(1921)を発表した。しかし彼自身は現代の若者の精神的渇望を癒せるのは，ドイツ観念論のような哲学ではなく，宗教であると考えるようになった。そこでキリスト教に改宗することを決心するが，そのまえにユダヤ教に決着をつけようと願って1913年の10月にベルリンの小さなシナゴーグの集会に参加した。ところが礼拝式の荘厳なムードに感動し，ユダヤ教の生きた信仰に触れ，ユダヤ教徒として生きつづける決心をする。このときの感動を，彼は母親宛にこう書き送った。

　「ここには一方のイエスとその教会と，他方のすべてのユダヤ人とのあいだにひとつの深淵が横たわっており，この深淵はけっして埋められることがありません。異教徒たちは，内奥の心と神との結合にイエスを介してしか到達できませんが，こうした結合はユダヤ人がすでに

　31）　本論文の第12章「神学的人間学」の第1章，および Th. Schleiermacher, op. cit., S.154ff. を参照。
　32）　エープナーに関する邦語文献に小林政吉『キリスト教的実存主義の系譜』福村出版，1975年，343-401頁，小林政吉共著『人間形成の近代思想』第一法規，1982年，第二章「ヒューマニズムの幻想と覚醒 ── グリーゼバッハとエープナー」(65-124頁）がある。

所有しているものです。……ユダヤ人は，選ばれた民のひとりとして生まれていることによって，生まれつきそれをもっているのです」[*33]。

ここに述べられている「内奥の心と神との結合」というのは霊性の機能を指している。ドイツ人はこれを神秘主義において求めてきたが，ユダヤ教徒はハシディズムによって育成してきたといえよう。ここからブーバーが対話の原理に転向したように，ローゼンツヴァイクも同じ道を歩むことになる。その後，彼はブーバーに協力して旧約聖書独訳の仕事に励み，その中の八書をブーバーと共訳したが，1929年43歳の若さで病死した。

彼の主著『救済の星』は1918年バルカン戦線が壊滅状態になったころから書き始められ，ドイツに帰国してからカッセルとベルリンで書き続けられ，1919年に完成し，1921年に出版された。この書の全体の構想は三巻からなるが，ここではその骨子だけを示そう。第一巻は「死」という根源的経験から人間の悲劇的有様を捉え，その生きた形態を古代ギリシアの異教世界のうちに見いだす。ここでは「対話にはいると〈自己〉であることをやめ。ギリシア悲劇では自己はただひとりある場合にのみ自己なのである」[*34]。第二巻では「愛」という根源的経験から出発して「創造」「啓示」「救済」という宗教的観念のうちに潜んでいる「対話的な生」を取りだす。だが第二巻の考察も，第一巻と同様，常識の思考にもとづいており，対話の生活を現実の世界に生きる形態として見いだす。その生きた形態は，対話的時間性である「永続性」（Ewigkeit）の眼に見える形態として把握される。それはユダヤ民族とキリスト教の会衆の中に実現される。第三巻はこの形態を「永遠の超世界」として展開させる[*35]。

この構成からすでに明らかなように，『救済の星』の理解にとって決定的に重要なのは第二巻であり，第二巻のなかでもその第二章の「啓示」で

---

33) 1913年10月23日の書簡（ローゼンツヴァイク『救済の星』村岡晋一他訳，みすず書房，2009年，676頁からの引用）。

34) ローゼンツヴァイク前掲訳書，116頁。

35) 『救済の星』全3巻の構想は次のようになっている。第一巻　前世界＝永続的・過去　モノローグの言語（言語以前），第二巻　世界＝つねに更新される・現在　対話の言語　第一章　創造　永続的・過去　直説法；第二章　啓示　つねに更新される・現在　命令法；第三章　救済　永遠の・未来　勧誘法，第三巻　超世界＝永遠の・未来　集団の言語＝典礼（言語以後）。その叙述はヘーゲルの『精神現象学』と同じような難解な文体からなっているが，具体的な考察の中には象徴性に富んでいる叙述のゆえに魅力的である。

ある。したがって「神的な愛の啓示こそが〈すべて〉の中心点だ」と強調される[*36]。ここでは対話の言語が主題的に論じられて「対話の哲学」が展開する。

　ローゼンツヴァイクは同時代の実存哲学者とは一線を画しており，とりわけ対話において新しい思想を形成した。同時代の哲学者ハイデガーの『存在と時間』に展開する「世人の分析」によって示されるように，他者と共にある日常的な現存在の様態は実存から頽落した非本来的なあり方として拒否された。これに対してローゼンツヴァイクは「死」という根源的経験から転換して「愛」という対話的な存在に立ち向かう。事実，自我を絶対視する近代人には神と人との対話など何の意味もない。タレスからヘーゲルに至る「すべて」の哲学に忠実にしたがって，もしすべての人間に共通な普遍的なものが取り出され，個人が類的なものに還元されてしまうなら，わたしが他者に「語りかける」という行為などは無意味となってしまう。「対話」が成りたつためには，このような「すべて」の哲学を脱して，「神」と「世界」と「人間」の三者が互いに自立しながら関係するものとして経験されていなければならない。この三者は，やがて生まれる対話的関係を構成する「諸要素」（Elemente）である。しかし，これらの要素がどのような軌道を描いて展開するかは，これらの要素そのものからではなく，絶対的な外部にある何ものかが人間に向かって語りかけるという出来事から把握しなければならない。これこそ「啓示」という宗教的経験である。それゆえ対話的な自己を経験するためには，古代ギリシアの異教世界からユダヤ・キリスト教の世界へ踏み込まなければならない。

　ローゼンツヴァイクは対話の事実を確認するために，まず命令文が決定的な意義をもっている点をあげる。命令は聞き手に向かって発せられる。その聞き手の状況と内実について次のように説かれる。

> 「ここにいるのは〈私〉である。個人としての，人間としての〈私〉である。まだ完全に受動的であり，かろうじて身を開いただけであり，いまだ空虚で，内容もなければ，本質もなく，純粋な覚悟，純粋な従順さであって，全身これ耳であるような存在である。この〈従順に聞くという態度〉のうちに最初の内容として舞いおりてくるのは，命令

---

36)　ローゼンツヴァイク『救済の星』村岡晋一他訳，みすず書房，2009年，599頁。

である。聞くことへの促し，固有名詞による呼びかけ，語る神の口から出る確約，これらすべてはあらゆる命令にさきだって響いている導入部にすぎない」[*37]。

このような聞き手がいるから命令は発せられる。したがって命令文にはわたしの応答という対話行為が前提されている。命令文には主語の1人称が欠けているが，聞き手も何を語りかけられるか知らないので，「完全に受動的であり，かろうじて身を開いただけであり，いまだ空虚で，内容もなければ，本質もない」と言われる。ところが，「はい，わたしは……」と言って語りだす，聞き手の応答行為の中に，主語の1人称が姿を現わす。聞き手が対話に入るとき，自ら語りはじめ，そのときはじめて，人間は自らの主体性と自由を自覚し，真の「私」に目覚める。

「〈私〉は，〈あなた〉をみずからの外部にある何かとして承認することによってはじめて，つまり，モノローグからほんとうの対話へと移行することによってはじめて……〈私〉となるのである。……本来的な〈私〉は，〈あなた〉の発見においてはじめて声として聞きとれるようになる」[*38]。

しかもこの「わたし」は，そのつど自ら語ることによってのみ「私」に目覚め，自分を他者に開くことによってはじめて真の主体性を得る。ローゼンツヴァイクは対話によってつねに新しく更新される「私」を，デカルト的な思考に閉じこもった自閉的な「自己」と区別して，「魂」（Seele）と名づける。こうした魂こそ「啓示，あるいはつねに更新される魂の誕生」として第二章「啓示」の表題に採用された。

では「私を愛せ」という愛の命令法はどうであろうか。それは突然発せられるがゆえに「まったく純粋な，準備を欠いた現在である」。愛の命令は聖書にも出てくる。「あなたは，心をつくし，魂をつくし，力をつくして，永遠なる者を，あなたの神を愛すべきである」と。だが，ここには次のような大きなパラドックスが見られる。

「たしかに，愛は命令されえない。いかなる第三者も愛を命じたり強

---

37) ローゼンツヴァイク前掲訳書，268頁。なおローゼンツヴァイクの対話の哲学については村岡晋一『対話の哲学——ドイツ・ユダヤ思想の隠れた系譜』講談社，2008年，162頁以下を参照。
38) ローゼンツヴァイク前掲訳書，265-66頁。

要したりはできない。いかなる第三者にもそれは不可能だ。だが、ただひとりだけは例外である。愛の命令は愛する者の口からのみ発せられうる。愛する者のみが〈私を愛せ〉と語ることができるし、じっさいにそう語りもするのである。愛の命令は、それが愛する者の口にのぼるときには、よそよそしい命令ではなく、愛そのものの声にほかならない。愛する者の愛は、命令以外にみずからを表明することばをもたない」[*39]。

このように愛する者にして初めて愛の命令を発することができる。愛が対話関係にある相手から応答愛を引き出すからである。これが啓示であり、愛の秘儀の顕現である。

「この命法は愛する者の口からしか発せられず、またその口からはこれ以外のいかなる命法も発せられえないのだから、いまや啓示の対話全体の基幹語である語り手の〈私〉は、あらゆることばに刻印されて、個々の命令を愛の命令として特徴づけるしるしである。〈私は主〉という、隠れた神が自分の隠遁性を否定する大いなる〈否〉であるこの〈私〉とともに啓示は始まり、この〈私〉がすべての個々の命令を通じて啓示に伴っている」[*40]。

これに対して聞く魂は応答しなければならない。魂は自分の弱さを感じて恥ずかしさを覚えながらも「私は罪を犯しました」と告白する。そこには神に愛されているという確信がある。これに対し神は「固有名での呼びかけ」をもって「あなたは私のものである」（イザヤ43・1）と応じる。このようにして対話の生がはじまる[*41]。

ローゼンツヴァイクは『救済の星』を出版してから4年後に「新しい思考——『救済の星』に対するいくつかの補足的な覚書」(1925) を発表した。この論文で対話論的人間学にとって重要と思われ視点が指摘されているので、それを補っておきたい。彼は新しい思考を「時間」と「他者」の二つの特徴によって規定する。現実の世界では無時間的な「概念」世界にはな

---

39) ローゼンツヴァイク前掲訳書, 268-69頁。この文章はキルケゴールの『愛のわざ』第一部, 武藤一雄他訳,「キルケゴール著作集15」白水社, 43-76頁に展開する思想を想起させる。
40) ローゼンツヴァイク前掲訳書, 271頁。
41) ローゼンツヴァイク前掲訳書, 276-79頁。

い時間の契機が過去・現在・未来に別れており，「神，世界，そして人間を認識することが意味しているのは，現実性というこの時間のなかで，神，世界，人間が行っていること，あるいは神，世界，人間に向かって生起すること，つまりお互いに作用しあうことやお互いから生起することを認識することである」[42]。しかも神・世界・人間が分離した上で関係をもつ経験が起こり，時間の中で自分と異なる他者と出会うことによって新しい経験が生まれる。「こうして新しい思考の時間性から思考の新しい方法は生じる。以前のあらゆる哲学が形成したような思考方法にかわって，語るという方法（die Methode des Sprechens）が現れる。思考は無時間的であるが，語ることは時間に結びつけられ，時間によって育まれる。語ることは，他者からそのきっかけの言葉を与えられる。語ることはそもそも他者の手を借りて生活することである」[43]。また「語ることとは誰かに対して語ること，そして誰かのために思考することを意味する。そして，この誰かとはつねにまったく特定の誰かであり，一般性［不特定の人］のように耳だけでなく，口も持っている」[44]。このようにして無時間的で抽象的な従来の古い思考に対して新しい創造的な思考の本質が対話的思考であることが力説された[45]。

（4）シュトラッサーの「対話の現象学」
次に対話を現象学によって発展させたシュトラッサーの「対話の現象学」を取りあげてみたい。彼は明らかにフッサール現象学の発展とブーバーの「対話の哲学」を現象学的に基礎づけようと試みた。こうして彼がどのように間主観性理論を新しく展開させたかに注目してみたい。

シュトラッサーは『人間科学の理念 ── 現象学と経験科学との対話』（1962年）で現象学的人間学を樹立したが，その際，「対話」が重要な役割をもたされた。彼は哲学に反目しているコント以後の実証科学と，科学か

---

42) ローゼンツヴァイク，「新しい思考」（合田正人・佐藤貴史訳「思想」第1013号，岩波書店，2008.10）190頁。
43) ローゼンツヴァイク前掲訳書，191-92頁。
44) ローゼンツヴァイク前掲訳書，192頁。
45) 佐藤貴史『フランツ・ローゼンツヴァイク─〈新しい思考〉の誕生』2010年，知泉書館はこの新しい思考を「時間のなかでの〈と〉の経験」から解明した本格的な学術研究書である。

ら別れてしまった哲学との間に立って，反哲学的な科学と反科学的な哲学の両方を批判し，哲学と科学との相互の関連を追究した[*46]。そこでは実証科学と哲学との対話が試みられたばかりか，フッサールの中にあった哲学に対する信仰自体が批判され，現象学の哲学をも対話へ導いたのであった[*47]。

さらにシュトラッサーは『対話的現象学の理念』(The Idea of Dialogal Phenomenology, 1969) においてブーバーの学説を認識論的に発展させた。なかでも対話関係を内から支えていた関係の相互性は「わたし」という主体と「物」という客体の間にも生かされ，相互性の原理によって対象は主観の一面的理解を越えてリアルな現前にもたらされる。つまりわたしが対象に関わってそれを現前させる仕方は，対象がわたしに現われてくる顕現に調子を合わせ，しかも普遍的で必然的な仕方でそれが遂行される。というのは相互的であって有限的な存在である人間は自己から一切を創造する神のコギトではなく，対象との相補的関係に立っているから。こうして関係的主体は関係的客体と交互に交代することができる。対話はこのような関係存在を端的に表明する。そこでは「汝は我よりも常に先行する」という汝の優位性が説かれる。さらに主体と客体との相互関係は，コギトに「考えられた事物」ではなく「考えられ得るもの」の現前化が与えられており，これに思考が「汝」として関与するように導く。こうして汝はまず信じられ，「信」は客観的知識から深淵により隔絶した存在を肯定する。このような「原初的信」の基礎に立ってコギトは展開する。したがって「汝」に対する「対向」こそわたしの志向性を喚起する。つまり「汝」がわたしを「わたし」となしている。ここに汝のわたしに対する優位があると説かれた[*48]。

このようなシュトラッサーの「対話的現象学」の試みはシェーラーの間主観性理論を直接批判したものではないが，シェーラーに認められる形而上学の前提を廃棄した上で，この理論が展開することを示唆した。なお，彼の研究は次に論じる人間学の対話的構成でも重要な役割を果たした。

---

46) 本書第6章第3節参照。
47) 本書第7章を参照。
48) S. Strasser, The Idea of Dialogal Phenomenology, 1969, p.61f.

（5）人間学の対話的構成

このような意義をもっている対話の原理を人間学は人間の自己理解に採り入れて再構成する必要がある。とりわけ個人的な主観性を強調してきた近代の人間観が挫折した現在，この試みの意義が大きいのではなかろうか。その際，ブーバーの創始になる対話の哲学が積極的に受容されなければならないがゆえに，ここではその受容すべき要点を簡潔に述べてみよう。彼は他者関係を重んじる思想家と同様に，他者との関係の現実に立ち向かうが，「人間とは何か」という問いは，人間的人格が有するすべての存在者との本質的関わりの考察を通してのみ答えられると言う。そのためには他者に「汝」と言って対話的に関わる「本質的な関係」の世界に歩み入る以外に方法がなく，「それ・彼・彼女」という三人称的な発語においては真実な関係は与えられない。というのは人間の本来の姿は「人間と共にある人間」であって[49]，この事実を彼は「間」の範疇で表わし，それは対話的状況の中に存在している「人間的現実の原―範疇」であると説いた[50]。

対話の領域は「汝」と語ることによって呼び開かれる人格的関係の世界である。この「間」の領域は人間的「間柄」や「仲間」の世界であり，相互性によって生きる意味の充実がもたらされる創造的世界である。この世界に生きることによってわたしたちは，自己を人格として創造し，創造的世界の創造的要素として世界を担っている。この世界は心身の全領域にまたがっており，しかも「汝」によって呼び開かれる対話の世界は，これまでの主観的な意識の世界とは本質的に相違する[51]。また，もし他者を自己と等しいものとして捉えるならば，他者の異他性は意識から排除されてしまう。そうすると意識は主観的意識の外に出なくなり，脱中心性としての精神が喪失することになる。なぜならトイニッセンが説いているように真の他者はわたしの意識に対し「否定性」として現象するからである[52]。

---

49) したがって「他者との共感を求めるしなやかな人間の側面」が力説される。本章の第2節参照。

50) それゆえ純粋な単独者も純粋な社会もともに抽象的な思念にすぎず，「人間的実存の基本的事実は人間と共存しつつある人間である」（ブーバー『人間とは何か』児島洋訳，理想社，174頁）。

51) もちろん人格的な「汝」の世界は事物的経験の世界である「それ」の世界へ転落する宿命をもっている。このような事物的経験の世界では，他者といえども主観的な意識において把握せざるを得ないがゆえに，他者も事物のようにしか把握できない。

52) M. Theunissen, Der Andere, S.243ff. 総じて現象学は意識現象を解明する。そうする

他者はこちらで予想できない仕方で自己を表明する。だが、このような異他的な他者との出会いこそ対話の中で現に日毎に起こっているがゆえに、これまでの主観主義的な人間学に「対話の原理」を投入する必要がある。

そこでわたしたちはブーバーが力説した関係の相互性を人格間を超えて拡張し、事物的な経験の世界にも適用しなければならない。それによって事物の世界も相互性の原理によって生かされ、事物的な対象を主観からの一面的理解を越えてリアルな現前にもたらすことができる。つまりわたしが対象に関わってそれを現前させる仕方は、対象がそれ自身の主体をもったものとしてわたしに現われてくる顕現に調子を合わせ、しかも普遍的で必然的な仕方で把握される。ここで人間は対象との生ける相補的関係に立っている。こうして関係的主体は関係的客体と交互的に交代することができる。対話はこのような関係存在を端的に示す。

このような対話概念の拡大はシュトラッサーによっても試みられ、いっそう発展しており、言語を越えた領域にも拡大され、共感や共鳴などの身体的・情緒的関係、また実践的レヴェルの無名なすべての関係も対話の一段階として把握されるようになった。その際、対話には対立・緊張・批判が前提され、自己と矛盾しないような「汝」は真の意味では語られないと考えるべきである。こうして「敵対」にまで対話の関係が拡大された[*53]。

したがって「対話的構成」は認識理論として次のような特質を示す。まず、ここでは構成するという作業がギリシア哲学が「形相と質料」によって試みたように「無意味な質料に有意味な形を与えること」を意味しない。ここにある形相と質料との関係は鋳型の中に液体となった鉄を注ぎ込むようなものであって、原始的な質料を理性が説得して秩序を与えるような試みにすぎない。次に、それは近代的主観性の立場のように「存在しないものに存在の意味を与えること」を意味しない。それでは主観的な観念論となってしまう。そうではなく「構成するとは意味をますます明晰にしてい

と他者といえども主観の意識において把握することになり、他者は自我の反映でしかならなくなる。もしそうなら、他者の異他性は意識から排除されてしまう。したがって現象学の間主観性といえども主観の意識の外に出るものではなくなる。なぜならトイニッセンが説いているように真の他者はわたしの意識に対し「否定性」として現象することにならざるをえないからである（M. Theunissen, Der Andere, Studien zur Sozialontologie der Gegenwart, 1964. S.243ff.）。

53) S. Strasser, op. cit., 1969, p.65.

く絶えざる過程である」と考えられる。主観の一面性は対話的な原理によって絶えず克服され，意味がいっそう促進される。この「意味促進」は身体的段階・実用的段階・言語による記号化の段階を通って完成する。したがって対話的構成の定式として「それはそれ自身を構成するが，わたしたちなしではない」また「それはそれ自身を構成するが，意味付与の最終的決定は人格存在としてのわたしたちに指定されている」と規定される[*54]。

（6）「一般化された他者」による構成の発展

ところでわたしたちはそれぞれの人生を単なる個人として出発するのではない。わたしたちは自分が意志したのではない特定の社会に，同じく自分が願望したのではない特定の家族に，その一員として参加するように定められている。だからどこまでも社会の一員として，しかも運命的な所与である家族共同体の一員として出発しなければならない。この現実は無視できない根源的な所与であって，これを否定する者は自己自身の否定となる。もしわたしが別の社会に，かつ自分が生まれたのとは別の両親から世に生まれ出てくるとしたら，もはやわたしはこのわたしではなく，別の人である。そう考えてみると，わたしの現実はある側面からすると，全くの偶然の所産にすぎないが，他の側面からみるなら所与の必然の所産ともいえよう。だが所与が偶然にすぎないとすれば，現実から遊離してしまうし，反対に必然のみであるとすると現実からの自由は失われてしまう。だが，この矛盾する両側面を統合しているのが生成する現実としてのわたし自身である。つまり，わたしは偶然と必然とを何らかの形で統合する選択行為や決断によって，わたし自身を形成する。しかもこの形成を導いているものが，やがて明らかになるようにわたしの心に呼びかけてくる声としての良心であって，良心はこの自己形成が挫折するとき，罪責を負うものとなる。この良心現象は最初は社会的権威者の声であるが，次第にこの声は内面化して意識の内に一つの理想的自我を形造ってゆき，倫理的段階に進むといえよう。

　このような社会的権威者は社会心理学者によると「一般化された他者」（generalized other）としてわたしたちにのぞんでいる。

---

54) S. Strasser, op. cit., p. 67.

G・H・ミードの『精神・自我・社会』　アメリカの社会心理学者G・H・ミードはその著作『精神・自我・社会』において自我の形成に対して「一般化された他者」がいかに影響しているかを考察した。彼は遊戯からゲームへと子どもが移って行って共同体の一員になって行くプロセスを解明し，そこに「一般化された他者」の役割を強調した。遊戯の中で子どもは自分の理想とする人物になりきっており，その役を単に演じるに過ぎないのに，ゲームでは組織された全体のなかで機能できる者となり，集団との関係をとおして自分自身を実現する。たとえば野球チームのような集団の中で，個人はメンバーの一員としてどのようにプレイし行動すべきかという行動様式が経験のうちに組織化されて修得される。この組織化は一般にその社会集団の風紀として相続されており，この相続によって各人は集団の一構成員となる。「ゲームの中にわれわれは組織化された他者，一般化された他者をつかんでいる。そういう他者は，子ども自身の性質のなかに見いだされるし，子どもの直接経験のなかにも表現されている」[55]。この子ども自身の性質の中にある組織化された行動様式が彼自身の自我を構成して行く。ミードは言う「ある人に彼の自我の統一をあたえる組織化された共同体もしくは社会集団を，〈一般化された他者〉と呼んでもよかろう。一般化された他者の態度は，全共同体の態度である」[56]と。

　ミードによれば共同体がその構成員の個人的行動に支配力を発揮するのは，この「一般化された他者」という形をとおしてなのである。またこの一般化された他者の態度を各人が採用してはじめて普遍的で非個性的な思考と話題空間（discourse-universe）とが成立する。社会学は一般に人間を外的な役割から理解しており，役割の共同から社会は営まれていると考える。しかし共同体は非個性的な人格から構成されているわけではない。そこには役割を進んで担う人格の主体的決断と関与がなければならない。ここに人格の社会的な特質があって，個性的な人格こそ社会との対話によって社会を担う責任ある存在である。

ガース／ミルズの『性格と社会構造』　ところでミードの一般化され

---

55) G. H. ミード『精神・自我・社会』稲葉他訳，170-71頁。
56) G. H. ミード前掲訳者，166頁。

た他者という用語は，何よりも人格の個性化を強調するガース／ミルズの『性格と社会構造』において良心現象として解釈された。ここにはフロイトの超自我形成の学説が影響しているように思われる。なぜなら社会における重要な他者の態度は内面化されて，自己の評価に反映されるからである。しかしミードとの相違も明白である。というのはミードでは一般化された他者が社会全体を組み入れていると考えられているのに，ここでは選択された社会の一部を表現しているからである。ガース／ミルズは言う。

　「いかなる人の一般化された他者も必ずしも〈コミュニティ全体〉あるいは〈社会〉を代表するものではなく，ただ彼にとって，これまであるいは現在，重要である人びとを意味しているにすぎない。しかもこれまで重要であった他者のうち何人かは，一般化された他者として作用せず意識から除外されるという事実は，望ましい自己イメージを確証してくれるものを重要な他者として選択する原則と一致する」[*57]。

一般化された他者の内容もこのように選択によって変わるので，同一の社会に属していても，多様な性格形成が育まれることになる。社会心理学がこうした一般化された他者によって人間の性格が形成されたり，人が社会的な葛藤を経験する事実を指摘したことは人間学にとっても重要な貢献である。というのは，このように社会とも対話的に関係することは人間学をいっそう豊かに展開させることになるからである。この点を続けて社会学的人間学によって考察することにしたい。

---

57) ガース／ミルズ『性格と社会構造』古城・杉森訳，110頁。

第 9 章

社会学的人間学

は じ め に

　シェーラーの人間学は現代の社会学にとっても重要な貢献をなしている。その影響は彼が確立した知識社会学や人格論，さらに共同体論において明らかであるばかりか，ヨーロッパ人間学の三分法にとっても意義深いものである[*1]。とくに彼の社会学的人間学は彼の独自な人格主義的な特徴をもった人間学から導き出された。そこでは人格が独自の個性をもった「個別人格」でありながら，同時に共同体を支えている「総体人格」であるばかりか，神との関係においては「秘奥人格」として把握された。これらの理解はすべて人格と共同体との関連から解明することができる[*2]。

　シェーラーの社会学は，最初，実証主義者コントの社会学に対する批判から出発し，当時有力な世界観であったマルクス主義の下部構造一元論を

　1）　日本文化論においてもシェーラーの貢献は大きく，日本社会の社会学的構造が恥の形態で考察される場合に，シェーラーの『羞恥と羞恥感情』における恥の分析が社会学者作田啓一によって適用された。
　2）　人格ということばは歴史において多くの意味を担ってきたため，今日においても常に曖昧さをともなっている。原語はラテン語のペルソナ（persona）であり，それは演劇の仮面，役割，登場人物を意味していた。キリスト教古代においては三位一体の関係を表わす「位格」としてもちいられ，「関係」（relatio）という意味をも担っていた。中世から近代にかけては一般的には人間の社会的な「人望」や「尊敬」さらに「容姿」や「外形」をも言い表わしていた。他方，心理学では人格は持続的な自我の意識をもつ個体を意味し，時間的な変化を通しての意識の統一性において捉えられた。また社会心理学では人格はパーソナリティ，つまり個人が社会的な習慣を身につけることによって獲得される行動傾向や習性および習性の相互関係の特質の意味で用いられた。

批判して，社会的秩序の作用法則を捉えて知識社会学を創始した。彼はまずコントの実証主義に立つ三段階説を批判して，歴史における知識と社会構造との関連を現象学的に解明していった。実際，当時の知識社会学は実証主義との対決という基本姿勢において共通の課題を追求しており，知識と社会との交互関係を自覚的に研究テーマとしたこと自体が当時の社会学に対し多大の貢献をなすものであった。「知識社会学」という呼称も彼の命名になると思われる。

その際，わたしたちは，シェーラーがカントの人格理解を批判的に超克しようと試み，心理学における意識の統一性をも導入しながら，人格を間主観性の立場から捉え直し，人格の個体的特質と同時に共同体との密接な関連を解明した点もきわめて重要であり，それが現代の社会学的人間学に対してどのような意義をもっているかを明らかにしたい。

こうした考察によってわたしたちは同時代の社会学を創始したヴェーバーやジンメルまたデュルケムと対比して彼の社会学的人間学の特質を指摘できるし，現代の社会学者マンハイムやバーガーへ影響している点をも解明することができる。

1　コントとマルクスに対するシェーラーの批判

シェーラーは当時隆盛となってきた社会学を批判し，知識社会学の確立に貢献したが，同時にオーギュスト・コントとマルクスの社会哲学との対決が意図された[*3]。

コントの実証主義的な社会学批判　コントは『実証哲学講義』において精神の発展を三段階に分け「神学的」・「形而上学的」・「実証的」と呼ばれる知識の三段階を通って発展したと考えた。その最後の段階である「実証的段階」は近代の自然科学の方法のなかに見られ，もっぱら現象の間に支配している法則，つまり変化する現象のなかにあってそれ自身変化

---

3)　シェーラーが知識社会学を問題にした歴史的背景に関しては J. Staude, Max Scheler. 1874-1928, An Intellectual Portrait, 1967, p.150. 参照。なお，この時期のシェーラーの見解の問題性に関しては M. D. Barber, Guardian of Dialogue.Max Scheler's Phenomenology, Sociology of Knowledge, and Philosophy of Love, 1993, p.130-34を参照。

しない法則を探求した。その方法は臆測や想像また霊感によってではなく，事物の冷静な観察と合理的に組織された実験によって法則を求める科学的・客観的方法である。この点に実証主義の立場があざやかに表明された。

　人間に関する実証的研究はコントによって社会的存在としての人間に対して進められた。このような人間学の試みは当初「社会物理学」と呼ばれたが『実証哲学講義』第4巻では「社会学」という全く新しい名称が与えられた。こうして彼は「社会学の父」と呼ばれたが，内容的には社会学的人間学の創始者といえよう。

　伝統的なキリスト教神学やそれにもとづく形而上学は世界認識の根底にそれ自身実証することのできない神の存在とか精神や実体などが前提されていた。これに対し実証主義は経験科学の知見にもとづく経験的で相対的な理論を貫徹しようとした。これと同様に，しかしもっと徹底的に，神学や形而上学に対する批判を断行したのは，フォイエルバッハのキリスト教批判とそれを継承したマルクスの史的唯物論であった。

　マルクスの下部構造一元論　マルクスは，フォイエルバッハがヘーゲルの宗教思想を批判して感覚的唯物論へと解体したことを継承し，それをいっそう徹底させ，その宗教批判を現実の政治経済の批判に向け，すべてを史的唯物論へ解体しようとした。彼は『ドイツ・イデオロギー』においてヘーゲルの観念論と対決し，法律・政治・思想・精神・意識を経済的・社会的下部構造の上に立つ「観念的上部構造」として把握し，それを「イデオロギー」つまり「観念形態」と呼んだ。そして「意識が生活を規定するのではなく，生活が意識を規定する」と主張した[*4]。

　この社会・経済的下部構造が歴史の発展といかに関係するかを述べたのが，有名な唯物史観であって，「理念が世界史を支配する」と説いたヘーゲルの観念論は逆転された。『経済学批判』の序文には唯物史観の公式が次のように語られた。

　　「物質的生産様式によって，社会的・政治的および精神的生活過程一般がどうなるかがきまる。人間の意識が人間の存在を決めるのではな

　4）　マルクス『ドイツ・イデオロギー』古在由重訳，岩波文庫，33頁。

く，反対に，人間の社会的存在が人間の意識を決めるのである。社会の物質的生産諸力は，その発展がある段階に達すると，自分がそれまでそのなかで動いていた現存の生産諸関係と，あるいはその法律的表現にすぎないが，所有諸関係と矛盾に陥る。これらの諸関係は，生産諸力の発展の形態であったのに，それを縛りつけるものに変わる。こうして社会変革の時期がはじまる」[*5]。

このように歴史はその物質的基底へ，社会的生産の下部構造へ，つまり物質的生産力と生産関係から展開する，歴史的に理解された「物質」へ還元された[*6]。

知識社会学における「文化社会学」と「実在社会学」　シェーラーはこのような当時支配的であった社会学をその人間学の観点から批判した。彼は精神と生命の二元論にもとづいて人間の行動が精神的にして同時に生命欲動的であると考え，その目標志向にしたがって二つの社会学，つまり「文化社会学」（Kultursoziologie）と「実在社会学」（Realsoziologie）があると主張した。これら二つの社会学の区別は次の二つの因子によって説明されている。すなわち人間の特別な天与の賜物に帰せられる文明の全要素は，動物的な段階を超えた人間の精神に由来しており，文明や文化を形成しているすべての因子，たとえば宗教・芸術・法・言語は「理念的因子」（Idealfaktoren）と呼ばれ，文化社会学によって研究される。それに対し生命に由来する純粋に身体的・自然的要素に帰せられる文明の構成要素は，たとえば血縁・権力・経済集団とその構造の変遷などは，生物学的因子や地理学的因子などを含むもので，こういう要素が文明の「実在的因子」（Realfaktoren）である。その中でも彼は血・権力・経済の三者を重視し，それを実在社会学の基礎に据えた。それゆえ「文化社会学においては人間の精神理論が，実在社会学においては人間の欲動理論が，必須の前提なのである」[*7]。

---

　　5)　マルクス『経済学批判』向坂逸郎訳，「マルクス・エンゲルス選集7」新潮社，54頁。
　　6)　神の「摂理」がヘーゲルによって世俗化されて「理念」の自己展開となり，さらにこの理念が「物質」へ還元されて唯物史観が成立している。
　　7)　シェーラー「知の社会学の諸問題」，浜井修他訳『知識形態と社会』上，「シェーラー著作集11」，23頁。

この二つの因子のうちの理念的因子は文明の上部構造を形成し，実在的因子は文明の下部構造を形成する。社会学はこの二つの因子の間にある本質的で普遍的な「作用秩序の法則」(das Gesetz der Ordnung der Wirksamkeit) を研究する学問であると説かれた[8]。したがって方法論的に言えば「行為の主観的意味連関」を追求するマックス・ヴェーバーの視点は退けられ，カール・マルクスのイデオロギー論と同様に意識と存在の二元的構成に傾斜している。しかしシェーラーは唯心論のような上部構造一元論も唯物論のような下部構造一元論も退けて，先の二因子の間にある「作用秩序の法則」を解明することによって知識社会学を展開した。

社会的作用秩序の法則　　この「作用秩序の法則」の第一規定は理念因子と実在因子との協働もしくは相互作用として説かれ，さらに第二規定としてこの相互作用の類型が提示された[9]。ところが精神自体は文化内容のうちただ本質的性格を規定するにすぎず，元来，その内容を実現する力と衝動とを欠いており，この精神と類比的に，論理・法・宗教について純粋に考えられた理性的な理念は，そのあらゆる目的の設定にもかかわらず，特定の文明を現実に造り出すことができないと考えられた。こうした目的設定は場所をもたないユートピアのはかない夢にすぎず，いわゆる計画経済とか世界政策体制とか人種改良とかいった「ユートピアは無に帰せざるをえない」[10]と彼は考えた。

　他方，現実には欲動にもとづく権力，経済的生産因子，質的・量的人口構成，さらにこれに先立つ地理的・地政学的な諸因子などの実在因子が作用する。しかし，こうした実在因子は精神の抑制や指導がないと，まったくのカオスへ導かれてしまう。したがって精神には積極的に新しく生成する力が現実に存在しなくとも，それでも消極的に自然的な因子を制御する作用，したがって抑止したり，解放したりする作用を行使できる[11]。こ

---

8) シェーラー前掲訳書，24頁。
9) この協働は次のように示される。「この法則によって第一に規定されるのは，次のような協働の原理的なあり方である。すなわち，理念因子と実在因子，客観的精神と現実の生活諸関係，現実に対する人間における主観的対応物つまりそのときどきの〈精神構造〉と〈欲動構造〉，これらが社会史的存在と生起の可能的進行，つまりそれらの持続と変化に影響する仕方をこの法則は規定する」(シェーラー前掲訳書，25頁)。
10) シェーラー前掲訳書，27頁。

の精神が自然的生命を導く統制の仕方は二重である。第一の統制は消極的性格なものである。つまり抑制・禁止・抑圧といった活動である。第二の統制は積極的な性格のものである。つまり精神は積極的に理念や価値によって衝動に駆られた生活を導き方向づける。こうして理念は現実の生命現象に関わりながら具体化される程度に応じて，自己を実現する。それゆえ文化や文明の究極の現実性は，精神と生命との，理念的因子と実在的因子との相互作用によってもたらされる[*12]。

社会学的な人間学　シェーラーによると血・権力・経済という三つの実在因子は人間学的視点から人間の三つの衝動に還元される。これらの因子は個人的な衝動によって社会に作用しており，血と部族的関係は性的衝動によって実現し，政治的組織は人間の権力衝動から生じ，経済的組織化は人間が個体維持を志向する養育衝動から生じる。

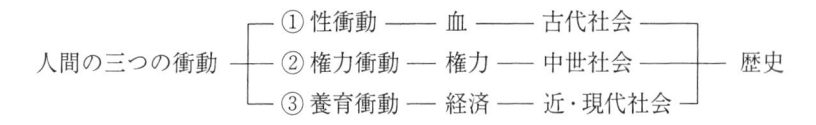

人間の三つの衝動 ┬ ① 性衝動 ── 血 ── 古代社会 ┐
　　　　　　　　├ ② 権力衝動 ── 権力 ── 中世社会 ├ 歴史
　　　　　　　　└ ③ 養育衝動 ── 経済 ── 近・現代社会 ┘

だがこれらの実在因子（血・権力・経済）がどのような価値から導かれるかによって文明の歴史は決定される。すなわち，ある文明の価値はその文明において選びとられた諸価値の秩序によって判断される。したがって人格によって価値選択がなされ，実在因子によって選択された文明が実現する。この原理にしたがってシェーラーはマルクス主義や経済的自由主義また権力政治を批判することができた。というのはこれらの主義や理論は，芸術・宗教・倫理という高度な精神的価値よりもいっそう程度の低い価値，たとえば生命価値や実用価値などにもとづいているからである[*13]。

11）　このような二因子間の関係にはニコライ・ハルトマンの範疇間の法則，つまり「強さの法則」と「自由の法則」の影響が認められる。ところがハルトマンが実在の四段階説に立って多元的な存在解明となったのに対し，シェーラーは人間学的な二元論によって二因子間の相互作用を考察した。

12）　シェーラーが説いた精神の無力に対する本書第3章におけるカッシーラーの批判はここでは妥当しないことが明らかである。シェーラーはこうした自説を忘れている。

13）　シェーラーは価値を高低の五段階に分けて考察する。聖価値・精神価値（真・善・美）・生命価値・快適価値・実用価値は階層的な秩序の下にある。これに関して本書第11章第1節参照。

ここにはヨーロッパの人間学における伝統的な三分法（霊・魂・身体）が影響している。

2　シェーラーの社会学的人間学

シェーラーは倫理学の領域においてカント倫理学の批判者として頭角を現わし，その主著『倫理学における形式主義と実質的価値倫理学』(1913-16)においてカントを批判しながら人間の世界に諸価値が現象している仕方を考察した。その際，彼は情緒が人と人との間に生き生きと生起交流している優れた間主観的現象である点に注目した。この人間の内にある間主観的現象は人間存在の社会性や共同性の基礎となっているがゆえに，社会学にとっても最大の関心が寄せられるべきものである。

（1）間主観性による社会学的構成

シェーラーの間主観性の立場はそれまで古典的な他我知覚の学説であった類推説や感情移入説が主観主義に立って自己意識を他者意識に対して先行させている限り妥当しない点を批判し，自己認識を他者に移したにすぎない点を力説した。そこで主観的な自我と社会的な人格を区別し，前者が対象的に解明されるのに対し，後者は体験的に理解されると説いた。

次に間主観性による社会学的構成は社会と自我の関係に求められる。彼は他者を知覚する現象学的考察から体験内容が自と他に分化する以前の共通な根源を捉え，自他未決定の「体験流」が根源的心的領野に存在すると主張した[15]。したがって自己の体験から，他者の体験の像を形成し，この体験を他人のなかへ差し入れるのではなく，「自我－汝に関しては未決定な或る体験流が〈差当り〉そこに流れている」とみなし，この流れは自他を区別しないで相互に混合した形で含んでいるという。ここから彼は「〈差当り〉人間は自己自身においてよりも他人においてより多く生きているし，彼の個体におけるよりも共同体においてより多く生きている」[16]と

---

14)　本書の第2章第2節参照。
15)　シェーラー『同情の本質と諸形態』青木茂・小林茂訳，「シェーラー著作集7」392頁参照。
16)　シェーラー前掲訳書，395頁。

の驚くべき結論に達した。この自他未分化の体験流によって類推説や感情移入説なしにも他者に対する自我の心的関係が明らかとなった[17]。これまでの間主観性の学説は，自我がその自己意識から出発していって，他我の意識に向かっていったのに対し，シェーラーでは他者の意識が自己意識に先行し，体験された心的生の全体の流れから個別的なものが次第に自己意識に達し，自他の分化もそこから説明された。したがって人間は本質的にまた必然的に社会的存在であり，家のような生命共同体（Lebensgemeinschaft）において完全に他者と統合された生活を開始し，幼児や原始人に見られるように徐々に自己の境界を区切るようになると説かれた[18]。

（2）人間の内なる社会

こうした見地に立ってシェーラーは人間の内には他者の人格とその共同体との価値ある存在に対して「情緒的な知の明証性」が生じ，たとえば他の人格への愛・責任・約束・感謝などが，わたしたちの行為のうちに志向的に含まれているかぎり，そこには他者の人格存在がつねに指示されており，これによって人間の内には「社会」が本質的に備わっていると彼は次のように説いた。

　　「これらの行為や体験は，社会が，人間的意識の本質的存立という点からみて，あらゆる個体のなかにすでに何らかの仕方で内的に現存していること，人間は単に社会の一部であるだけでなく，社会もまた関連する成員として人間の本質的一部分であること，自我は単にわたしたちの〈一成員〉に尽きるのではなく，わたしたちもまた自我の必然的な一成員であることを示している」[19]。

　　17）この根源的な未分化の状態においては他者の認識は自己認識に伴われているだけでなく，これに先行してもいる。というのは反省的な自己認識はその後に現れてくるから。彼のこのような思想は自他が分化する前に未分化の根源的統一を置いている点で，共同感情理論の枠内における「一体感」（Einsfühlung）と等根源的な理論であり，「感情移入」（Einfühlung）と字義的に酷似しながらも内容の上では正反対になる。

　　18）こうした観点からシェーラーは内的知覚の理論を説いた。内に向かう知覚は，自他未分化の体験流のなかにあって心の広大な領野を包括しており，現象野の広大な地平の下で，自我と他我とを包括するものを背景にして，作用していると解釈された。そこには「自他未分化の体験流」が与えられており，自我は内的知覚において開かれてくる領野で，自己と他者の体験を未分化の状態で含んでいる心的体験流を背景にして，現在の個別的な自己を自覚的に捉えている（シェーラー前掲訳書，400頁）。

こうして社会の中に個人が存在するのみならず，個人の中にも社会が存在していると明確に指摘されるようになり，個人の行動の内面的・内在的研究から外面的な社会諸集団の種類や価値が解明され，集団間に秩序づけが与えられたし，さらに他の共同体の成立条件として「あらゆる人格と，諸人格の人格たる神との共同体が明示されなければならない」とも説かれた[20]。

3　バーガーの弁証法的社会学説

社会学の中でも宗教社会学の理論は社会における個人の存在問題についてその全体的見通しを与えることを課題とする。その際，一般的に言って，社会学の伝統のなかでデュルケムとヴェーバーは客観的考察と主観的考察とが対立する観点に立っていた。この両者の方向を共に活かしながら弁証法的に統一する理論を展開しているのがピーター・バーガー（Peter Berger, 1929-）である。彼は社会と個人との関係を弁証法的に捉えて，「社会は人間の所産であり，人間は社会の所産だという二つの言表は矛盾するものではない。むしろ，これは社会の現象が本来的に弁証法的性格をもつことを反映している」[21]と主張した。

それゆえ社会的現実を人間の主観的な意味から捉えようとするヴェーバーの理論と，同じ現実を個人に対抗するものとしての事実から捉えようとするデュルケムの理論とは，社会現象の主観的基礎と客観的事実性とを意図したものであり，事実上，主観性とその客体との弁証法的関係を指示していると考えられる。この関係を弁証法的に考察したのがバーガーの社会学的人間学である。この点を明らかにしてみよう。

バーガーは社会の基本的な弁証法的過程を外在化（externalization）・客体化（objectivation）・内在化（internalization）という三つの段階で捉えた。この段階の意味を彼は次のように要約して説明する。

「外在化とは，人間存在がその物心両面の活動によって世界にたえず

19）　シェーラー前掲訳書，368-69頁。
20）　このような指摘は貴重な指摘であって，ここから「人間の内なる社会」を解明する手がかりがえられる（金子晴勇『人間の内なる社会』創文社，173頁参照）。
21）　バーガー『聖なる天蓋』薗田稔訳，新曜社，4頁。

流れ出すことをいう。客体化とは，この（物心両面にわたる）活動の所産によって当初の生産者に外在し疎外する事実として彼らに対立する現実が成立することである。内在化とは，この同じ現実の人間による再専有をいい，これをもう一度客体世界の枠組から内的意識の組成のなかに変容せしめるのである。外在化を通してこそ社会は人間の所産であり，客体化によってこそ社会はまさに現実となる。また人間が社会の所産であるのは，ほかならぬ内在化を通してのことなのである」[22]。

このような弁証法的な観点はきわめて説得力があり，しかも人間学的な考察によってこの観点が裏付けられた。その際，バーガーはこうした内在化の観点をシェーラーの「人間の内なる社会」から解明し，ここから宗教を再度把握することを可能にする人間学的出発点を問うた。こうして彼は社会学者として実際に探求可能な方向を示唆した。それは人間の経験的な状況のさなかに「超越のしるし」を求め，それを表明する原型的な人間の行動を示すことによる[23]。実際，彼は人間学的観察を通して世俗化された社会における「超越のしるし」を現実の経験から汲み出した。これは発見的な方法である。そこに発見されている超越的な次元は，日常生活の外に一歩超え出る経験であり，わたしたちのまわりを取り囲んでいる神秘に対する開かれた態度なしには成立しない。だから社会学的な人間学の名にふさわしい学問の営みは，これらの経験の知覚を取り戻し，それによって形而上学的次元を復活させ，失われた生を回復させることから成立する。こうした経験が見られるのは人間がこの経験に対応する器官や機能を予め自己の内に備えているからである。つまり，対象と認識の間には本質的な連関が予め与えられているからこそ，わたしたちはある種の対象を自分の内に経験し認識できるのである。ここには「人間の内なる社会」というシェーラーの社会学説の影響が認められる。

---

22) バーガー前掲訳書，5頁。
23) バーガーは『天使のうわさ』において「超越のしるし」を日常生活の中から取りあげて，そこに超自然的なしるしを読みとっている。たとえば，①母親に対する子どもの信頼，②楽しい遊びがもたらす解放と平安の不思議な性質，③人間が現実のあらゆる状況の困難を乗り超える希望，④死や不条理などの「夜の意識」としての形而上学的な問いの厳存などである（バーガー『天使のうわさ』荒井俊次訳，ヨルダン社，107-31頁参照）。

4 カール・マンハイムの知識社会学

次にシェーラーの知識社会学の発展を問題にしてみよう。彼は精神と生命の二元論に立っていたが、同時に両者の動的な相互作用によって多様な現実の理解へ向かったがゆえに、マルクス主義の下部構造一元論に対して批判したばかりか、唯心論的なヘーゲルの立場をも同時に批判することができた。ところが問題となるのは彼がつねに価値を高低によって段階的に区別し、しかもハルトマンの範疇法則をこれに適用して精神の本質的無力と衝動の威力とを認めていた点である。さらに彼の方法は本質現象学の立場に立っているため、共時的に社会の本質を把握しようとして、通時的ではなくなり、非歴史的にならざるを得なかった[*24]。それと対決してカール・マンハイムは歴史主義に立って、シェーラーを批判し、知識社会学を実証主義的でも現象学的でもなく、歴史主義の立場から確立した。

トレルチの「現代的文化総合」　マンハイムは自己の歴史主義の主張をトレルチの『歴史主義とその諸問題』(Der Historismus und seine Probleme. Bd. 1, 1922) を手がかりにして展開した。シェーラーがカトリシズムと現象学とに依拠して永遠不動の「精神」による「自然」の支配という二元論に立って知識社会学を構成していったのに対し、トレルチはプロテスタント的でカント的な伝統に立って、歴史的に与えられているものの評価の基準を「現代的文化総合」(gegenwärtige Kultursynthese) によって捉えようとした。すなわち歴史的なものはすべて、個別性を根本性格としており、相対的であって、歴史の記述はどこまでも個別的かつ相対的になされなければならない。しかし歴史の価値評価の基準のほうは「当の歴史過程から有機的に成長してきており、思想と現実との間には、ある秘められた結びつき、主観と客観との本質的同一性が存在する」ことから得られる[*25]。したがって歴史の諸時代はその固有の中心から把握されるがゆえに、現時点で行動し観察する主体の関心からのみ歴史的選択の方向と客観化および叙

---

24) それゆえ人間学的研究にもとづくシェーラーの理念因子と実在因子の区別は静的であって、歴史の説明に対しては役に立たないとも批判されている (K. Lenk, Von der Ohnmacht des Geistes, 1959, S.16)。

25) Ernst Troeltsch, GA. Bd. Ⅲ, S.183.

述の方向が生まれてくる。これが「現代的文化総合」という観点にほかならない。ここから社会は歴史的に理解されることになり、超歴史的な永遠の価値基準といったものはユートピアとして否定され、歴史主義が誕生した[*26]。このようにトレルチは歴史に内在する仕方で社会を捉え、社会の歴史的理解がいかに主体の精神的・心的な立場に結びついているかを明らかにした。

マンハイムの歴史主義　マンハイムはこの歴史主義の立場から、とりわけトレルチが力説した歴史認識の「生活の場への拘束性」(Standortgebundenheit) を受け継ぎながら、その知識社会学を確立した。ここでは彼の学説を詳論できないので、いくつかの特徴点を指摘するに止めたい。

(1) 彼の歴史主義の全体的特徴を示してみよう。歴史主義は社会と文化の現実とを観察する視点であり、ヨーロッパ中世の世界像が崩壊し、「その世俗化にほかならない啓蒙期の世界像、超時代的理性という根本思想をもった世界像が、自己自身を止揚した後に、ようやく自己形成を遂げた世界観そのものである」[*27]。ここから超時代的理性による観念の実体化が批判的に解体され、イデオロギーのユートピア化が暴露され、思惟を思惟以外の要因である存在との相関関係において捉えるのみならず、この存在をさらに歴史的社会的なものに求めた。このように思惟が相対化されることによってイデオロギーの全体が存在に依存していることが明瞭に提示され、ここから確立された彼の知識社会学は動的な歴史主義の立場であって、シェーラーの二元論的知識社会学と対立している。

(2) シェーラーの理念的因子と実在的因子の区別がプラトン的に実体化されて区別されたのに対して、マンハイムは実在的なものが精神的なものに転化するところを問題にした。彼は「合理的な文明過程と心的に拘束された文化過程の区別」(アルフレッド・ヴェーバー) を認めた上で、「心的に拘束されながらも弁証法的に発展する第三の領域」(哲学とこれに関連した諸領域) に注目し[*28]、哲学や歴史学は弁証法的に発展し、過去の思

---

26) しかし「他ならぬ価値基準と現在的文化総合との本質的な結びつきが、歴史理論の中軸とされる。それによって歴史という科学の客観性問題は、一段と深く具体的研究に即して立てられるようになる」といえよう。マンハイム『歴史主義』徳永恂訳、未来社、1978、40頁。

27) マンハイム前掲書、6頁

想体系の成果は現在の新しい中心から改造されながら再形成されているが，体系の基礎にある中心は生活の推移に拘束されて動的に推移すると説いた[*29]。「弁証法的とは，次から次へと合理的な形象が交替を繰り返す場合に，その都度後から現われてくる思想体系が，新しい体系化の中心を具えた新しい体系形式のうちに，前代の思想形態を止揚するという仕方で発展が行なわれる」[*30]。この弁証法的発展の中に精神と自然との，文化と文明との二元論を克服する動的な一元論の根拠が据えられた。

（3）マンハイムの知識社会学の特質は知識や認識が「特定の社会層とその運動傾向に拘束され，結び付けられている」ことの洞察によって成り立つ点に求められる。そのため彼の歴史主義は一般的には必然的に相対主義に陥らざるをえないように見えるが，相対主義とはむしろ静的な理性哲学が持ち出す絶対的な基準が現実に適応されたときに生じるものにすぎない。歴史主義は歴史的な個別事象に関わりながら，歴史過程の変転する現象を動的性格のものとして捉え，そこにいっそう深い統一を把握しようと試みる[*31]。それは歴史とともに流動する実質的内容の生成を捉えることによって，静的理性哲学の形而上学に代わって，哲学的な基礎を与えようとする試みでもある。この基礎は実質的素材から得られる「実質的・実証的明証」によって獲得される真理である[*32]。これこそ「歴史によって歴史を超克する」というトレルチの要請に応える究極の立場である。ここから現象学に立脚するシェーラーに対する批判が，「現象学派」という名目で次のようになされた。

> 「現象学派は多くの場合，キリスト教的・カトリック的価値評価に訴えることによって，静的な意味での価値実質を探し求め，そのために再び超時代的な見方でこの問題にアプローチすることになり，つまる所，実質的に充たされた諸公準の超時代的な階層秩序（ヒエラルヒー）

28）　マンハイムは三つの学問領域を区別している。①心的に拘束されて直観によって捉えられる文化の領域（宗教と芸術）②弁証法的発展をなす領域（哲学と歴史認識）③合理的で無限に進歩する領域（技術と精密科学）が区別される。この中間の領域は動的な弁証法の法則にしたがって理解される（マンハイム前掲書，63頁）。

29）　たとえば「たしかに哲学や歴史学は，立場に拘束され，文化一心理的な根ざしをもった認識である」（マンハイム前掲書，65頁）と言われる。

30）　マンハイム前掲書，65頁。

31）　マンハイム前掲書，94頁。

32）　マンハイム前掲書，97頁。

の樹立をめざす。それに対して歴史主義は，実質的に充たされた諸公準は，ただ歴史哲学的なさまざまの時代相との統一によってしか提示することが許されていないと考える」[*33]。

ここから彼はシェーラーの知識社会学における理念因子と実在因子との二元論的な構成に対しても『知識社会学の問題』(1926)で批判し，「こうして歴史的概念にとって，超時間的な精神論および衝動論から出発するのは，不適切である。わたしたちにとって二つの領域は，歴史過程と結びついた不断の，かつ，アプリオリには確定できない，変化のうちにある」[*34]と言う。

ここで批判されている精神と衝動との二元論はシェーラーのすべての学説を規定している人間学的根本前提であった。彼が知識そのものの存立根拠を歴史を超越する精神の世界に据えたことは，マンハイムの批判の的となった。精神による理念因子に対して実在因子として血・権力・経済の三因子をあげ，さらにそれらを生殖衝動・権力衝動・栄養衝動へと人間学的に還元した上で，両因子は相互作用の関係にあると説かれても，本質的には互いに他を規定する関係に立っていない。たとえば知識は理念因子であり，それ自身を自ら規定するのであって，実在因子はただそれを実現する因子となるにすぎない。また実在因子のほうも自律的に規定されていて，理念因子はその実現に対し消極的役割を演じているにすぎない。このように批判してから彼はシェーラーとの相違点を次のように言う。

「それゆえ知識の過程を徹底的に動的に見極めようとするなら，残された唯一の解決は，自己自身の立場が相対的であっても，真理のエレメントの内に自らの立場を定めることである。そしてシェーラーとわたしたちとの解決の相違を比喩的に言い表わすなら，わたしたちが神の目がプロセスにじっと向けられている（したがってプロセスは無意味ではない）といわば想定しているのに，シェーラーは，自分が神自身の目をもって世界を見ていることを，想定しているに違いないと言うことができる」[*35]。

---

33) マンハイム前掲書，103頁。
34) Mannheim, Das Problem einer Soziologie des Wissens,; Archiv für Sozialw.und Sozialp., Bd.53, Heft3, 1926, S.663. なお，この引用は坂田太郎「歴史主義の立場」(阿閉吉男編『マンハイム研究』勁草書房，1958年所収) 38頁による。

この相違点は現象学による本質直観と歴史主義に立つ世界認識との立場の違いをよく示している。シェーラーの知識社会学がこうした問題をもちながらも，わたしたちは彼が社会学をも彼の人間学にもとづいて構成している点を看過してはならないであろう。

5　共同体における人格と価値

シェーラーの人格論の根底には純粋な人格の本質論と並んで個体的人格と社会的人格との関連，秘奥人格と総体人格との関連が充分に検討されないまま広範にわたって展開している。彼が強調したのは，人格の存在の「個性的で一回的存在」[36]という特質と人格があらゆる共同体とあらゆる歴史的進化の内在的な目標であるということであった。それゆえ彼は個性を排斥するカントの「超個性的な超越論的理性」[37]および主観主義的な「理性人格」とニーチェの生物学的で実用主義的な「超人」の思想を批判するように強いられたが，同時に彼らが最高の諸価値の担い手として人格を力説した点を受容した。したがって「人格はもっぱら究極的価値の運搬者であるが，いかなる観点でも価値定立者ではない」と説かれた[38]。ここから人格と価値との関係が社会学的な人間学にとって重要な意義をもつようになる。

(1)　人格的意志による共同体論

共同体論の中にはマルクスの学説のように社会・経済的下部構造の歴史的発展から説かれた唯物史観の理論があるが，そこでは社会の物質的生産諸力と現存の生産諸関係との矛盾とその変革が説かれ，歴史はその物質的基底や社会的生産の下部構造へ還元された。そこでは歴史的決定論が支配し，ルカッチのように階級意識を導入しても，人格的観点を介入させる余地は

---

　35)　Mannheim, op. cit., S.637, シェーラーとマンハイムとの比較について M. D. Barber, op. cit., p.134-41参照。
　36)　シェーラー『倫理学』吉沢伝三郎他訳，「シェーラー著作集3」214頁。
　37)　シェーラー前掲訳書，217頁。
　38)　シェーラー前掲訳書，225頁。この価値定立は価値の高低の序列にしたがって客観的な所与として確定しており，人格はこの価値の担い手なのである。したがって，彼は，あらゆる種類の世界観（実証主義，歴史主義，資本主義，マルクス主義）に反対した。

なかった。これに対し現代の社会学は人格と共同体の関連を徹底的に追究していった。

とくにテンニエス（Ferdinand Tönnies, 1855-1936）はマルクスの弁証法的な構想とは全く相違して，共同体を人格的な意志の特質から解明した。彼によると人間関係は意志の相互作用にもとづいており，人間が共同する形式は結合しようとする意志に求められた。その際，次の二種類の意志が区別された。

① 相互的結合そのものを目的とする意志は「本質意志」と呼ばれ，この意志により形成される社会が「ゲマインシャフト」（共同社会）である。この社会は実在的で有機的な結合によって成立している「生命体」である。

② それに対し合理的・作為的な精神の思量によって人間の相互的結合を特定の目的を達成する手段にする意志が分けられ，これは「選択意志」と呼ばれる[39]。この意志によって形成される社会が「ゲゼルシャフト」（利益社会）である。

二つの意志の対比は「共同生活」と「公共生活」の対比によって示される。ところが現実の共同生活の中にゲマインシャフトとゲゼルシャフトとは二つの類型として混入しており，そのどちらかの要素が強い場合とそうでない場合とによって区別される。共同生活の外的形態では家・村・町が歴史的形態の永続的類型であるが，家族的性格は村においては色濃く残っているのに対し，町が大都市になるとそれは希薄になる。しかし大都市もその名が大きな町であるように，その内部には町が存在している。同様に株式会社のようなゲゼルシャフト的生活様式の内部には，たとい萎縮し死滅しようとしていても，なお，ゲマインシャフト的生活様式が唯一の実在的なものとして存続している。商業や工業の集中する大都市はゲゼルシャフトの典型ということができる。この大都市の最高形態は世界都市である。このような生活様式の相違は他者との結合を求める際の意志のあり方から構成された[40]。したがって人類の社会生活には彼のいう「本質意志」と「選択意志」との対立がいつも看取される[41]。

---

39) テンニエス『ゲマインシャフトとゲゼルシャフト』下，杉乃原寿一訳，岩波文庫，34, 164頁以下。
40) テンニエス前掲訳書，下，201頁。
41) このようにしてテンニエスは，ゲマインシャフトの時代とゲゼルシャフトの時代と

（2）目的合理性と価値合理性

人格と価値との関係をヴェーバー（M. Weber, 1862-1920）は社会学的に分析し，その内容を客観的に把握した。その際，彼は何らかの価値観点にしたがって社会のもっとも重要な因子を理念的に取り出し，これをモデルにして能うかぎり客観的に社会現象を解明し，共同体も合理的な科学技術にもとづく「近代社会」と非合理的な呪術の支配する「伝統社会」とに類型的に分けて考察した。

ウェーバーは社会的行為を次のように規定している。「〈行為〉とは，単数或いは複数の行為者が主観的な意味を含ませている限りの人間行動を指し，活動が外的であろうと，内的であろうと，放置であろうと，我慢であろうと，それは問うところではない。しかし，〈社会的〉行為という場合は，単数或いは複数の行為者の考えている意味が他の人々の行動と関係を持ち，その過程がこれに左右されるような行為を指す」[42]。そして彼は社会的行為を次のように四つの種類に分類している。

> 「すべての行為と同じように，社会的行為も，次の四つの種類に区別することが出来る。①目的合理的行為。これは，外界の事物の行動および他の人間の行動について或る予想を持ち，この予想を，結果として合理的に追求され考慮される自分の目的のために条件や手段として利用するような行為である。……②価値合理的行為。これらは，或る行動の独自の絶対的価値 ── 倫理的，美的，宗教的，その他の ── そのものへの，結果を度外視した，意識的な信仰による行為である。……③感情的特にエモーショナルな行為。これは直接の感情や気分による行為である。……④伝統的行為。身に着いた習慣による行為である」[43]。

これら四つの社会的行動の中で彼がとくに強調したのは目的合理的行為と価値合理的行為であって，その混合型の意義である。なぜならヴェーバーも述べているように純粋な型というものはなく，たいていの場合は混合

を分け，それが原始共産主義から個人主義を経て社会主義へと歴史的に進展しているとみなした。しかし社会主義はゲゼルシャフトという概念と同時にすでに存在していて，国家的形態において展開することによって民族性から離脱して遠ざかる程度に応じてゲマインシャフト的生活を軽蔑し，これと対立している（テンニエス前掲訳書，下，195，208-09頁）。

42）ヴェーバー『社会学の基本概念』清水幾太郎訳，岩波文庫，8頁。
43）ヴェーバー前掲訳書，39頁。

型になっているから。したがって価値合理性は現実においては人格価値という非合理的内容にかかわりながら，この目標に向けてすべての行為を機能的に連関させるのであるから，価値合理性の優位の下に目的合理性を伴う働きとなっている。ヴェーバーは目的合理性が価値合理性の方向をとる場合について「競合し衝突する目的や結果に決定を下す場合になると，価値合理的な方向を取ることもあるが，そうなると，その行為は手段だけが目的合理的ということになる」[44]と語っている。ここにある「手段だけが目的合理的」という二つの行為の混合型に，価値を担っている人格の現実的な社会的行為の二元的ではない統一的な特質が求められた。

（3）合理的行動と意志疎通行為による共同体論

ヴェーバーが近代社会と伝統社会とを「合理化」によって根本的に区別したのに対し，ハーバーマス（J. Habermas, 1929-）は『イデオロギーとしての技術と学問』においてそれとは「別の範疇的な枠組み」を提起し，「労働と相互行為」の根本的区別から出発した[45]。そうすると近代社会と伝統社会という区別も合理化という単一な基準ではなく二つの行動要因のいずれがより優位であるかによって識別され，目的合理的行動は経済体制や国家機構といった副次的体系のうちで制度化され，相互行為の方は家族や姻戚関係の中で制度化されていく[46]。

ハーバーマスの社会学的特質は，人間の意志疎通の相互的行為の優位性にもとづいて伝統社会が形成されるか，それとも労働の目的合理性の優位性によって科学技術社会が形成されるか，そのいずれかである点を解明した点にある。またヴェーバーが伝統社会の非合理的な営みを批判したのに対し，ハーバーマスは価値中立的で実証的な科学技術社会といえども，伝統社会と等しく，その中で人間が特定の立場の便益や利便に奉仕するイデオロギーを確立し，人間の疎外を引き起こしている点を指摘した。こうした

---

44) ヴェーバー前掲訳書，41頁。
45) この区別は元来若きヘーゲルのイェーナ講義における「労働と言語」に由来しているが，彼は「労働」によって「目的合理的行動」を，「言語」によって「記号により媒介された意志疎通行為」をそれぞれ捉え，この二つの行動要因によってどのように社会が形成されているかを解明している。
46) ハーバーマス『イデオロギーとしての技術と学問』長谷川・北原訳，紀伊國屋書店，61-62頁。

社会の抑圧からの解放をハーバーマスは徹底した対話的行為によって乗り越えようとする。そこに彼のコミュニケーション論の意義がある。

6　人格の三類型と共同体

わたしたちはこのような共同体論に対してシェーラーの共同体論がいかなる意義をもっているかを考察し，とりわけそれが人間学的三分法とどのように関係しているかを解明してみたい。それは人間学的に区分された「感性的―身体的―精神的な存在者」という三つの性質から把握され，その各々の領域における結合の形式として三つの社会的共同の形態が前提されている。

```
       ┌─ 感性的 ── 生命共同体の積極的価値 ── 生命価値と福祉
人間 ──┼─ 身体的 ── 利益社会の積極価値 ─── 快適価値と有用価値
       └─ 精神的 ── 人格共同体の積極的価値 ── 精神的価値と聖価値
```

　この三つの社会的共同形態（生命共同体・利益社会・人格共同体）の間にはスペンサーが説く「身分（共同社会）から契約（利益社会）への発展」は存在しない。確かに西欧の近代が利益社会をどんなに優先させて来たとしても，そこには利益社会の背景に生命共同体が継続して存続しているし，利益社会に反抗する連帯性の原理は残っている。それゆえ近代の西欧では単に利益社会的エートスが優先的であったにすぎない[*47]。
　シェーラーの社会学においてはこの共同体は人間が他者と協同する四つの形態において現象学的に考察されている。そこには個体的人格と総体的人格との相互作用が働いている。そこでまず個体的人格と総体的人格，および秘奥人格について説明しなければならない。

(1) 個体的人格と総体的人格

人間は人格として単に個体的に生きているだけでなく，他者との共同によって生きる社会的人格でもある。このような社会的な人格は「総体的人格」（Gesamtperson）と呼ばれた。彼は言う，「各人格は等根源的に個体的人格

---

47) シェーラー前掲訳書，263-65頁。

であり，（本質的に）総体的人格の構成員であり，彼の個体的人格としての固有価値は彼のそうした成員としての価値から独立的である」[48]と。ここで「総体的人格」というのは社会的な共同存在に連帯的に関わる人格を意味する。それは統合された社会的集団の内部において人々が生ける共同性として経験している現実である。それゆえ総体的人格は一つの統合体として，一つの家族・部族・国民として共に生きている社会的集団の全体の経験が統一されたものである[49]この総体的人格の内部のもっとも基礎的な統合の絆は集団の全員が経験する道徳的連帯の意識である。

　このように総体的人格を成立させている連帯性の原理は，個人が生まれながら組み込まれた運命的な共同社会に示されているように，「純粋な」生命共同体においては専有的に支配しているが，個人の自由な参加によって成立する「純粋な」利益社会においては本質的に消滅している。また生命共同体においては職位が代替可能であるのに対し，人格共同体においては構成員が個体的人格のゆえに「代替不可能な連帯性」となっている。こうした総体的人格の具体的な姿は文化団体と教会との二つにおいて考察される。

　次にこの総体的人格と個体的人格との相互作用について集団形成の観点から考察してみたい。

（2）社会的協働の四つの形式と人格

シェーラーは現象学の方法にしたがって人間が他者と協働する四つの形式を考察し，そこには四つの本質を異にした社会的集団と総体的人格の類型があって，それにしたがって人々は互いに集団を形成する。こうして個体的人格（Einzelperson）と総体的人格（Gesamtperson）との間の相互作用が基本的に起こりうる四つの形式が探求された。

　① **群衆**　第一の社会的共同の形態は「群衆」（Masse）であり，この統合は動物の間では「群れ」と呼ばれる。群衆は「感情伝播と不随意的模倣」によって社会的に統合されている。したがって群衆は共同体よりも低い社会的集団の形態である[50]。

---

48) シェーラー前掲訳書，240頁。
49) シェーラー前掲訳書，252-60頁参照。
50) 生物進化の原理にもとづく自然主義の理論は，人間の社会的本性を低く見て，人

② **生命共同体**　第二の社会的共同の形態は「生命共同体」(Lebensgemeinshaft) である。これは社会学的に「共同社会」(Gemeinschaft) とも呼ばれるもので，共同感情・共同努力・共同思考・共同判断の内に構成される社会的な統一態である[*51]。生命共同体の一般的形式は家族・部族・国民である。しかし「共同社会なしには利益社会なし」(Keine Gesellschaft ohne Gemeinschaft) と言われるように，生命共同体はすべての社会的・経済的契約に対し，また綿密に計画されたすべての社会に対し，本質的に先行している[*52]。

③ **利益社会**　第三の共同の形態は「利益社会」(Gesellschaft) である。これは生命共同体と対比すると，その特質は第一に個別者たちの人為的な (技巧的) 統一態であって，そこには根源的な〈相互的共同体験〉はまったくなく，むしろ個別者間のすべての結合は「利益の追求」のような特殊的な意識的な諸作用によって形成される[*53]。それは「人為的な」統合であり，利益社会の「目的」(Zweck) は当該の社会の特定の目標を達成すべく「約束」や「契約」によって結合した個々の人格によって意図的に知らされ追求される。この社会はその構成員にとって「快適価値」を追求し，文明の担い手としては「有用価値」を追求する[*54]。

④ **人格共同体**　社会集団の第四の形式は「人格共同体」(Persongemeinschaft) であり，救済の連帯性によって結びついている宗教的集団である。この社会的統一態は「自主的・精神的・個性的な総体人格の〈うち〉にある自主的・精神的・個性的な個別人格の統一態」として規定される[*55]。

間の共同体における生活が群衆に見られる情緒的で衝動とは程度の差しかないと考える。シェーラーの人間学は，人間における精神の存在が人間をして動物から本質的に区別することによって，人間に対し高次の，かつ動物とは本質的に相違した類型の共同体を求めている（シェーラー前掲訳書，240頁参照）。

51)　したがって，わたしたちが共通に見たり聞いたり愛したり憎んだりする作用のすべてはこの基礎的な生命共同体の組織のなかで自然に結びついている。シェーラー前掲訳書，242頁。

52)　シェーラー前掲訳書，247頁。

53)　シェーラー前掲訳書，243頁。

54)　つまり二人が契約を交わすとき，同じ共同社会に属する必要はないが，なんらかの共同社会にいたのでなければ，契約の意味を認識できない。

ここに「総体人格の内なる個別人格」の理念が示され，具体的な事例として「キリスト教的共同体」(corpus christianum)が挙げられる。ここには人格の比類なき価値と愛による万人の救済にもとづく連帯責任とから成る人格共同体が，古代社会の閉じた共同体と近代社会の特徴である打算的にして倫理的連帯性に欠ける利益社会とに対決して力説された。この人格共同体を結びつけているのは救済的な連帯の絆である。そこでの共同責任は共通の救い・共通善・共通悪・共通罪責の意味で集団全体に対する共同責任が現に認められ，人格的レヴェルにおける霊的な愛が人格共同体の土台である。この愛および救済を目的とする共同体の全体は，諸人格の人格である神においてのみことごとく実現される。そうすると人格共同体は霊的な愛にもとづく宗教的共同体として成立することになる。そこには個別人格と総体人格の関係のみならず，その両者の神との関係が問題になってこざるをえない。そこには秘奥人格の存在が示されるが，そこでの人格こそ霊性の担い手となっている。

(3) 秘奥人格としての霊性

これまで人格の社会的性格について論じられたが，人格は社会的役割に還元されない独自の中心をもっている。シェーラーはこの点を「秘奥人格」(intime Person)の概念によって解明した。人格は社会の構成員としての位置から生じる義務と権利とを所有しており，社会全体の内にある自己の存在を自覚している。こうした社会的人格は「この自己の全体を超えて独特の自己存在が突出しているのを感知し，この自己存在において各人は自己が孤独であることを知る。このような可能的な自己体験の本質形式において各人の所与性に到達するものをわたしは〈秘奥人格〉と名づける」[*56]。したがって人格は社会圏と秘奥圏とをもっており，この秘奥人格のゆえに社会的な共同生活のなかにありながらも人は孤独であることができる。それは金言に「わたしは孤独であっても，孤立していない」(Einsam bin ich, nicht allein.)とある通りである。したがって「孤独は社会的な本質範疇

---

55) この社会的統一態は「原始キリスト教的な共同体思想の中核」を形成しており，この共同体思想は個体の魂と人格との存在およびその破棄しえざる自己価値を万人の救済連帯性というキリスト教的愛の理念に基礎づけられている（シェーラー前掲訳書，250頁）。

56) シェーラー前掲訳書，293頁。

(eine soziale Wesenskategorie)である」[57]ことになる。神との共同関係はこの孤独を排除せず，神の内でのみ秘奥人格は自己が裁かれたり，庇護されたりすることを知る[58]。したがって人格が秘奥なる自己を最高度に体験するのは，宗教的共同体つまり教会に入ることによってである。なぜなら教会の中で絶対的に秘奥なる人格である神にいっそう近づく体験の層が開かれているからである[59]。

　これまでの考察で明らかなように，シェーラーは人格の個別性と総体性を共同体との関連において基礎づけたが，そこには秘奥人格と総体人格という二つの方向性をもった人格の動態が立体的に把握されている。それはキルケゴールの実存概念の二重性と似ている。実存概念には自己内関係と自己外関係という関係の二重性，つまり自己内の水平的関係と自己の外の神との垂直的関係との二重構造が見いだされる。シェーラーの人格概念にも共同体との水平的関係と自己の秘奥における神との交わりという二重構造がある。この二重構造はキルケゴールの場合には単独者として「神の前に立つ個人」が強調されたため，共同体との関連が消極的にしか捉えられていなかった[60]。それに対しシェーラーは共同体との積極的な関連において人格を捉えながら，同時に神との内的な関係をも捉えていた。これが可能になったのは，キルケゴールの実存がカントにおいて典型的に開花した主観性の立場にもとづいているのに対し，シェーラーは，カントに対決して最初から間主観性の立場に立って他者や共同体に関わっている自己存在を徹底的に追求したからである。このような自己理解は人格概念にも反映し，古代や中世において保たれていた人格の社会的性格を現代において復興させたばかりではなく，それも個人の人格的個性が単なる主観性からは捉えられない新しい観点から，つまり間主観的な観点から，人格を基礎づけることに成功した。

　こうした個人は社会学者ジンメルによってかつて質的個人主義と呼ば

---

57) シェーラー前掲訳書，295頁。
58) しかしこれを秘奥人格がなし得るのは自己の総体人格一般との連帯性，第一に教会との連帯性を間接に自覚しているからである（シェーラー前掲訳書，295頁）。
59) シェーラー前掲訳書，298頁。
60) キルケゴールの実存概念については金子晴勇『人間と歴史』YMCA出版，223-26, 256-60頁を参照。また，キルケゴールの「単独者」の問題に関しては，金子晴勇『対話的思考』53-56頁を参照されたい。

れ，人格の内的価値は単なる社会的役割に解消できない深みをもっていると説かれた[*61]。そのさいジンメルは社会的役割を担っている個人を内的人格に比較して質的に劣っていると解釈した。ところがシェーラーは人間が本質的に社会的であり，人格も共同体に深く根ざしている点を，間主観性の観点から把握した。それゆえ役割を担っている人格は個性を豊かに備えており，人格の独自性こそ共同体において役割を積極的に分担するものとして捉えられた。こうして人格の独自性は個人的でありながら同時にその個性のゆえに社会的である点が理解されるようになった。

付論　日本人の社会性の特質

わたしたちは前章において社会と対話的に関わる際にミードとガース，ミルズによって説かれた「一般化された他者」が重要な意味をもっていることを指摘した。一般化された他者は社会の全体を組み入れていると考えられていたが，この他者の評価がわたしたちの自己評価に反映するようになる[*62]。西欧社会と比較すると日本社会では一般化された他者の経験が特定の狭い共同体に限定されていたと言えよう。なかでも社会の変動が緩慢であって，革命を経験することなく，社会の外的枠組みを残して内部調整により進展を試みてきた日本社会では，良心の葛藤を呼び起こす契機が比較的弱かった。こうして良心よりも恥を基調とする文化が形成されたといえよう。たとえば「他人の判断」や「世評」などは「一般化された他者」と同じものであり，その組織化された規則にしたがう行動様式が一般的に支配的であった。恥による行動様式はこの場合，一般に「公恥」という形態であって，公恥は良心の社会的段階における現象と同じである。この種の恥の形態は外面的な強制力により惹き起こされるが，良心は反省の意識として外面的判断や世評を内面化した形で作用する。

　ここに日本的社会の特質が大きな影響を及ぼしていると考えられる。そこで日本的人倫組織について反省してみなければならない。そのさい和辻哲郎の『倫理学』で論究されている日本的人倫組織の特質を手がかりにす

---

61) ジンメル『社会学の根本問題』清水幾太郎訳，岩波文庫，126頁を参照。
62) ガース／ミルズ『性格と社会構造』古城・杉森訳，青木書店，124頁。

ることができるであろう。彼によると日本人の「間柄的存在」は「私」を徹底的に排除しながら，きわめて著しい「私的存在」となっている。この論理的には不明確で，逆理的な性格こそ日本的風土となっている。彼は次のようにいう。「我々が手近に見いだし得る最も著しい私的な存在は何であろうか。それは孤立的存在ではなく，かえって間柄的存在なのである。すなわち，ただひとりの相手以外のあらゆる他の人の参与を拒むところの存在である。あらゆる他者の参与を拒むということがどこにも見いだせない不可能事であるのに対し，ただひとりの例外を除いてあらゆる他の人の参与を拒むということは，日常にきわめてありふれた存在の仕方なのである」[63]。

　日本人の間柄関係が，とくに二人関係において，相互献身による私的性格をもっている点がここに指摘されている。また森有正は『経験と思索』において和辻哲郎の見解を受け継ぎ，日本人においては「我と汝」という関係は成立しないで，「汝と汝」という「我」を消滅させた「汝」の「二項関係」が成立しているという[64]。

　そこで『我と汝』の著者マルティン・ブーバーの思想での重要な概念，Ausschliesslichkeit について考えてみたい。この語は「専一性」とも「排他性」とも訳される。「専一性」は他者に向かってその人格の全体をもって対向する姿勢を，「排他性」は他者の人格の付属物や所有関係を排斥して人格自体にかかわってゆく側面を，それぞれあらわしている。そのさい「専一性」をもって他者の人格に「汝」関係をとるならば，そこには排他的契機が働いているが，この汝関係の光の下に他の存在や存在者に開かれた関係をとってゆく点が明らかに説かれた。もし二人関係にとじこもりこの開かれた関係をとってゆかないならば，それは「排他的占有」となり，そこには「汝」の関係が物化し，私的なものに変質して，いわゆる「閉じた社会」[65]となるといえよう。したがって「専一性」は他の一切の「締め出し」（Ausschliessung）となる。彼は次のようにいう。

　　「この世界におけるひとつの実在あるいは実在的なものとの真実な関係は，すべて専一的である。真実な関係において汝は，解き放たれ，

---

63) 和辻哲郎『倫理学』上巻，岩波書店，335頁。
64) 森有正『経験と思索』岩波書店，95頁。
65) ベルグソン『道徳と宗教の二源泉』で用いられた概念。

歩み出てきて，かけがえのない唯一のものとしてわれわれに向かいあって存在する。……他のすべてのものはその汝の光のなかで生きるのである。だが汝がそれに化するやいなや，その広大な領界は世界にたいする不当となり，その専一性は一切のものの締め出しとなるのである」[*66]。

ここで述べられているように「汝」という関係行為，つまり「汝を語ること」によって呼び開かれてくる世界は，「汝がそれに化する」瞬間に，開いた社会から閉じた社会に変質し，「汝」は関係行為の積極性を喪失して，「汝」によって「私」を維持する保身的「閉じ込もり」を結果する。「汝」が変質しているのである。「汝」が物化し，自己疎外をおこしている。したがって日本的「汝の二項方式」，とか「間柄存在の私的性格」といわれていたものは，専一性が一切を締めだす「排除的占有」となってゆくさいに，ヨーロッパ的自我が独我論者シュティルナーの「唯一者」になるという仕方ではなくて，他者に向かう「汝」がわずかに開かれたままで凍結し，物化し，実体化して成立している。問題は日本人の場合には島国という地理的条件や人格神にふれることがなかったという歴史的制約や伝統，また豊かな自然に恵まれた自足性も影響しており，この間柄は「開かれながら閉じている」という矛盾した存在であるといえる。したがって私たちは間柄存在を主とも中心とも見て道徳をつくり，ヨーロッパ社会の個的主体性に対立して，間柄の優位を説いてきたが，その内実は矛盾に満ちていたといえよう。

---

66) ブーバー『我と汝』田口義一訳，みすず書房，103頁。

第10章

生物学的人間学

はじめに

　現代の哲学的人間学はシェーラーやゲーレンの主著がその特徴をよく示しているように「宇宙における人間の地位」という基本姿勢を堅持している。それは人間を自然の中において考察することを中心的な課題とする。その中でも生物学の観点から人間と近接する動物との徹底的な比較が重要な成果をあげてきた。シェーラーの前にはヴォルフガンク・ケーラーのチンパンジーの実験があり，ゲーレンの前にはポルトマンとボルクの生物学的な研究が先行していた[*1]。今日ではボイデンディークやローレンツその他の生物学的な研究の成果が提示されている。

　こうした生物学の展開の中にあって，他でもない生物学の観点からすると精神と生命の人間学的二元論はどのように理解されるであろうか。この問題は最初シェーラーの晩年の著作『人間の地位』で提起され，それに対する優れた見解が両者の「対極性」の観点からカッシーラーによって披瀝されたが，生命を全体として扱う生物学からはどのように解明されたのであろうか。わたしたちはこの問題に精神病理学者であったゴールドシュタインがその全体的生命観の立場から批判的に取り組み，『生体の機能』（1934）を世に問うたことを忘れてはならない。そこでまず彼のシェーラーとカッシーラーに対する批判を問題にしてみたい。

---

　1)　シェーラーとゲーレンの人間学について金子晴勇『マックス・シェーラーの人間学』創文社，22-29, 34-40頁参照。

次にシェーラーの人間学で考察された身体と環境世界という生物学上の問題点をとりあげてみたい。彼は身体と人格とを区別して，身体（Leib）が環境（Umwelt）に関わっているのに対し，人格（Person）は世界（Welt）をもっているという。そこには「身体の統一体」についての独自な理解が認められる。彼は言う，「身体という統一体は外的および内的な知覚から全く独立的に，直接的に直観的な，実質的に同一の内実として，また全体として，私たちに与えられている。そしてこの身体という統一体こそが，〈環境〉に対する本質的な相関項である」[*2]と。この統一体としての身体に，同じく諸作用の統一体である人格が対立しているが，人格に相関している対象は「世界」であって，「環境」ではない。なぜなら「環境というのは，世界の内実の内からただ身体という統一体にとって重要な，そしてこの統一体において有効なものとして体験された諸内容だけが精選されたものである」から[*3]。シェーラーはこのような環境の理解をユクスキュルの『環境と周囲世界の内的世界』から学んでいる。この環境の概念には単なる周囲世界と異なって，「身体との適応」ということが意味をもっている。だが彼はこの環境への「適応」を進化論的な意味ではきっぱりと否定し，周囲世界とか環境とかいうのは，生体の周囲に壁のように動かないで立ちはだかっている組織をいうのではなく，「ある生物自身に効果を及ぼすものとして体験された世界の総体あるいは統一的全体」[*4]であると規定した。このユクスキュルの環境理論はカッシーラーにも決定的な意味をもっていたので現代の生物学的人間学として次に問題としてみたい。

1　ゴールドシュタインにおける生命と精神

クルト・ゴールドシュタインはシェーラーとカッシーラーによって人間学の最大の問題として考察された精神と生命の二元論に対し『生体の機能』（1934）を書いて，その全体的な生命観から両者を批判した。彼はどこまでも生物学の見地に立って生命体を個性的全体として把握し，人間における精神的なものも，身体的もしくは心的なものと同じく，個性的全体に属

---

2) シェーラー『倫理学』上巻，「シェーラー著作集1」，260頁。
3) シェーラー前掲訳書，260頁。
4) シェーラー前掲訳書，276頁。

1 ゴールドシュタインにおける生命と精神

しており，精神的なものも身体的にして心的なものと一定の連関をもっている，と主張した[*5]。

ところが精神と生命との対立は近代ではもっとも極端な形でルードウィッヒ・クラーゲス（L. Klages, 1872-1956）の哲学において把握された。この哲学では生命が無条件的に優位を占め，精神は生命に対立し，敵対する力と考えられた。それに対しシェーラーでは精神は同じく生命に対立するが，クラーゲスとはまったく反対の意味で対立するものと理解された。

（1）シェーラーの精神と生命の二元論に対する批判

シェーラーは生命と精神とを同一視する見解を否定し，その間にはいかなる進化も移行も認めない。人間を人間たらしめる原理は生命を超越している精神であって，それは生命に対し「否」と言って制止することができる作用である。人間は精神的存在として環境および衝動に束縛されず，逆に世界に向かって開かれている。これが人間を他のあらゆる動物から区別し優越せしめる点である。シェーラーにとっては，精神はフロイトのいうように衝動の抑圧や昇華によって生ずるのではなく，現実に対する否定作用によって生じる。精神はそれ自身では無力であっても，衝動に方向性を授け，導くことができる。シェーラーは言う「あらゆる有限的存在の目的は，本源的に無力なる精神と，本源的に悪魔的な，つまり精神的理念と価値のすべてに対して盲目な衝迫との相互的浸透である」[*6]と。

ゴールドシュタインは生命体を個性的全体として捉える立場からこのシェーラーの考えを批判する。シェーラーの精神概念は，彼が生命現象を正しく理解しなかったがゆえに，また精神をその属する全体的生命から孤立させたがゆえに，甚だしく歪められた。もし人が生命を単なる「衝動」の意味に理解すると，動物的存在さえ充分に説明できるかどうかきわめて疑

---

5) それゆえゴールドシュタインは生物はすべてこの認識原理によって把握することができると説いた。精神と生命との関連が分離して捉えられ，それぞれが孤立したものとして見られると，両者の間には断絶があることになる。しかし彼は両者がいずれも生命あるものの現象の内に含まれることを強調した。彼は総じてゲシュタルト理論に立つ全体論の立場から失語・失行・失認・小脳症状の実証的分析において優れた精神病理学者であって，ドイツからアメリカに移住して活躍した。

6) Max Scheler: Die Stellung des Menschen im Kosmos, 1928, in: Max Scheler: Gesammelte Werke Bd. 9（hrsg.von Manfred Frings）, Bern / München 1976. S.55f.

わしい。衝動がただ外的刺激によって生じたり，衝動の満足が刺激による緊張からの単なる解放であるとみなすのは誤りであって，動物的な存在は単なる衝動充足とは異なる全体的形成と分化とを示す。動物は対象的な世界をもっていないかもしれないが，だからといって動物が衝動や外的刺激によってのみ動かされるのではない。衝動も一定の状況における動物的本質の表現である。動物が単なる衝動的存在でないように，人間もまた衝動組織と精神との複合体ではありえない。このような二元論は分析的見方によって得られた現象を，現実の存在として絶対化することから生じる。だが生命衝動と精神活動とが完全に一致することは稀なる現象であって，人間の本質的不完全性によって両者の統合が実現できなくなると，両者の対立が顕著となる。しかし両者を異なった二領域から生じたものと考えるのは誤りであって，それによっては個々の現実的行動を正しく把握することはできない。

またシェーラーが生命的領域と呼ぶものが動物の行動と同じものを指すとしたら，そのような領域は人間には決して見いだせない。なぜなら，こうした仮定は人間に対しても動物に対しても不当な考えであるから。動物と類似する行動と思われるものが人間にあるとしたら，それは人間がとくに人間的なものを失った状態，つまり疾病，中毒あるいは異常な外的刺戟によって人間本質の解体が起こった場合の行動であろう。こういう行動には正常なる動物の生命を特徴づける全体への本質的関連が欠けており，機械的であって歪曲している。実際，病人の営みを動物のそれと比較し，その症状を動物的な特徴の表現として説明しようとするなら，これに優る誤りはない。シェーラーは精神を実質的存在とせず，純粋なる機能と考えるが，それでは無力なる精神がどうして動物的生命に作用しうるかが理解できなくなる[7]。

(2) カッシーラーの機能的な対極性に対する批判

次にカッシーラーの論文「現代哲学における「精神」と「生命」」(1933年，付録参照) が取りあげられ，精神と生命との機能論的な対極性の学説が検

---

7) ゴールドシュタイン『生体の機能，心理学と生理学の間』村上仁・黒丸正四朗訳，みすず書房，1970年，214-37頁。

討される。この論文では生命がもし単なる衝動であるならば、いかにしてそれは観念の指示する理想に従いうるのか、また精神が本来無力なものであるならば、いかにして生命的衝動を制止しうるのかが問題とされた。カッシーラーはこの難問を克服するために、両者の対立を充分認識しながらも、精神を単なる衝動の「制止者」と考えず、その作用は生命作用と種類において同じであるが、ただ方向において異なる、すなわち精神は間接的表象作用を、生命は直接なる行動を目的とすると理解すべきであると説いた。両者の対立は、生命の行動作用と精神の表象作用のみにあるのではなく、生命の働きが直接的であるのに反し、精神の働きは間接的である点に求められた。彼は言う、「今や我とその環境の間にある緊張は、もはや一撃をもって解決されはしない。両者の間にきらめく閃光はもはや直接飛び移ることなく、むしろ出来事と行動の世界による代わりに、形相を創り出す形態世界によって導く道にもとづいて媒介が続いて起こる。このような内的な形成過程の長く困難な道程の終わりに実在的なものが人間の視界に再び立ち現われてくる」[*8]と。シェーラーが精神の特徴とした禁欲について彼は言う、「禁欲は生命そのものからの離脱ではなくて、むしろ生命が自らの内で経験する内的変化と転向である」[*9]。したがって人間が自己と実在との間に立てる距離について、「そうするのは、人から実在を取り除いたり突き放すためではなく、そのように距離をとることによって初めて実在を自己の視界に取り入れるためである。つまり、直接実在に触れる近さを求める単に手で触って知ることから、しっかり目で捉えることへと実在を高めるためなのである」[*10]。このように生命と精神とを純粋な機能的対立とすれば、精神は生命と無縁にして敵対的な原理ではなく、生命それ自身の転回、単に有機的な形成の環から観念的形成の環への転回となる。

　ゴールドシュタインはこのようなカッシーラー学説の長所に同意する。それは精神と生命とを互いに協力し、互いに否定し、再発見する、人間存在の二つの現われであるとみなす主張である。生命と精神とを本来単一的ではあるが分裂的傾向をもつ人間の二つの「領域」であるとすれば、問題

---

8) エルンスト・カッシーラー「現代哲学における「精神」と「生命」」金子晴勇訳、『聖学院大学総合研究所紀要』2007, No.39, 201頁。
9) カッシーラー前掲訳書, 205頁。
10) カッシーラー前掲訳書, 205頁。

はこの人間本質そのものの中での闘争であり，この闘争の中から働きへのエネルギーと表象へのエネルギーとが同時に出現する。こうして精神と生命との対立は人間本質と呼ばれる単一的存在の内における対抗に相当することが明瞭である。

その際，ゴールドシュタインは生命と精神との明確なる定義を要求する。定義が曖昧だと，そこに忍び込む二義性から誤りが生じる。ここから人間の生命を直ちに動物的生命と同様に考える誤謬が生ずる。カッシーラーが「比較的に複雑な動物の本能的行動も結局は連鎖反射にすぎない」と述べ，また生命領域について，これが人間においても動物においても同質であるかのように論じるとき，彼自身もこの誤謬に陥っているように思われる。しかし動物の生命と人間の生命とはまったく異なったものである。この相違を表現するために両者を同じ言葉で呼ぶならば，それによってその相違を隠蔽することが避けられねばならない。またわたしたちは生命と精神とを包括する生命の本質をも，生命と呼ぶことがある。この場合には生命という言葉は通常とは異なった意味で用いられている。

（3）ゴールドシュタインの「全体的な生命」

彼はまずシェーラーの主張する「精神による生命的なものの否定」という言い方は正しくないと批判する。なぜなら生命と精神とは別の存在の力ではないから。人間における生命と精神の緊張状態は，何らかの可能性を目指し，世界を自己の内に保持し，それを形象化し，世界との交渉をなそうとする人間の本質的な特徴から生まれる。これによって初めて人間は精神的なものを獲得するのみならず，世界との交渉の際に感じる危機を克服できるようになる。こうした危機は人間が世界と交渉するときに生じる緊張力の自覚的な表現にすぎず，緊張が解消されて秩序ある存在へと移行する過程で起こるにすぎない。この緊張によって精神と生命とはその統一的働きによっていっそう高き存在に向かって歩むことが可能となる。

全体的生命の見地からすると，理性だけが人間において生命と合一しており，人間をいっそう活動的にする。動物にはこのような領域はない。人間においてこの状態の統合が不充分であるとき，疾病を起こし，それによって初めて「衝動」が目立ってくる。しかしこの状態の変化とともに時には世界の狭隘化が進行し，「精神」とともに「生命」もほとんど消失する

ことがある。ここに象徴機能の障害が起こり、感覚との合一の可能性も減衰する。この見地から精神と生命について彼は次のような結論に達する。

「人間存在における緊張は動物におけるごとく瞬間的な脅迫、不安等の感情にあるのではなく、意識的であり、対象的客観的形態として現われる。……これによって自己を実現し、世界を形成しようとする立場が可能となる。すべての世界形成や文化は、この〈精神〉と〈生命〉との協力、より正しくいえば、特有な構造をもつ人間本質の統一的全体の活動としてのみ理解できる」[11]。

ゴールドシュタインは生体の機能をあらゆる経験的に証明しうるものを用いて、何らの先入見なく「これが生体全体にとって何を意味するか」と問うている。これによって初めて人間と動物とを統一的な見地から観察することが可能となる。したがって「精神」と「生命」とは広義の「全体的生命」の中の二つの機能の現われに過ぎない。もしこの全体的生命を「魂」で表現するなら、人間学的三分法は「精神・魂・生命」が得られる。こうした人間の観察は生命現象の理解のための出発点、もしくは基礎をなすものであって[12]、すでにヘルダーの『言語起源論』によって説かれた通りである[13]。

2 ユクスキュルの環境理論

生物学者ヨハンネス・フォン・ユクスキュルは、生物学の原理の批判的修正を企図した『環境と動物の内的世界』(Umwelt und Innenwelt der Tiere) を書いた。彼によると生物学は観察および実験の方法によって発展させねばならない自然科学であるのに、デカルト以来生物が機械論的に考察され

---

11) ゴールドシュタイン前掲訳書、240頁。

12) ここではたとえ人間学の基礎づけがどれほど重要であっても、それを試みているのではなく、人間存在が生命の領域以上のものと考える立場を否定し、個々の事実を全体との連関によって初めて意味をもたせている。この意味は動物の種類によって著しく異なっており、異なった種類の動物間の相違は決して程度の差ではなく、動物と人間との相違もまた同じである。人間は単に動物に何物かが付け加わっただけのものではない、と説かれた。

13) たとえばヘルダーによって次のように説かれている。「人間の理性を他の動物には見られない、魂に加えられた別種の力として考えるのは、まったくの誤謬である。……実際に働くのは全体的な非分割的な魂である」。「人間が動物の衝動をもっていたら、理性なるものを獲得することはできなかったであろう」(Herder, Über den Ursprung der Sprache" 1770)。

てきた。彼は生体が行動の中心をもっており、そこに行動半径を周囲的世界としてもっている点を指摘する。このように彼は生命の自律性の原理を支持し、生命は終局的には自己自身に依存し、物理学または化学によって記述したり説明したりすることはできない。彼は『生物の見地から見た世界』において動物を機械論的に理解していた当時の主たる傾向を批判して次のように言う。

「すべての機械理論家の見解によって動物は純粋な客体(Objekt)だというレッテルをはられる。だがここで忘れられているのはその補助具を利用して知覚したり活動したりしている主体(Subjekt)という最も重要なもののことに、はじめから一言も触れていないということだ。……われわれの感覚器官がわれわれの知覚に役立ち、われわれの運動器官がわれわれの働きかけに役立っているではないかと考える人は、動物にも単に機械のような構造を見るだけでなく、それらの器官に組み込まれた機械操作係(Maschinist)を発見するであろう。われわれ自身がわれわれの体に組み込まれているのと同じように。するとその人は、動物はもはや単なる客体ではなく、知覚と作用とをその本質的な活動とする主体だと見なすことになるであろう。しかしそうなれば環境世界に通じる門はすでに開かれていることになる。なぜなら、主体が知覚するものはすべてその知覚世界(Merkwelt)になり、作用するものはすべてその作用世界(Wirkwelt)になるからである。知覚世界と作用世界が連れだって環境世界(Umwelt)という一つの完結した全体を作りあげている。環境世界は動物そのものと同様に多様であり、実に豊かで実に美しい新天地を自然の好きな人々に提供してくれるのだ」[*14]。

生物は限りなく多様なものであり、生物の異なった種類の数と同数の、異なった形態と種類をもっている。生物の一つ一つはいわばモナド的存在である。それは自身の経験をもつゆえに自己の世界をもっている。ある一つの生物学的「種」の生命において見いだされる現象は、他の「種」にそのまま移しては考えられない。二つの異なった生物の経験 —— それゆえに二つの異なった実在 —— は同一の標準では測ることができない。ユクスキ

---

14) ユクスキュル『生物から見た世界』日高・羽田訳、岩波文庫、7-8頁。

ュルによれば，ハエの世界にはただ「ハエの物」のみが見いだされ，ウニの世界にはただ「ウニの物」のみが見いだされる。

　このような前提から彼は，独創的な生物学的世界の基本形式をとりだした。彼によると動物的生命を明らかにする唯一の鍵は，動物の「種」の解剖学的構造に求められる。ダニのような視覚をもたない最下等の生物の研究から彼は始めて，それを次第にあらゆる形態の有機的生命に拡張した。どんな生体もその環境に順応しているだけでなく，全く適合している。そこには解剖学的構造が見いだされ，生物は感受系および反応系をもっており，この二つの系統の協働と平衡がなくては生物は生存することができない。生物学的「種」が，外界の刺激を受け入れる感受系およびそれらに反応する反応系は，すべての場合に密接にからみ合っている。そこには機能的円環として記述されている結合が見いだされる。

　このようなユクスキュルの環境と機能的円環の理論が現代の人間学に与えた影響は実に大きく，とくにシェーラーとカッシーラーに絶大な影響を与えた。

3　ボルクの特殊化と停滞理論

次に重要と思われる生物学的人間学はボルクとポルトマンの学説であって，両者はとくにゲーレンに強く影響した。

　オランダの解剖学者ボルク自身はまだ進化論の枠内にいたが，彼の理論はそこからはみ出している。その理論によれば，猿の胎児が，そして若い猿も，成長した猿よりもはるかに人間的な特徴を具えている。つまり成長した猿は，樹木のなかでの生活に向くように完全に特殊化されており，たとえば典型的な突き出た鼻面をもっている。ところが若い猿はそれをまだもっていない。成長した猿のこの突き出た鼻面の形は，樹上での生活様式のために特殊化したものである。この事実は，人間が猿である祖先から由来するのではなく，人間と猿とが，いくぶん人間に似た共通の祖先から由来した「兄弟」または，「従兄弟」なのだという進化論的な見解にうまく適合する。しかし，ここでわたしたちに興味を惹くのは，その生物学的側面であり，とくに①特殊化および②停滞という概念である。

特殊化　猿の祖先は，猿が樹上生活に合うように特殊化しているようには，まだ特殊化していなかった。この祖先は，もっと人間に似ていた。このように特殊化とは一つの適応的進化のことである。だが特殊化は同時に，かつ，それ以上にその発達の可能性を阻止し，さまざまの可能性へ開かれていた素質を解消し，もはや後戻りすることがない。特殊化はすぐれた適応であり，したがってよく生活に奉仕するが，他の可能性への開放性を減少させている。

停滞　猿の胎児が年取った猿よりも人間に似ているとすれば，人間はまさに形態学的には「停滞した猿の胎児」である。そこまでは言えないとしても，人間は猿の胎児と比較しうる存在であろう。だが人間の発達はこの段階で減速され，停滞させられた。停滞といえば，人間の子供の誕生後の発達もゆっくりと進行するからそうである。人間の顎と歯こそは，まさに非特殊化の典型であり，この点においても人間は動物のある胎児的段階に立ち止まっている。同じように人間が裸であることも非特殊化の一つの表徴である。猿の胎児も裸だからである。人間の手は，モグラの前足やコウモリの翼やライオンの前足や有蹄類の前肢のような，特殊化をとげていない。むしろ反対に人間に見られるのは，古生物学的にきわめて早い時期に属する五本指の四肢である。さらに人間の皮膚もやはりあらゆる特殊化への道を避けている。たとえば寒さからの防御（毛皮）への道も，敵からの防衛（堅い外皮，棘）への道も，攻撃（角，蹄）への道も知らなかった。また，たとえば多くの動物に非常に役だっている触毛のような感覚器官となった皮膚も，人間には欠けている。ゲーレンも説いているように人間の皮膚は最も特殊化されていない器官一般の一例である。皮膚はその全面が感覚器官なのであって，そこに停滞している原因はホルモンと関係がある[*15]。

4　ポルトマンの「子宮外早世の一年」学説

スイスの動物学者ポルトマンは『人間はどこまで動物か』（バーゼル，1944

---

15)　ボルクの説に関してはゲーレン『人間』平野具男訳，法政大学出版部，第1部の記述を参照。

年）によって明らかなように，これによって人間と動物との生物学的区別に関する新たな段階が始まる。ポルトマンは人間の胎児の頼りなさと子どものゆっくりした発達という点に注目して，哺乳動物のなかに巣に座しているものと巣立つものという区別から出発した。彼はこの区別を厳密な調査によって入手した。彼は動物と比較すると人間の子が次にあげるような種類の相違点をもっていることを発見した。たとえば妊娠期間の長さ，感光器官の胎児期における発達の度合，身体の釣合の発達の度合（人間は誕生後もまだ，子猿や子馬がすでに親に似ているようには，縮小された大人ではない），頭部の発達の仕方[*16]，脳の重さと比例しての誕生時の体重[*17]などである。

　ここから彼は次のような結論に達した。人間はまったく独特の，彼にのみ属する複雑な発達を経ており，生理学的にいえば，人は正常化された早産児である。もし純粋に比較動物学的に考察すれば，あらゆる生物学的な基準からいって，人間はなお12か月間子宮内にいなければならないと思われる。だから人間は誕生後に母親の胎外で，子宮外の初年を体験することになると。しかし胎児的発達の第二のより大きな半期を母胎外で過ごすからこそ，彼はほかの哺乳類と比べると，一つの別な発達の好機にも恵まれる。このチャンスをもつのは哺乳類では人間だけである[*18]。彼はひどく頼りなく見えるが，神経や感覚器官はすでに誕生時に高度の発達をとげている。早くも母胎内で，彼は猿の水準を越える初期段階を走り抜けてしまう。彼は子宮外の初年時における三つの主要な獲得物のための素質，すなわちこの初年時に形成される直立歩行，言葉，技術的行動という三つの能力の素質をたずさえて生まれてくる[*19]。

　16）　ボルクは幼い猿における頭部の発達の様子が，人間の乳児におけるそれと似ていることを強調した。これに対してポルトマンは，他の身体部分の発達の違いのいちじるしさを強調する。

　17）　人間の新生児は，その脳が重いため，猿の新生児よりも相対的に重い。

　18）　これと類似した現象が就巣性をもつ高等鳥類に見られる。

　19）　これらの三つは互いに絡みあっており，そして神経－筋肉組織の発達ときわめて緊密に関係している。これらはともに人間の胎児のなかで準備されている。人間はすでに解剖学的に，個体発生的に，生理学的に，特殊人間的な行動つまり社会的接触に適合したかたちで生まれてくる。彼は最初の一年を子宮外で過ごしながら社会的接触をとおして教育され，学習・模倣・伝統を学ぶのである。後になって身体において個体発生的に発達することは，なるほど生物学の法則にきわめてよく従っているけれども，その後の心理学的発達を明らか

これがポルトマンの主要命題であり，これがゲーレンに影響し，人間は訓育の動物であると主張された。ポルトマンは心的発達が直立歩行・言葉・洞察力ある行動などへと発達して行く様を一つ一つきわめて精確に追求した。人間の乳児は子宮外の9か月目に早くも，最初は彼よりもはるかに前方を走っていた猿の幼児を，洞察，感覚のつながりの理解，道具のつながりの把握，技術的な問題解決法の広範囲な転用，道具製作などの点で，追い越してしまう。彼はまた脳の発達と歯の生え替りとのあいだの興味深い相互関係を見いだした。さらに彼は人間がその心的－精神的な発達においてもすでにどれほど厳格に生物学的な規定を受けているかを提示した[20]。

　しかし彼は人間が動物とは相違した存在様式をもっている点を指摘し，シェーラーの「世界開放性」とプレスナーの「脱中心性」と同じ見解をもっていることを表明した。「世界開放性」について彼は次のように主張する。「動物の本能的な行動を〈環境に制約された〉（umweltgebunden）と呼ぶならば，人間の行動は〈世界に開かれた〉（weltoffen）といわなければならない。この場合，このすばらしい言葉が意味するのは，人間の創造的な行動という偉大な能力のことであり，これは，個々人が多かれ少なかれ，それ相応に使用することができる一つの宝であり，またそれを浪費したり，あるいは埋れさせたりできる一つの財産でもある」[21]。また動物から区別される人間の存在様式が人間的思考の特質に求められる。「それは，人間が自分自身を表象によって補足された一つの対象としてとらえ，それを第三者として自分と対置することができることである。われわれは，自分のそとの第三者の立場に立って，ほかの対象物や出来事と同じようにわれわれ自身をもながめることができる」[22]。ここに彼は人間の特殊な存在の可能性を捉えた。これによって「動物がその存在様式に拘束されていることを〈集中的〉（konzentrisch）と呼び，われわれ人間のそこからぬけだせる可能性を〈脱中心的〉（exzentrisch）と呼んで特徴づけた」[23]。

にめざして狙いをつけている。
20) ポルトマンの学説の紹介はロータッカー『人間学』における叙述を参照した。
21) ポルトマン『人間がどこまで動物か』高木正孝訳，岩波新書，1971年，91頁。
22) ポルトマン前掲訳書，94頁。
23) ポルトマン前掲訳書，94頁（訳文の一部訂正）。

晩年のポルトマンはエラノス会議のメンバーとして活躍した。彼は研究活動を回顧して「わたしたちは心的なもの（Das Seelische）と精神的なもの（Das Geistige）との絡み合いの中から常に繰り返して新しい形象と比較とを出現させる，創造的な力を知ることができた」と語った。しかし彼は同時に研究の限界を意識するようになり，「わたしたちを包みまたわたしたち自身がその一部となっている現実には強力な秘密な領域がある」と感じるようになった。それを彼は「秘密」と呼んだが，友人のユングの深層心理学に共感を覚えるようになった。こういう神秘な領域は人間学的には霊性によって感得される事態であるが，彼は科学的には解明できない限界であると誠実に告白している[24]。

5　ボイデンディークの人間学

次に現代の生物学的人間学にとって多大な貢献をなしたボイデンディークの学説が考察されなければならない。オランダの生物学的人間学の大家ボイデンディークはおもに人間と猿の比較研究から人間的なるものの特質をとらえ，邂逅や対話の人間学的意義を説いた。ここでは彼の二つの著書，『人間と動物』と『人間的なるもの』からそれぞれ一つずつ重要と思われる論文「人間の共同体と動物の共同体」と「邂逅の現象学に寄せて」を選んで彼の主張の要点をあげてみたい。

　生後数か月たった乳児が最初に出会うのは母親であり，この母をじっと見つめている乳児の様子を観察してみると，動物の仔がその親や飼主を眺める眼とはまったく違った差異が明らかになってくる，とボイデンディークは言う。それは「乳児の眼差し」に認められる「距離と関与」，「同一視と客体化」の二重性と同時性であって，ここには第8章で対話の基本運動として考察した「距離と関係」から成立する人間的な「対向」の事実が乳児のなかに芽生えていることが知られる。

　「人間の子の眼差しには，どこか〈控え目なところ〉がある。人間の

---

24)　ポルトマン『生物学から人間学へ』八杉龍一訳，思索社，1981年，262-64頁。バーゼル大学の同僚であったヤスパースは，ポルトマンの人間学的研究を肯定的に受け入れたが，ポルトマンのユングへの接近を喜ばなかった。この記録は貴重なものである（同書256-57頁）。

子は観ることのうちに距離をつくり出すと同時に，その距りの橋渡しをする。この眼差しは親愛感や認識を現わしもするが，また同一視（Identifikation）と共に客体化をも表現している。このような乳児の見つめ方は原理的には遊戯中に人形を見つめる二歳児の場合と同じであって，二歳児の場合にも眼差しは関与しつつも距離をおく態度を示している」[25]。

同じく子どもの場合でも乳児と幼児（二歳児）とを彼は区別する。乳児の場合，観ることのなかに「距離と関わり」の二重性があり，かつ同一視と客体化の同時性があるが，幼児の場合には観る「関与のなかに距離」が置かれている。この距離の感覚が幼児の自我を形成しているのではなかろうか。成人した人間は事物との距離を十分とってこれに関わっているため，自分のまわりのなじみ深い対象は自己に軽く触れているにすぎないが，この距離が十分とられていない乳児や幼児の場合には，この事物に熱心に求愛し，相手として対向しあう相互性のなかに事物があらわれ，事物は表情をもって語りかけてくる。ここには神話時代と未開社会の人間に等しい物の見方が成立している。これは「汝の原関係」，「原体験的汝」とでもいうべき現象である[26]。しかし子どもの成長とともに距離感はいっそう増大し，この原関係から自我を発展させ，事物を客体として捉えるようになる。ボイデンディークは関与しながらも距離をおく二重性を幼児の「微笑み」のなかにも発見し，次のように言う。

「最も高度に教化された猿をも含めて動物に全く欠けているものは微笑み，つまり人間の幼児が母親との出会いに対して応える，内面的で控え目な朗らかさの表現である。乳児は微笑みのうちに，自己の身体の中に予定されている仕方で，自分が人間であることを開示する。グワとヴィキ〔猿の名前〕は遊戯という交わりにおいて，時に幼児に似たくすくす笑いをすることがあったが，幼児はありとあらゆる仕方で微笑みもすれば笑いもする。というのも幼児は目覚めた意識をもって情況を客体化し，それによって情況にさまざまな新しい両価的意味を認めるからなのである」[27]。

---

25) ボイデンディーク『人間と動物』浜中淑彦訳，みすず書房，146頁。
26) 金子晴勇『人間学講義』の「原関係と関係行為の弁証法」164-68頁参照。
27) ボイデンディーク前掲書，176頁。

5　ボイデンディークの人間学

　微笑みは対象に対する関与と距離の二重性を内面化した現象であって，広隆寺の弥勒菩薩半跏思惟像とかレオナルド・ダ・ヴィンチのモナ・リザのように人間の完成した姿のなかにあらわれている。この微笑や笑いを状況のうちで適切に表現しうる能力の中に情況を客体化する自我の意識があらわれて来る[*28]。こうして幼児の微笑みのなかに距離と関与の二重性が自我の確立とともに明らかになっている。ところが，この距離と関係こそ対話の基本運動であった。ボイデンディークも人間と動物の差異は結局人間が対話のなかで，つまり言語的関わりのなかで人間性や自由が増大してゆくことに求められると結論を下している。「幼児と猿の本質的相違とは，世界との対話のうちで幼児の自由が増大してゆく点に表われていることがわかって見れば，猿が決して空想上の遊戯を行ない得ないのも自明の理である。……出会いと交わり，遊戯と模倣における幼児の発達とは彼の人間性，自由，達成，義務的規則 ── そして言葉の統一的展開である」[*29]。世界への対話的関わりは言語のなかで展開するが，言語現象それ自体のなかにも，デルボラーフが認めているように，全体から分離する「距離」と主体的に全体に向かう「関与」とが「対話的生」のなかで実現しているといえよう。

　次にボイデンディークはその論文「邂逅の現象学に寄せて」のなかで邂逅こそ「本来的な人間性」への認識を開示する点を力説した。彼は主体的な人間学によって邂逅の現象を解明する。なぜなら人間の隠されている主体としての可能性は邂逅において諸状況に直面し，自己をそこに意義あるものとして投企し，自己の洞察にしたがって状況を確立し，人間としての

　28）　この乳・幼児における自我意識の発展段階について，ライン・エントラルゴは子供の微笑を三段階に分けながら考察している。①誕生後いく日かして乳児は笑うが，これは「にせの」（unecht）微笑であって，これはよく天使が笑わせているといわれる。②約二か月経ったころ以前と違った性質の微笑みがはじまる。これはある特定の人の姿とか表現に対向してのみはじまるが，この微笑みはなお定形的であり，刺激に対しどちらかというと受動的に生じているにすぎない。③半年ほど過ぎると微笑は能動的になり，意欲的で気どったものとなる。子どもの「自己」（das Selbst）が現われて来て，もはや単純に刺激に反応するものではない。いまや行動も抽象的になって来て，主体と客体，自我と世界の間の分裂が示されている。こうして自我と事物との分離が開始してゆくと彼は説いた（Lain Entralgo, Teoria y realidad del otro, II, 166-70. これに関しては Böckenhoff, Die Begegnugs-philosophie, 1970, S.242f. にある解説に拠る）。

　29）　ボイデンディーク前掲書，175頁。

もっとも深い生き方を実現することによって充たされるからである。とくに人間的出会いは相互的であり，この相互性こそ現実の出会いの条件である。だから邂逅する他者は「私の現存在を現存在たらしめる補助であり」，対話を交す間の領域に出会いの空間が形成される。この空間は物理的なものでも内面的で何か静態的な関係のシステムでもなくて，対話においてはじめて形成される。つまり対話のなかで共同的世界を創造し，身体をとおして互いに直接触れあうことから生き生きとした思想が形成される[30]。それゆえ互いに見つめ合い，身振り，微笑み，語らいの相互性のなかで，問いかつ応える存在こそ世界の内にある存在としての人間なのである。「このように覚醒することが人間と成ることである。なぜなら実存は交わりのなかではじめて現実化するから」と彼は主張した[31]。ボイデンディークの論文「邂逅の現象学に寄せて」は彼の思想を人間と動物との比較研究の成果を要約しながらまとめたものであり，メルロ＝ポンティとほぼ同じ現象学の方法によって人間性が解明されている。

　終わりに精神と生命の関連について生物学者ボイデンディークがどのような考えをもっていたかを述べておきたい。彼の身体論は現代的な特徴をよく示しており，身体から分離された形で精神や人格を論じる立場とは正反対の傾向を示す。たとえば彼は『人間と動物』の中で「人間とは精神的機能という上層をもった動物ではない。人間は化肉した (inkarniert) 精神である。つまり身体性 (Leiblichkeit) によって媒介されたいかなる人間の行動のうちにも〈精神の次元〉が開示される」と言う[32]。また人間の感覚には一本の鉛筆を知覚する場合に小さいとか大きいとか或いは標準的であるなどが伴われて感覚が起こっており，こうした規範にもとづく知覚は意識的判断なしに生じる。この規範を彼は「化肉した（身体に同化された）規範」と呼んだ[33]。このように世界に馴れ親しんだ知覚や感覚は身体と一つになっており，ここでも人間の感覚がいかに動物のそれと相違しているかが解明されている。

---

30) F. J. J. Buytendijk, Das Menschliche. Wege zu seinem Verständnis, 1958, S.90.
31) F. J. J. Buytendijk, op. cit., S.93.
32) ボイデンディーク前掲訳書，81頁。
33) ボイデンディーク前掲訳書，115頁。

6 ローレンツの学説

今日の新しい生物学的人間学はオーストリアの動物学者コンラッド・ローレンツ (Konrad Z. Lorenz, 1903-89) によって動物行動学として創始され，彼の旺盛な文明批評的な活動によって広範囲に知られるようになった。彼の思想体系は大著『動物行動学』によって示され，まず鳥類における生得的な行動が実現する機構が解明された。たとえば雁の一種であるハイイロガンの若鶏は，親の獲物を捕る行動を見たことも，その経験もないのに，ミサゴの体の輪郭を見ると，これを捕獲するために飛翔運動をもって反応する。そのさい雁の周囲には客観的に観察可能な周囲世界が広がっているが，その中には雁が自分の身体的な特殊的な機能によって生命を維持するのに有効な諸条件が含まれている。これが環境であって，周囲世界と区別される。そこに作用している本能概念をローレンツは詳細に研究し，そこから人間を理解するための重要な推論を引き出した。そして人間の意識と感覚の系統発生を追求した[34]。

彼の行動学には批判哲学者カントの超越論的方法が大きく影響している。この点でイギリスの経験論の影響下にあるアメリカの行動主義 (behaviorism) とは相違している。彼の方法はすべての経験に先立って与えられている精神の理解形式にもとづいており，彼はそれをカントの超越論的方法を修正する形で採用した。カントは「わたしたちの直観の形式とカテゴリーは先行する経験に依存していないこと，さらにわたしたちは，カテゴリーと直観の形式という鍵盤に描かれることを〈経験として読む〉状態にあるにすぎないことを発見していた」と説かれた[35]。しかしカントはこの直観の形式とカテゴリーが身体的器官の特性に依存していることを知らなかった。さらにこの身体的器官それ自体は生命の進化の産物であって，あらゆる生物の経験は同じような仕方でその器官の形態をとおしてあらかじめ用意されている。こうしてカントの超越論的方法が経験的－生物学的なものに変換された。それゆえすべての動物には先天的な行動図式が備わっている。したがって彼は行動を刺激と反射の結びつきの図式でと

---

34) 彼の動物行動学は『ソロモンの指輪』において平明に説かれている。
35) Konrad Lorenz, Die angeborenen Formen möglicher Erfahrung, in; Zeitschrift für Tierpsychologie 5, 1943, S.237.

らえるアメリカの行動主義を拒否したが，先天的な行動図式という仮説は，単に行動主義を補足しているに過ぎないように思われる[*36]。

この先天的図式は，同じ刺激に異なる反応を引き起こすことができるという問題に解決を与えた。ローレンツによると，反応は刺激に依存しているだけでなく，当該の有機体の行動図式にも依存する。ある動物がどのような条件の下でどのような刺激に反応するのか，またどのような特異な反応を示すのかということは，この行動図式によってはじめて明確に決定される[*37]。

彼はこうした生物学的な人間学の観点から現代の文明を厳しく批判した。その思想を鋭く展開しているのが『人間性の解体』である。そこでこの書の内容を要約してから，第3部「魂の敵対者としての精神」を問題にしてみたい。

『人間性の解体』の冒頭には彼の視点が次のように要約されて語られる。

(1) 世界の出来事の経過は予言できない道筋で起こる。彼は世界現象が予め定められているとみなす考えを反駁する。

(2) 人間のすべての道徳的責任は，その価値感情によって決定される。それゆえ現実を数量化し，計量化する迷信に反対しなければならない。次いで人間の主観的体験の諸過程は，厳密な自然科学の用語で表現されうるすべての事柄と同じ程度に現実性をもっている，と説かれた。

(3) 概念的思考と言語は，人間の知識，能力，意欲の，換言すれば人間の精神（ガイスト）の成長を引き起こした。ところがこの成長が増大しすぎた結果，精神をして「魂の敵対者」となしてしまった。人間の精神は自己の自然的素質では従うことができない状態を創りだした。こうして美徳と考えられる遺伝的にプログラミングされた行動規範が破壊された。

(4) この状況は脅威的である。科学技術に由来する習慣的思考は，技術主義的システムとして固定し，超複雑組織を生み出したがゆえに，人びとを禁治産者にしてしまった。文化の領域においても，あらゆる創造的発

---

36) 「生物が，先行する経験をもたずに一見当該の状況を〈理解〉しているように見え，しかもこの状況に巧みに応答しているところではどこでも，この応答はまったく一定の，いわば鍵のように作用する刺激データに依存している。……一定の刺激状況に対するこのような明らかに機械的－生理学的相関関係，一定の鍵となる刺激に規則的に反応するこのような〈素因〉を，われわれは〈先天的図式〉と呼ぶことにする」(Konrad Lorenz, op. cit., S.240)。

37) これによって経験的なものと超越論的なものとのカント的対立は放棄された。

達の前提である多様な相互作用が欠けている。特に危険な状況に陥っているのが，今日の若者たちである。彼らに対して科学主義的な思考によって抑圧されている，美や善への価値感情が，新たに呼び起こされねばならない。教育的処置はゲシュタルト知覚のトレーニングを目ざしている。なぜなら，これのみが感じ取った調和を伝えることができるから。この目的を達成するためには幼い時期に生きた自然と親密に接触する機会を多く与えなければならない[38]。

このなかでも第3の視点に注目してみたい。それはこの書の第7章「文化における不快なもの」の第1節「速さのはなはだしい違い」において次のように論じられている。

「魂は，人間の精神よりもはるかに古いものである。魂，つまり主観的体験がいつ発生したかを，わたしたちは知らない。イヌは，概して私の魂に等しい魂をもっている。それは無条件の愛の能力の点で，私の魂を凌駕してさえいる。しかし，いかなる動物も精神を所有していない。概念的思考とともに生じた伝統的知識の伝達可能性によって創造された人間の精神は，魂よりもはるかに速く発達する。そのため人間は自分の環境を不利な方向へ変化させ，生命共同体をも否定するような自殺を犯そうとしている。人間の精神が変わるスピード，また環境世界の変化のスピードは，あまりにも早いので，系統発生的進化の歩みは実際には停っている。人間の魂は文化の発生以来，本質的には同じ状態にとどまっている。文化が人間の魂に不可能な要求を突きつけても，驚くに当たらない。たしかに文化自体も，人間行動の諸規範を創造した。これらの規範は，ある意味で，生得的な行動プログラムの代替物として登場することができるものであり，あまりにも性急な発達に対して，それを安定させる保守的要因として役だっている。伝統によって固定された，行動の諸規定というものがあり，これらは人間の《第二の本性》となっている。人間の精神は，科学主義へ至る途上で生活一般への敵対者になり，そしてそのことによってまた人間の魂の敵対者になった，という真実である」[39]。

---

38) ローレンツ『人間性の解体』谷口茂訳，思索社，10-12頁。
39) ローレンツ前掲訳書，138-39頁。

ここには生物学的人間学の三分法が語られており，精神・魂・身体という区分によって人間の問題が語られる。「まず魂は精神よりも古い」と主張され，精神の概念的思考によって生じた伝統的知識の伝達可能性にもとづいて精神は，魂よりも速やかに発達するが，科学主義へ至る途上で生命一般への敵対者になり，魂の敵対者になった，と説かれた。しかも動物は愛において人間に優っていても，禍を生んだ精神を所有していない。そこでわたしたちは今日の危機状態を克服するに当たって，動物を模範として行動を修正しなければならない。古来の人間学でも魂は生命原理であって，精神はそこから発生した概念思考である。今日これが科学主義によって急速に発展して危機状態となっている。

　では，この科学主義をどのように理解すべきであろうか。この点をわたしたちは自然科学者にして哲学者であるヴァイツゼッカーを参照して考察してみたい。彼は現代の科学宗教となった科学主義をキリスト教の世俗化問題として考察している。

7　ヨーロッパ近代の世俗化と科学主義の問題

現代の科学者の中でもこれまで考察してきた生物学者の他に自然科学的人間学の確立に多大の貢献をした研究者が多数いるが，ここでは近・現代ヨーロッパの歴史を特徴づけている世俗化問題に関心を寄せているヴァイツゼッカー（C. F. von Weizsaecker, 1912-）を通して科学主義について考察してみたい[40]。彼はその著作『科学の射程』（1964）の中で現代文明のもっている怖るべき病根に対する診断という仕方で人間学的考察をなし，世俗化の問題に取り組んだ[41]。

　40）　ヴァイツゼッカーはマックス・プランク物理学研究所部長兼ゲッティンゲン大学名誉教授を経てハンブルク大学の哲学教授として活躍した。この著作の原題は Die Tragweite der Wissenschaft. Erster Band, Schöpfung und Weltentstehung. Die Geschichte Zweier Begriffe, 1964 であり，邦訳は『科学の射程』野田保之・金子晴勇訳，法政大学出版局，1969年である。人間学に関してはこの著作のほかに『人間的なるものの庭 ── 歴史人間学論集』山辺建訳，法政大学出版局，2000年と『人間とは何か』小杉克次他訳，ミネルヴァ書房，2007年がある。

　41）　彼はこの著作の最初と終わりの章で現実の実践的な問題を明らかにし，中間の部分では自然科学の歴史的考察と理論的考察を展開させた。

（1）歴史哲学的テーゼ

まずヴァイツゼッカーの歴史哲学的テーゼを検討してみたい。彼によれば現代は科学の時代であり，科学は時代の本質と運命を表明している。彼は「科学」（Wissenschaft）によって技術と深く結びついたもの，つまり自然科学と技術との双生樹木のことを考える。だが科学の意義はその技術への応用以上のものであって現代人の本質と運命に深く関わっている。この考えを彼は次の二つのテーゼによって捉えようとする。

① 科学に対する信仰がわたしたちの時代を支配している宗教の役割を演じている。

② わたしたちの時代に対する科学の意義は，少なくとも今日，二義性（Zweideutigkeit）を表明している諸概念においてのみ解明される[*42]。

このテーゼに語られている宗教と二義性（曖昧さ）とが全考察を解く鍵となる。そして二つのテーゼはただ一緒に合わせて理解されうるものであり，彼が科学に対する信仰をわたしたちの時代の宗教のごときものであると表明することによって，ある二義的な言葉がそこで語られる。

テーゼ1について　現代を支配しているのは宗教的不可知論であり，非キリスト教的東欧およびアジア諸国の台頭はキリスト教を現代の支配的宗教とすることを許さなくしたが，それでも現代人の心が宗教的に空っぽになっているというのは心理的にも正しくなく，この心の場所に今日科学が，もっと厳密には「科学主義」（Szientismus）すなわち「科学信仰」が侵入してきた。このように説くのは世俗化の代替説である[*43]。第一のテーゼはこのことを主張する。ところで宗教には社会的要因として共通の信仰，組織された教会，行動様式の規則という三つの要因が本質的なものとして挙げられるが，科学信仰はそれらを満たそうとする[*44]。科学宗教は宗教の社会的要因の第二である教会をもっていないが，祭司階級のごときものとして科学者自身を有する。彼らは聖別された者であり，政治的対立を超

---

42) ヴァイツゼッカー前掲訳書，9頁。
43) 本書序論第1節および第4章第4節を参照。
44) ヴァイツゼッカーによると信仰とは意見ではなく信頼である。科学をしてわたしたちの時代の偶像にしたのは，それが信頼に値することによる。また見えない世界の原子と数学式は普通人にとって神秘であり，啓示信仰の対象となった，と説かれた。

えて，共通の真理認識によって統合する。第三の要因の行動様式の規則は道徳に関するものである。宗教における道徳的規定は祭儀的規定から生じているが，現代人の後者への類比体は自然法則に対する信仰，また機械の部分品につけられている使用法に従おうとする態度に見られる。

　テーゼIIについて　このように科学主義が現代の支配的宗教であるとしても，それが世界の破滅をもたらし，人間にふさわしくない生活を導き出しているときには，真の宗教であると言うことはできない。それがもたらした成果，したがって科学と科学信仰の成功と不成功について問うと，第二テーゼに表明される二義性が明らかになる。科学のもたらした成功を最後まで考えぬくと，科学の意義の二義性（曖昧さ）が把握される。たとえば医学と衛生学は人口の激増をもたらし，文明を崩壊させており，唯一の救済手段である産児制限は人間の自由を犯す疑点が残る。国際政治でも原子爆弾は一方では戦争の抑止力として平和の維持に寄与しても恐るべき破壊をもたらした。そしてこの破壊を未然に防ぐ保証はない。科学は将来さらに発展するが，今日よりも良くなるか悪くなるか予見できない。それゆえ科学の成果には二義性が見られる。科学の成果と同じく科学信仰の意味も二義的である。確かに科学は人間の理解に大きな寄与をなした。知識は力であり，この力は責任性を意味すべきであるが，科学的認識がこの責任を果たしうる道徳的力をそなえていると主張することは，事実に合わない希望にすぎない。科学が自己の本質から人間の諸問題を解決すると信じられる場合，科学主義は迷信であり，不正な宗教である。科学が与える行為の体系は科学自身がわたしたちに与えることができなかった倫理の奥底を必要とする。

（2）反対感情併存と世俗化のテーゼ

ヴァイツゼッカーによると神なき無宗教的な現代では科学主義が信仰に替わる代用宗教として君臨している。だがそこにはキリスト教信仰の世俗化が進行しており，キリスト教と科学とは反対感情併存（Ambivalenz）という心理学的事象を生み出す。これを彼は聖書の「毒麦の譬え」（マタイ13・24-30）を借りて見事に解明する。畑に麦が成長するようにと種がまかれたが，そこには毒麦も生えてきた。しかし最後の審判まではこれを抜き

とってはならない。もしかするとそれとともに麦も抜きとるかも知れないから，というのがその内容である。麦と毒麦は対立している。しかしそれが併存しているという状況こそ世俗化のプロセスを示しており，現代の精神的状況を形づくっている。

『科学の射程』第10講「世俗化とは何か」では先に挙げた歴史哲学的な二つのテーゼが現代の問題を診断する仮説として捉え直されて，次のように補われている。
 (1) 現代世界は広くキリスト教の世俗化の結果として理解されうる。
 (2) 世俗化とは，反対感情併存の過程を説明する両義性をもった言葉である[*45]。

ヴァイツゼッカーによると普遍的で厳密な自然法則は，キリスト教的な創造の理解なしには，出現できなかった。プラトン的な意味での物質は理性によって説得されて初めて数学的法則に厳格に従う単なる「質料」にすぎない。それに反し神が無から創造した「物質」は，創造者がそれに与えた規則に厳密に従う。それゆえ近代科学は神の賜物ともいえるし，キリスト教の落とし子とも言えるが，今日では科学が世俗化によって両親の家との関係を失い，子どもらは両親の死を体験しなければならなかった。ここに近代科学の両義性がある。

しかし，この世俗化の重みをその全体像において見ようとするならば，政治の領域においてそれを考察すべきである。政治で起こった革命の多様性，たとえばアメリカ革命とロシア革命のごとき正反対なものが可能になったのは，近代文明に内在する二義性にもとづいており，本来キリスト教的概念である自由・平等・博愛が，強調点の置き方によって革命の多様性を導き出したからである。しかもキリスト者であり同時に共産主義者であることを不可能にするほど革命は自己のキリスト教的背景を忘却した。この忘却に対しキリスト教の側でも歴史の現実の歩みに無知な保守的キリスト教の自己についての忘却，つまりキリスト教の歴史に内在している急進的キリスト教と保守的キリスト教との二義性の忘却が対応する。この革命とキリスト教との敵対関係は革命が提供できるよりもいっそう容易に達成できる可能性を失わせてしまった[*46]。このようにしてキリスト教会は近

---

45) ヴァイツゼッカー前掲訳書，235頁。

代の真の本性について無知であり，近代世界は自然を自己に服せしめることを可能にしたキリスト教的背景について無知であって，両者はともに世俗化の意味を知らない。近代世界は毒麦が共に育った畠である。そこから生じる反対感情併存と二義性を正しく認識し，キリスト教信仰の新しい解釈をなす必要がある。とくに科学主義は自らがキリスト教の世俗化によって誕生した由来を正しく認識すべきである。なぜなら科学的思惟自身もキリスト教の産物であるから。他方，キリスト教は科学的に教育された思惟，つまり不断の自己匡正による批判的思惟によって，信仰にふさわしく科学を解明すべきである。科学信仰を生み出した科学主義はこの歴史的由来を自覚し，自己を絶対的真理と同一視する愚かさを脱却すべきである。このようにして科学的批判的意識を養成することこそ，ヴァイツゼッカーの人間学が科学主義に対決して実践的にめざす主眼点である。

---

46) それゆえキリスト教の神の国思想である千年王国説の巨大な試みが提示されても，マルクスが経済思想によって行為的実践を説くことにより，一方で歴史の必然性（目的）と他方でこの行為を媒介とする歴史の前進（手段）とが一緒に説かれ，ここに目的と手段の二義性に転落してしまう。

第11章

医学的人間学と心身相関理論

はじめに

シェーラーの著作のなかでもその天才的能力がもっともよく発揮された名著『道徳の構造におけるルサンティマン』(Das Ressentiment im Aufbau der Moralen, 1915) は，ニーチェがキリスト教的な愛を批判して病的な愛の現象とみなしたルサンティマンをとりあげ，それに反論したものであって，医学的人間学にとってきわめて重要な貢献をなした。言語の人間学的意義が失語症の研究によって明瞭になるように，道徳の構造もルサンティマンの解明によってきわめて印象深く浮き彫りにされた。人間学においても事情は同様であって，本来的あり方から転落し，頽落している現象の解明によって反ってその本質が明瞭に洞察される。それはパスカルが人間の悲惨さを考察することによってその尊厳を捉えたのと同じ手法である。したがってシェーラーは病的現象といわれるルサンティマンの構造分析から本来的な道徳の構造を取り出した。わたしたちはこの分析を手掛かりにしてフロイトの人間学的三分法を問題にし，これを批判検討しながらビンスワンガー，フランクル，ヴィクトール・フォン・ヴァイツゼッカーによって現代の医学的人間学がどのように形成されたかを解明してみたい。

1　ルサンティマンの精神病理学的研究

シェーラーはこのルサンティマンを愛の現象として解明し，心身の統合が破壊された精神状態を精神病理学的に考察した。彼はそのルサンティマン

論においてそれを的確に捉え,「ルサンティマンとは,全く特定の原因と結果とを伴うある種の〈魂の自家中毒〉である」[*1]と規定し,それは組織的な抑圧によって生じ,特定の価値錯覚と特定の価値判断の持続によって起こる心的態度(エートス)であると説いた。このルサンティマンを引き起こす重要な源泉は復讐衝動であるが,それは同時に復讐できない無力感が襲って来て,その衝動を抑圧するとき,初めて生まれる。たとえば嫉妬がルサンティマンの源になるのは,欲求するものがあっても他人がそれを所有しているため,その欲求を否定せざるを得ないという無力感によって抑圧されるときである。その際,他人がそれをもっているということが,自分がそれを所有できないという苦痛の原因になっていると錯覚し誤認する場合,憎しみや悪意をもった態度となって先の欲求と無力感が爆発する。つまり「ルサンティマンは独得な無力感の媒介なしには形成されない」[*2]。それゆえルサンティマンにいたる第一段階は他人の行為と存在によって引き起こされる直接の「反感」であり,さらに併発される復讐感情や嫉妬心である。しかし,こうした感情はそれ自身ではルサティマンではなく,第二段階において無力感と抑圧をもとにしてルサンティマンは生まれてくる。もし即座に反撃がおこり,復讐が遂行されるとしたら,それは生まれない。それゆえ復讐する積極的な犯罪者には表面的に観察しただけでは一般にルサンティマンを見いだすことはできない[*3]。この反撃が反省によってまた無力感によって抑えられることからルサンティマンへの道がはじまる[*4]。さらにこの道はルサンティマンが宿っている心の深部の奥の院に通じており,そこにいたる暗い山道には憎悪・猜疑心・陰険・他人の不幸を喜ぶ感情・悪意が渦まいている。

もちろんルサンティマンを懐きやすい人間の素質,たとえばおとなしく言葉少なくはにかみ屋で行儀がよいなどによって,抑圧が蓄積されやすい

---

1) Max Scheller, Das Ressentiment im Aufbau der Moralen, Klostermann, 1978, S.4.『ルサンティマン・愛憎の現象学と文化病理学』津田淳訳,北望社,8頁。以下邦訳の頁数はカッコによって示す。

2) Max Scheller, op. cit., S.18(32)

3) Max Scheller, op. cit., S.55(38)

4) このような状況をかつてキルケゴールは欲求不満から起こるヒステリー現象として捉えていた。精神が自分の高貴な願望をいだいて意識が上昇していっても,日頃の習慣に押さえ付けられると,抑圧を受け欲求不満に陥ることがある。彼はこの現象を Schwermut(重い気分)と名付けた。

ことや，その人の住む社会の構造，たとえば差別された階級や人種，また人が置かれている社会的境遇，たとえば僧侶，老人，受身的になりやすい女性の境遇，さらに無力感をうむ生の衰退現象などがそれを形成するにあたって大きく作用する。しかし，そこでは特別な価値錯覚も指摘された。つまりルサンティマンに陥った人によって懐かれる錯覚価値にもとづく誤った価値判断が重要な役割を演じる[*5]。

このような価値錯覚により生じる誤った価値判断に対し「真正の道徳は，永遠なる〈価値序列〉と，それに対応する，数学的真理のように客観的で厳密に〈明晰な〉価値優先の法則にもとづく」[*6]と説かれた。

シェーラーはこのルサンティマン論においても「愛の秩序」(ordo amoris) を永遠な価値序列を心に反映させている「客観的に正しい秩序」とみなした。これに対し各々の個別人格においては主観的な構成秩序によって永遠の価値序列に一致したり矛盾したりすることができる。それゆえ神的な世界秩序の転倒も可能であった。これが愛の秩序の「惑乱現象」であって，ルサンティマンもこれに属する。だから「ルサンティマンは，あの永遠なる〔価値の〕秩序を人間の意識の中で〈転倒〉させる諸根源の一つである。それはあの価値秩序の錯覚と，生活の領域への誤った価値秩序の印象づけの源泉である」[*7]と言われる。このような彼の思想は「永遠なる価値秩序」を最高秩序と見る伝統的なヨーロッパの価値観を土台としている。また客観的な価値と主観的な愛との関連を図で示すと，次のようになる。

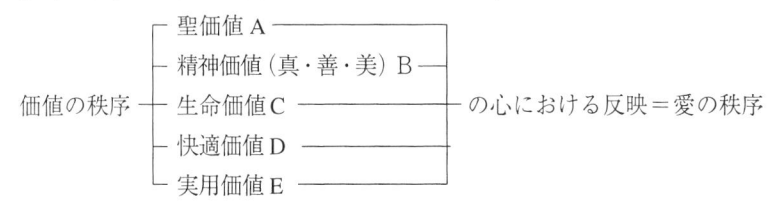

価値の秩序 ─┬─ 聖価値 A ──────┐
　　　　　　├─ 精神価値（真・善・美）B ─┤
　　　　　　├─ 生命価値 C ──────┼─ の心における反映＝愛の秩序
　　　　　　├─ 快適価値 D ──────┤
　　　　　　└─ 実用価値 E ──────┘

---

5)「すなわち，これら他人の諸価値が彼になお積極的なものとして，また高い価値として感じられておりながら，ただその際，錯覚価値によって，それらがいわば〈覆われている〉(überdecken) のである。それらの積極的な価値が錯覚価値という覆いを透して，いわば〈透視的〉(transparent) にぼんやりとしかすかしか見えない，ということである」(Max Scheller, op. cit., S.17 (31-32))。

6) Max Scheller, op.cit., S.29 (50) これがパスカルのいう心情の秩序や愛の秩序であり，歴史においては多様な仕方で理解されているとしても，それ自体は普遍的である客観的な価値の位階秩序である。

7) Max Scheller, op. cit., S.63 (108)

価値の秩序は位階順序として成立し，ABCDE という客観的な位階をなしている*8，人によってこの価値表を改竄することができる。たとえば EDCBA と組み替えると価値の完全な転倒となる。また生命を最高位におけば CDEBA という価値表が組み立てられる。後者の二つの場合は個人的な秩序によって客観的な価値表がぼんやりとしか意識に現われない。これはルサンティマンの価値錯覚である。

ところで最高価値としての「聖価値」を捉える作用は中期の作品『人間における永遠なもの』においては「宗教的作用」として考察されたが，これは霊性の作用である。しかし晩年の『宇宙における人間の地位』ではこの点は説かれず，形而上学的な精神の実体が強調された。そのため「精神と生命」の二元論が前景に現われてこざるをえなかった。この場合，精神はもはや宗教的な霊性ではなく知性的な認識作用と考えられた。このように心身を統合していた作用である霊性が背景に退いたため，彼は心身二元論の陥穽に転落せざるをえなかったといえよう。ここに彼の人間学における「霊・魂・身体」と形而上学的心身二元論との関連という問題が残された。

心身に変調をきたす例として「出世主義者」(Streber) をあげることができる。そこには通常の競争原理しか見られない。シェーラーによると「出世主義者」というのは単に権力・富・名誉などを追求する人を言うのではなく，他人との比較においてより優っている，より価値があることを努力目標とし，それをすべての事象価値に優先させる人のことである。つまり彼は「こうした種類の［他人との］比較において生じる〈より劣っている〉という抑圧的な感情を解消させるために」どんな事象でも無差別に利用する人である*9。したがって彼は卑俗な人である。

それに対し心身に変調を起こさない例として「高貴な人」があげられる。その特徴は自他の比較を行なう前に自己価値についての素朴な意識があり，「それはあたかも自立的に宇宙に根を下ろしているというような自己充実感の意識である」*10 と言われる。つまり比較される両者が比較され

---

8) この客観的な価値表についてシェーラーは万人が認めるものであるという。たとえば「ただ生きるのではなくよく生きることが大切である」というソクラテスの言葉にはAとBの関連が，「良薬は口に苦し」ということわざにはCとDの関係が示される。
9) シェーラー前掲訳書，24頁。
10) シェーラー前掲訳書，22頁。

るに先だって独特な仕方で自己価値を自覚している。引用文中の「宇宙」を「神」と言い換えれば，高貴な人は神の導きを信じる霊的な人である。

　こうした価値の秩序を転倒させたのが自然主義的な愛の理論であって，とくに精神科医のフロイトは自然的な愛を超えた精神的な愛を認めようとしない。彼の学説には超自我・自我・衝動のエスという三分法が説かれたが，伝統的な精神や霊性を全く認めないがゆえに，彼のもとでは自然主義的な人間学の三分法が見いだされるに過ぎない。それに対しフロイトを批判する現代の精神医学は優れた人間学的な視点を導入することによって新たな展開を見せる。そこには多様な試みがあって，簡単に分類することはできないが，精神医学の中でも精神の観点からする心身理解と心身相関の医学の試みをここでは検討してみたい。前者の代表がビンスワンガーとフランクルであり，後者の代表がヴァイツゼッカーである。

2　フロイトの自然主義的愛とその批判

そこで次にシェーラーの価値段階説を転倒させた医学理論を考えてみたい。それは精神価値に立脚する彼の理論に対する反動であって，自然主義的な愛の理論を説いたフロイトの学説である。この愛の形態はすでにプラトンの理想主義に対決して「反プラトン主義」を標榜したエピクロスとルクレティウスおよびオウィディウスによって説かれ，その基本的特徴がすでに説き明かされていた[*11]。

（1）フロイトの自然主義的愛の理論

ここで自然主義というのは愛の働きを何らかの自然本性に還元する立場である。たとえばダーウィンやスペンサーの系統発生理論では，愛が両性動物にある本能や衝動から形成される社会的本能として説かれた。また自然主義的な唯物論では，フォイエルバッハのように性衝動が何らかの原因によって抑圧されると，それは部分衝動へ分裂し，子ども・母・父への愛が生じると説明された。さらに愛を人間の心に具わっている共歓共苦の感情と同一視するシャフツベリーやミルの同情倫理学も同じ自然主義に属す

11）　金子晴勇『愛の思想史』知泉書館，2003年，17-24頁参照。

る。また愛を生物学的価値にもとづいて，たとえば日本においてよく問題になる家柄・血統・格式によって，ときには髪の毛・身長・容姿などによって考察するような自然的態度も愛の自然主義的理論に入れられよう。

　この種の自然主義的な理論の中で愛を性衝動に還元するフロイトのリビドー説こそ現代を代表するものである。フロイトは人間が誕生の瞬間から性的快楽の感情を求める衝動をもっている事実に注目した。彼によれば乳児は哺乳瓶に対してこのような感情をもち，恍惚として乳を吸うと言われる。幼年期の身体にある性感帯は偶然的な刺激によってこの感情を生みだすと，そこから新しく二次的衝動が形成され，成人した時のすべての愛を構成する素材となる。このような感覚を生みだす衝動がリビドーであって，性的衝動という複雑な心の建造物はこのリビドーによって幼年期に生じた行動様式が定着したものである。ある客体が快楽感情を生みだす場合にはリビドーもまたこの客体を志すが，それはあらゆる方向に向かって手さぐりしながら，最後に幸いにも偶然異性を見いだすことで客体との統合にいたる。ところがこうした平均的な発達や成長が抑制されると幼稚症が残り，発育抑制から倒錯やノイローゼが起こる。したがって正常な性的衝動が成立するのは幼年期の性感帯の感度が次第に消滅し，官能的快楽感覚が生殖に役立つ器官にのみ思春期に残る場合であると説かれた。

　ところでフロイトによると愛の多様な形態はリビドーの抑圧によって説明される。リビドーを抑圧する働きというのは，種の保存という目的にかなった様式に制限しようとする力である。その働きには，性的な嫌悪・道徳の基準・羞恥心・近親相姦の禁止などがあり，これによってリビドーが塞ぎとめられると，それは下層意識に蓄積され，時折，欲求不満のヒステリーを起こす。しかしリビドーの目標が本来の性的対象からそらされるとき，転換や転位が起こり，リビドーが一挙に美的なものに向きをかえると，そこにリビドーの昇華が起こる。「この好奇心は，その興味を性器から身体的構成全体にふりむけることができるならば，芸術的なものにまでそらされ（「昇華され」）うるものである」[*12]とフロイトは言う。だが，この目

　12）　フロイト「性に関する三つの論文」，『性欲論』日本教文社，所収論文，35頁。なお同書71頁をも参照。

的からずらされる偏向は，いわゆる「転移」と同じ現象である。性感帯を共有することにより，性的機能が他の機能に影響するとき，たとえば口唇という性感帯の障害が食欲不振を起こすように転移が生ずる。「この道を通って性的衝動の力が性的目標に接近すること，つまり性欲の昇華が行なわれるに違いない」とも説明された[*13]。このようにフロイトは愛をリビドーという非人格的衝動から説明し，男女の性愛であるエロースを衝動にまで還元して解明しようと試みた。実際，これ以上に徹底した自然主義の理論はないように思われる。

この自然主義理論からわたしたちがとりわけ注目しなければならないのは，衝動のもつ暗い力，死に向かわせる力ではなかろうか。この衝動は生のより高い次元から目標を与えられて方向づけられないかぎり，単にその欲求を量的に満たすことによっては，決して鎮まるものではない。また昇華によって欲求の質が高められればよいが，そのことは実際可能なことであろうか。ところが自然主義の基本的特質は自然的生命の領域以外のものを決して認めようとしない点にあり，自然的生命を超えた精神的で人格的領域を虚妄として拒否する態度を貫いている。だが，すべてをリビドーの下部構造から一元的に説明することは不可能ではなかろうか。晩年のフロイトもこの点に気付いた。たとえば彼の超自我の学説がそれであって，心は今や超自我・自我・衝動の三部構成によって分析される。そのさい超自我というのは自我から分化発達し，社会的な行動の規範を取り入れ，自我の行動を観察しながら，衝動に対して検閲的態度をとると説かれた。

(2) 自然主義的愛の理論に対する批判

次に愛を自然的な衝動に解消する自然主義的な愛の理論を批判的に考察してみよう。まず愛と衝動とを同一視する基本的な態度が批判の対象となる。

愛と衝動との原理的関係　シェーラーによると愛と衝動とは別個の存在であるとみなすべきであって，衝動が愛を生み出すという「積極的産出

---

13) フロイト前掲訳書，115頁。なおこの点に関してリクール『フロイトを読む』久米博訳，新曜社，354頁以下の叙述を参照。

の関係」はなく，むしろ両者の間には「制限と選択の関係」があると説かれた。ここで制限というのは衝動が向かう特定の対象に愛が関わるということであり，選択というのは愛がより高い価値を志向し選択することを意味する。この選択には，ある価値を先取すると他の価値が後置されることになり，愛は衝動対象のうちのより高い価値か，より低い価値かを選択することになる。それゆえ愛するものが客観的な価値の中から，自分によって「愛することのできる価値」として摘出される価値は，その価値を帯びた実在する身体的な担い手が，何らかの仕方で，衝動体系を解発するような価値だけである[14]。しかし，ここでは衝動が愛を「解発する」（auslösen）と言われる。というのは衝動は愛の源泉ではないが，それが目ざしているのと同じ対象に愛を向け，対象としての価値の領域を指定するからである。このことによって愛は活動を開始する。したがって，あらかじめ衝動が或る存在に向かって活動していないと，愛の運動は起こらない。それゆえ衝動は最初は対象の感覚的な特質や刺激的な作用に引きつけられているけれども，それによって愛の作用が導き出されると，愛が対象の内にあるより高い価値，あるいはより低い価値を選択するようになる。

　愛の自然主義的理論はこの衝動と愛の基本的区別を認めようとしない。したがって性衝動や性欲と性愛との区別をも認めていない。これが最大の問題である。

　リビドー説の問題点　次に問題となるのはフロイトのリビドー説である。性的快楽の快感を求める衝動からは説明できない事態が先の愛の選択行為には含まれている。実際，生の発展のプロセスには愛によって新しい行為と性質が生じて来る事実は見逃すわけにはいかない。たとえば羞恥心の現象には単なる性欲動に対する反応だけでなく，精神の自己防御作用が認められる。ここには性欲を超えた心の羞恥感情が発生している[15]。

　また，愛を性欲動の洗練された形態，つまり昇華とみるフロイト説は性

---

14)　金子晴勇『マックス・シェーラーの人間学』創文社，175-76頁参照。
15)　シェーラーは性愛が性衝動に還元されることができない点をとくに『羞恥と羞恥心』（Über Scham und Schamgefühl）で解明した。彼は性的な羞恥感情の現象を生命的愛が集中した性愛の価値選択的機能と感性的快楽へ向かう欲動衝動とのあいだの緊張関係から解明し，羞恥により欲動衝動から愛が守られて成長する事実を明らかにした。金子晴勇『恥と良心』教文館，26-32頁参照。

愛と性欲動との原理的分離を欠いており，愛を「意味深い価値選択的な機能」とはみなしていない。またフロイトの主張する「幼児リビドー」に対しても，思春期に起こる性的共感以前には性衝動はなく，今日サリバンによって「仲良し時代」が認められなければならない点が指摘された[*16]。それゆえリビドーと性欲動が区別され，性欲動は性愛から区別されなければならない。したがって性愛は決して「洗練された性衝動」(verfeinerter Geschlectstrieb)でも，フロイトの説くリビドーの昇華や形相でもない。すべての愛と同様に，性愛も価値創造的運動であり，性衝動によって解発されるとはいえ，自ら行なう一つの選択であって，より高い価値の発見に向かい，高貴な生へと質的に高まる方向に従う選択なのである。愛が相手のより高い価値をめざす運動であることをシェーラーは次のように強調した。

「愛は，愛する際に，それが手中におさめ所有しているものをつねに幾分超えて広く愛しかつ観る。愛を解き放つ衝動の力は疲れることがあるにしても，愛そのものは疲れることはない。……その対象が物件であれ，愛された人格であれ，精神的対象の求愛者の満足は，根源的にその対象へと導く同じないしは減じゆく衝動の力の下で――その本性に従って――ますます迅速に増大し，いよいよ深く充足させるが，この満足は，いわばたえず新たな約束をする。つまり，この満足は，愛の運動の視線をして，所与のものを超えてつねに少しばかり遠方へとうかがわしめる。この運動は――人格愛という最高の場においては――まさにこのことによって，人格を，それに固有の理想性と完全性の方向において，原理的には無限的なものへと発展させる」[*17]。

衝動と愛との基本的関係 このように愛はフロイトが説いたようには下部構造一元論的に衝動に還元できないとしたら，両者の関係はどのようになっているのであろうか。一般的にいえることはカントの有名な命題

---

16) サリバンの学説についてはロロ・メイ『愛と意志』小野泰博訳，誠信書房，476頁を参照。
17) シェーラー『愛の秩序』平木幸二郎訳，「シェーラー著作集10」，242-44頁（訳文の一部変更）。

「概念のない直観は盲目であり，直観のない概念は空虚である」にしたがって，「愛のない衝動は盲目であり，衝動のない愛は空虚である」と言えないであろうか。愛は自己から出て他者に向かう運動であるが，そこに衝動がないとしたら，片思いと同じく，愛は決して他者に達しないし，他者に触れることなく，ただちに自分のところに立ち返って空想にふけるうちに萎んでしまう。衝動が愛を運んでゆき目的地にいたらせるのではなかろうか[18]。愛には独自の認識が含まれており，価値感覚がそこでは作用している。つまり愛によって愛された対象の価値がいっそう明確になり，その価値を対象自身のうちに実現するように愛は活動し続けるといえよう。愛は最初は衝動と一緒になって対象に付着しているさまざまな特性という感覚的なものに引きつけられているが，愛自身の鋭い認識の働きによって対象の価値の人格的な中核にまで迫っていく。愛のこのような働きは自然の本能や衝動からは説明できない。もちろん性愛は純粋な精神的行為ではないが，それは決して洗練された性衝動でもリビドーの目標ないし形相でもない。すべて愛と同じように性愛はより高い価値をめざす運動であって，何ら相手を選ぶことのない性衝動と区別して，自分からなす一つの選択であり，しかもいっそう高次の生活を形成する方向にしたがう選択であって，生命的存在としての完成を目ざしているのではなかろうか。それゆえ性愛は性欲という単なる生命活動よりも高い意味をうちに秘めている。性愛はこのいっそう高い意味の表現として働いているからこそ，性衝動に対し充実と満足とを与え，秩序を付与することができる[19]。

　シェーラーの人間学は生命と精神の二元論に陥っていると言われてきたが，自然主義的なフロイトとの対決で，性愛が性衝動に密接に関わっていることを示すことによって，その二元論が心身の統合に向かう方向性と方法的意味をもっていることが判明する。

---

18) それは，ちょうど人工衛星をはるかなる宇宙空間の軌道にまで運んでゆくロケットのようなものである。莫大なエネルギーによって打ち上げられてはじめて人工衛星は軌道に乗ることができる。同じように愛が目標に達するには衝動のエネルギーを必要とする。また愛がないと衝動は自己のエネルギーを無駄に浪費するだけで，正しい軌道にのることはできない。

19) 金子晴勇『愛の思想史』知泉書館，219-26頁参照。

3　ビンスワンガーの現象学的人間学

スイスの精神病理学者ビンスワンガー (Ludwig Binswanger, 1881-1966) は第6章で問題とした現象学的人間学が精神医学においても妥当性を有することを明らかにした。彼は初めフロイトの精神分析学に一度は接近し、それに傾倒したが、その後ハイデガーの現存在分析という方法によって現象学的な人間学を構想した。

ビンスワンガーは、フロイトの自我・エス・超自我という三分法を心的装置の構成部分として人格から取り出しながら、それを非人格化 (entpersönlichen) した後に再び人格化 (repersonifizieren) しようとした点を指摘し、人格の全体よりもこの三分法という心的装置を重んじている点を批判するようになった。こうしたフロイトによる非人格的な還元をビンスワンガーは論文「人間学の光に照らして見たフロイトの人間理解」によって批判した[20]。この論文の表題からも分かるように彼は人間学の観点から精神分析の方法論と対決し、その根底に横たわるホモ・ナトゥラーリス（自然人）の人間観と対決するようになった[21]。

ビンスワンガーは『現象学的人間学』に収められた「現象学について」という講演の最初のところで自己の研究主題を「形相の学あるいは本質の学であるところの現象学と、経験の学であるところの心理学や精神病理学との関係」に方法論的に限定して設定した[22]。ここに「現象学」という新

---

20) ビンスワンガーは後年次のように述べてフロイトのこの心的装置論について論じている。「これ（フロイトの心的装置）は、一見、胸部内科専門医が心臓や肺の所見をかきこむ器官図にも比較できます。しかし内科医が、器官図をつくりあげるために、鉛筆と紙をつかって、器官を図式的に模写するのにたいして、フロイトは無数の臨床経験と苦労をかさねた思弁的加工から、はじめて器官自体をもつくらなければならなかったのです。というのは、心的なものが始まると、もう作図はできなくなるからです。したがって心的装置は、器官であり、同時に図式でもあり、〈局所的〉組織と審級の総体でもあります。つまり、一方で、この組織と審級の力学的働き方と経済的効果が、他方では心的生活とその異常に関する検査と研究および確認のための図式が、心的装置の概念のうちに含まれているのです」（宮本忠雄『現代の異常と正常——精神医学的人間学のために』平凡社、1972年-66頁からの引用）。

21) この批判に対しフロイトは「私はいつも建物の一階や地下室にばかりとどまっていました。あなたは、ひとはだれでも視点を変えさえすれば、宗教や芸術のような高貴な客人が住む上の階も見られると、主張しています。……宗教にたいしては、人類ノイローゼというカテゴリーに注目して以来、すでに私はその住み家を見つけてあります」と答えた（宮本忠雄、前掲書、68頁）。

22) ビンスワンガー『現象学的人間学』木村敏訳、みすず書房、12頁。

しい学問の研究方法と心理学や精神病理学という「人間科学」との関連が問題となっており，両者の正しい関係を解明することこそ「現象学的人間学」の主題であると説かれた。彼はまず自然科学的認識と現象学との相違を際立たせる[23]。彼によるとデカルト的な自然科学的で機械論的な自然観が挫折するのは実存という暗礁に乗り上げたときである。そこで現象学的な人間学によって「実存」「自己存在」「自由」「歴史性」といった概念を用いながら，精神医学的に人間を考察する。そして自然主義者フロイトと対決しながら，彼は自然主義によって破壊されていない人間の経験全体を考慮に入れて，人間の受動性や必然性をも主体的な態度から解釈する。

彼はハイデガーの実存哲学からも影響を受けたが，その哲学に対しては批判的であって，人間存在の共同性を具体的な愛の現象学的分析から積極的に確立しようと試みた。主著『人間的現存在の基本形式と認識』(Grundformen und Erkenntnis menschlichen Daseins,) の中で彼は「共同的なわたしたち」のあり方を解明する。ハイデガーの人間的現存在の分析は「世人」という公共性の下にある非本来的な自己喪失と本来的な自己存在との二つの極の間に制限されている。それゆえ他者との「共存在」とその現実的関係である「愛」は現存在の投企のなかで正当に評価されず，凍結状態にある。彼は言う，「愛しながらの相互存在である愛は，このような存在投企の戸外で凍えたままである」[24]と。

彼は単独者としての個人を愛の中で捉え，「存在への決意性が存在するのは実存の恩恵からではなく，愛の恩恵からである」と主張した。彼の思想の中心的な視点は，人間が他の共同的人間（仲間）との出会いによって，すなわち他者との生ける関係と交渉をとおして初めて純粋な事物存在の貧困さから解き放たれ，現実の実存に到達できるという主張である。本来的

---

23) ビンスワンガーは画家の描いた風景とそれに対する分析的な自然科学の知覚との相違がこのことを示すと言う。画家は外界の様子を描いていても，単に模写しているのではなく，彼の目は現象学の本質直観によって事物の本質を捉えている。その際，外的な知覚は自然科学の認識に当たっており，本質直観はこの自然科学的な認識の領域を限りなく超越している。ところで画家の本質直観は多くの努力と精進の結果，最後には知らず識らずのうちに霊感の賜物によって成立するのであるが，現象学はこれを学問的方法によって，自然科学的領域から一歩一歩と段階的に前進していく試みであると説かれている。この本質直観にいたる方法として現象学的還元の意義が詳しく説明されている。

24) Binswanger, Grundformen und Erkenntnis menschlichen Daseins, S. 55f.

3　ビンスワンガーの現象学的人間学

人間の特徴は排他的な自己自身との関係ではなく，共同的人間とのかかわりにおいて明らかになる。さらに彼は愛の現象学的考察をとおして「わたしたち」としての実存を解明していった。たとえば愛の詩人，エリザベス・ブラウニングの詩をリルケによる独訳によって解釈し，愛している共同的な相互存在の場を構造的に取り出した。

　「故郷や天国の名前は遠くに消え去った。

　ただ汝がいるところにのみ一つの場が成り立つ」。

「汝がいる」というのが，相互的存在構造の秩序原理にして最高の意味であり，「汝」が存在するところに，「わたし」が存在しなくとも，最高の場の原理である「わたしたち」が存在するがゆえに，わたしたち「において」我と汝はすでに相互に属し合う者として存在する。それゆえ，我は汝がいるところに帰属し，汝がいるところ，そこに存在することができ，汝の存在が私の在所を決定する。我と汝の「こことそこ」という事実的な方位づけは，愛の相互承認，相互の譲り合い，もしくは「愛しながらのわたしたちとしての性格」（liebende Wirheit）の根拠にもとづいてのみ可能である。

　このような愛の現象は相互存在の関係であって，独自の存在様式をとる。それは「世人の存在」（Man-Sein）とも，また「自己存在」とも対立する独自の仕方で存在する。実存している現存在に「各自性」が本来性と非本来性についての可能性の条件として属することがハイデガーによって説かれたように，「愛している現存在」には「わたしたちのものたること」が「（二者からなる）わたしたちという存在（Wirheit）の可能性の条件」として属する。今やハイデガー的「世人－自己」と「本来的自己」（自己的自己）には全く見られない現存在の他なるあり方が明らかである。それは「わたしに」と「あなたに」との相互的な帰属存在，「双数のわたしたちという自己」（das duale Wir-Selbst），つまり「愛であるわたしたち」である。このような愛が形成する場としての世界は，ハイデガー的「関心」とは決定的に相違する。関心の空間性がいたるところ底につき当たり，限界があって有限的であるのに対し，愛の空間性は無底的，無際限，汲み尽くしえない無限なものである。

　したがって愛の空間性は「出会い」という独自の様式をもっており，愛している相互存在の「空間」は互いに譲り合うことによって創りだされる。

出会いとは愛することによって相互に承認し受容することである。出会いは「わたしたちという空間」「相互の空間性」「我と汝」を開き示す。「現存在がそれ自体ですでに出会いの性格をもっているときにのみ，換言すれば〈我と汝〉がすでに現存在の存在構えに属しているときにのみ，〈我に〉と〈汝に〉とからなる愛は一般に可能なのである」。愛はこのように現存在の根源的本質なのであって，この愛によって現存する空間性は現象学的にいうと，対象的な物体としての近さや遠さから完全に独立し，自己自身の充実の法則にのみ従っている。ここから「関心」に対する「愛」の現象学的優位があると彼は言う。

　このような愛の現象学によってビンスワンガーはハイデガーを次のように克服した。①現存在がそれ自身ですでに愛しながらの出会いである。②あなたをわたしに対し，わたしをあなたに対し「わたしたち」において開示し，わたしはあなたを見いだし選ぶが，あなたもわたしを同様にする。③愛しながら出会うことの根源的可能性に立ってのみ愛の発見・充実・持続が成立する。④こうして空間・時間・歴史を超えた愛の相互存在の意味が理解される。このような愛の現象学的分析は友愛や恋愛また同胞愛のみならず隣人愛に対しても向けられ，愛の人格的深みとともに強力な倫理を導きだした[*25]。

4　フランクルの「実存分析」

ウィーンの精神医学者フランクル（Viktor Emil Frankl, 1905-97）は，フロイトとマックス・シェーラーの影響を強く受けて，人生の意味を問う実存分析を提唱し，無意識のなかにひそむ「精神的なもの」を重視するロゴテラピーという治療法を実施した[*26]。彼によれば人間は価値の実現をめざす「意味への意志」をもつ存在である。この意志によって価値が実現される。人間は自らの人生を意味によって満たす存在であって，生きる意味を求め

---

25)　Binswanger, op. cit., S.69f.
26)　フランクルはフロイトとシェーラーの人間学の影響なしには考えられない。フランクルの書斎にはマックス・シェーラーとフロイトの写真がならべてかけられていた。ここに「フランクルの人間学の系譜」が見いだされる。しかし精神分析は人間の自我が，エスだけによって駆りたてられるとは考えない（フランクル『精神医学的人間像』宮本忠雄・小田晋訳，「フランクル著作集6」みすず書房，129頁参照）。

る。それゆえ，それが阻止されるとき，人間は欲求不満に陥り，病む者となる。どの時代でもその時代特有の神経症があり，精神療法を必要とするが，現代はこうした心の欲求不満と対決する時代である。意味への意志が挫折すると精神は倦怠に陥り，存在の意味を否定するニヒリズムを生み出す。このような現代的苦悩からの解放は，意味の根源的な母体としての精神性に求められる。

　さらにフランクルは人間を責任を負う応答的存在とみなし，人間を責任負担に向けて分析する。これが現存在の応答的責任性を解明する「実存分析」と言われる手法である。しかも彼の実存分析の特徴は個人を共同体との関わりの中で積極的に把握する点に求められる[27]。ここには同時に実存哲学への批判が看取される。実存哲学に欠如しているものは決断が何のためになされるのかを問わず，何らかのものからの自由はあっても，責任へ向かう自由が把握されていない。それゆえ「意味と価値達成への責任」が成立するためには「ロゴス」への関連，つまり決断と自由との客観的相関者がなければならない。実存分析は決断の客観的相関者と認識の主観的相関者とをともに考慮し，実存哲学を批判的に修正しようとする。これは人間が自己自身を超えて他者に向かい，共同体への責任と応答関係に生きるという彼の基本的思想に由来する。それゆえ「定義的にいうと実存分析とは，責任をもっているという意識をめざすものである」[28]と言われる。この観点は彼自身の強制収容所の体験と医師としての臨床経験から実証された[29]。

人間学的三分法　　フランクルはヨーロッパ人間学の伝統的な三分法を重要視する。それは人間に備わっている心身関係を精神的なものから切り

　27）フランクル『死と愛―実存分析入門』霜山徳治訳，みすず書房，1957，83頁。「このように人格としての人間の個人的実存の意味は，それ自身の限界を超えて，共同体をさし示すのであり，共同体への方向において個人の意味はそれ自身を超越するのである」。
　28）フランクル『識られざる神』霜山徳治訳，「フランクル著作集7」みすず書房，151頁。
　29）フランクルは強制収容所の体験から人間が何らかの価値の実現によって生じる意味を求めることを学んだ。絶望のどん底において人間の「内面的な拠り所」に生きる意味の中心がすえられ，その崩壊による死とその確信による生の分岐が考察された。また「待っている愛する人間や仕事」がある場合には人は自らの生を充実させることができ，生を放棄しない。それゆえ生き生きとした触れ合いのなかで感じられる内面の充実は，生きる意味の開示を伴う。この点についてフランクルの自伝的な記録を綴った『夜と霧』を参照。

離すことはできないからである。この心身と精神との関連について彼は次のように主張した。

「人間というのは，身体と心と精神との三つの存在層の交点，それらの交叉点であるということになります。この三つの存在層はそれぞれどのように明確に区別しても明確すぎるということはありません。……しかしこの統一体，この全体の内部で，人間の中にある精神的なものが，人間に付随している身体的なものや心的なものと〈対決して〉いるのです。こうして成立している関係が，私がかつて精神と心の拮抗関係 (der noo-psychische Antagonismus) と名づけたものなのです。心身の並行関係が絶対的なものであるのに対して，精神と心との拮抗関係は随意的なものです。……外見のみはきわめて強大なものにみえる心身に対して〈精神の抵抗力〉を喚起すること，これがつねにかわることなく大切なのです」[30]。

ここには心身に対する精神の関係というキルケゴールに典型的に示されていた三分法が明瞭に説かれている[31]。こうしてほぼキルケゴールと同一の観点からフランクルの医学的人間学は心身を総合する「精神」として把握された。その要点をあげてみよう。

人間とは，身体と心理と精神を「寄せ集め」たものではなく，精神が心身を統一している。人間は身体と心理と精神から合成されているというよりは，精神的なものが，身体的なものと心理的なものに対し自分に態度をとっている[32]。それゆえ人間は身体と心理を「もち」，また精神で「ある」。そのため人間はただ自分が精神である限りでのみ，条件づけられない存在

---

30) フランクル『知られざる神』(前出) 172-73頁。続けてこう言われる。「ことに精神療法にとってはこの喚起は欠くことのできないものであり，したがって私はこのことを第二の，精神療法の信条と名づけたのです。つまりそれは，人間の中にある精神的なものがいかなる制約のもとでも，またいかなる事情のなかでも，人間に付随した心身から身を引き離し，みずからと心身との間に実り豊かな距離を置くことができるという，この精神の力に対する信念なのです」。

31) キルケゴールの三分法については金子晴勇『ヨーロッパ人間学の歴史』知泉書館，395-406頁参照。

32) フランクル『制約されざる人間』山田邦男監訳，春秋社，2000年，119頁による。「われわれが，たとえ身体的なもの・心理的なもの・精神的なものを区別する場合でも，われわれは，あたかも人間がそれらの部分から〈寄せ集め〉られたものであるかのように考えているわけでは決してありません。というのは，人間は加法的存在ではなく，積分的〔統合的〕存在だからであります」(同書131頁)。

でありうるが，人間はそういう存在として一般に制約されている。人間は，まず第一にその身体性によって，しかも何よりもその身体的現存在によって，制約される。しかも彼をそのような身体的現存在として定めたのは彼の両親であって，彼自身ではない[*33]。

　こうした人間が自己を実現するのは他者なしには不可能である。「実存的な自己実現は他者なしには起こりえず，むしろ他の実存に接することによって起こる。つねに，実存から実存へと橋が架けられる。実存は，自己を実現する限り，つねに，自己を超えて向こうへと手を伸ばす。これこそ，ハイデッガーが〈超越〉と名づけ，ヤスパースが〈交わり〉，ビンスワンガーが愛の〈共同〉と名づけた実存的原現象なのである」[*34]。このような自己超越はつねに時間を超えていき，超時間的なものの中へと超えていく。たとえば子どもや孫のためにのみ生きる人は，無限に自己を充足させることなく，充足を無限に先送りしているだけである。「真の無限においては，実存は水平に超越するのではなく，垂直に超越する，つまり，時間の中や無限な時間の中で超越するのではなく，時間を超越し，超時間的なものへと超越する」[*35]。

　したがって人間は，一方では遺伝や環境などの心身的な「事実性」によって制約されているが，他方では本来的にそうした「事実性を超えて」跳躍する自由な「制約されざる」ものである。それは「精神」のゆえに実現できるというのがフランクルの主張である。人間とは心身を統一する精神であって，それゆえに自由意志をもって自己を実現できる存在である。このことが彼の医学的人間学の中心思想として論究された[*36]。

良心の審級としての神　　精神としての人間は人格であって，良心をとおして神との関係を維持している。「人間が人格であるというのもやはりただ，彼が超越者によって人格たらしめられている，つまり超越者からの

33）フランクル前掲訳書，119-20頁。
34）フランクル前掲訳書，129頁。
35）フランクル前掲訳書，129-30頁。
36）「彼は言う，〈皆さん，私は，臨床医として，真の人間像を証言しようと試みてきました。私は，制約されているだけではなく，無制約でもある人間，身体的存在や心的存在である以上の人間，精神的で自由で責任ある人間について証言しようと試みてきたのであります〉と」（フランクル前掲訳書，252頁）。

呼びかけが彼に鳴りわたり響きわたる（personare），その範囲内においてのみなのです。人間は良心においてこの超越者からの呼びかけを聴き取ります。良心は超越者がみずからの来訪を告げる場所なのです」[37]。こういう良心の場所は霊性の機能においても認められる。なぜならこの霊性は宗教的な良心と同様に神との関係の中で超越するという特質をもっているから。「良心は，固有の心理学的事実として，すでに自分から超越性を指示しているのです。良心の超越的性格はわれわれ人間を，そしてとりわけその人格性一般をはじめより深い意味で理解させてくれます。なぜなら，人間的人格の良心をとおして人間外の審級が反響してくるからです」[38]。したがって良心は神と人間との関係を保つ場であって，霊性の機能を併せ持っていることになる。

5　ヴィクトール・フォン・ヴァイツゼッカーの心身相関論

医学的人間学の代表者であることを自認するヴァイツゼッカーは『医学的人間学の根本問題』のなかで，デカルト的世界構成を意図的に離れて，生ける人格の本質を，「反論理的なるもの」，「パトス的なるもの」，「交渉」などのカテゴリーによって捉えようと試みた。彼は対話の哲学者ブーバーと親交をもった人で，対話的な思想傾向を示す。このようなカテゴリーのうちに人が生きるがゆえに，古典的自然科学的な世界像は拘束力を失う。したがって人間の現実はここでは自己と環境との不断の対決，常に新たにされる自己と環境との出会い，自己と環境との流動的な交渉に求められる。しかもこの交渉の挫折から生ける人間の反論理が語られる。細胞分裂のとき二つの細胞から一つの新しい細胞のできる場合，あるいは子供，青年，大人，老人は同一人でありながら，全く違った人として考えられる場合に，発生的反論理があって，同一性が類似性を超えて差異性と反論理的に統合している。人格は理性・自由・自己存在という古いカテゴリーによってではなく，出会い・出来事・確証・責任によって規定される。また「交渉」のカテゴリーを現実の人間の根本規定とすることによって彼はデカルト的

---
37)　フランクル『識られざる神』佐野利勝・木村敏訳，著作集7，みすず書房，175頁。
38)　フランクル『精神医学的人間像』宮本忠雄・小田晋訳，著作集6，みすず書房，88-89頁。

主観性を克服した[*39]。ここに人間は他者との出会いと対話をとおして心身相関の多様性から捉えられた。

　ヴァイツゼッカーは医学的人間学が一般の人間学と並んで自己を主張しようとすれば，生命の減弱，脅威，抹殺なども事実として受け入れなければならないと考える。生物学的な生命の定義の中にすでに生命の維持が自己目的として含まれており，そこからその機能が推論されるがゆえに，病的な機能にはいつもネガティヴな意義しか与えられない。これが生物学的生命概念の弱点だし，ダーウィニズムの泣きどころである。そこには病気に何かポジティヴな価値や意味があるなどという可能性が排除されてしまう[*40]。ところが病気にはポジティヴな意味があって，内科学に心理学を導入することで，意味の発見が起こる。

　では心身相関の医学の内実は何であろうか。ヴァイツゼッカーの心身医学は心理学と内科学との二つのコンパスをもって病気がもつ意味の解釈と変換とを探求する。診察中に一つのディレンマに陥ると，医者の態度は両面的となり，彼の用いる方法は二重のものとなる。

　「そこで彼はどんな患者に対しても，どんな病気に対しても，手を二本もっている人のようにふるまうことになる。どちらの手にも重りを，いってみれば鉄の球をもち，両方の重さを絶えず量り比べていることになる。彼自身はこの両手のどちら側にもいるのだが，そうはいってもやはり両手の中間に立っている。二つの仕事のそれぞれの特性を区別し，比較し，できればそれを統一するための場所として，医学的人間学が必要なのである。医者は心理面と身体面での仕事を別々に行って順番に記述するのでは，必ずしも満足な結果は得られない。肝心な点はいつも両者の関係であり，両者の中間における統一である。だから医学的人間学には二元論は通用しない」[*41]。

　39）　ヴァイツゼッカー『医学的人間学の根本問題』（『医学的人間学とは何か』青木茂・滝口直彦訳，知泉書館所収）参照。同様にクリスティアン／ハースの『双極的人格性の本質と形式―医学的社会学の基礎』（Wesen und Formen der Biperonalität. Grundlage für eine Medizinische Soziologie, 1969）もデカルト主義を人格の共同性の下に超克している。
　40）　たとえば，いま気管支喘息でエネルギーを供給する燃焼［酸素補給］のサボタージュに，なんらかの心的な意味が，つまり生命が脅かされているという意味が与えられることがありうる。
　41）　ヴァイツゼッカー『病と人―医学的人間学入門』木村敏訳，新曜社，206-11頁。

心理学と内科学によって精神と生命を相関的に捉えると，心身は対極性のもとにあってつねに統合的に探求され続けることになる[*42]。この対極性の下にあるがゆえに，意志，可能，当為，必然，許容などは相互関係的に考察される。これらはすべて情念的な性質のものであるから，「パトス的なカテゴリー」（pathische Kategorien）と称せられる。パトス的なカテゴリーでは，「存在している何か」（etwas was ist）ではなく，「存在はしていないけれど，何かになるかもしれないところの何か」（etwas was nicht ist, aber vieleicht wird）が探究される。だから「パトス的なもの」（Pathisches）はすべて「存在しないもの」（Nicht-Seiendes）として，「存在するもの」（Seiendes）であるところの「存在的なもの」（Ontisches）と対置される。しかもパトス的なものと存在的なもののあいだには往復運動が経験される。そこにある不安定のゆえに安定を求める努力が現われる。こうして新しい形象が生まれ，それは均衡・バランス・目標指向・総合・変換などとして表象される。その場合一方が他方にとって隠れていながら，しかもそれと結びついている。そこで，少なくとも時折，この往復運動がまるで円環運動のように見える事態が成立する。これが彼の言う「ゲシュタルトクライス」（Gestalt-kreis）である[*43]。

彼は『病因論研究』で心身相関の医学を追究し，心で体験し精神で意識したことの意味を身体的事象の側から開示することが，可能でもあり必要でもある点を反省する。そこで彼は器質身体的な事態（感染と炎症，組織中の水分の病的な動き，心拍の調節障害，筋肉の協調運動の調節異常など）の考察と並んで心因性を追求し，専門別の医学ではない総合の医学を探究する。その際，ヨーロッパにおけるキリスト教人間学の三分法（彼の言葉で言うなら「身体・心・精神という組合せ」）を語ると，ややもすると抽象的思考の線に沿って哲学的に問題を整理するということになりかねないことを熟知している。それでも伝統的な病理学の発展から自然に出てくる問

42　こうした心身相関の医学では「精神」と「生命」との二元論が分離されないで，両者が対極性に立って交流する観点から統合される。そこでは「対象ということと，対象への関与ということとは同じことなのである」（der Gegenstand und der Umgang mit ihm sind dasselbe）。それゆえ対象が何であるかは対象への関与の仕方で決まるということで，これは量子力学のいう「相補性」と同じことである（木村敏の註記）。

43）　ヴァイツゼッカー『ゲシュタルトクライス』木村敏他訳，みすず書房，1975年，7，231，272，301頁の叙述を参照。

題設定に向かっている。「われわれにとってもっとも重要だと思われたのはむしろ，病歴〔病気の歴史〕を記述する特定の仕方であった。病歴のもっている価値と地位は，自然科学で実験的，あるいは体系的な観察が占めている価値や地位に対応している。この実証的な素材を出発点にして，そこからさまざまな帰結や新しい問いを導くことができる」[44]。ここから彼は，独特の仕方で類型的に反復して出現するのを観察することができるものを，生活史上の危機（Krise）という転回点から捉えようとする。この生活史というドラマから次のように語られる。

> 「病気と症状は心的な努力目標，道徳的な立場の設定，精神的な力などといった価値をおびていること，それによって生活史が，人格を構成している身体・心・精神の各部分に共通の基盤のようなものとして成立していることなどもわかってきた。次いでわれわれは……生のドラマに内在する必然的な構造のようなものを見出した。経過と形式が示すこのような構造秩序を把握した上で，そこではじめてその下部構造の諸部分を個々に規定することも可能になる。正反両方向の力，緊張，転機的な転回と交換，外部からの因果的条件と内部の主体的因果性，破滅と保存の関係，断念による調停，別の実存様式への変化，個人的次元と超個人的次元のあいだの動きなどの個別的な規定が可能になってくる」[45]。

このような生活史的方法というのは説明ではなく，ものを観察する知覚の一種であって，心身相関の問題を説明するための基本的なカテゴリーの導入を意味する。ここから観察者の主体を導入する新しいパラダイムの転換が遂行されたが，そうはいっても何らかの概念的規定なしに済ませるものでもないと彼は考える[46]。

---

44) ヴァイツゼッカー『病因論研究——心身相関の医学』木村敏・大原貢訳，講談社学術文庫，146-47頁。
45) ヴァイツゼッカー前掲訳書，147頁。
46) ここで言う「概念規定」というのは引用にある「身体・心・精神」という人間学的三分法である。しかし彼は医者としてそれを示唆するにとどめている。しかし三分法の意義が指摘されていることを看過すべきではない。

6 医学における深層心理学的な人間学

医学的人間学はヴァイツゼッカーによって提唱され,その学問的内容も次第に明瞭となり,とりわけ「生活史が,人格を構成している身体・心・精神の各部分に共通の基盤のようなものとして成立していること」が解明された。そのさい「身体・心・精神」というのは人間学的三区分であって,ヨーロッパの伝統的な人間学の三分法と内容上一致している。この区分の中でも「精神」(Geist)は理性機能と霊性機能を含んでいるが,世俗化の歴史的進展とともに霊性が希薄化してきた。それでもこの部分が深層心理としてフロイト以来注目されてきたことを最後に問題としてみたい。

こうした問題の解明に当たってクンツの論文「精神分析に含まれている潜在的人間学」が考察の手掛かりを与えてくれる。実際,フロイトの深層心理の分析が心理学と心理療法の概念を導入したことからそれ以前と以後とを分けることになった。フロイトは神経症の治療から精神分析の原理や臨床における分析の技法を開発したが,その影響はマックス・シェーラーやビンスワンガーに現われている[47]。クンツが言うには「哲学的人間学の主題をめぐって展開される論争の内部」では精神分析学のもつ「経験論的,自然学的な傾向」ばかりかその「反哲学的な意図」のなかにもフロイトの影響が暗示されている。彼は言う「経験論的な研究としての精神分析の根底には,それ自身経験から派生したものではないにもかかわらず,この経験を基底づけ,導く諸前提」があって,そこには医学的人間学の発想が認められる[48]。ここから彼は「精神分析に含まれている潜在的人間学」を解明するようになった。

フロイトの人間理解は「超自我・自我・エス」の三層構造で示される。彼はヨーロッパの人間学で人間における最高の価値や神的な存在として説かれていた高次の審級をも「超自我」から導き出したばかりか,また人間のなかで活動する知られざる暴力の根源,人間の運命を規定する暗い力を

---

47) 「もっと驚くべきことは,さまざまな〈哲学的―人間学的〉試みが依然として ―― シェーラーとビンスワンガーとを除いて ―― 真剣にフロイトと対決したり,あるいは少なくとも,哲学的人間学の問題性へのフロイトの側から見た寄与の可能性について問いを出そうとさえしていないことである。この事実こそ問題にしなければなるまい」(クンツ「精神分析に含まれている潜在的人間学」『医学的人間学とは何か』(前出)所収論文,128頁)。

48) クンツ前掲訳書,103頁。

「エス」と名づけた。こういう仕方で彼は人間のなかに人間的自然を発見した[*49]。この自然とはクンツによると生殖と死という事実なのである。そこには「自然人の理念」が存在している。

このような人間的自然の根源性ということで，いわゆる「原人」とか「未開人」，まして新生児のことは考えられていない。それはむしろ人間存在のなかに自らによって生み出したのではない事実が考えられたのである。それは「自ずから出来する死」(sich ereignender Tod) であって，わたしたちは死を自ら招き寄せるに先だってそれを現実化することができるが，実際にはこの死によって圧倒されており，自由なる決断能力をもってしてもその不可避性を止揚できない。したがって死を前にして人は内に現存する根源的自然に身を晒し続ける。この根源的自然をフロイトは経験していた。こうしてビンスワンガーが言うように，フロイトは「人間の本質を〈永遠の人〉(homo aeternus)，〈天上の人〉(homo coelestis) と呼んだ数千年来の伝統とは正反対」の位置に立つことになる[*50]。

ところでフロイトは人が死に取り巻かれた自己を認識することの重要性を指摘していても，その克服には疑問を懐いており，それを阻んでいるのが生殖と死という自然的条件であると考えた。これに対しビンスワンガーはこうした自然的な機械論の強制に抵抗できるのは実存だけであると考え，自己自身を形成しうる可能性を残した。

「人間が自己決断できるという可能性は，体験や行為を可能にするための人間に内在する前提条件であり，したがってまた実存的な可能性の条件，単なる思惟可能性にとどまらない条件である。自由の意識にあずかるその正当な持ち分を決して低く評価してはならない。知能障害，さまざまな病因に基づく疾病，幼年期初期の固着などは，つねにこの条件の潜在的力の実現を制限しており，したがって自由の損失を結果として生みだす」[*51]。

---

49) クンツ前掲訳書，117頁。
50) クンツ前掲訳書，118-19頁。
51) クンツ前掲訳書，130-32頁。さらにこう言われる。「単に考えられ夢想された〈克服〉ではなく現実的な〈克服〉，すなわち，〈自然的〉死の抹消ということが示されなければなるまい。……たとえこうした議論を〈自然主義だ〉などとどんなに声高に非難しても，やはり死というこの沈黙した情け容赦のない自然の出来事にわれわれすべてが貢ぎ物を捧げなければならぬという事実を欺くことはできない。……自然は，一面において言い尽くしがた

確かにフロイトは過去の偉大な思想家の学説よりも人間的現実の側に近く留まっていると考えられる。しかし死に包囲された現実に直面し，それを運命として受け入れるというのはギリシア悲劇の人間観である。実際のフロイトはワインシュトックの言う「その存在と生存の根本から人間そのものである解きがたい矛盾」[52]に直面し，悲劇作家たちが知識を胸に秘めていたのと同じ考えを懐いていた[53]。

しかしギリシア悲劇作家の人間観はヨーロッパ人間学の一つの立場もしくは類型に過ぎない。その後の歴史はキリスト教の霊性による人間学の形成をもたらしたが，現代ではそれも世俗化の巨大な波に見舞われ，水泡に帰したと言えよう。しかしヴァイツゼッカーがキリスト教の三分法を想起しているように，現代の医学的人間学も再度それを検証する段階にさしかかっているのではなかろうか。

終わりにメダルト・ボスの『心身医学入門』によって現代の医学的人間学を心身論の観点から考察したい[54]。彼は心身相関の医学を人間の全体的理解から解明し，精神分析から出発しながらもフロイト理論の機械論的・生物学的見方にあきたらず，ビンスワンガーの「現存在分析」的立場にもとづいて本来の人間存在をより具体的な全体として把握しようとした。彼はまず17世紀のデカルト学派の哲学的な心身二元論を退けて，哲学的思索からではなく，医学的な観察と精密な実験から出発した。しかも心身を全く対立した両極から出発するのではなく，最近では次第に両者の融合が行われ，その結果かつてなかった豊かな生命の像が生み出された傾向を指摘する。そこにはいわゆる植物神経系の領域における身体の研究があ

い美の所在地であり，他面またわれわれのなかに住みつきわれわれを襲う宿命でもある」。

52) ワインシュトック『ヒューマニズムの悲劇』樫山欽四郎・小西邦雄訳，創文社，1976年，118頁。

53) 「クンツは言う，〈ここから理解されることは，多くの人間学的命題の妥当性は限定されたものであること，ならびにこの隠された諸前提を明らかにしなければならない必然性とである。けれども，このことによって人間学的諸命題がその個別的な真理内容を失うということはない〉と」（クンツ前掲訳書，133頁）。

54) ボス『心身医学入門』三好郁夫訳，みすず書房，1978。この著作はチューリッヒ国民高等学校における講演から構成されており，心身相関の医学を分かりやすく述べたものである。序文によるとこの講演には多様な意見や質問が寄せられ，その中には神学者，法律家，芸術家も含まれていたので，広汎な精神的立場の人々にもよく理解されるものとなった。その他に邦訳『性的倒錯』と『夢とその解釈』（原題は「精神身体医学序説」と「精神分析と現存在分析学」である）などがある。

り，同時に精神分析学的方法によって初めて可能となった人間精神の研究が展開する[*55]。彼が得意とする分析療法全体のうちでも最も重要で難しい問題は感情転移の扱い方である。治療中にそれまで抑圧されていた情緒的興奮が意識に昇ってくると，感情転移の現象が起こってくる。その内容は愛情だけでなく，無関心や憎悪をも含む全感情であるが，医師はこの感情が元来誰へ向けられていたものかをしだいに患者に気づかせていき，身体症状や精神神経症状を起こすことなく消費させ，排出させることを試みる。このような自覚から感情の興奮が意識的に支配され，倫理的な要求に応じることが可能となる。こうして人格を犠牲にして身体面に奇怪な症状を呈していたエネルギーが解放されると，精神の自由が取り戻される。そこには「背徳的な狂信的宗教家」とか「他人を攻撃ばかりする道徳主義者」などに見られるように，生命の深層において自由を失って，強制的な法則に支配されていたものが解放される現象が起こっている[*56]。「この場合の自由とは，単に働き，楽しむ自由だけを意味するのではなく，私たちに内在するに違いない，人間の本質にふさわしい，真の道徳的・宗教的信条を追求する自由なのです」[*57]。

　こうして心身の対立は「多くの能力をもつ高次な心的構造としての精神も全有機体の層的構造の一部であり，存在の全体的計画に順応しそれに奉仕する」がゆえに解消し，ここから精神と生命の二元論は誤りであって，それは「神経症的な心的態度に由来する」と説かれた。そこには生命のもつ綜合力が対立者を協力者に変えており，人間存在の全体的な調和がめざされているがゆえに，生命の本質は律動性であると力説された[*58]。しかも人間の信仰はこのような形成力が，人間の外部に独立して存在することに昔から気づいており，そこに神性を認めて讃美してきたし，理性も事物の深い認識に到達するとこうした力を想定せざるを得なくなる，と彼は言う。これが彼の結論である[*59]。ここにはヨーロッパの伝統となっている

　55）ボス前掲訳書，10頁。この植物神経系の領域における研究は身体に独自な領域で起こり，精神の活動は脳作用とともに起こり，そこでは精神分析学が意味をもってくる領域である。政府の機構で言うと前者は内務大臣の領域であり，後者は外務大臣の領域である。この両者の関係と活動の仕組みが詳しく考察される。
　56）ボス前掲訳書，139-14頁。
　57）ボス前掲訳書，142頁。
　58）ボス前掲訳書，142頁。

心身を統合する霊性が認められている。
　そこで次にはキリスト教に立つ神学的人間学を考察してみたい。

59）　ボス前掲訳書，142-43頁。

第12章

キリスト教神学の人間学

――――

はじめに

マックス・シェーラーは『人間における永遠なるもの』で宗教的な人間学を構想し，それを霊性における「宗教的な精神作用」として解明した。しかし晩年の『宇宙における人間の地位』ではキリスト教に代わって形而上学の思想が前面に出ており，中期の著作におけるカトリック信仰による宗教的な人間学が活かされていない。この時代にはキリスト教人間学はハルナックやトレルチ，リッチュルやヘルマンなどの自由主義神学においても優れた展開を見せたが，カール・バルトにはじまる危機神学，つまり弁証法神学によって人間学的な発想は人間主義的な傾向のゆえに一貫して否定されるようになった。しかし，こうした傾向は弁証法神学の内部からもやがて批判されるようになった。なぜならキリスト教神学と人間学との分離しがたい特質は疑いの余地なく一般に認められたからである。たとえば神学的人間学の学問的な根拠についてパウル・アルトハウスは『マルティン・ルターの神学』で次のように評価する。

　「神学のテーマに関してルターは非常に明瞭に反省していた。神学は神と人間との認識を扱う。したがって神学は狭義において神学であり，同時に人間学（Anthropologie）である。この両者は分かち難く結びついている。神は人間との関係において，ただこのようにしてのみ正しく認識され，人間は神との関係において，ただこのようにしてのみ正しく認識される。だから客観的神論も，神関係以外のことを問う人間学も，いずれも問題にならない。関係は双方の側から，つまり人間が

罪人であり負目があり破滅しており，神がまさしくこの人間を義とする者で救済者であるということによって規定される。人間の罪責と救済という，この最高の実存的な二重のテーマが神学の対象であって，このこと以外ではない。〈この対象の外側に人が求めるものは神学における誤謬と空談である〉(WA. 40, II, 328, 2-3) つまり，神と人間との神学的認識は〈関係的〉(relativ) 認識である。すなわち両者が対向しあう関係 (Beziehung)，両者の存在論的でも人格的でもある関係 (relatio) の中にある認識である。ルターが神学のテーマはキリストである (WA. TR. Nr. 1868) と語るときも同じ意味である」[*1]。

この評価はきわめて的を射ていると思われるが，この神学的人間学の学問的可能性については今日さまざまな立場と観点から考察されている[*2]。わたしたちは現代の神学的人間学の見解を全体として解明することはここでは不可能であって，キリスト教的人間学の三分法および心身論の観点からのみ問題とすることしかできない。それも主としてプロテスタントの神学者の幾人かを検討することしかできない。だがヘルムート・ティリッケやカトリック神学の代表者カール・ラーナーの人間学の試みについては残念ながら準備不足のため言及することができなかった。なお，ニーバー兄弟に関しては彼らがヨーロッパの神学者に入らないが，その思想の重要性のゆえにあえて加えることにした。

1　弁証法神学における人間学論争
　　（バルトとブルンナーおよびゴーガルテン）

第一次世界大戦後の荒廃したドイツの思想界にキルケゴールの実存思想は多大の影響を与え，哲学，神学，文学の領域に新しい思想を形成すべく大きな衝撃を与えた。これによって哲学ではヤスパースやハイデガーなどの

---

1) P. Althaus, Die Theologie M. Luthers, 1962, S. 21f.
2) アルトハウスが引用したルターの『詩篇五一編講解』(1532/1538) では神学的神認識と神学的自己認識は義認を成立させる二重の要因として要請されている。両者によって神学的人間学は成り立っているが，罪の主体としての自己認識は義認の前提となっても，義認の根拠や原因とはならない。良心現象が提示するように罪の認識はどこまでもマイナスの要因であって，それ自体は義認の積極的な根拠とはなり得ない。したがって罪の認識と義認との関係は逆対応となる。この点に関し金子晴勇『ルターの霊性思想』教文館，158-66頁参照。

実存哲学が誕生し，神学ではバルトを中心にする弁証法神学の運動が興り，20世紀のキリスト教思想を形成した。この思想運動の中でキリスト教人間学にとって重要な展開をまずは考察してみたい。

（1）カール・バルトの弁証法神学と人間学

バルト（1886-1968年）は19世紀後半から支配的であった自由主義神学の人間中心主義的な傾向に対し，キルケゴールの「神と人間の無限の質的差異」という弁証法的概念を導入し，神の啓示たるキリストを中心とする神学，つまり「神の言の神学」を確立した[*3]。初期の代表作『ローマ書』第2版（1922年）の序文で彼は次のように言う。

> 「もし私が一つの〈体系〉をもっているとするなら，それはキルケゴールが時と永遠の〈無限の質的差異〉と呼んだことを，その否定的意味と肯定的意味とにおいて，できるかぎりしっかりと見つめることである。〈神は天にあり，汝は地上にいる〉。この神のこの人間に対する関係，この人間のこの神に対する関係が，私にとっては聖書の主題であると同時に哲学の全体でもある」[*4]。

神と人間との質的断絶を基調とする実存弁証法的な思想は神中心の神学形成にとって決定的意味をもっていたが，やがてバルトは神学の基礎を実存におく立場と対立するようになった。彼の神学思想の特質は神学をあらゆる人間学的前提から解放し，もっぱら神の言葉の上に基礎づけようとする点にある。それゆえ彼は科学・文化・芸術に対する実証的態度，神秘主義との共感，感情を強調する宗教哲学の誤謬から神学を解放し，宗教改革者の説く聖書の預言者的な教えに立ち返るべきであると説いた。彼は神の絶対的主権と超越とを力説することにより，人間理性をも含む自然の能力によって神を把握しうると仮定する内在主義の神観を批判し，とくにシュライアマッハーの神学を鋭く論駁した。また彼は堕罪以後人間性が悪化していることを強調し，人間の無限の可能性を信じる自由主義的な人間観を

---

3) バルトは1932年以来死にいたるまで超大作『教会教義学』を書いた。教義学とは教会が自己の土台たる神の言を正しく宣教しているかどうかを吟味することである。現代のプロテスタント神学に与えた彼の影響は絶大であり，今日のキリスト教思想を代表する神学者の一人である。

4) バルト『ローマ書講解』上巻，小川圭治・岩波哲男訳，平凡社ライブラリー，30頁。

拒否し，自然神学は成立しえず，神の啓示はただイエス・キリストにのみ認められ，神の言葉は神と人間との間にある深淵的に隔絶された距離を橋渡しする唯一の手段であり，これによってのみ神との交わりが可能であると説いた。彼はまた地上において神の国が実現することを夢想する楽観主義的な歴史観とも対決し，終末はキリストにおいて現在的であるという終末論を主張し，何らかの形でキリスト教と近代文化とを調和させようとする文化的プロテスタンティズムを批判し，文化との断絶を説き，人間の罪ある現実に立って神の言葉の受肉における終末論的出来事をとらえた。

しかし，このような文化と断絶した立場から「有限は無限を捉えることができない」との原理にもとづいて神と人間との非連続性がバルトによって説かれると，それはプラトン主義の二元論であるとの非難が彼の思想に向けられるようになった。実際，このように考えると歴史や人倫や文化などの固有の意義が失われ，十字架が人間の可能性のすべてを審判し，新しい世界の啓示である復活は全き奇跡となり，まさしく「上からの垂直線」(Senkrechte von oben)が貫徹されることになった。

このようにバルトは神学を人間学的前提から解放しようと試みたが，「人間性の限界において神学問題は生じる」と述べているように，神の言葉に立つ神学は同時に人間を語ることを当然ながら含んでいる。だから人間学的前提に立つ神学を否定しても神学的前提に立つ人間学は排斥されていないといえよう。それゆえ彼の神学的人間学から捉えた人間性の基本形式は，単独者としての実存を超克する優れた意義をもっている。彼は『教会教義学』第3巻2「人間と同胞」の冒頭で人間学について次のように語りはじめ，大略次のような思想を述べた。「キリスト論は人間学ではない。したがってわたしたちはイエスの人間性，それゆえ彼の共同人間性(Mitmenschlichkeit)，人間のための彼の存在，またそれゆえ，これらの他者の内に神の像を直接再び見つけるという，究極的で最高の目的を期待すべきではない」[*5]。むしろイエスは共同的人間(Mitmensch)のための人間であり，彼の共同人間性は神の意志であって，この人間性の恩恵にあずかるようにわたしたちは定められている。というのは人間は生まれながら自

---

5) Karl Barth, Mensch und Mitmensch. Grundformen der Menschlichkeit, Kleine Vandenhoeck-Reihe 2, 1967, S.3.

分の能力で他者のために存在するものではないからである。人間とは何かという，人間存在の本質に向けられた問いは，神学的人間学では人間イエスの人間性という原テキスト（primäre Text）から解答される。人間イエスの光に照らされてはじめて，人間が他者を愛しえない罪の深さ，共同体に背を向けた自己中心的生き方，ニーチェのような孤立した人間の問題性が自覚されるようになり，イエスの共同的存在を尺度として人間自身の共同性，他者との共存在が明らかになる。彼は言う，「人間性の基本形式は，つまりイエスの人間性の光に照らされた人間存在の創造にふさわしい規定性は，人間と他の人間との共同存在である」[*6]と。

この共同存在はバルトによると他者を「汝」として捉えてそれに出会うことによって現実に示される。このような出会いの基本形式を彼は「汝がありつつ，わたしがある」（Ich bin, indem Du bist）という命題で示し，この事実は出会っている二人がそれぞれ自分の外に出ていく実存の超越的行為によって成立する。もし自己の外に出て行かないで，自己のうちに閉じこもるなら，それだけで非人間的な主体となる。彼は出会いを次の四つの形態で考察した。①眼で見合う出会い，②語り聞く出会い，③相互に助け合う出会い，④人間性の奥義としての出会い。この中で最後の出会いが神学的人間学にとってもっとも重要な意味をもっている。この奥義のうち「大いなる奥義」というのは神が人間と交わり，人間イエスの人格をとおして人間の味方であるということであり，もっと「小さい奥義」は大いなる奥義から創りだされており，人間が出会いにおけるあり方を「喜んで」実現することに見られる[*7]。

バルトは初め人間学に対し否定的な思想を表明してきたが，神がキリストにおいて人間を愛するという永遠の決意を実現したものとして人間の創

---

6) Karl Barth, op. cit., S.37.「たしかに人間と人間との間柄の中にも相互性というものがある。しかし，ただイエスの人間性だけが，絶対に完全な姿で，かつ専一的に，人間のための存在として記述されることができる。隣人のためにすべてを捧げた存在というものは，イエス以外の他の人間の存在を規定するものとしては，全く問題になりえない」（『人間性について』山本和訳（「現代の信仰」平凡社所収）），バルト『教会教義学』第3巻2「人間と同胞」。上記の邦訳を参照した。この箇所の詳細な研究については次の研究を参照。D. J. Price, Karl Barth's Anthropology in Light of Modern Thought, 2002, p.130-64.

7)「彼は喜んで人間らしくありながら人間である。……人間性とはまさに人間の自由のなかに基礎づけられた，まさにこの自由のなかで必然的な人間と人間との相互性の実現である」（Karl Barth, op. cit., S.74, 78.）。

造を理解することから人間性の肯定が明確になり，孤立した生き方を罪とみなして，共同存在を力説するようになった。プロテスタント神学に共通の傾向は，人間のこの共同性をイエス・キリストの存在に厳密に関連づけている点に求めることができるが，バルトがこれをもっとも強力に説いた。

ところで人間学固有の問題に関しては，彼はヨーロッパの伝統となっているグノーシス的な心身二元論を一貫して拒否し，実存主義的な主観性よりも共同性に立脚しながら，精神を心身統合の基礎とみなした。この点ではキルケゴールの人間学的な三区分の伝統に従っている[*8]。

（2）ブルンナーの「神と人間との結合点」

ブルンナー（1889-1966年）は最初バルト神学を支持する神学者であり[*9]，いちはやくシュライアマッハーを批判し，宗教における内在主義とキリスト教神秘主義に反対した[*10]。しかし後に述べるように，『自然と恩恵』（1934年）以来バルトとの対立が顕在化し，両者は分かれ，弁証法神学の統一が失われた。ブルンナーは神の啓示を受ける人間には「応答責任性」という自然的素質が授けられており，これが「神と人間との結合点」となっていると説いた。これに対しバルトは「否」という論文で答え，神のみに主体性を認めるべきであると反論した。さらに『出会いとしての真理』でブルンナーは神と人との応答による出会いにもとづいて人格主義の思想を確立し，客観主義でも主観主義でもない聖書の真理の性格が，ブーバーの思想と一致して，応答的責任性に立脚していると主張した。彼の『教義学』全三巻はその思想を体系的に完成させたものであり，人間学，倫理学，教会論にわたって組織的に論じられた。

ブルンナーの中心思想は人格性と人間性の中に求めることができる。キリスト教的人格概念は神が人間に対して「汝」と呼びかけ，人がこれに応答することによって成立する。この点に関して『キリスト教と文明』のなかで彼は次のようにいう。

---

8) D. J. Price, op. cit., p.256-57参照。

9) ブルンナーはチューリッヒ大学の教授であったが，1953年から55年にかけて来日し，新設の国際基督教大学の客員教授として活躍し，日本の教会に直接多大の影響を与えた。

10) Emil Brunner, Die Mystik und das Wort. Der Gegensatz zwischen moderne Religionsauffassung und Christlichen Glauben dargestellt an der Theologie Schleiermachers, 2 Auf. 1928.

1　弁証法神学における人間学論争

「この人格の尊厳はすべての人間のなかにある抽象的で一般的な要素，つまり理性において基礎づけられるのではなくて，個人の人格それ自体が，神によって呼びかけられるにふさわしいものと思われているので，このような価値評価の対象なのです。人格的な神だけが根本的に真に人格的な存在と責任とを確立することができます。この責任とは神の創造的な呼びかけに応答する不可避の必然のことであり，それに応答するのは，この応答もまた決断だからなのです。神の愛における呼びかけは，人間の愛における応答によって応えられなくてはなりません。これによって自分が神によって愛されているように，神を愛することによって人間は神に似たものとなります。神の愛を受けいれた，愛する人間が神の像なのです」[*11]。

　この神の愛は人間を人格にするばかりでなく，必然的に仲間の世界に導いていって，わたしたちに他者との共同を志すようにさせる。だから理性ではなく愛が人間性の原理であると主張された。またキリスト教の人間観は身体と精神を分けて，精神による身体の支配を説くギリシア思想を退け，「ここで課題となっているのは，この身体・精神的な人格の全体において，この世界における神の働きに協力し，……神の子の自由と気高さの表現であるこの奉仕へ愛をもって献身することである」[*12]点が説かれた。さらに近代人のキリスト教からの離反は単に自律的理性への信頼からのみ生じてきているのではなく，日々のパンを無視し，身体を不当に扱った，近代のキリスト教の誤れる精神性と他界性が人間性の反逆をもたらしたのだと言う。

　こうしてブルンナーはキリスト教文化を再考し，近代文明をその破綻から救おうとするに当たって，人間学を神学の観点から確立しようと試み，『人間，その現実と真実』（Was ist der Mensch, 1956）において神の像としての人間を考察した。

　そこで表明された人間学の基本を要約すると次のようになる。人間もしくは「人間性」（humanum）の特殊性は，その完成が神によって創造されただけではなく，絶えず神との関係にとどまり，応答することによって実

11）　ブルンナー『キリスト教と文明』熊沢義宣訳，「現代キリスト教思想叢書」第10巻，白水社，146頁。
12）　ブルンナー前掲訳書，148頁。

現されるということにある。それゆえ「神との応答的存在」こそ「人間性」の本質規定である[13]。ここから理性的な人間学が批判される。「理性ではなくて神との関係が人間というピラミッドの頂上であり，人間という階層体の頂点であって，人間はそのような階層体として構成され，またそのような階層体として理解され得るのである。理性はいわば対神関係の器官に過ぎず，それはあたかも霊魂が理性の器官であり，物質的な身体が霊魂の器官であるのと，同じである」[14]と。

　ここには霊魂と身体の二分法が前提され，理性は対神関係の創造者ではなくて，その器官であり，その窮極の本源と目標，すなわちその構造を決定するのは，神の言葉である[15]。この観点から彼は伝統的な「神の像」と「似姿」を区別し，後者は失われたが，前者は残存しているという中世のスコラ学説を否定し，両者を一体的に捉えるルターの考えにしたがい，神の像を「原義」とみなした。この「原義」は「本源的状態」として所与的事実として理解すべきであり，神の像としての存在は神の贈物である。神は愛であり，愛の中にとどまる者は神にとどまり，「神の愛の中にある存在」である。人間は元来この賜物を受けるように造られており，神の要求を自力で実現するようには造られていない。宗教改革者たちはこの恩恵に対する受容性と応答性とを擁護した。わたしたちは人間を，神から生まれ神の中にあるということから理解すべきであって，人間自身の可能性から理解すべきでない。しかし「神の像の残存」という宗教改革者たちの思想は，人間の自然本性の中には破壊されていない部分があると思わせるがゆえに，行き過ぎであり，その罪によって人間と神との本源的な関係を考慮しないがゆえに，控えすぎであると説かれた[16]。

　　13）　ブルンナー『人間』吉村善夫訳，新教出版社，1956年，96頁。「人間の特性は神の決定に基づく自己決定により，呼びかけに対する応答として，すなわち決断によってはじめて成立する。必ず決断しなければならないということ，それが人間の本質的な特徴である。それゆえに人間は人間以下のあらゆる存在と違って能動的な存在である」。
　　14）　ブルンナー前掲訳書，100-01頁。続けてこう言われる。「もちろんその神は理性の神であって，生ける神ではない。けだし生ける神は考え得るものではなく，むしろその言葉を通して聞き取ることしか出来ないものであるから」。
　　15）　ブルンナー前掲訳書，101頁。「理性は全く神の言葉を聞き取るように作られ，神との関係は理性の中に深く根を下しているから，理性は神を無視しながらも，なお神を考えずにはいられない」。
　　16）　ブルンナー前掲訳書，103頁。「この概念は行き過ぎであり，また控え過ぎである。

したがって神の像は神との人格的な応答関係に求められており、それは堕罪によっても廃棄されていない。彼の見解を要約すると「人間の本質全体を決定する神の像としてのあり方は、罪のために廃棄されなかったが、歪曲されている。それゆえ人間は神に応答する責任を負う存在であることをやめてはいない」となる。

（3）バルトとブルンナーの論争

それに反対してカール・バルトは神学をあらゆる人間学的前提から解放し、もっぱら神の言の上に基礎づけようとする。この観点からの批判に応えてブルンナーは『自然と恩恵』を書き、バルトが拒否した自然神学を「創造における保存の恩恵」によって確立しようと試み、バルトの行き過ぎと狭さを修正しようとした。ブルンナーによると人間は徹底した塵芥に過ぎないとしても、それでもなお神によって造られた者として主体性と道徳的自覚とをもち、神の言葉に聞くべき責任をもつ応答的存在である。したがって創造時にもっていた「神の像」は「実質的に」失われたとしても、恩恵によって「形式的に」は保存されている。つまり人間には神の認識が不可能ではあっても、何らかの仕方で、神の律法を知り、意志が働いているからこそ、罪を犯すことも現に生じうる。それゆえ、罪深い状況にあっても人間性は神の恩恵に応えることができる「結合点」(Anknüfungspunkt)でありうる。ブルンナーはこの結合点に関して次のように言う。

「神の救いの恩恵に対する結合点があることは、神の言や聖霊を受容しうるのが木石でなくてただ人間の主観のみであることを認める者には決して否認しえない。結合点とは、罪人にも失われていない形式的な神の似像、人間の人間たること、人間としての特性、前述した言葉の可能力と応答性である」[*17]と。

こうして人間の内に堕罪にもかかわらず神の言葉に応答する可能性が見いだされた。だが現実にそれが生じるのはキリストの恩恵によるのであり、

行き過ぎというのは、この概念が、あたかも人間の本質の中に云わば罪に染まらない区域があるかのように思わせるからであり、控え過ぎというのは、この概念が、人間はまさにその罪によってその本源的な神との関係を立証するという事実を、考慮していないからである。人間は、罪人である時にも、本質的な神の肖像に基づいてのみ、すなわち云いかえれば、それに逆らって生きる者としてのみ、理解し得るのである」。

17) 丸山仁夫訳編『自然神学の諸問題』新生堂、1936年、33頁。

これによって創造の秩序は回復されると説かれた。

これに対しバルトはブルンナーの用いる概念，とくに「神の像」が曖昧であることを指摘することから反論を開始した。先に述べたようにブルンナーはルターにしたがって「神の像」(imago Dei)とは「原義」(justitia originalis)であるとみなし，人間をして人間たらしめる人間本性(das Humanum)，つまり理性，自由，良心，言語などが imago Dei に属するという。この神の像が罪によっても残存しているという問題はルターもカルヴァンも解決していない事柄であって，その問題の解決を彼が「弁証法」に求めたことは，傾聴に値する独創的見解である点を認めるが，それは未だ確定的な教えではないとみなすべきである。またブルンナーは「形式的人間性は失われた本源への復帰を指示する」というが，「本源への復帰」とは，創造当初の神の像の「回復」(Wiederherstellung, reparatio)を意味し，「神の像に似た存在」になることにほかならない。彼はこれを「福音の再起的性格」(der rückbezügliche Charakter)と呼んでいるが，回復や復帰はそれを起こす主体を前提とする。ではこの主体とは何であるか。それはブルンナーによれば実質が失われ形式だけ残った「残像」(Imago-Rest)であるが，この形式的人間性である残像は，単に本源を指示するだけである。それは決して「失われた像」の実質的な回復ではない。「失われた」とは完全な意味で失われたことを意味するなら，回復され得ないものが回復されるという矛盾した事態にほかならない。この回復はまさに奇跡によって起こる事態である[18]。

次に問題となった「結合点」についてバルトも「人間における神の像は，神の言葉に対する現実的結合点を構成する」ことを認めるが，それは「キリストによって現実的死から生に呼びさまされた，したがって〈回復〉された，つまり〈新しく創造された正しさ〉(die neugeschaffene rectitudo)である。それが今や現実的に神の言葉に対する人間の可能性である」[19]という。そしてこの現実的可能性は信仰において与えられるがゆえに，「この結合点は信仰においてのみ現実的である」と反論する[20]。ブルンナーも

---

18) 丸山仁夫訳編，前掲訳書，106-08頁参照。
19) Karl Barth, Dogmatik, I, S.251. 近藤定次『バルト神学における神と人』新教出版社，145頁からの引用。
20) Karl Barth, op. cit., ibid., 近藤定次，前掲書，同頁。したがって「福音神学と自然神学との結合を試みる余地は決してない」(丸山仁夫訳編，前掲書，111頁)と説かれた。

また「神の言葉がこれを聞いて信ずる人間の能力を創造する」と言うが，彼は同時に「神の言葉が初めて人間の能力を創造するのではない。人間はこのような能力を失っていない。それが神の言を聞きうるための前提である」と言う。したがってブルンナーではすでにある存在の，しかも形式的な存在の，回復であるのに対し，バルトではもはやないものの回復，否，新しき創造なのである。したがって「罪人にもなお失われない人間性や人格性を取り上げ，ここに神と人間との結合点を観ようとする立場は，神一般と人間一般との関係を客観的に，私とは関わりのない，第三の立場から観ようとする哲学的立場にほかならない。また人間とは人間一般ではなく，まことに〈わたし〉という罪人の，個人的具体的現実的存在にほかならない。神と人間との関係を，罪に苦悩するわたしのパトス的契機を除外して，単にロゴス的にのみ把捉し，これを客観的に冷ややかに観想し反省せんとするのは，哲学的立場である」とバルトは語ってブルンナーの立場を批判した[21]。

この論争に対して一般的に言えることは，バルトが神の側から神学的に思考しているのに対し，ブルンナーは人間の側から神のわざを理解しようとしたということである。

(4) ゴーガルテンの神学的人間学と世俗化の理解

このような分裂はバルトと弁証法神学の協力者ゴーガルテン（Friedlich Gogarten, 1887-1967）との間においても起こった。それが最も明白に表明されたのは，ゴーガルテンの『神学的人間学の問題』(1929年)という書物においてであった。彼はこの論文のなかで「神学は確かに〈神の言葉〉であり，〈神についての言〉である。いっそう正しくは〈神について語ること〉である。……だがキリスト教神学は，その啓示において人間と出会い，人間と結合する神とのみ関係する。それゆえ神について語られるところでは常に同時に人間について語られる。……神の理解なしには人間の理

---

21) それゆえ「神学においては，神とは神一般というような概念はない。まさにイエス・キリストにおいて人となり給える啓示の神である」（近藤定次『バルト神学における神と人間』新教出版社，220頁）。またブルンナーは「保存の恩恵」によって人格存在が維持されていると主張するが，聖書の告げるところは神がキリストの救いのわざによって人間が悔い改め，信仰に帰るように期待し，忍耐して教会を支えているということではないかと反論された。

解はない。しかし……逆にわたしは既に人間を理解することなしにはこの神を理解しない」[22]と主張した。

このようなゴーガルテンの神学的人間学はエーブナーやブルンナーと同じく人間が他者と関係する人格的関係の現実を強調する[23]。信仰は時間・空間的に限定され、具体的人格にかかわる歴史的出来事を問題にし、理性による普遍的真理の認識にかかわらない。それゆえ理性的自我という抽象的な対象ではなく、矛盾にみちた我と汝との対立からなる人間的現実を問題にする。したがって信仰は自我を超えた汝との出会いによって生じる歴史的現実にかかわる。神の言葉は人間一般を考えず、その都度の歴史における具体的人間を問う。我が汝に出会う歴史の場において啓示は呼びかけとして生じる。それはキリストの出来事を人間に対する神の呼びかけとして捉えるときに起こる。それゆえ「人間にとって他者への応答責任と他者の呼びかけから免れているような現実はない」[24]。この場合、他者の現実が優位性をもっている。「主体であり、措定し、自由であり、要求し、判断するものは、この出会いにおいては、いかなる場合においても、汝であり、我はこれに反して客体であり、措定され、縛られ、要求され、判定をうける」[25]。このような「汝」の優位性は、マルティン・ブーバーにおけると同じく、「他者」の理解において実存主義を決定的に克服する方向をとっている。「人間の現実は他者から呼びかけられることによってのみ存在する。それゆえ他者との関係の外部には現実はない。この現実を自由なる自我からはじめて得ようとすることは、まさしく事実たる他者への関係を拒むことを意味する」[26]。

こうしてゴーガルテンは人間を形而上学的に考察することを拒否し、現実の他者に関わる具体的な現実から理解しようとした。またこのような他

---

22) Gogarten, Das Problem einer theologischen Anthropologie, ZZ, 9. 1929, S.496.
23) エーブナーについては本書第8章第3節の (2) を参照。
24) ゴーガルテン『我は三位一体の神を信ず』坂田徳男訳、長崎書店、284-85頁（改訳）。
25) ゴーガルテン前掲訳書、211頁。
26) ゴーガルテン前掲訳書、281-82頁。さらに「こうした呼びかけに応ずる応答責任が、あり得る他者への唯一の関係を生み出す。人間の相互的な関係が自我の自由から得られるのではなく、むしろ人間の相互的な関係は根源的な端初的なる拘束の内に与えられている」とも言われる。

者に対する「底なしの公開性」(grundlose Offenheit) が愛である。どうして「底」がないかというと，現前する存在者のありのままの存在に対してのみ愛が生じ，愛は他者への対向のうちに自己を超え出ていく出来事であるから。さらにキリストの意味は神と人間への服従という「子たる態度」を開示する点に求められる。それゆえ，キリスト教的な実存は神の恩恵によって隣人に対して態度をとることが可能となっており，これにより人間をその子として愛する父なる神に対向している存在である[*27]。

　次にゴーガルテンが世俗化現象を精神史的な出来事として把握している意義を考えてみたい。彼は「わたしたちは，最近，世俗化に関して，一種の精神史的な出来事として語り，それによって元来はキリスト教の理念，認識および経験であるものが，一般的・人間的な理性の理念，認識，経験などに変わることを理解する」[*28]と語って，これを精神史の出来事として解釈する。今や世俗化によって神の啓示が理性や世俗的な力によって近づきうる認識として起こっており，そこには信仰のかわりに自立的で自己充足的な理性が登場する。この理性によって認識され，経験されるものは，神の現実から人間の現実となるが，同時に彼によって人間の自立性の根源的な意味が，ただキリスト教信仰において得られる認識と経験を通してだけ獲得される点が強調された。

　したがって世俗化には二種類が考えられており，近代人が信仰から自由になろうとする世俗化とキリスト教信仰に結びついた世俗化とが認められた。一般に世俗化というと前者のことが考えられているが，後者はルターが実践した世俗化であって，これはその本質上信仰からの自由ではなく，信仰から出た行為である。この相反する両者を結びつけて考察することによってゴーガルテンの「世俗化の神学」が展開する。こうしてマックス・ヴェーバーが説いた「呪術からの解放」としての合理化は神学的な世俗化論として展開された。

　そこで彼は次のように問題を設定している。「世俗化とはキリスト教信仰の本質から縁遠い，対立し，破壊するものか，それともそれは首尾一貫してキリスト教信仰の本質から生じているのか否か」[*29]と。この問題提

---

27) F. Gogarten, Der Mensch zwischen Gott und Welt, 1956, S.14 ff.
28) ゴーガルテン『近代の宿命と希望』熊沢義宣・雨貝行麿訳「現代キリスト教思想叢書」白水社, 237頁。

起には世俗化がキリスト教信仰に由来しており，その解決はキリスト教信仰の本質にまで遡って行なわれなければならないという視点がはじめから認められる。彼の世俗化に対する解釈は本質的には「世俗化がキリスト教信仰の必然的で正当な結果である」というルターの解釈に立脚しながら，ヴェーバーの「呪術からの解放」としての合理化という考えを新約の世界に適応したものとみなすことができる[30]。キリスト教が啓示している救いの現実は，トレルチが最も徹底した形で定式化した「人間精神の神的な深み」(göttliche Tiefe des menschlichen Geistes) の啓示として理解される[31]。このような「神的な深み」とはルターでは神と人とが出会う「根底」(Grund) を意味し，「霊性」(spiritus, Geistigkeit) を指している。それは救いを実現させている「客観的な史実性」(objektive Historizität) として神学的に説かれたが，それは同時に信仰によって獲られる「救いの現実」ともなっている。

このような信仰は人間の霊性の作用として考察することができる。神が死人をも生かす神性をもって人間に立ち向かい，わたしたちを神の子とするとき，霊性において救いが実現し，この救いの実現によってのみキリスト教的な要求や戒めは実行される。したがってこの霊的な現実は神の現実である。神は自分自身から，自分自身において無であるわたしたちを存在へと呼び出し，戒めを実現させる。ここに信仰が意味をもつが，ルターは信仰独自の作用を「何も見ない，暗い道である」[32]と言う。この種の認識は感覚的でも理性的でもなく，より深い意味において霊的に見ることや認識することにほかならない。つまり感性や理性をもっては見えもしないし，認識もできない霊的なものとの関係を信仰が捉える。ルターはこの事態を「暗黒，闇」と表現したが，ゴーガルテンはこの暗闇を「無」として捉え，次のように語る。

---

29) ゴーガルテン前掲訳書，241頁。
30) 彼は次のように言う。「世俗化においては，この世にたいして人間が自由なものであり，支配者であるという要求が問題となる。それは信仰において把握された父にたいする子の自由の結果であり，これによって神話的世界は歴史的世界によって解体される。世界はこの要求によって世俗化される」(ゴーガルテン前掲訳書，351頁)と。彼によると，現代の思索を根底に至るまで不安にさせている世俗化問題は，実は世俗化とキリスト教信仰との関係が明らかでないというところから生じている。
31) E. Troeltsch, Gesammelte Schriften, Bd. 2, 1922, S. 748.
32) M. Luther, Weimarer Ausgabe, 18, 526.

「それゆえ信仰は感覚と理性とによっては見ることができず，また，それらによっては避けられない，人間と世界との無を問題にする。それは信仰がみずからをそれにかかわらせることによって，それを見て認める〈無〉なのである。しかし信仰は，このように信じて，無に身をさらしながら無を取扱うことによって，なお他の見ることのできない何かを認識することができる。すなわち，もし神が〈無〉を無にし，それを生かすことによって，みずからを啓示するならば，この暗黒は，神が自分をおおいかくす暗黒なのである」[*33]。

ゴーガルテンの世俗化論は本質的にはルターの世俗化の理解に立って，新約聖書自身の中に信仰の本質として世俗化を捉えており，世俗化の肯定的な姿を明らかにした。それなのに現代社会に行きわたっている世俗化は宗教に敵対することからさらに進んで，その最悪の現象といえる宗教と宗教世界への無関心を蔓延させている。それは世俗化の堕落である世俗主義である。ゴーガルテンは信仰による積極的な世俗化と俗物的な世俗主義を区別し，霊性を回復させる道を説いた[*34]。この霊性の回復をもって神学的人間学を確立することが彼の意図したことであった。

バルトは神の側から神学的に思考しているのに対し，ブルンナーやゴーガルテンは人間の側から，しかも深遠的な霊性の理解から神学をも理解しようとする。正統的な神学の立場からは恐らくバルトの方が正しいであろう。しかし神学といえども人間の営みである以上，ブルンナーやゴーガルテンの説く聖書的でかつ人間学的でもある反省なしには，教会外の人たちに対して何ら説得力をもたない。このようなキリスト教人間学は教会外の他者に対して開かれており，キリスト教の真理を弁護する弁証論的傾向を最初からもっている。

2 ニーバー兄弟のキリスト教人間学

キリスト教人間学はアメリカで活躍したラインホルト・ニーバーとリチャ

33） ゴーガルテン前掲訳書，469頁。
34） このような優れたゴーガルテンの思想とルターとの関係について Karl-Heinz zur Mühlen, Reformatorische Vernunftkritik und neuzeitliches Denken. Dargestellt am Werk M. Luther und Fr. Gogartens, 1980, 202ff. を参照。

ード・ニーバーの兄弟によって新たに展開するようになった。両者ともアウグスティヌスの思想に大きな影響を受けており，現代のキリスト教人間学の形成にとって甚大な影響を残した[*35]。

（1）ラインホルト・ニーバーの人間学
ライホルト・ニーバー（Reinhold Niebuhr, 1892-1962）は『人間の本性と宿命』全2巻（1941-43年）を著わし，キリスト教人間学を組織的に解明した。それは精神と生命というわたしたちの根本問題に重要な貢献をなしている点で注目に値する。

　すべて被造物は統一と秩序と形式との限界内において豊かな生命力を表現すると彼は言う。動物における生命は一定の形と生きる意志をもち，その種および類の範囲内での特殊な形式に応じてさまざまな生きる意志を表現する。それゆえ生命力と形式とは創造の二つの面である。だが人間的な生は，条件つきではあるが創造に参与することによって動物的生命から明確に区別される。しかもそれは適切な形で自然の形式を破り，生命力の新た形を創出する。人間の生が自然の過程を超えていることが，自然のままの生命力の既成の形式と統一とに干渉する機会を人間に与える。ここに自然とは異質な形式の進歩的な交替を伴う人間歴史の基盤がある。

　こうした人間の創造性には四つの条件が具わっている。①自然の生命力（その衝動と精力），②自然の形式と統一，つまり本能の決定と自然的結合および自然的分化の形式，③適度に自然の形式を超越し，生命力を方向づけたり，さらに方向づけ直したりする精神の自由，④精神の形成力，つまり新しいまとまりと秩序とを創造する精神の能力。これら四つの要素はすべて，人間の創造性の中にも，破壊性の中にも含まれる。この創造性は常に生命力と形式との両方を含んでおり，自然と精神とは両方とも生命力と形式という資源をもっている。

　シェーラーが生命と精神とを二元論的に構想したのに対し，ニーバーは自然的生命にもそれ自身の形式と統一を認めながらも，精神が超越する自由と形成力によって新しい秩序を創造することができると説いた。したが

35）　日本ではラインホルト・ニーバーの主著の解説を含む大塚節治『基督教人間学』全国書房，1948年が出版された。

って自然的生命は精神の創造的活動の前提とみなされ，二元論が統一的に止揚された[*36]。

このような生命と精神の関連にもとづいてニーバーはキリスト教人間学を「神の像」の観点から構想した。というのは近代文化はキリスト教人間観を全面的に退け，世俗化したが，それにもかかわらずキリスト教の影響を受けているからである。キリスト教人間観は霊・肉の結合を正しく認識させる。そこには肉体を本質的な悪とみなす観念が誤りとして退けられる[*37]。したがってギリシア悲劇が捉えた人間の有限性を悪の根拠とみなす立場に対して明瞭な境界が引かれ，合理主義や神秘主義の二元論が陥りやすい誤謬，つまり身体的必然性の中に罪が不可避的に内在すると説く立場との混同を極力避けるべきであると説かれた。それに対し罪や悪は人間が被造物としての限界を超えて神のごとく自己に栄光を帰そうとする意志の内に求められた。それゆえ心身が有限であるから罪をもっているのではなく，むしろ人間が世界を超えることができる能力によって，自己を世界の基準であるかのように僭称する誤りに陥ったがゆえに，罪人と判定される。次に人間の精神が本質的に神の立場から理解されているところにキリスト教人間観の特質が求められた。人間精神の特質は「世界を超越できる能力」であるが，それが理性の作用よりも，神の立場から理解される「霊性」として把握され，その「本質的な寄る辺なさ」こそ宗教の基盤となっている[*38]。こうした特質は人間が「神の像」として造られた点に求められ，人間は，堕罪以前においては，最大の創造性と最大の破壊性とを同時にもっている自由な存在者として把握された[*39]。したがってニーバーは「神の像」を「人間の自己超越能力」（capacity for selftranscendence）と理解し，「神とは人間の像である」と説くフォイエルバッハを批判した[*40]。この自

---

36) Reinhold Niebuhr, The Nature and Destiny of Man, One Volume Edition, 1949, p.43-44. ニーバー『キリスト教的人間観』武田清子訳，新教出版社，49-50頁。
37) ニーバー前掲訳書，31頁。
38) ニーバー前掲訳書，33頁。
39) これは「人間の創造性と破壊性との逆説」と言われる（ニーバー前掲訳書，82頁）。
40)「真の状況は，神に像ってつくられた人間は，自らにおける〈神の像〉と称されるこれらの特質のゆえにこそ，人間に像って造られた神で満足することができないということである。自己超越の能力によって，人間は自分の投影が神ではないということがわかるに足るだけ，自己を超えて見ることができる」（ニーバー前掲訳書，219頁）。なお訳文は部分的に修正されている。以下も同じ。

己超越の能力にこそ彼の人間学の特質が顕著に認められるので，この点を立ち入って考察してみたい。そこで『人間の本性と宿命』第1部第6章の冒頭を引用し，その優れた視点を解明してみよう。

　「キリスト教人間観は，それが人間的生存の三つの面を解釈し，それら相互の関係づけ方によって，他のあらゆる人間観とはっきりと区別される。①キリスト教人間観は「神の像」という教説において，人間の精神的能力における高度の自己超越性を強調する。②キリスト教人間観は，人間の有限性それ自体を，人間の悪の根源とみなしていないが，人間の弱さ，依存性，有限性を主張し，人間が自然界の必然性や偶然性に巻き込まれていると主張する。キリスト教人間観は，もっとも純粋な形においては，人間を神との相似性と被造性との統一とみなすのであるが，この統一において，人間はその存在の最高の精神的次元においてでも，なお被造物にすぎないのであり，また，その自然的生命の最低の姿においてでも，神の像の諸要素をあらわす。③キリスト教人間観は，人間における悪が自己の依存性を承認し，自己の有限性を受け入れ，自己の不安定性を認めたがらない意志の，必然的ではないが，やむを得ない結果であること，つまり人間が逃れ出たいと思う不安定性を強調する悪循環に自らを巻込む不本意さの結果であることを証言する」[*41]。

ここに要約して提示された三つの人間学的な特徴から解明された思想内容の特質を明らかにしてみよう。

　①「**自己超越の能力**」　ここに指摘される「人間の精神的能力における高度の自己超越性」こそ彼の人間学の基礎となっている概念であるばかりか，ここにシェーラーの「精神」（Geist）と共通している理解が示される[*42]。

　41）　Niebuhr, op. cit., p.150. ニーバー前掲訳書，202頁（訳文の一部修正）。
　42）　マックス・シェーラーは，聖書の伝統にしたがって，人間におけるこの特殊の性質と能力とを示すために，ギリシア語のヌースと区別して「精神」（Geist）という語を用いることを提案する。なぜなら，そういう目的で使用される言葉は〈理性という概念を含んでいるとは云え，表象を思惟する能力の外に，根源的現象（Urphaenomenon）或は意味の概念を理解する独特の理解力，及び，更に，善，愛，悔恨，尊敬などを可能にさせる特種な類に属する情緒的，および，意志的能力などをも含む言葉〉でなければならないからである）（ニーバー前掲訳書，214頁；209頁をも参照）。

しかし，この能力は単なる「世界開放性」をも超えて，自己が世界を超えている意味を捉える自由な主体である点に求められる。

「人間の自由の状況および彼自身や彼の住む世界を超越する人間の能力の中に暗に含まれていることは，人間が世界を超越する人間の能力をこえて，世界を超越している意味の構造を知る端緒やそれを開く鍵を見い出さないでは，意味の世界を建設することができないということである。宗教の基本問題である意味の問題は，人間の精神の自由が人間の理性の働きを超越するように，諸事物の相互関係を跡づける普通の理性問題を超越するものである」*43。

ニーバーはこの理性を超出する精神の能力を神秘主義の霊性の中に認め，しかもこの観点を主としてアウグスティヌスの思想から学び取った*44。

② **有限性は悪の根拠ではない** 次に，わたしたちはキリスト教人間観が人間の有限性それ自体を人間の悪の根源とみなしていないというニーバーの主張を考えてみたい。彼によると聖書の人間観は人間の有限性を神の摂理として捉える。この点でそれは古典ギリシア思想やルネサンスや近代合理主義と相違する。もしもこの点が看過されると，良い精神と悪い身体のように，有限が無限と対立する二元論に陥ってしまう。精神をその無限性ゆえに善とし，身体をその有限性ゆえに悪とする二元論的人間観は，罪の源を身体的で本能的なものへ還元しようとする。そうすると人間を自己に対して責任を負う主体として捉えることができないばかりか，魂の深淵に潜む根源的な問題を掘り起こし，問い直すこともできなくなる。それゆえ，この責任を負う自己として人間を正しく把握するためには，その有限性が本質的に善であることを主張しなければならない。ここから悪の根源が人間の弱さという有限性にあるのではなく，「自己超越の能力」としての主体的な意志の傲慢に求められた。なぜなら神の像にしたがって造られた人間は，堕罪以前においては，最大の創造性と最大の破壊性とを同時に合わせもつ自由な存在であったからである。

---

43) ニーバー前掲訳書，217頁。
44) 「自己超越の事実は，世界を超越する神の探求へと，不可避的に導いてゆく。アウグスティヌスは言う，〈私は記憶と呼ばれるわたしのこの力を超えて進もう。そうだ，私は汝に近づくために，それを超えて進もう〉と」（ニーバー前掲訳書，218頁）。

③ 「自己超越性」と理性　ニーバーの人間学の特質は人間の自己超越性としての精神が理性と本質的に異なることを力説する点に見られる。彼は理性を積極的に評価する。なぜなら日常生活において理性的判断は不可欠であり、文化や科学の発展も理性なしには考えられないから。しかし理性は精神と同義ではない。というのは精神の超越範囲は理性の超越範囲を無限に超えているからである。この理性をも超える自己超越の能力なしには先に指摘したように生の意味は理性によって把握できない。したがって人生には生きる価値ありや否やを問うことは、自己の生の外に立つことに等しい。とはいえ人間はその超越性にもかかわらず、自力によっては自己存在の意味を実現できないという定めの中に置かれている。カナンの地を目ざしてエジプトから脱出したモーセがその地に入れなかったように、人間は自己の生と歴史の究極的意味を模索することができても、自力ではその目的を達成することはできない。

　ところでニーバーにとって人間は自然の生きものであるが、同時にそれを超出し、有限と無限とを総合する力をもっている。そこに人間が自然を超越することのできない動物と異なり、自己と外的世界とを区別し、人格としての他者を意識する。同様に心身と精神との総合の中に人格や個性（personality）の独自性が生まれる中核がある[*45]。

　ニーバーにとって人間はキルケゴールと同様に無限と有限の総合である。互いに矛盾する両極をパラドクシカルな緊張関係としてもつ存在である。このパラドックスを捉えなくては正しい人間理解は望めない。それゆえ「人間の自己超越の高さ、および人間の精神とその身体的生との間の有機的統合との双方を正しく解釈する原理」の認識が要請される。したがってキリスト教信仰によって人間は「自分自身を超えたところから理解されるものであり、彼が神に知られ、神に愛されるものであり、神の意志に従うことによって自分自身を発見する」ことを学ばなければならない。こうしてニーバーの神学的人間学は、人間の存在の本来の目的からの離反としての「罪」とその克服である「救い」を、神学的に考察することによって

---

45)　人格はあくまでも人間を有限と無限の総合として捉えるときに意味をもち、両極の緊張関係が緩和されるとき、人格の意味は損なわれる。ロマンチシズムは人間の本能的なものを強調し、観念論は人間の特殊性を普遍的なものにすることによって、それぞれ生身の人間を抽象化してしまった。

優れた理解に到達した。このことはマックス・シェーラーから問題とされていた精神と生命の二元論がキリスト教的な「精神」の理解である霊性にもとづいて，「人間の精神とその身体的生との間の有機的統合」という形で解明されたことを意味する[*46]。

（2）リチャード・ニーバーの応答的責任性

リチャード・ニーバー（Helmut Richard Niebuhr, 1894-1971）はラインホルトの弟であり，キリスト教倫理学の領域で優れた業績を残した神学者である。その学説は『キリストと文化』のような文化論で有名になっただけでなく，「責任倫理」の観点から「応答的人間存在」を把握し，それにもとづいて新しい人間学を確立した思想家として脚光をあびた。その著作『責任を負う自己』は倫理の主体を人間における責任性によってこれまでの倫理学にはなかった新しい観点を打ち出した点で注目に値する。そこにマルティン・ブーバーの対話の哲学が影響していた。

　カール・バルトに典型的に示されていたように，実存主義以後のプロテスタント神学に共通した特徴は，人間存在の共同性をイエス・キリストの存在に厳密に関連づけている点に求められる。このような人間性の把握はキリスト論的地盤からのみ理解されるのであろうか。ブーバーはこの点に疑問を感じ，自らが帰依するユダヤ教という聖書宗教にもとづいて共同的な人間性を把握しようとした。これに対しリチャード・ニーバーは，人間の共同性を「対話的人間」に見られる応答的責任性一般において把握しようと試みた。

　リチャード・ニーバーはこの「対話的人間」を「責任性」と「自己たることの社会的性格」から解明する。「責任性」のシンボルは行為者が自己を理解するとき，その心の深みにある隠れたる関係をとおして捉えられる。これが責任性を通して浮び上がってくる「応答的人間」のイメージである。この責任へのアプローチを彼は現代における共同性の自覚をとおして試みようとした。それゆえ責任とは，自己の理念の実現に対する責任でも，市民的人間のような抽象的な法に対する責任でもなくて，他者に対する解釈

46）ニーバーのシェーラーに対する理解，とくにその「精神」（Geist）の理解に関しては前掲訳書，214-15頁参照。

を伴った応答において相互的にかかわりながら「適切な行為」をめざす責任を意味する。

　このような責任性は次の四つの要素から成立する。①応答。これは身体的反射や反応とは相違して他者の行為に対して解釈・理解・関係づけをもって対応する行為である。②解釈。このような応答行為は、他者との間柄に立って互いの態度と評価とを解釈することに依存しており、その解釈にもとづいて生じる。③何ものかに対する責を負う責任性。責任が意識されるのは、ある行為がわたしたちの応答を予期してなされるかぎりで生じる。つまり行為の起点のみならず、行為の目標点たる他者に向けて責任がとられる場合、応答は全体として意義をもつ会話の一部分となる。④社会的連帯性。社会を継続的に形成している作用、つまり相互作用の中で、ある行為に対する応答が生じるとき、それは真に応答的である。なぜなら「人格的責任性とは応答がなされている行為者の共同社会における連続性を意味する」からである[47]。

　次にリチャード・ニーバーは「自己たることの基本的に社会的性格」に注目し、他者に対面することによって自己があることは根源的経験であるという。自己は他者関係のなかで自己を知るのみならず、そのような関係においてのみ自己として存在する。それゆえ人間は「間人格的」(interpersonal) な存在である。この社会的自己を彼は良心の社会的性格から解明する。良心は他者の前での審判の意識であり、「良心は社会的存在としてのわたしの存在の働きである」。しかも良心が他者の観点から自己審判をなすのは「個人の応答における不変性」に関係し、「わたしの社会の間人格的な相互作用の様式についてのわたしの意識」を表わす[48]。こうして社会的自己は自己に対し応答関係に立つ他者とかかわり、自己と他者がともに応答的に関係する第三者（法・掟・神の意志）の前に立ち、責任を負うのである。

　さらに彼は応答的人間が時間性、つまり現存在の偶然性・運命・死に引き渡されていても、この死の支配を生へと転換し解釈するイエス・キリストによる救済のなかに、「わたしたちに永遠の憐れみを与える唯一者の行

---

47) リチャード・ニーバー『責任を負う自己』小原信訳、新教出版社、79頁。
48) リチャード・ニーバー前掲訳書、97頁。

為に応答する自己」や「信仰する自己」について論じた[*49]。このような彼の共同的人間存在の理解は，ドイツのプロテスタント神学におけるように，キリスト論的でも実存的でもなく，責任性と社会性が自己の根源的経験として与えられている経験的事実から把握される。したがってキリスト教的観点から見られていても，経験の事実がそれとして解明されているのであって，この意味で人間学的である。彼の間人格的な立場は現代の社会心理学，対話の哲学，社会学，文化人類学がこの方向に進んでいる事実にもとづいているがゆえに，現代の人間学にとって意義があるといえよう。

3 ティリッヒの哲学的神学と人間学

現代のプロテスタント神学のなかではティリッヒ (Paul Tillich, 1866-1965) はシュライアマッハーの伝統を引き継いで人間存在の問題と神学との関係から哲学的神学を組織的に確立した[*50]。彼の思想は現代の政治的・歴史的現実への強い関心から生まれ，ドイツ哲学の教養と思索の深さとがアメリカに亡命後は世界的な視野の広さによって組織化され，同時に実存的性格を堅持している。彼によると神学の任務は，イエス・キリストに現われた永遠の真理の規範と変化する歴史的現実の諸問題とのあいだを調停することにある。そのため彼は神学と哲学のあいだで両者が触れあう境界線上で思索を展開させた。哲学は人間の歴史的存在の解明によって究極的な問いを提起するのに対し，神学はキリスト教のなかに与えられている使信をもって応答する。このように哲学的問いと神学的答えとのあいだには相互依存の関係があり，これにもとづいて神学思想を叙述する方法は「呼応の方法」(method of correlation) と呼ばれた。

彼の方法は人間学的と言うよりも存在論的であるが，人間学に関しては

---

49) リチャード・ニーバー前掲訳書，190頁。
50) 彼はドイツに生まれ，マールブルク大学で哲学と神学を講じたが，同時にドイツ宗教社会主義運動の理論的指導者として活躍し，ナチ批判を行なったため追放され，アメリカに移住し，ユニオン神学校で哲学的神学を講じた。彼の主著は『組織神学』三巻であり，『存在への勇気』『プロテスタントの時代』『道徳と宗教』『文化の神学』など多数があり，その思想の全体的特質は哲学的神学であるが，実存の究極の意味を，究極的関心を寄せるものとしての神から把握しているため，実存的にして神学的な人間学となった。その人間学についての全体的紹介には B. Martin, Paul Tillich's Doctrine of Man, 1966. が役立つ。

伝統的な三分法にもとづいている。しかし存在論的神学であるがゆえに，「霊性」の統一機能よりも「精神」の統一機能を問題にする。たとえば『道徳と宗教』の冒頭では次のように言われる。

　「わたしたちは人間精神（Geist）の三つの機能すなわち道徳と文化と宗教の三者を区別しなければならない。これらの三者をわたしたちが人間の〈精神〉の機能（Funktion）と呼ぶ場合，わたしたちは精神によって身体と魂（Leib und Seele），生命力と合理性（Vitarität und Rationalität），意識的なものと無意識的なもの，情緒的なものと知性的なものとの動的統一（die dynamisches Einheit）をさす。人間精神のどの機能にも，全人格が含まれているのであって，人格の単なる一部分，ないし一要素ではない。わたしがしばしば主張してきたように，わたしたちは人間の天性を示すものとしてこの〈精神〉（Geist）という言葉を生かさなければならない。それは〈心〉（mind）という語に置きかえられることはできない。というのは，〈心〉は主として知的な方面を指すからである」[*51]。

　このような心身の統一体としての「精神」の規定はキリスト教の三分法にもとづいており，それが伝統に深く根ざしていることを示す。しかも精神によって「心」という知的な機能ではなくその独自な作用が理解されている。この点は『組織神学』第3巻においていっそう明瞭に考察された。そこでは「人間は自己を人間として経験するとき，その本性において，彼の生の一つの次元としての，精神によって決定されている存在であることを意識する」[*52]と言われ，この精神と神の霊との関係が探求される。しかも「精神」は知的な「心」とは別の霊性を意味するものと考えられた。彼は言う，「精神の経験なしには，人間は〈現臨する神〉の啓示的経験を〈霊〉または〈霊的現臨〉の用語で表現することはできなかった。……神的霊の教義は，精神を生の一つの次元として理解することなしには不可能であったであろう」[*53]と。この霊性の次元を彼は神の霊が人間の精神の中に宿り，また働くという仕方で語る[*54]。それゆえ精神は人間の有限な生の一

---

51) Tillich, Das religiöse Fundament des moralischen Handelns, Gesammelte Werke Bd. III, S.15f.
52) ティリッヒ『組織神学』第3巻，谷口美智雄訳，新教出版社，142頁。
53) ティリッヒ前掲訳書，143頁。

3 ティリッヒの哲学的神学と人間学

つの次元において神の霊の働きによって自己超越へと導かれる。この次元が霊性である。もちろんそれは依然として人間の精神であり続けるが，同時に神の霊の衝迫によって，自己自身から出てゆく「脱自」(ecstasy)の状態を経験する。この「脱自」という言葉は霊的現臨の下における人間の状態を的確に言い表わす[*55]。彼は次のように言う，「霊的現臨は啓示の経験と救いの経験とに脱自的状態を創り出し，人間の精神をして自己を越えさせるが，その本質的な，すなわち合理的な構造を破壊するということはしない。脱自性は統合された自己の中心性を破らない」[*56]と。

ところでこのような経験は自己超越性をもっていても，霊性の受動性にもとづいている。それゆえ「人間はそれに近づくことはできるけれども，人間はまずそれによって捉えられるということがなければ，それを捉えることはできない」と言われる。人間はその自己超越の本性によって，生の意味を問うが，答えのほうは霊的現臨の創造的力によって自己に到来する。それゆえ「自然神学」は人間の自己超越と，その超越の中に含まれる問いについて語ることはできるけれども，自分自身では答えることができない[*57]。

こうした宗教的な精神の機能はさらに道徳と文化と宗教の中に分離しがたく現われる。つまり「道徳は精神の担い手としての中心である人格の構造全体である。文化は精神の創造性とその創造したものの全体をさす。宗教は存在と意味とにおける究極的無制約的なものへの人間精神の自己超越（das Selbst-Tranaszendieren）である，と」[*58]。このテキストの終わりの精神の定義はラインホルト・ニーバーが与えた精神の規定と全く同じであ

---

54) この文脈で「中に」(in) という言葉は，神的なものの人間的なものに対する関係，創造的根底の創造された存在に対する関係にかかわるすべての問題を含んでいる。もし神の霊が人間の精神に突入すれば，それでは神の霊が人間の精神の中にとどまらず，人間の精神の追放を意味する。神の霊の in は人間の精神にとっては out であり，そこに精神の超越がある（ティリッヒ前掲訳書，143頁）。

55) ティリッヒ前掲訳書，142-43頁。

56) ティリッヒ前掲訳書，143頁。神と再結合する祈りが，脱自的性格をもっていることを彼は知っていた。このような祈りは，人間の精神には不可能なものである。なぜなら，人間はいかに祈るべきかを知らないからである。しかし，神の霊には，人間を通して祈ることが可能である。

57) ティリッヒ前掲訳書，144頁。

58) Tillich, op. cit., S.16.

る[*59]。それは人間だけが人格となることができ，人間のみが自分に中心をもちながら，世界に帰属すると同時にそれから分離して世界に関わる人格であるから[*60]。この人格のゆえに人は熟慮と決意にもとづいて「責任をもって」世界に対処できる。「これが人間の偉大さであるが，しかしまた人間の危険性でもある。すなわち，これによって人間は道徳的要求に反して行為することができるようになる。人格の中心を支配してその統一を破壊する力に服することができる」[*61]。

さらに道徳的命令の無制約的性格は「良心」という通路をとおして経験される。この「無制約性」には宗教の概念が含まれており，宗教は「究極的な係わり，無限の関心，何か無制約的に真剣なものに捕らえられている状態である」[*62]と定義される。したがって究極的な関心を寄せることが宗教の特質であり，それが良心の現象に現われる。

良心現象ではマックス・シェーラーの学説がカトリックの代表としてあげられて，その良心説においてシェーラーは「神の声」としての通俗的な良心概念に反対し，カトリックの伝統にしたがって「良心の自由」の代りに権威への服従を説いた。これに対しティリッヒは良心の判断は道徳法への服従によってのみなされるのではなく，個人においては道徳的命令の領域を越えるものへの関与によってもなされる点を指摘し，良心が「超道徳的」であると主張した。しかし，この超道徳的良心は道徳の領域を否定するのではなく，かえってそれを真に活かすと付言する。こうした新しい良心概念を解明したのは信仰による義を説いたルターであった。そこにはルターがAnfechtungenと呼んだ良心の試練が意味をもっていた。それは逃れることができない窮地に閉じこめられ，「不安」に陥ったときに感じられた事態である。このような経験は個々の罪によって獲られるのではなく，いかなる行為よりも以前に存在する自己存在としての良心にかかわる[*63]。このようにして病める良心が絶対的絶望の状態にまで深められると，その

---

59) 本章第3節の(2)の①を参照。
60) ここにはプレスナーの「脱中心性」の概念が的中する。本書第4章第1節の(1)を参照。
61) Tillich, op. cit., S.12を参照。これもラインホルト・ニーバーの思想と同じ内容である。
62) Tillich, op. cit., S.32.
63) ルターの良心の試練に関しては金子晴勇『ルターの人間学』創文社，第2部第4章と第5章を参照。

状態はキリストとしてのイエスの姿に見られる神の自己犠牲的愛の受容によらなければ，克服できない。このように救われて，喜びに満たされた良心は，道徳の領域よりはるかに高いものとなる。したがって「恩恵による義認」は，「超道徳的」良心が創造されることを意味する。そこには神によって道徳を実現する良心が世界に対し積極的に関わる行動様式である「神律」(Theonomie) が実現する。

ここから文化と歴史についての新しい解釈が生まれ，彼が属しているプロテスタンティズムの文化は「神律文化」であると説かれた。それは世俗的ヒューマニズムにみられる自己満足的な自律文化や中世後期のカトリックにみられる教皇無謬説のような他律文化に対比される。神律とは，実存の究極的意味が思想や行動のあらゆる相対的な形を通して輝くような文化である[64]。この神律こそキリスト教人間学の基礎であり，ティリッヒの文化神学の土台である。

4　パネンベルクの神学的人間学

パネンベルクは初期の著作『人間とは何か —— 神学の光で見た現代の人間学』(Was ist der Mensch? Die Anthropologie der Gegenwart im Lichte der Theologie, 1962) においてシェーラーの「世界開放性」にもとづいて神学的人間学の構想を発表した。彼は学問研究の多くの部門が人間学に集中している事実をあげて，「わたしたちは人間学の時代に生きている」と語って，現代における神学の営みが人間学に向かうべきであると説いた[65]。そこ

---

64) 「神律とは，他律とは反対に，超越的内実をもって，それ自身法にかなった諸形式を実現することである。それはカトリック的権威思想のような意味で，自律を放棄することによって成立するのではなく，自律を自己自身のうちへ深めていって，自律が自己の超出する地点まで達することによって成立する」(Theonomie, RGG, 2Auf., Bd. 5, SP1128)。「神律は，聖書ないし教会について証言する，われわれ内部の神的霊の現臨についてのわれわれ自身の個人的経験を意味する。……自律においてわれわれはわれわれ自身のなかに神が植えつけた自然法に従う。そして，もしわれわれが聖書や教会においてこの法の真理を経験するなら，われわれは依然としてなお自律的でありながら，同時にわれわれの内部に神律的なものの次元をもっているのである。もしわれわれがこの経験をもたないなら，われわれは未熟な人間として刑罰や危険に対する不安を避けることによって，安全を求める権威主義的な服従に落ちこむ。その神的根拠を知っている自律が神律である。しかし，神律的次元なき自律は単なるヒューマニズムに堕落する」(『キリスト教思想史』II，佐藤敏夫訳，著作集別巻II，白水社，42頁)。

にはギリシア哲学の開始以来先の時代まで続いて来た形而上学の支配に代わって今日では人間学が優勢となり，根本的な変化が訪れている。こうした変化をもっとも的確に表現しているのはシェーラーが『宇宙における人間の地位』の中で言う「世界開放性」であって，そこでは近代以来発見された人間固有の自由が，つまり人間の現存在のすべての規定を超えてその彼方へと踏み出す自由が強調された。これによって人間が動物から区別され，自然一般にまさって人間を高める根本的な特徴が示された。

（1）「世界開放性」の解釈

しかしパネンベルクは「世界開放性」をさらにラディカルに解釈する。それはたんに世界へと向かう開放性だけではなく，「あらゆる経験を越えて，あたえられたあらゆる状況を越えてさらになお先へと開かれている。彼はまた世界を越えて，すなわち，そのときどきの彼の世界像を越えて，さらにはあらゆる可能的な世界像や世界像一般の試みを超えて開かれている」。したがって人間の開放性は自然的世界の上に築かれた文化の世界をも超越して行かざるをえない。実際，人間の文化形成の豊かな創造性はその推進力があらゆる作品を超えて貫き進み，すべての作品がただ未知の目標に向かう途上の一段階にすぎないとみなすほどに偉大である。このような開かれたものへの努力の原動力は人間の内に潜んでいる衝動の力である。この力は解き放つ対象が現存するときだけに現われ出る動物とは相違して，無制約的なものへと向かう。それゆえ衝動に完全な満足をあたえる対象が何もなくとも，この衝動の圧力は生じ，遊びや冒険となったり，冷笑による世界からの隔絶となったりする。この無限衝動は人間を不安に陥れ，生の実現過程で到達しうるすべての段階を超えて，その先へと駆り立てる。この不安こそあらゆる宗教的生活の根源である。

　動物の欲求がその環境に限定されているのに対して人間の欲求は限度を知らない。人間は無限に何かに差し向けられており，あらゆる世界内的な経験の彼方にある存在を感じ取る。この存在は人間が創造するものではない。むしろ「人間はつねに，自分が無限になにものかに差し向けられてい

---

65)　パネンベルク『人間とは何か ── 神学の光で見た現代の人間学』熊澤義宣，近藤勝彦訳，「現代キリスト教思想双書14」白水社，345頁。わたしはこの書の第2版1964版を翌年にマールブルクで読んだ。

4 パネンベルクの神学的人間学

るということにおいて，すでにそれに対応して有限ではなくて無限の彼方にある相手を前提としている。……人間が彼の無限の努力のなかで差し向けられているこの相手を表わすために，神という表現がある。神という言葉を意味深く使用できるのは，ただ，それが人間が無限に差し向けられている相手を意味する場合だけである」[66]。宗教史は人間が神を経験したり，また神が人間に対していかに自己を示したかを示す。したがって諸宗教の真理性は，宗教が人間の現存在の無限の開放性を隠蔽してきたか，それとも顕わにしてきたかによって，検証されなければならない[67]。

次にパネンベルクは世界開放性が神開放性に進展していく点を強調する。そのさい彼は人間の欲求を手がかりにする。というのは人間の欲求は，物質文化や精神文化にも満足することなく，自分が欲求を満たすために計画し考案するいっさいのものを超え出ていって，神をめざすからである[68]。そのさい人間の想像力が大きな役割を演じる。人間が動物と基本的に相違するのは文化を創造する能力であって，動物の本能が占める重要な役割を想像力が演じる[69]。この想像力によって人間固有の将来への開放性が開かれ，将来を予測し，未来を期待するようになる。この将来への開放性は，直接的な衝動の圧力から自由にする世界開放性によって生じる。

近代になると人間は自己が世界の創造者であることを確信するようになった。近代人は自分の力で文化世界を創り出しうると考えたが，それによって世界の出来事の偶然的性格と将来的なものへの開放性に対する視野が失われた。それゆえ，わたしたちは人間の世界開放性と神の信仰によって神の創造的な支配に参与できる点を人間学は今日真剣に理解すべきである点が説かれた[70]。

---

66) パネンベルク前掲訳書，356-57頁。

67) 近代の人間学に出発点を与えたのはヨハン・ゴットフリート・ヘルダーであって，彼は『人類史の哲学についての理念』(1784年) のなかで人間を「創造において最初に自由にされた者」として捉えた。この近代人間学はこうしたキリスト教神学から発している (パネンベルク前掲訳書，358頁参照)。

68) 「この人間的な欲求が無限であることは，言葉や音階，図案や色彩，宝石や金属などを用いて想像力によって作られたものによって表現されている」(パネンベルク前掲訳書，368頁)。

69) たとえば学問的な洞察に属する着想 (Einfall) も想像力の産物であって，そもそも多種多様な着想がなければ，およそいかなる学問的な認識も成り立たない。

70) 「人間は，まさに無限の神を信頼するように定められていることによって，あらゆ

（2） 自我中心性の問題

しかし人間は世界を貫いて神に向かう道が中断され，それを忘却する事態に直面する。それは人間が自我に引き寄せられる自己関係性による。ここに人間の世界開放性は挫折する運命に曝される。人間はどこまでも自分自身を主張し，自分を貫こうと努める。人は生の豊かさをすべて得ようと追い求める[71]。それゆえ，あらゆる人間の行為には世界を超越して神に向かう性格と，自己に向かう性格との二重の性格が働いている。後者の自我関係性は世界開放性に逆行する。しかも自我には自分固有の目的や表象や習慣に固執する傾向が潜んでいる。「人間はけっして世界開放性と自我関係性の抗争をみずから解決することはできない。なぜなら人間自身の力で成功したすべての試みは，ただ自我関係性の新しい勝利にすぎないであろうから。自我関係性と世界開放性の緊張を一つの意味深い全体へと総括する統一は，その根拠をただ自我の外にだけもつことができる。人間はこの抗争を克服することができるためには，じっさい，自分自身の外に中心をもたなければならないであろう」[72]。だが人間は自分からは神の真理のなかに生きることができないがゆえに，しばらくは世界開放性と自我性との葛藤が続くのであるが，自分を自分自身のなかに閉じ込める自我性こそ罪である[73]。こうして神への信頼を喪失し，自己追求の奴隷となり，心は不安に曝される。この不安を通して罪人は自分の運命を予感するが，ひとたび絶望に陥ると人間は神に向かう自分の定めから離れてしまう。不安と絶望の両者は，自己の周辺を旋回する自我の空虚さを表わしている。

これがパネンベルクの神学的人間学の出発点であって，シェーラーの世

る有限な状況と環境とを越え出るようにと呼び出されている。そしてこの超え出ることが，人間が世界を処理できる前提である」（パネンベルク前掲訳書，384頁）。

71）「賢者が余分なものを節制するのも，まさにこの目的のためである。人は功績によって自分を確証しようとし，他人があたえられるとその他人を知ることを楽しみとする。人間はどのような任務を選ぼうとも，彼はそれを選ぶことにより，それは彼のものとなり，それに従事して自分を使い尽くせば尽くすほど，彼はますますその任務と一緒に自分自身を貫くことになる」（パネンベルク前掲訳書，403頁）。

72）パネンベルク前掲訳書，407-08頁

73）「キリスト教神学のなかではアウグスティヌスの深遠な洞察以来，自分自身と自分の世界所有とのなかに閉じ込もった自我性が，罪の本来的な核として理解されてきた。たとえ罪の拡大された現象形態が貪欲だとしても，その貪欲のなかで最も内的な衝動として働いているのはやはり自分自身にたいする愛である」（パネンベルク前掲訳書，412頁）。

界開放性を発展させた神学的な人間考察である。

(3) 基礎神学としての神学的人間学

パネンベルクが1962年に発表した人間学は一般向けのラジオ放送のために準備されたものであった。それゆえ理解しやすいものであったが, その後21年を経た1983年に『人間学 神学的考察』を出版し, ヨーロッパの諸学問の成果を結集して神学の基礎学として人間学を新たに確立するに至った。

西欧の近代文化ではキリスト教の世俗化が進み, 人間の構成要素から宗教を閉め出す傾向が一般化している。現代が無神論とニヒリズムの時代と呼ばれているように, 今日学問の領域でも宗教が単なる主観的欲求の表現にすぎないとみなされて無視されている。しかしパネンベルクによると, 神経症的な人格障害が蔓延している事実は宗教の抑圧から起こっているがゆえに, 人間の機能において宗教がもっている意味が解明されなければならない[74]。それゆえ人間生活が現実にもっている宗教的次元を人間本性のうちに回復することが今日の神学的人間学の課題となった。したがって彼は「序論」で「神学と人間学」と題して人間学を神学的に考察する意義について触れ, 近代哲学の特質が主観性の哲学であるため, 一般に人間学も主体としての人間を考察してきたので, 主観的人間学となってしまったが, それに対しカール・バルトは人間学を新たに基礎づけることなく, それを排斥し, 客観的に神から開始することによって, 意に反して神学的主観主義を極端に推し進めてしまった, と断定する。こうした傾向に反対してパネンベルクは神学は人間学の成果を吟味した上でそれを批判的に受容しなければならないと説く。それゆえ彼は人間学を「教義学的」に考察するのではなく, 人間生物学・心理学・文化人類学・社会学・歴史学などによって研究された人間の諸現象を解明し, そこに含まれた宗教的で神学的な意味にもとづいて人間を考察しようとする。それは「基礎神学的」人間学であるという[75]。

本論の第1部は自然的な人間学を追究した「哲学的人間学」を批判的に

---

74) パネンベルク『人間学―神学的考察』佐々木勝彦訳, 教文館, 2008年, 「はしがき」参照。
75) この言葉はハイデガーの『存在と時間』において採用された「基礎存在論」に酷似しているといえよう。

解明する。現代の哲学的人間学の創始者マックス・シェーラーは人間と動物との相違を人間の世界開放性に求めた。つまり動物が環境に閉じ込められているのに対し，人間は世界に開放されていると説かれた。これと同じことをいっそう明瞭に説いたのがプレスナーの「脱中心性」であって，動物が周界をもつ「中心性」を所有しているのに対し，人間は「中心」から出てそれを超えた地点から自己を捉えることができる。この脱中心性にはその終局において無限なる神から自己を捉える人間の特性ばかりか，それに背いて自己中心的となる罪へ転落する事態も示される。

　シェーラーはその人間学を精神と生命の二元論によって体系づけようと試みたが，精神と生命の対立は「二つの異なる基本形式で現われることがありうる。すなわちわたしは自分をわたしの自然的衝動と対立する精神として経験することができるし，またその反対に，……生命の衝動の側に立って〈精神〉の諸要求に反対しうることにある」[*76]。ところがシェーラーと異なりプレスナーの場合，人間学的根本構造の叙述に際し，自己意識が明白に主題として取り上げられ，「自己意識として遂行される反省のプロセスが，動物的中心性と脱中心性の統一の場とみなされている」[*77]。この自己意識における中心性と脱中心性との矛盾相克の中に人間がプレスナーにとって把握され，それによって人間存在の罪性の自覚に至ることができる。それゆえパネンベルクはシェーラーの精神と生命の対立よりもプレスナーの中心性と脱中心性の対立の方がいっそう優れた人間学的な理解であるとみなし，「それは，そこからいかなる逃げ道もなく，またそのためのいかなる調停も存在しない自分自身との不一致である」[*78]という。

　このような自己意識における対立を知らない，現代の無神論的な人間学はゲーレンの人間生物学におけるように精神をも単なる動物的な知能にすぎないものと考える。しかも，人間の脳細胞の発達は動物的な知能を遙かに超える高度なものであることが，ゴールドシュタインの『生体の機能』によって提示されて，反撃される。次に世界開放性と神的似像性の関連がヘルダーの人間学をとおして考察され，人間は自分と世界との間でもつ経験，つまり他者との交わりをとおして自己を形成する存在であることが説

76）パネンベルク前掲訳書，100頁。
77）パネンベルク前掲訳書，101頁。
78）パネンベルク前掲訳書，101頁。

かれた。さらに人間が自分の行為を自分のものと認めて，その行為の責任を引き受けるように期待されるのは，「同一性」という視点からであって，人間の行動は「ひとりの他なるものとして他なるもののもとにある」という「対他存在」から出発し，「自己存在」に帰還する運動にあると説かれた。

　ここから第2部「社会的存在としての人間」では人間の社会性が考察の対象となる。そのさいとくに個人の自己同一性と文化的生活世界の関係が社会心理学的に探求された。なかでもエリクソンの「同一性」つまりアイデンティティの危機の克服という視点がミードの「一般化された他者」の学説，さらにフロイトの自我論と合わせて考察され，自我（ego）と自己（Selbst）との関連から他者との基本的信頼と愛の重要性が指摘された。さらに他者との関係で呼び起こされる感情・気分・情熱の意義が問われ，心情の運動の真相および疎外と罪との関連が探求された。なかでも罪責感情としての良心の優れた分析が披瀝された。

　第3部の「共同の世界」では「文化」概念の検討がなされ，カッシーラーの象徴形式の哲学やホイジンガの『ホモ・ルーデンス』による文化的人間学の意義が考察される。さらにデュルケムやピーター・バーガーの社会学による社会制度論が検討され，終わりに人間の歴史的存在が詳細に論じられた。

　彼はその他の著作でも人間学的な思想をさらに深めてゆき，『神の思想と人間の自由』（1972年）や『形而上学と神の思想』（1988年）でも現代の問題と対決しながら人間学を展開させていった。

5　テイヤール・ド・シャルダンの宇宙論的人間学

テイヤール・ド・シャルダン（Teillhard de Chardin, 1881-1955）はカトリックの司祭であり，同時に地質学者にして古生物学者でもあった。彼は自然における人間の地位というシェーラーの主題を追求したが，危険思想のゆえにフランスでの著作活動が禁止されてしまった。しかし，その死後になって発表された著作は，さまざまな分野で大きな反響を呼んだ。彼の時代にはダーウィンをとおして進化思想が生物学，動物学，人類学の領域に浸透してゆき，キリスト教の救済史を進化の意味で解釈し，人間の未来の完

成を，順次高まりゆく生命の発展と霊的認識や霊的交わりとをとおして実現しようとの期待が，とくにアメリカのプロテスタンティズムでは強かった。テイヤールの思想はこの期待に応えるものであった。そこにはキリスト教人間学の新しい理解が誕生し，その内容は『現象としての人間』（1955年）によって一般に知られるようになった。

この書の序文には彼の著作の意図が明瞭に述べられている。まずこの書は，「形而上学的な著作や神学的試論の類としてではなく，もっぱら科学的研究論文として読んでもらわなければならない」と言われる。このことは書名に示されており，「本書では人間を現象としてのみ扱っているが，また同時に現象のすべてに及んでいる。まず，人間を現象としてのみ扱っている。したがって，本書のうちに，世界の解明を探し求めるのではなく，世界の解明のための序論だけを見ていただきたい」と言われる。そして「人間を中心としてその前後に一貫した秩序を立てること，宇宙を構成する諸要素の間に，存在論的な相互関係や因果関係の体系ではなく，時間的経過のうちのこれらの諸要素の継起を説明する経験的な反復法則を発見すること，ただそれだけを本書において試みた」[79]と説かれた。さらに精神と生命という問題意識は彼が立てた二つの仮説の中に示される。

「本書の場合，二つの根本的前提 —— これをぜひとも指摘しておきたいのだが —— が補い合いながら主題の発展を支え決定する。第一は宇宙の素材において精神性と思考力とに優位を認めることである。第二はわれわれのまわりの社会的事実に〈生物学的〉価値を付与することである。自然において卓越した人間の意義，人類の有機体としての特質，この二つの仮説……なくしては，現象としての人間を一貫した，全体的な形で示すことはできない」[80]。

このような「精神性」と「有機体」（生命体）という人間学的な着想は一般に考えられているほど新しいものではない。それは新約聖書のパウロやヨハネの神学においてすでに与えられており，またパラケルススやヤコブ・ベーメ，さらにF・C・エティンガーの神秘神学においてすでに表明されていた。これらの思想家たちは新約聖書のダイナミックな人間学を改

---

79) テイヤール・ド・シャルダン『現象としての人間』美田稔訳，みすず書房，15頁。
80) テイヤール・ド・シャルダン前掲訳書，16頁。

造することによって宇宙や自然の理解を取り戻そうとした。それは人格主義的なプロテスタントの教義学が意図的に排除してきたものであって，キリスト教的自然学が有する進化の理念を再考したものである。イエス・キリストは歴史的，人間的人格という形姿をとっての一回かぎりの神の出現であり具現であるが，神の受肉は歴史において「上から垂直に」行なわれる一回かぎりの出来事や侵入に限られるものではなく，その時点から世界に広がってゆく進化の新しい段階の開始であり，人間が深く霊化し，人格化し，キリスト化する程度に応じて，新しい生活形式と存在様式がもたらされる。それゆえキリストは神の受肉の歴史的出来事であるばかりか，同時に人間が本性的に霊化して完成するにいたる目標であり，また宇宙が完成を見る終末論的な目標でもある。この「より大いなるキリスト」は，単に個人的救済の焦点にとどまらず，「生ける礎石」でもあって，キリストの体に結合する共同体はそれによって救済される。

このような観点からテイヤールは宇宙全体を一つの進化の過程とみなし，この進化の法則を見きわめ，その進化の方向性をとらえる解釈を提示した。したがって彼は人間をも測り知れない過去から準備された進化全体の成果とみなした。しかも彼はどこまでも一人の科学者として人間を含めた自然全体の運動から宇宙を捉え直したといえよう。

なかでも精神と物質に対するテイヤールの思想は注目に値する。心身の分離に立つ二元論は否定され，アリストテレスとトマスにしたがって精神と物質は一つの存在を構成していると考えた。精神は物質のなかで生まれ，物質は精神の母胎，原動力である。それらは同じエネルギーの二つの相，二つの存在形式である。科学者は物質の面のみを見るのに対し，彼は物質の裏面をも捉え，内在的な作用の意義を力説した。実際，エネルギーは本質的に物質的，精神的な性質を合わせもっている。彼は，進化が複雑化の方向をとっているが，それでも生物界には一定の「定向進化」があると捉えた。「人間は長い間信じられてきたように，宇宙の静止した中心ではなく，遥かに素晴らしいことに，進化の軸であり，その矢印の先端である」[*81]。したがって進化の頂点に立つ人間という思想によって世界は変貌しながらさらに発展することになる。

---

81) テイヤール・ド・シャルダン前掲訳書，390頁。

一例として生命から精神圏へと展開する有様が次のように示される。

「生命は，模索に必要な接触を増やし，多様な形の富を蓄積するために，密集隊形をとって前進せざるをえない。ところで，生命の流れが，新しい突然変異によってしめつけられていた隘路から外へ出るとき，生命が浮き上がってきた陸路が狭ければ狭いほど，また生命の波のおおうべき面積が広ければ広いほど，生命には量において自己を立て直す必要がいっそう増してくる。人類は漠然とした本能の衝動に駆られて働き，自己の狭い浮上点のまわりからあふれ出て，地球を沈めつくしてしまうまでになる。他のすべての生物を越えて，住みうるあらゆる空間を征服するために，思考力も数の力を借りる。別の言い方をすれば，精神は精神圏の層を織り，繰り広げる。組織的な増殖と膨張のこの努力のうちに，起原から今日までの人類の先史時代と有史時代全体が，見るすべを知る人の眼には，要約され，表現されているのである」[82]。

そしてこの進化を創造する侵入の経過は相つぐ波の線で図解される。

こうした生命進化の線は精神のエネルギーによって人格の内に集中してくる。この点がこの書の終わりになって初めてキリスト教的な観点から説明される。キリスト教は人格的な宗教である。これまで述べられた思想は単なるイデオロギーではなく，「人格的で超人間的な余分のエネルギー」であって，キリスト教という現象の，科学にとっての重要性がいまや現われてくる。たとえばパウロの書簡やヨハネの書のなかで次のように語られている。

「世界を創造し，完成し，浄化することは，神にとって世界を自己に有機的に結びつけ自己と一体にすることである。宇宙生命力の原理であるキリストは，人間の世界に人間の姿で現われたので，自ら加わっている意識群全体の上昇運動を自己に服従させ，浄化し，つかさどり，活気づけることができたし，またつねにこのような働きがつづけている」[83]。

進化についての彼の包括的な概念によれば，宇宙は，宇宙発生期・生物

---

82) テイヤール・ド・シャルダン前掲訳書，223頁。
83) テイヤール・ド・シャルダン前掲訳書，357頁。

発生期・知性発生期の各段階をへて，その到達点である最高の精神的人格的実在，すなわちキリストへと上昇する。自然についてなされる現代的知識のもっとも深い意味でのキリスト教的解釈は，単にその見方において西洋的であるばかりではなく，普遍的な妥当性をもつものとしてその承認を求めている。そして遂にパウロが言ったように，「すべてにおいてすべてである神しか存在しないだろう」（Ⅰコリント15・28）。というのは宇宙が中心群の統合によって完成されるからであり，神こそ中心群の中心である。「このような究極的なビジョンにおいてキリスト教の教義は頂点に達する」*84。

こうした進化論の霊的解釈は，パウロが説いていた本来の進化的な意味での人間理解の再発見である。パウロはキリスト教徒の発展目標について「わたしたちすべての者が神の子を知る信仰の一致と，彼を知る知識の一致に到達し，全き人となり，ついにキリストの満ち満ちた徳の高さにまで至るためである」（エフェソ4・22）と言う。ここに「全き人となる」，また「キリストの満ち満ちた徳の高さにまで至る」というのは人間の救済史の発展に潜んでいる未来の終末的な目標である。それはより大いなるキリストの完全さへと成長することを意味する。

キリスト教人間学のこのような「進化論的」解釈にはベンツによるとキリスト教の救済史を自然過程に解消する危険な誘惑が伴われている。この危険は，キリスト教的人間像に関する次の二つの根本思想に抵触するように思われる。すなわち，第一は自由に関するキリスト教的理解であり，第二は救済史としての歴史を劇的なものと受けとる根本思想である。それゆえ進化の概念は，完全に精神化された意味に変えられることによって初めて，キリスト教的人間像とキリスト教的救済史を理解するのに用いることができる。しかもイエス・キリストと共に進化の新しい段階が始まるという意味においてである。この新しい段階はそれ自体として，自由の領域において神の霊が劇的に自己を実現するという新しい独自の徴候を帯びている。それは救済史の「進化」を意識以前の動物的生活の領域における進化と明瞭に区別させる特質を有する。進化のこの新しい形式は十字架の印によって，自然進化を根本的に改革するものである。そこには自由と自己献

---

84) テイヤール・ド・シャルダン前掲訳書，358頁。

身と自己克服の法則が支配する，いっそう高度な進化形式へと自然進化が「飛躍」することになり[*85]，理性や精神としての存在を超える霊性の意義が求められる。テイヤール・ド・シャルダンの「ラディカル・エネルギー」の概念がここでは重要な意味をもってくる。この点に関しパネンベルクは次のように語って，精神もしくは霊性の特質をきわめて明確に捉えた。「生命の自己超越は，今や生物の行為であると同時に，生物をそれ自身が持っている限界を越えて高めることによって，生物に生命を与える力のことなのである」[*86]。この生命の超越力は精神の作用であっても，それは自己自身をも超えて超越する霊性にまで発展するといえよう。この観点から精神と生命という二元論の問題についてテイヤールは『宇宙における神の場』のなかで次のように語ることができた。

> 「われわれの存在の根源は何であろうか。それはまず想像を絶する古い過去にまで遡る。原初の細胞がいつの日にか人間の魂の息吹きとなって生気をあたえられたということは，何という神秘であろうか。この次々に継起する様々な力の総体としての，われわれがどうしてもそこから逃れられないわれわれの存在とは，何という不可解なものであろうか。素材的には，われわれ一人一人の中に，世界の全歴史が部分的に反映されている。われわれの魂〔精神〕がどんなに自律的であるといっても，それはそれに先立って地上のエネルギー全体が驚くべき仕方で造り上げた存在を受け継いでいるものなのである。それはある段階で生命に遭遇し，生命と結びついた。……われわれのうちには魂をはなれて成長する肉体はない。肉体が受け入れ，働きかけ始めたことはすべて，次に魂が引き受け，高めなければならない。たぶん魂にはその品位と，それ本来のやり方があるのだろう。しかし魂はこの宇宙との接触からも，この絶えざる肉体の労苦からも逃れられるもの

---

85) ベンツ「キリスト教から見た人間」(E. Benz: Der Mensch in christlicher Sicht) 宇野光雄訳『講座 現代の人間学』第6巻，白水社，47-48頁参照。
86) パネンベルク『自然と神』標宣男訳，教文館，197, 199頁。続けてこう言われる。「しかし人間は自分自身ではなく，その彼方に自分の立つ場を求めねばならないがゆえに，人間は自らの精神によって自らの統一を保証することはできないのであり，自らを越えて彼方にある現実に目を向けることになる。それゆえ，わたしたちは先取りしたようなかたちで統一的な現実を示すことができる，より広い意味の地平にあって，特殊なものを把握することができる」。

ではない。魂の，ものを理解したり愛したりする特殊な能力〔精神〕は，このようにして魂のうちで次第に磨きあげて行き，その幸福や，破滅を左右するが，それが魂のもっとも非物質的な特性〔霊性〕を形造ることになるだろう。われわれはわれわれの自然的な能力がどんな割合で，またどんな形で神の直観という究極的な活動に達しうるのかということについてほとんど何も知らない。しかし究極的には変容されてわれわれ一人一人が神を讃美したり，神から特別の祝福を受けたりするための力となるはずの眼や心を，われわれが神の助力によって，この世においてすでに与えられているということを人はほとんど疑うことはできない」[87]。

テイヤールは心身が精神と霊性によって完成することを語り，しかもそれを透徹した精神的洞察によって宇宙の一体性と連帯性のもとで理解した。それゆえデュモリンによって次にように評価された。「彼は人間の領域に生きたけれども，すべての実在が神聖なるものであり，それが人間に宗教的応答を要求するということを十分理解していたがゆえに，神の領域をもよく把握したのである。神聖なるものは，人間の領域の外側に存在するものではなくて到るところに現前する。そして神聖なるものに対する感覚に恵まれた人は，すべての存在する物を通して輝きわたる聖なる光を見ることができる」[88]。

このような精神の作用は社会的な実践において顕在化してくる。とりわけ決断の場においていずれを選択するかという実践，つまり価値選択において顕在化してくる。価値選択はどちらが大切であるかという問いに直面する場合に起こる愛の問題でもある。この愛はキリストによって示される。「キリストのエネルギーが精神世界の中心を占めているならば，聖パウロや聖ヨハネが述べたキリストの生成発展は，宇宙の生成発展の頂点となる精神の生成発展をも超えている」。それゆえキリスト教についても「現在，精神圏の全域において，キリスト教は信仰と希望とを愛徳によって完成に到達させる完全な行為，しかも無限に完全になりうる行為によって，世界全体を実際に包含するに足るだけ大胆で，進歩的な唯一の思想の流れを表

---

87) テイヤール・ド・シャルダン『宇宙のなかの神の場』三雲夏生訳，春秋社，1968，35-37頁。
88) デュモリン『仏教とキリスト教との邂逅』西村恵信訳，春秋社，1975年，26頁。

わしている」と主張することができた*89。ここには精神を超え出るキリスト教的愛と霊性の力が説かれているといえよう。

このような新しいキリスト教人間学は非キリスト教的宗教における人間の価値のとらえ方との架橋をいっそう容易にするであろう。こうした神学的な改新によって実現する新しい洞察は，諸宗教間の対話を大いに促進するであろう。それによって霊性の普遍性と思想や心情の多様性とが結びつけられるようになる。

6　ベンツの神秘主義的人間学

マールブルク大学の教会史教授ベンツは「世界教会」運動の時代を迎えている現代にふさわしいキリスト教人間学を形成しようと試みた。これまでの伝統的なキリスト教の立場にもとづいて，とくに教派的な教義にもとづいて形成されてきた神学的人間学を広い宗教史的視点から相対化する，神秘主義の立場を受容しながら，彼は神・宇宙・人間の内的関係をめぐって新たにキリスト教人間学を確立した*90。

これまでの人間学の試みは総じて旧新約聖書の原典に立ち返って人間を把握し，次いで人間学の主題に関して古代教会の伝承が表明し，主要なキリスト教教会や教派が表明している種々さまざまな見解を検討することによって遂行されてきた。これに対しベンツはキリスト教神秘主義の独自の宗教体験とその思想を顧みることによって，大抵の場合，因習的になり，創造力を失って枯渇した人間学に，新しい命を吹き込もうとする。彼は言う，「キリスト教的神秘説の人間学ではまさに，キリスト教的人間像の把握と実現において，新鮮な宗教体験の印象のもとに，思いがけなくも新しい，新鮮な，革命的と言えるような観点が打ち出されている。したがって人間学の領域においては，なお進んでキリスト教神秘家の陳述が注目されねばならない」*91と。

89）　テイヤール・ド・シャルダン前掲訳書，361-62頁。
90）　Ernst Benz, Der Mensch als Imago Dei, in: Urbild und Abbild der Mensch und die mythische Welt, 1974. ほぼ同じ内容の叙述が次の邦訳である。ベンツ「キリスト教から見た人間」(E. Benz: Der Mensch in christlicher Sicht) 宇野光雄訳「講座　現代の人間学6」白水社。
91）　ベンツ前掲訳書，12頁。

そのさい宗教の問題を人間の神に対する人格的関係の問題，つまり信仰と義認の問題に還元したヨーロッパ16世紀の宗教改革の時代以来，自然や宇宙についての理解がキリスト教思想から後退したのに対し，自然と宇宙に対するキリスト教的理解は神秘主義の思想家たちによって継続して考察されてきた。とりわけ彼はキリスト教人間学の根本概念である「神の像」に関する理解をこの神秘主義者たちから再考した。

　「神の像」という考えには神が人間の内にある形成可能な素材に自己の像を刻印しただけではなく，さらに神は自己を刻印することによって人間を高め，人間をして，神自身がその像をとおして自己自身を認識し，自覚しようとするような被造物としたことが認められる。したがって人間には神の自己啓示が属しており，人類史は神統紀にほかならないことが含意される。そこには「神は人間にその像を分け与えただけでなく，人間を，神の自己実現，自己啓示の協力者とした」という思想が認められる。神と人との相互に不離なる関係は「神秘的合一」（unio mystica）によって表明されてきた[*92]。

　ここでは人間が自己実現を自己の原像たる神に見いだすが，神もまた人間において初めて自己の存在の意味を充たす。こういう解釈は「神の像」に関するもっとも極端な思想であるにしても，神秘的合一において，神に対する人間の欲求と，人間に対する神の欲求とが同時に考察される。同じ解釈はエックハルトにも表われている。エックハルトによると神は独りで存在することを欲しなかった。神のもっとも内的な本質は愛である。しかし愛というのは，相手側の自由な応答愛によってのみ，実現されうる。神は人間をその像にしたがって造り，同時にまた人間にその全き愛を与え，人間が神の愛に応えるために自由を贈った。しかし神は人間に自由を贈ることによって，同時に人間が神を退ける可能性をも開いた。事実，人間はその愛を神に向けずに自己に向けて自己自身を愛した。しかし神は人間を愛することを断念できなかったし，また人間から自由な愛を返されることに

　92）　ここではアンゲルス・シレジウスの次の詩をあげて例証としている。「私は知っている。私がいなければ神は一瞬たりとも生きていけないことを。もし私が無に帰するなら神は困りはてて死なねばならぬということを」（ベンツ前掲訳書，14頁からの引用）。「神の像」についてのいっそう詳しい叙述としてベンツ『キリスト教——その本質とあらわれ』南原和子訳，平凡社，1997年，190-91頁参照。

よってその愛を実現する期待をも断念できなかった。そこで神はその御子を人間として造りだし産むことによって，人間のうちに神の愛を呼びさました。神の「深淵」とは，神の愛がそこから湧きあがり，「湧きこぼれ」，人間の魂のなかに流入し，そこで実現される根源のことである[93]。

さらに「神の像」は人間と共同被造物との連帯関係を明らかにしているのに，近代神学においてはこのことを示す痕跡さえも見られない。このような連帯意識の喪失こそまさに，神に対する人間の反抗が生んだもっとも本質的な結果であり，この反抗が神，宇宙，共同被造物に対する人間の関係を根底から変えてしまった。こうした洞察が近代神学には欠如している。しかしベンツによると人間以外のすべての被造物においてはただ暗示的にしかあらわれない神の像が，人間においては完全に見られるという事実にこそ，人類に統一を与える根拠である。すなわち人類に見られる生物学的，人種的，地理的，歴史的相違はただ，これらすべての人間に共通する神の似姿という性格が個別化されてあらわれたものにすぎない。人間における神の像は，人間が神によって規定されていること，神によって召命されていることを示す独自の印であり，人類が未来において神の国で統合される根拠を示すものである。

アウグスティヌスは「神の像」の痕跡を人間の知性のうちに確認し，そのことによって人間のうちなる神の像を形而上学的かつ心理学的に捉えようとした。このことは彼のうちあるプラトン主義の二元論が影響しているが，これと相違して人間についての二元論的考察を超えて神の像としての人間を「精神＝身体的な全体」において認識したのは，キリスト教神秘主義であった。神の像は人間の身体性の領域に至るまで刻印されている。確かに人間が神の像にしたがって造られたという理念の背後には，神が降下して肉となった受肉，つまり人間における神の自己啓示という根本思想と根本意図が認められる。

> 「人間が神の像にしたがって造られたということのうちには，歴史の具体性において自己を啓示しようとする神の意志がすでに告知されている。また人間はその物質的性質からしても，全宇宙の諸力，形成諸原理，表現諸形式が精神＝霊＝身体という人格的統一において総括さ

---

93) ベンツ「キリスト教から見た人間」(前出) 15頁。

れた宇宙的存在なのである」*94。

　こうしてキリスト教人間学の三分法は人間の統一性において捉えることができる。さらに人間と宇宙との関係も神の像から再考される。人間を神の像として捉える思想には宇宙に対する人間の関係も含まれる。なぜなら神の創造的理念は宇宙のなかにも写し取られており，神の内なる意識のうちに存在する精神的形姿は宇宙のなかにも具現しているから。このように神は自己自身を啓示するがゆえに，創造された宇宙は神の自己啓示と自己実現の場であり，作品なのである。キリスト教人間学はこの思想を新プラトン主義の古い神秘思想をとりあげて解釈し直し，人間をミクロコスモス（小世界）として捉えた。

　さらにベンツは悪の問題と自由の問題から愛の問題にすすみ，ここにも神秘主義の貢献が認められることを強調する。とりわけエックハルトは神秘家のみが認識できる神の秘密を暗示しながら，神が人間を神の像に造った理由を神の愛のなかに次のように捉えた。すなわち「神秘家たちは，そのもっとも深い内的体験から，ただ一つの解答を出した。つまり神は独りで存在することを好まず，その本質である愛を他の存在との出会いにおいて実現しようと欲したが，この存在はおそらく，その独自の自由な愛を通じて神の愛に出会うことができるであろう，と。人間は，神に対する自由な愛において創造者それ自身のもっとも内的な本質を成就する神の協同者でなければならない」*95。

　ここから人間の自由が危険を孕んでいることも明らかになる。つまり神が人間をその像にしたがって造ったことから生じた危険は，神が人間に信託した自由を神と合一するために用いないで，神に反抗し自己自身を愛の目的にまで持ちあげようとしたことにある。これがモーセの創造物語において「堕罪」として記されている事件であって，そのもっとも内的な本質は創造者である神に反抗しようとする人間の自由な決断から堕罪が起こったことである。そこに自由の濫用があり，神の像であることの刻印が濫用されて，自己自身を欲望と愛の独自の中心に据え，「神のように」なろう

94）　ベンツ前掲訳書，18頁。同じ思想がベンツ『キリスト教』（前出）197頁にも見られる。
95）　ベンツ「キリスト教から見た人間」（前出）27-28頁。そこには次のようなシレジウスの詩が引用されている。「神が私にとって重要であるのと同じく，私は神にとって重要である。神が私の存在を保護するのと同じく，私は神の存在を援けている」。

とすることが発生した。これが罪であって，この罪の本質は現代のキリスト教人間学においてきわめて明瞭に「神に対する反逆者」(E・ブルンナー)として問題にされる。ここに罪の問題が人間の自由ともっとも内的に結びついていることが正しく認識された。

　まさにここから仏教の苦の理念と罪との相違もまた理解される。救いは二元論的に理解されたこの世の生活から解放されることではなく，新しい精神的＝身体的存在のなかに入ることであり，この存在において神への反逆の破壊的な諸力が克服され，人間は精神＝身体性の新たな形式のなかへ変容される。それゆえ苦難の克服は，現世からの超越にはなく，苦難を神自身によって引き受けられたものとみなし，信仰において最後までそれに堪えぬき，そこに人間の根底からの変容の開始を捉えることから生じる。ここにギリシア的な魂の不死ではなく，身体の復活の意義が理解される。したがって身体性は，精神的なものにとって疎遠な属性ではない。すべて精神的なものは具体化を促す。その究極的かつ永遠的な姿が身体的形姿なのである。

　このようなキリスト教的人間像の構想は基本的に二元論的ではなく，人間の全体に関わっている。つまり身体的＝霊的＝精神的な全体において人間を新しくすることである。プロテスタンティズムの偉大な神秘家のひとりF・C・エティンガーが言っているように，身体性は「神の道の結末」である。キリスト教の使信の中心は，神が人間の身体性のなかに降下したことであって，これにより神に対する反逆によって病弱となり滅亡と死へと引きわたされた人間性を更新し，復活をとおして新しい存在へと導くことである。受肉によって「第二のアダム」の到来が，またその復活によって新しい人間存在の時代が開かれる。そして身体性の領域にまで及ぶ人間の変容は，救い主なる神の子の降下によって神のもとで栄光のうちに完成される。

　ベンツはその他のキリスト教人間学の諸問題を教派的な教義に拘束されない立場である神秘主義の観点から豊に考察した。たとえば義認論というのもルター派教会の内部で論じられたものであって，別の観点の導入も東方教会の伝統においては行なわれている点が指摘された[96]。

---

　96)　ベンツ「キリスト教から見た人間」(前出) 48-50頁。

終 章

ヨーロッパにおける人間学的三分法の運命
―― とくに心身の統合機能としての「霊性」の役割について ――

　これまでわたしたちは現代ヨーロッパにおける人間学の歴史的展開を心身論の観点から考察してきた。それはマックス・シェーラーの『宇宙における人間の地位』によって創始され，そこでの精神と生命の二元論をめぐって激しい討論が交わされたばかりか，彼の人間学は多くの学問分野においてさまざまな形で人間学を豊かに産み出す展開を導き出した。この点を原典に即して解明したことはこれまでになかった研究の試みとなった。ところが現代ヨーロッパにおける人間学の歴史というと，これまで一般に行なわれてきた試みは，哲学的人間学の展開に限定してシェーラーからシュペーナーやゲーレンに至る歴史が辿られてきた[*1]。しかし，この展開と発展とがどんなに歴史的に厳密に解明されたとしても，それだけではあまり魅力のある成果は期待できない[*2]。さらに心身論の観点から見渡しても，本書の第三章で考察されたように，カッシーラーの試み以外には注目すべき試みは見当たらず，現象学的人間学の観点から幾つかの思想が表明されはしたものの際立った展開は未だなされていない。それに反して現代ヨーロッパの人間学は，実存哲学とは根本的に相違して，シェーラーが試みたように人間科学の成果をあたう限り取り入れて，個別的な学問の分野で大いに発展してきているように思われる。わたしはこの点に注目して本書では人間学の発展を考察してきた。

　ところでシェーラーは『人間の地位』を完成させた晩年にはカトリック

　1）　奥谷浩一『哲学的人間学の系譜』梓出版社，2001 が代表的な研究である。
　2）　たとえば J. Fischer, Philosophische Anthropologie. Eine Denkrichtung des 20. Jahrhunderts. 2008 を参照。

教会を去って形而上学に傾斜していったため，人間学の基本姿勢において伝統的なヨーロッパ人間学とは必ずしも一致しなかった。このことは「精神」と「霊性」の理解が混同されている点に顕著に示されていた。このことは伝統的な「霊・魂・身体」の実体的区分および「霊性・理性・感性」の機能的区分が必ずしも充分に理解されなかったため，感性と理性とを統合する霊性の機能が明確に把握されて来なかったことから起こっていた。だが，ここにはヨーロッパを襲った世俗化の大波が霊性を直撃し，伝統的な三分法を破壊してしまった厳しい状況が反映している。そのため霊性の流れは人々の目に隠され，自覚されることなく意識の底流に深海流となってとどまり，霊性の枯渇とニヒリズムへの転落を引き起こした。

　大洋には至る所に海流が認められるが，目には見えないその深みには深海流があって，ときには海上のみならず陸地の気象にも大きな影響を及ぼすことがある。同様のことは思想史においても，したがって現代における人間学の思想潮流にも妥当するのではなかろうか。たとえば本書の序論で指摘したことであるが，自然科学とか社会科学の著しい影響によって人間の素顔が見えなくなるほど厚化粧が施されたとき，シェーラーが新たに「人間への問い」を発したり，諸々の世界観が自己流の体系的な観点から自余の一切を切り捨てたとき，カッシーラーが「知的中心の喪失」を嘆いたようなことも確かに起こったのである。そのときシェーラーは精神の深みに，カッシーラーはシンボル機能の根底に，人間を根底的に捉え直す視点を探索したのであった。実際，現代史の表面には多様な思想が潮流となって激突し合い，混沌状態が生まれていた。ではこれら多様な海流と潮流の深みにわたしたちはどのような深海流を探査することができるであろうか。

　先に『ヨーロッパ人間学の歴史』において解明したように，確かにヨーロッパ文化をこれまで導いてきたキリスト教の「霊性」もしくは信仰が次第に背景に退き，これに代わって「理性」の自律化が興り，それが科学技術と提携することによって，霊性から切り離されて道具化した「理性」が時代を支配するようになった。それにもかかわらず啓蒙時代には理性と感性とを統合する霊性の作用は一般に認められていた。しかし現代に至ると「理性」はかつてもっていた「深み」を喪失し，単なる合理主義や実証主義また皮相なヒューマニズムとなって全世界を覆ってしまった。こうして理性の支配が霊性との関連を断ち切ったことによって理性はその「深み」

終章　ヨーロッパにおける人間学的三分法の運命

を喪失し，それが道具化して科学技術と提携することによって現代の産業世界を造ったとしても，それがいかに根拠のない架空な世界となりやすいかが暴露されるに至った。

　そこでわたしはこの書物で考察してきた現代ヨーロッパの人間学の特徴と意義について最後にどのようなことが考えられるかについて述べておきたい。

　(1)　まず，現代ヨーロッパの人間学を問題とする場合，わたしたちは前著『ヨーロッパ人間学の歴史』で問題にした歴史を無視して論じることはできないといえよう。つまり「ヨーロッパ」というのは歴史的含蓄をもった偉大な勢力であって，さまざまな可能性を秘めている生命体であり，その中にはこれまで形成されてきた文化的遺産が精神的な伝統として存続している。わたしたちはこれを人間学の観点から，しかも心身論という人間学のもっとも重要な主題に即して考察してきた。さらに，この人間学的な心身論においてヨーロッパの精神史が人間学的三分法によって解明できるということが学問上の仮説として前提されている。したがって別の観点なり立場からは異なった結論が導き出されることは認められよう。

　ヨーロッパ文化の特色はギリシア文化とヘブライズムとがゲルマン民族によって統合された文化総合に求めることができる。この文化総合の形態はギリシア思想の「理性」とヘブライ思想の「霊性」とがゲルマン民族の「感性」をとおしてどのように統合されたかによって解明できる。この統合こそ人間学的三分法として歴史のなかで形成されてきたものであった。したがって，わたしたちがヨーロッパの歴史から学んだことは，この人間学的三分法がどのように形成され，消滅していったかというプロセスである。この三分法は16世紀のエラスムスとルターの時代に全面的に開花し，ヨーロッパ思想の基礎として据えられ，その後も時代とともに発展してきたが，啓蒙時代からは次第に消滅する運命に見舞われるようになった。この運命は現代においてはさらに厳しくなったが，理性と感性とを統合する霊性が所与の機能として人間に与えられているかぎり，人間学においてこの三分法を全く無視することはできない。

　こうした観点からするとヨーロッパ精神史は18世紀の啓蒙時代以降には歴史家ギボンの著作『ローマ帝国の衰亡史』と同様に，「衰亡の一途」（decline and fall）を辿ったことになる。しかし先に述べたように歴史の表

面から消滅しても，この三分法はヨーロッパの人間学には「深海流」のように存続しており，本書で考察してきた現代ヨーロッパの人間学の根底に見いだすことができる。

(2) 同様に現代の人間学を創始したシェーラー自身も歴史から理解すべきである。なかでも彼が世俗化の荒波に襲われてヨーロッパの人間学的伝統から晩年において離反してしまったことが重大な結果を招いてしまったと言えよう。彼の主著『倫理学における形式主義と実質的価値倫理学』(1913-16)，『人間における永遠なるもの』(1921)，『共同感情の本質と諸形式』(1923) が出版された時期の思想では学問的方法として現象学が採用され，間主観性の人間学とカトリックの霊性とが思想上の大いなる実りをもたらしていた。シェーラーの思想家としての価値はこの時期に求めるべきである。したがって晩年の『人間の地位』だけに彼の人間学の学問的成果を求めてはならない。というのはこの書で強調された精神と身体の二元論は晩年の思想であって，シェーラーに対する批判がここにのみ集中してきたし，また残念なことに本書も心身論を扱うかぎり，彼の二元論を主題として考察しなければならなかった。しかし動物から人間の地位を不当にも高めるために採用されたこの精神と生命の二元論は，元来は霊性によって統合されており，霊性の観点から統一的に把握されるべき対立契機にすぎなかったのである。したがってシェーラーによっても対立を克服するこの弁証法的な契機が充分に自覚されていなかったし，彼に対立した思想家たちからは彼の思想が陳腐な「二元論」という烙印を押されたことはきわめて不幸なことであった。

このように精神と生命とを統合する潜在的な霊性の契機は，ヨーロッパ人間学のすべての展開の中に認められたものであった。しかし現代になると心身を統合する霊性の契機は一般的には知られなくなったが，それでも深海流となってそれは今日に至るまで人間学の展開の至る所に見いだせるのである。そこに前著『ヨーロッパ人間学の歴史』との統一的な視点がある。次に例を挙げてこの点を明らかにしてみよう。

(3) この人間学的三分法のなかでも感性と理性とを統合する「霊性」の意義は，神経症的な人格障害が蔓延している現代社会においてはきわめて大きいといえよう。この事実は宗教に対する無関心により，霊性という人間の機能が麻痺していることから起こっているとも考えられる。この点

を明らかにするために本書で考察した現代の精神医学的人間学の三つの試みを想起したい。精神医学の大家であるビンスワンガー，フランクル，ヴァイツゼッカーはすべて実存哲学の影響を受けながらも，それを批判的に克服し，霊性や愛にもとづいて独自の医学的人間学を確立した。

その際，彼らが実存哲学の創始者キルケゴールの「精神」に即して「霊性」を考えていたので，彼による精神の定義をここで再考してみたい。彼はその代表作『死にいたる病』の本論の初めのところで人間的な精神を「関係としての自己」として捉え，次のように述べた。「人間は精神である。しかし，精神とは何であるか。精神とは自己である。しかし，自己とは何であるか。自己とは，ひとつの関係，その関係それ自身に関係する関係である」[3]。このように精神は関係する行為主体であって，自己に関係しながら他者に「関係する」，つまり態度決定をすると語られる。しかもキルケゴールの人間学的前提からすると，人間は身体と魂の総合としての精神である。この「精神」こそ「自己」としてここに語られているものであり，『死にいたる病』では，精神が自己の内なる関係において不均衡に陥ると，絶望と苦悩の状態が生じる。そのさい精神は身体と魂に対して総合する第三者ではあるが，このような関係に精神を置いた永遠者，つまり神との関係において，絶望を克服することが可能となる。このような神的可能性が「信仰」にほかならない。ここで語られている「精神」(Geist) は人間学的には「霊」とも訳すことができる。この霊としての精神は水平的な自己内関係と垂直的な神関係を内属させており，動的で質的に飛躍する「信仰」を秘めている。こういう精神こそキルケゴールの霊性を意味する[4]。

このような心身の統合としての霊の作用はヨーロッパの思想史をとおして確認できる。それはプラトンからヘーゲルにいたる理性的な哲学の普遍思考の中にも，キリスト教信仰の中にも多様な仕方で現われている[5]。一般的に言って理性的な精神は身体に比べると無力であり，パトス的な情念

---

3) キルケゴール『死にいたる病』桝田啓三郎訳，世界の名著「キルケゴール」435頁。
4) キルケゴールの「関係としての自己」には「自己内関係」と「神との超越的関係」との二面があり，前者の心理学的解明から後者の「神の前」における神学的解明に進んでいく。こうして自己が決断という主体的行為によって本来的自己となることは，永遠者なる神との関係の中で遂行される（キルケゴール『死にいたる病』桝田啓三郎訳「世界の名著」436-37頁）。
5) 詳しくは金子晴勇『人間学講義』知泉書館，127-31頁参照。

の反発を引き起こすが,そのような場合でも心身を統合する霊には自己を超えた力によって統合をいっそう混乱させたり,回復させたりすることができる。問題はこの統合作用が全く無視されたり,弱められたり,あたかもないかのように隠蔽されたりする場合に起こる事態である。この事態はたとえばヨーロッパの場合には最高価値(神と聖価値)の否定として無神論とニヒリズムが発生し,世界観として定着すると,今日,世紀の病として猛威をふるうようになる。

(4) このように現代において霊性が消滅しているように思えるが,それでもなお「亡霊」として生きている事実を指摘できる。わたしたちは霊性が死滅しても,なお「亡霊」として作用している亡霊現象を「ものの虜となる」作用から把握することができる。この現象はわたしたちの間で頻発する恐るべき事態であって,心身の総合としての霊性に生命がなくなると,それは亡霊となって,こうした現象を引き起こす。

それは序論にあるように現代ヨーロッパの世俗化から発生した。ヴェーバーによると「世俗的職業を天職として遂行する」禁欲の「精神」は今や,かつての宗教的信仰の「亡霊」としてわたしたちの生活の中を徘徊するようになった。この発展の最後に現われる「末人たち」(letzte Menschen)にとっては「精神のない専門人,心情のない享楽人。この無のものは,人間性のかつて達したことのない段階にまですでに登りつめた,と自惚れるだろう」と言う[*6]。だがその内的な空虚さは「ものの虜となる」餓えたる霊にほかならない。この現象をシェーラーが「偶像化」として捉えたので,それを紹介してみたい。彼はまず霊性を本来的な姿で捉え,宗教的作用とみなし,それが神の啓示を受容するときの心の働きであって,信仰と同じく啓示内容を受容する作用である,と説いた。すべての人はこの霊性によって永遠者なる神に引き寄せられる。ところが,このような内的な作用を満たすものは永遠なる神であるのに,誤ってそこに有限なものが闖入すると,それは「偶像」となる。とくに「有限的な財」に絶対的な信頼が寄せられると,「財の偶像化」が起こる。彼はこの現象を次のように説明する。

「人間は自分の作った偶像に魔法にかかったように縛りつけられ,それを〈あたかも〉神であるかのごとくもてなす。このような財をもつ

---

6) ヴェーバー『プロテスタンティズムの倫理と資本主義の精神』(前出) 364-66頁。

終 章　ヨーロッパにおける人間学的三分法の運命　　319

　かもたぬかという選択は成り立たない。成り立つのはただ，自分の絶
　対領域に神を，すなわち宗教的作用にふさわしい財をもつか，それと
　も偶像をもつか，という選択だけである」[*7]。
　この偶像は一般には金銭・名誉・愛欲さらに国家・無限の知識・権勢な
どとしてあげられる。有限的なものが絶対的領域に侵入することは「偶像
化」の発端であり，昔の神秘家の言葉によってそれは「ものの虜となる」
（vergaffen）といわれた[*8]。
　この「ものの虜となる」という現象こそ心身の総合である霊性が変質し
た亡霊の働きにほかならない。本来は永遠者なる神に向かってゆくべき霊
性が，間違って有限な財に捕われている状態こそ「亡霊」つまり「死人の
霊」にほかならない。このようにさまよい出た霊はわたしたちにさまざま
な悪影響を及ぼし，心身相関に変調や転調をもたらすのではなかろうか。
　亡霊現象のもう一つの例として「出世主義者」（Streber）があげられる。
そこには通常今日猛威をふるっている競争原理しか見当たらない。シェー
ラーによると「出世主義者」というのは単に権力・富・名誉などを追求す
る人を言うのではなく，他人との比較においてより優っている，より価値
があることを努力目標とし，それをすべての事象価値に優先させる人のこ
とである[*9]。彼は卑俗な人である。こうした人間の類型は身分が固定され
ていた古代や中世には現われず，自由な競争体系からなる近代社会におい
て顕著に現われる。そこでは自他の価値が絶えず比較され，今日の競争社
会に通弊となっているように，常に他人を凌駕することが人生の目標とな
り課題となる。
　それに対し心身に変調を起こさない例として「高貴な人」があげられる。
その特徴は自他の比較を行なう前に自己価値についての素朴な意識があ
り，「それはあたかも自立的に宇宙に根を下ろしているというような自己
充実感の意識なのである」[*10]と言われる。つまり比較される両者が比較さ

---

　7)　Max Scheler, Vom Ewigen im Menschen, S.263（シェーラー『人間における永遠なもの』
（前出）281頁）．
　8)　シェーラー前掲訳書，279頁。まさにこれによって秩序と価値のすべてが惑乱され
ることがルサンチマンを論じたときに指摘された。
　9)　出世主義者は「こうした種類の［他人との］比較において生じる（より劣っている）
という抑圧的な感情を解消させるために」どんな事象でも無差別に利用する人である」（シ
ェーラー『ルサンティマン・愛憎の現象学と文化病理学』津田淳訳，北望社，24頁）．

れるに先だって独特な仕方で自己価値を自覚している。この「宇宙」を「神」と言い換えれば，高貴な人は神の導きを信じる霊的な人である。たとえ現代社会において競争原理なしには生きられないにしても，精神原理を欠いた競争原理だけでは人は生きられない。両原理のバランスが不可欠である。心身を総合する精神はその根底にある霊性において外部からの影響を絶えず受けており，心身のバランスを崩しやすい。これに対処する方法は内なる霊性を正しく導くことではなかろうか。

---

10) シェーラー前掲訳書，22頁。

(資料)

エルンスト・カッシーラー
現代哲学における「精神」と「生命」

───────

金子　晴勇訳

訳者序文

この翻訳はカッシーラーの論文《Geist》und《Leben》in der Philosophie der Gegenwart, in: Ernst Cassierer, Geist und Leben Schriften, Reclam Verlag Leipzig 1993 の全訳である。この論文は最初 Die Neue Rundschau（Berlin und Leipzig, 1930, I, 244-264SS）に発表され，後に "Spirit" and "Life" in Contemporary Philosophy, trans. R. W. Bretall and P. A. Schilpp, in: The Philosophy of Ernst Cassirer, ed. Schilpp, 855-80pp として一般に知られるようになった。初出の1930年は現代人間学の創始者マックス・シェーラーの『宇宙における人間の地位』（1928年）が出版された直後であり，シェーラーの問題提起にドイツの哲学界における議論が沸騰していた時代に当たる。とりわけ心身二元論をめぐって賛否両論が激しく交わされている中で，この論文はシェーラーの意味するところを充分にくみ取りながら，『シンボル形式の哲学』全三巻を完成させたカッシーラーがその哲学の根本思想に立ちながら彼自身の人間学を創始するというきわめて注目に値するものである[1]。この論文は有名な1929年にスイスで行われたゼミナールにおけるハイデガーとの討論，いわゆる「ダヴォス討論」でのカッシーラーの講演の記録である。それは初めに「シェーラーの哲学における精神と生命」という題で，小さな新聞にその要旨が掲載され，翌年の1930年に『現代哲

---

1) カッシーラーは『シンボル形式の哲学』第四巻として準備していた哲学的人間学に関する論文の中に『精神と生命』（Geist und Leben）と題する小論が遺稿として残されていた。これは元来『シンボル形式の哲学』第三巻の結論として準備されたものであった。

学における〈精神〉と〈生命〉』として発表された。

　その後彼はアメリカに亡命し，An Essay on Man. An Introduction to a Philosophy of Human Culture, 1944（宮城音弥訳『人間』岩波書店）を完成させ，彼自身の人間学の大綱を造りあげた。しかしながらこの完成を見た書物では現代ヨーロッパの人間学と彼自身の思想との思想上の関係はほとんど展開していない。その意味でこの論文は重要な位置を占めている。

《本　文》

第一章

ハインリヒ・フォン・クライストの小論文の中には一つの短いエッセイがある。その中でクライストは比類のない散文的形式の特徴をもっている，あらゆる簡潔さ，適切さ，そして洞察力と説得力をもって，彼の時代の哲学的な問題を表明することに成功した。クライストはこの意味深い思想を一つの物語形式へと呼び入れることになった。この物語を叙述するに当たって偉大な物語作家の技術の全体が明らかになる。彼は，彼自身が経験したこととして描写するできごとを想起することから始める。身体的な美しさだけでなく，身に付いた優雅な態度できわだった一人の若者が偶然的なきっかけでそのことに気づく瞬間に，その優雅さが失われてしまう。そしてひとたび失われると，それは永久に消えてしまい，意志の力や，いかなる意識的な努力によっても，回復されはしない。クライストがそこから引き出す結論は，自然と意識，優美さと反省とが，異なった世界に属すものであり，対極的な緊張の関係にあって，互いに対立しあうということである。一方の局面が前面に現われる程度に応じて，他方の局面は退く。意識の明るい日の光や，光線が心に突き刺す反省の光に向き合うと，優美さはどうしても色あせ，消えなければならない。

　「わたしたちは，次のことを知ることができる。すなわち，有機的世界においてはただ反省がいっそう弱く，不明瞭となるに応じて，美の女神はそこでいっそう輝き，いっそう優勢となる。それにもかかわらず，一方では一つの点から分岐し，無限に向かって進み行く二つの線は，他方では突然ふたたび交差してあらわれる。もしくは，凹面の鏡

の中の像が無限に向かって遠ざかっていくときには，それは突如として再びわたしたちの前にあらわれる。それと同じように知識がいわば無限に進行するときには，美の女神は再びその姿をあらわす。こうして同時にそれは，まったく意識をもたないか，または無限なる意識をもつ人間の身体構造の中に，つまり操り人形と神の中に，それ自身のもっとも純粋な形態としてあらわれる」*2。

　直接性の楽園からひとたび追放された，知識の木の実を口にした人間，そしてそれだけでなく，単なる自然的な存在としての限界を，それ自身無意識的な生命の限界を，永遠に置き去りにしてしまった人間には，その道の終わりに再びその初めの状態に戻るために，人間が自分に指定された軌道を横切らなければならないという結末が生じる。それはわたしたちの「循環的世界」がその支配下に立つ運命である。「楽園は早急に閉じられ，そしてケルビムはわたしたちの背後に遠のいている。わたしたちは世界中を旅して，ことによるとどこかに入口があるのかどうかを見極めねばならない」*3。

　クライストの小論「操り人形劇場」は，1810年に「ベルリンの夕刊」に掲載されたが，それは100年以上も前のことである。しかし，もしその原作者を知らないだれかが，今日，その作品を見たならば，彼はおそらく著者が彼と同時代の人間であると考えるであろう。彼は明確に，今日の人間学の問題点を，人間についての哲学的教説の問題点を映して見せている。よく知られた現代哲学の名前と著作が，ここで直ちに比較するようにと心に否応なしに浮かぶであろう。こういう点でいかにわたしたちの「近代」およびもっとも現代的な哲学思考がロマン主義の中に根をはっているか，そして意識的にも，無意識的にも，いかにロマン主義の模範に依存しているのかを再び示す。今日新しく「自然」と「精神」の大いなる対立，「生命」と「知識」の対極性は，哲学的思索の中心に立ち現われている。そして，それはロマン主義によって造られた概念手段，ロマン主義によって刻印された諸々のカテゴリーであって，そこでは未だなお問題提起と問題解決が求められているように思われる。というのはロマン主義の哲学は，それが

---

2) Heinrich v. Kleist: Sämiliche Werke und Briefe in vier Bämden, Bd. 3 : Erzählungen, Anekdoten, Gedichte und Briefe, hrsg. von K. Müller-Salget, Frankfurt, 1990, S. 563.

3) Heinrich v. Kleist, op. cit., S. 559f.

どれほど鋭く立てられようとも，この対立のためにあらかじめ明確な形而上学的解決と和解をいつも用意していたからである。

この哲学は対立を最期にはさまざまな媒介の道をたどって「同一哲学」という根本的な見解の中に注ぎ入れる。シェリングが『先験的観念論の体系』の中で述べているように，「わたしたちが自然と名づけているものは，すばらしい神秘的な書物の中に鍵をかけて閉じ込められている一つの詩である」[*4]。とはいえ，精神が，みごとに欺かれて，自己自身を求めながらも自己自身から逃走する，精神のオデッセウスの姿をわたしたちがその中に認識するようにさえなれば，その謎は解けるであろう。こうした謎の解き方，自然と精神の間の対立をこのように美的に調和することから現代の哲学は遠くかけ離れている。現代哲学はこの点において，純粋に美的な妥協を知らないし，それに我慢もできない。それは二つの世界の間における裂け目をその深みの全体にわたって捉え，わたしたちの前に開いてみせるように求める。それゆえ，とくにその問題がもっとも特徴的な表現を与えている，ルードウィッヒ・クラーゲスの著作において精神は，その存在の根底において，神に敵対的にして生命の敵となるような力として現われる。「意識」と「生命」，「思考」と「存在」は，未だそれらの存在の最も深い根の部分で互いに分断されたままである。人間が精神の支配に身を委ねると，彼は生命と不和になり，突き刺すような不協和音となって天体の音楽に導き入れられ，吸血鬼のような力に自分自身を委ねる。

わたしたちがこのような教説から，マックス・シェーラーの後期の哲学的著作に，とくに『宇宙における人間の地位』という論文において展開したような彼の「人間学」の根本思想に眼を転じると，それはクラーゲスの意識に関する教えがわたしたちをますます巻き込んでいくように脅かす，あの魔術的または神話的な魔力圏からわたしたちをほぼ解放するように作用する。これらの根本思想における表現，解釈，批判的考察は，明らかに冒険的な企てのままである。なぜならシェーラーの人間学は断片的にとどまっているから。しかし，それでもわたしたちは依然として彼自身が立案し，心の中でそれを独力で終了させた広がりと完全性においていつかそれ

---

4) Schelling: System des transzendentalen Idealismus, 1800, in: Schellings Werke (hrsg. von M. Schröter), 2. Hauptband, München 1927, S. 628.を参照。

を所有するだろうかどうか知り得ない。ただ全体〔体系〕の個々の短いスケッチがシェーラー自身により出版された。つまり，ただ全考察の個々の大きな原則だけが彼によって提示され，確定された。わたしたちはシェーラーの人生における最後の数年間に彼のうちに開かれた新しい思想世界への指針として使うために，これらの原則を捉えるように努めなければならない。シェーラーの解決をより際立たせ，また一見すると逆説的で見知らないものとなしているのは，次のことである。すなわち彼は「生命」と「精神」を決して克服したり和解させようとしないが，それにもかかわらずこの二元論の意義と意味，自己自身のうちでの存在の根源的な二分化，伝統的な西洋形而上学とは全く他なる像を構想したことである。彼は二つの点で伝統的な形而上学から自己を切り離す。一つの点は，彼が一元論的な「同一哲学」(Identitätphilosophie)の試みのすべてを絶対的に拒否することである。たとえその哲学が思弁的な種類のものであろうと，経験主義的ー科学的な種類のものであろうと，そうである。したがってシェーラーによると，粗野な生命から精神へ連れて行く発展は存在しない。そこで彼は力説する，「人間を人間となす新しい原理は，わたしたちが最広義で生命と呼ぶことができるすべてのものの外部に立っている。人間を人間となすものは，すべての生命一般に対立する原理である。それは人間そのものを総じて〈生命の自然な進化〉へと立ち返らすことができない」[*5]と。そうであるならば，わたしたちは「精神」という名称でもって通常捉えている諸活動のすべてにおいて意味するのは，生命の機能そのものを，いわば何事もなく諸活動から成長したもののように，単純に伸展させたものではない。そうではなく，生命の基本的な方向に対する断固たる方向転換なのである。それは，シェーラーによれば，なかんずく，単なる生命のもとで測れば，まさに先の諸活動が肯定的な仕方ではなく，否定的な仕方で存在することにおいて示される[*6]。これらの諸活動の中では生命の自然的な諸

---

5) Max Scheler: Die Stellung des Menschen im Kosmos, 1928, in: Max Scheler: Gesammelte Werke Bd. 9 (hrsg.von Manfred Frings), Bern / München 1976, S.31. この書の初版が『人間の特殊地位』という表題で1927年に発表された。カッシーラーのシェーラー引用は全集版と対照すると圧縮されている。それゆえ翻訳では邦訳『宇宙における人間の地位』(白水社版)に拠っていない。以下同じ。

6) 精神は生命に対する否定において生起するがゆえに，生命衝動に対する永遠の抗議者であるとシェーラーは強調する。

力の強化ではなく，むしろそれらを妨げるものが起こる。それは諸活動の中止であり，また生命がそれに向かって純粋に衝動として，純粋にそれ自身の独自な領域の中で，そしてそれ自身の力動的な運動の原理において方向づけられる，すべてのものからの転向なのである。

　人間はこの転向を実現するところで初めて人間なのである。その場所で人間は純粋に生命的な生起がもっている歯車装置や駆動装置へともはや繋がれていないし，それに拘束されてもいないのであって，自己の外にも下にも目を向けることができる。したがって，精神的存在の根本規定は，シェーラーによると，有機的なものの魔力・抑圧・依存からの実存的な解放・自由・免除である。

　「そのような〈精神的な〉存在は，もはや衝動や周囲世界に拘束されないで，これらの周囲世界から自由であり，わたしたちが好んで名付けているように，世界開放的である。そのような存在は〈世界〉を所有する。それは根源的には彼に与えられた周囲世界に対する抵抗や反応の中心を〈対象〉にまで高めることができる。〔それに反し〕動物は周囲世界へと我を忘れて自分自身を喪失している。彼はこの〈諸対象〉の個別的な本質存在[*7]を原理的に把握することができる。その際この諸対象の世界とその所与性が生命的な衝動の組織によって，またそれに先だって備えられている感覚機能や器官によって経験されているという制限はない[*8]。それゆえに精神とは事柄に即した作用として事柄の具体的な本質存在によって決定できる働きである。そしてそのような存在とは〈精神の担い手〉であって，それが自己の外部にある実在との交渉の仕方は動物のそれと比較すると力学的に正反対となっている」[*9]。

　シェーラーはきわめて独創的にして認識論的に重要で実り多い思想的な歩みにおいてまさしく根本的な認識の諸機能 —— それは本来的な意味での〈客観的な〉世界の構成がそのお陰で成立している機能である —— が，生

―――――――――
　7)　これは Sosein の訳語であって「相在」とも訳されるが，語義的には「そのようにあるもの」であって，個別的な，具体的なものの本質を言う。
　8)　精神の働きは具体的経験に先だって具わっている認識の能力によって遂行される。これはカントのアプリオリな認識と同じことを述べたものであって，アプリオリ主義という特質をカントからシェーラーは継承していることを示す。
　9)　Scheler, GW 9, S.32.

命との関連体系のもとで純粋に測ってみるなら，どのように否定的な符号を提示するかを，描こうと探究する。たとえば「純粋」空間や「純粋」時間とは，図式にほかならない。つまり，内容の欠けた認識の形式である。二つとも明らかに積極的な内容をもっていない。そこから影響が出てきたり，そこへ影響を及ぼすことができるという意味での「対象」ではない。他方，それでも空間と時間は端的に無なのではない。そうではなく，まさしくこのような否定性において，このあらゆる現実的なものへの原理的な対立の中に，ある全く明瞭な意味を，つまり現実を理論的に構成し，かつ，理論的に認識する必要な機能を自己のものとする。この機能は，内容を欠いた空間と内容を欠いた時間が純粋な「秩序形式」であるということにもとづいている。この秩序形式は現実的なものに向かうばかりか，それを超えて可能的なものに向かう。空間は，ライプニッツがすでにそれを定義したように，「ありうる可能な」一緒にいることの秩序[*10]である。同様に時間は「ありうる可能な」継起の秩序である。このような可能性の概念は，ライプニッツにとって理念的な領域，「永遠の真理」の領域を初めて本来的な意味で切り開くのであるが，それは哲学的人間学の観点から今や，まったく独特な，特殊的－人間的な概念として自らを明らかに示す。人間を動物からもっとも明瞭に区別するものは，シェーラーによると，まさしく，人間が彼を取り囲むその都度の現実に拘束されておらず，結びつけられていないで，しかし可能的なるものを自由に直視できることである。

「動物は，事物自体に見られるより多い，またはより少ない〈数量〉から〈数〉を抽象することができないのと同じように，周囲世界の事物の特定な内容から空間，時間の抽象的な形式を切り離すことができない。動物はそのときそのときの具体的な現実の中に埋没して生きている。〔本能的な〕衝動への期待が運動の衝動に移っていくさいに，それが，知覚や感覚の中で事実的に衝動の実現が起こっているすべてのものに対し，優勢を保つときになって初めて，人間においては，内容の欠けた空間的なもの，およびそれと似た時間的なもの〔空間・時間の形式〕が，知覚のあらゆる可能な内容と事物世界の全体に対して

---

10) 「〈ありうる可能な〉一緒にいることの秩序」(die Ordnung des möglichen Beisammen) とはわたしたちは何かと共同的に存在しうる秩序の可能性を意味する。

〈先行するもの〉として，根底に横たわっているものとして，出現するという極めてユニークな現象が起こる」[11]。

ここにおいてわたしたちは再び，「生命」と「精神」との間の「対立」がもっとも鋭い仕方で強調され，貫徹されているのを知る。それにもかかわらず，両者の根本的な関係の規定において，今や，いわば符号が変更されてしまった。なぜならシェーラーは，形而上学的位階秩序と価値秩序における精神の優越と支配に関しては，ほんの少しも疑っていないからである。彼はこの優越が，つまり価値の優位が決して存在と活動における優位とは同等とみなすべきではないという一つのことを強調するだけである。ここではわたしたちにむしろもう一つ別の注目すべき対立が立ち現われてくる。この対立が初めて生命と精神の二元論をその最深の根底にまで導き返すような使命を帯びているように思われる。シェーラーは最高の価値には，存在と生起との全体において，またより大きな力を授けられなければならない，といった教えに断固として反対する。この楽天的な観点に対して彼はそれとは正反対の主題を提出する。すなわち，その中に価値において最高のものが統合され，集中的に現われている理念である精神がまさしくこの理由によって力という点で，直接的な現実性とか効力とかの点で，生命や単なる生命的な諸力とは，決して同一単位では測られないということである。

わたしたちが見てきたように，人間は自分自身の生命に対して原理的に禁欲的に振る舞うことができる生きた存在であるとシェーラーによって定義された。どんなことが起きても，自分が追い払われ，また走り去る時ですら，現実に存在するものに向かっていつも「はい」と言う動物に比べて，人は「否と言いうる者」，「生命に対する禁欲者」，あらわな現実性に対する永遠なる抗議者なのである。

「ここでは，しかしながら，決定的な問題が発生する。それは精神が禁欲，感情の抑制，昇華から現われ出るものなのか，それとも，ただ単にそれらからエネルギーを取り出すだけなのかという問題である。この問題に答えるにさいし，いくつかの道が決定的な意味で分かれる。わたしの確信によれば，精神の存在は現実に対して〈いいえ〉と言う

---

11) Scheler, GW 9, S.37f.

否定的活動によって制約されることはなく，それは単に，いわばエネルギーを供給されており，こうして自らを顕示する能力を与えられているということである」*12。

したがってシェーラーが理解するように，精神はその発端においては全くの無力である。精神が生命との格闘において投入したすべては，精神自体から生じるのではなくて，ユニークな回り道をし，まさしくあの禁欲のわざによって，衝動を抑圧することによって，一歩一歩生命そのものの領域からもぎ取らなければならない。シェーラーによると，「観念に本来備わっている力」の教え，その内的強さと活動という，ギリシア的な精神および理念の観念にその根源をもつ理論は誤りである。なるほど精神は生命衝動がその法則性に入っていくに応じて，次第に力を獲得するけれども，「しかし，生まれつき，かつ，始源的には精神は自己のエネルギーをもたない」*13。したがって，精神は，それ自身の理念構造と意味構造において，生命の諸力に特定の目標を指示するだけで満足しなければならない。とはいえ精神はこういう目標そのものを生み出すわけではない。精神が指摘する約束の地は，単なる約束の地であり，そうありつづける。ヘーゲルは理念を単なる課題として確信するのではなく，「実体的な力」として出現させると説いたが，この一つの見解ほど明瞭にシェーラーの学説をヘーゲルの学説から分ける観点はない。シェーラーがヘーゲルと対立して強調するところによると，「人間の精神と人間の意志の力は指導や管理以上の意味をもつことができない」*14。そしてその意味するところは単に，精神そのものが衝動の力の前に理念を差し出すのであって，これらの理念を実現するために精神自身が自己の，それに根源的に所属している力を差し向けるのではないということである。このことは，目下のところ，人間の発展の目標と本来的な意義として現われている。「それは本源的に無力な精神と本源的に悪魔的な，つまり精神的理念と価値のすべてに対して盲目な，衝迫との相互的な浸透である。……そして，同時に起こる権限の付与，つまり精神を活気づけたことは，あらゆる有限存在と，有神論が誤ってその出発点として立てる，生成との目標にして終わりである」*15。

---

12) Scheler, GW 9, S.44.
13) Scheler, GW 9, S.45f.
14) Scheler, GW 9, S.54.

第二章

しかし，ここに，このように強固に接合されよく筋の通ったシェーラーの人間学の体系はもはや何らかの解答も与えていないようにわたしには思われる，二つの問題点が否応なしにわたしたちに対し立ち上がってくる。第一に，もし生命と精神が完全に異質な世界に所属するなら，その本性においても，その起源においても，相互にまったく見知らぬものであるなら，それにもかかわらず，それらが協力して特殊的—人間的な世界を，つまり「意味」の世界を構成しながら相互に作用しあい，浸透しあうような，完全に統一的な性能をどうして実現することができるのか。この相互浸透は，ロッツェが他の認識論的な関連においてかつて作り出した言葉を用いるならば，「幸いな偶然」[*16]以外の何ものでもないのか。シェーラーの意味では純粋に生命的で，衝動的な刺激である，生命の諸力が自分自身の道からそれて，精神の法則が要求する，他の全く反対の方向に転じることがゆるされる理由が，どのように説明することができようか。なるほどシェーラーは，精神というものが生命の世界に直接的な影響を及ぼさないし，そこに浸透しないことを強調する。すなわち彼は精神が，生命衝動の力に対抗して自分自身の力を設定してはいないが，純粋なシンボル機能，つまり道を指示し方向を教示する機能でもって満足するという事実を強調する。諸々の理念は働きかけない—それは導き，指導はするが，特定の方向をとるように強要はしない。しかし，こうしたすべてにもかかわらず，生命がその原初的な本質において単なる衝動として，したがって特殊的に精神的な盲目であると規定されるならば，いかにしてそれは，精神が自己の前に提示する理念をただ見るだけで，また星座に立ち向かうように，理念に注意を向けることができようか。もしわたしたちが，シェーラーの人間学の枠組みの中で，この問題に対する一つの答えを得ようとするならば，どうやらわたしたちは暗闇の中へと跳躍する危険を冒さなければならないように思われる。わたしたちは形而上学的な世界根拠の統一性に立ち返らなければならない[*17]。その世界根拠とは，わたしたちにとって何か全く

---

15) Scheler, GW 9, S.55f.

16) Rudlf Hermann Lotze: Logik. Drei Bücher vom Denken, vom Untersuchen und Erkennen, Leipzig, 2Auf. 1880 1912, S.90（Nr.65）参照。

異質なものであり，かつ，そうあり続けるが，それでも完全な一つの全体に結びつけ，それと合一するものである。シェーラー自身，彼の『人間の地位』に関する論文のある箇所で，そのような解決を示唆した。彼は，精神が絶対的に決して生命から引き出されえない，あるいは生命によって説明されえないという考えを強調する。それはむしろすべての生命一般に対立する原理そのものであるがゆえに，その結果それは何かに頼らなければならないとしたら，物自身のもっとも上位にある根拠に立ち返らなければならない。しかし，わたしたちにとってもそうであるように，そのあらゆる現象と現象形態において精神と生命は大きく分離しているとしても，それにもかかわらず，両者がいわば無限に隔たった地点において出会うかもしれないという可能性が残っている。両者はわたしたちに知られていない方法であの最高の世界根拠 X の中で繋がっているかもしれない。しかしゴルディオス王*18の結び目のような難解な問題に対する解答は，すっぱりと解かれることはない。シェーラーの晩年の哲学的著作をまさしく特色づけ際立たせているすべての独創性をもってしても，彼が最古の形而上学的な思索の層と人間性の形而上学的な自己省察に属する問題へここで再度逆戻りさせられることは注目に値する。すでに彼の「精神」そのものに関する概念は，その全体的な表現と本源的な定義において疑いの余地なくアリストテレスのそれを想起させており，シェーラーはアリストテレスの精神に関する教えがわたしたちを結局のところ巻き込むのと同じ内面的な困難さにわたしたちを直面させる。アリストテレスの「精神」（νους）または「作用する理性」*19は，低次の魂の機能に，純粋に生命的な領域の諸力に，

---

17) Scheler, GW 9, S.51「世界根拠の統一性」というのはシェーラーが『宇宙における人間の地位』の終わりのところで提示した形而上学的概念で，ヤコブ・ベーメやシェリングの説いた学説と類似している。

18) 古代フリジアの王のことで，「フリジア王の難問」とも言われる。

19) アリストテレスは『デ・アニマ』第3巻第5章ではこの「作用する理性」（nouspoi-etikos, intellectus agens 能動理性）について述べている。彼は理性には受動的な感覚とは相違した能動的で身体とは独立した思惟があると考えた。これがいわゆる「能動理性の作用」である。「作用する」というのは技術が質料に関わるときに起こっている運動である。つまり「すべてのものに作用すること（poiein）によって，原因であり作用するもの（poietikon）である」。この作用は理性に求められ，「いわば光（phos）のように，ある種の状態である。というのは，ある意味で光もまた，可能態にある色を実現態にある色にするからである。この理性は，本質において実現態であって，分離されうるもの（choristos）であり，作用を受けないもの（apathes）で，純粋である。というのは，作用するものは，作用を受けるものよりつねに

感覚知覚に，記憶と表象作用に，それと同じ進化の系列に所属する一つの項目として合流しない。そうではなく精神はそれらすべてに対し上位に位置する。精神は「外から」生命の世界に入り，また心的な存在の世界に入っていく。しかし，ここでわたしたちの前に今や次のような問題がすべて姿を現わしてくる。それは中世のすべての形而上学と心理学，その後ではルネサンス時代の心理学が格闘し続けてきたし，今日でもシェーラーの人間学の構造が示しているように，いまだ明瞭に沈黙させられていないと思われる問題である。それはどのようにして精神が自らが属していない世界に作用することができるのか，理念の超越性がどのようにして生命の内在性と合一されることができようか，という問題である。

この問題に対する回答は，アリストテレス自身にとっては，彼の目的論の体系のうちに与えられている。何ら物質的なものと混合されていない純粋な精神として，つまり「純粋な作用」(actus purus)として，「思惟の思惟」として考えられたアリストテレスの神は，それにもかかわらず世界を動かす。しかしながら神は自動的な機械のような仕方で，外的な刺激を通して動かすのではない。というのは神は世界を最高の形相として，世界自身が自分から自己実現の目標として目指している目的を設けているからである。このように神は世界を，物理的な力を通じて動かすのではなく，「愛された対象が愛する人を動かす」ように動かすのである[20]。神と世界の間の，また理念と生命の間の関係についてのこのようにそれ自体として美しく深遠な解釈は，シェーラーにとってその哲学の最終局面においてはもはや役に立たない。それは彼にとって古臭くなり，克服される。というのは彼は古代ギリシアで発展した精神の「古典的な理論」を非難して次のように発言してさえいるからである。この理論が西欧の有神論的な哲学の全体を支配してきたように，その結果において「いわゆる目的論的な世界観という支持しがたい無意味さ」に導いてきた，と[21]。しかしこの古典的な，この有神論的—目的論的な解決法が受け入れられない場合，他の解決

貫く，また，作用する原理は質量よりも貴いからである」と説かれた。しかし「作用する理性」(poietikos nous)という明示的な表現はないが，理性は魂のうちでも特別な性質をもっているように考えられた。そして永遠なるものが可滅的なものから分離しているように，身体から離在できると説かれた。

20) アリストテレス『形而上学』第12巻1072b3参照。
21) Scheler, GW 9, S.51.

法は残っているのか。生命自身に内在する「理念への心の動き」(Zug zur Idee) が存立していないならば，プラトン的に表現して理念に対する憧憬や理念をめざす努力が現象界にあらかじめ働いていないならば，理念が生命の前に立てる範型 (Vorbild) に生命が従うということはどのように理解できようか。それでも生命はおそらく何か他のもの，単なる衝動とは何か別のものではないのか，無規定的で無目的なものへの欲求に優るものではなかろうか。元来生命自身の中には意志が内在しており，それが自己自身の自己表出，自己自身の対象化，自身の「可視性」を獲得しようとするのではなかろうか。また，他面において精神は，たとえ人が精神にそれ自身の根源的なエネルギーを認めないとしても，人が精神のわざを単に自然的で，純粋に生命的な諸力を阻止するために立ち上がらせるとしても，生命は，この阻止する働きにおいても積極的に規定されたものでも，積極的に作用するものであってはならないのか。もし精神が生まれつき完全に無力であるとしたら，この停止の働き，この独特な生命力と生命衝動を堰き止める働きが，どのようにして成功するのであろうか。近代形而上学によって提起された，精神と生命の間における対立の問題は，一つの視点としてよりも目立った形で，心身問題の一点に集中する，近代以前の形而上学を，想起させる。両者の場合においてたとえどれほど問題の単純な内容が区別されようと，本質的な，純粋に方法論的な動機は独自な仕方で繰り返し起こっている。それゆえ，ここで，生命と精神の統合問題に対するシェーラーの回答に対して，わたしたちは心身の「合一」(unio) という統合問題に対するデカルトの回答を直ちに傍らにおいて顧みよう。

　デカルトは魂が身体的に起こることにおいては何らかの新しい力を生むことができないし，すでに現存する何らかの力を滅ぼすこともできないということから出発する。というのは身体的世界は均質的で完結した強固な因果律の組織を形成しており，それは厳格な保存の法則によって，宇宙における運動量の一定の法則によって決定されているからである。そういうわけで魂は自分からは何らの運動のエネルギーを創造したり，すでにある何らかの運動エネルギーを滅ぼしたりすることもできない。デカルトによると，魂は物理的な領域に働いているこうした運動の方向 (Richtung) を決定したり，ある条件の下では変更できるという，ただ一つのことが魂には残されている。そしてまさしくこの方向の変更こそ，そこにおいて身体

に対する魂の影響が成立したり，身体がそれだけで甘んじる当のものである。またこの方向転換にのみこうした効力は制限される。このような心身問題の解決に反対して続けており，かつてライプニッツによって直ちに発せられた抗議は，すでにこの単なる方向の変化も必然的にある程度の積極的なエネルギーの支出を求めており，このエネルギーなしにはそれは考えられないということに向かっていった。〔先に述べた精神の作用である〕あの単なる阻止もこれと全く類似しており，シェーラーがフロイトとともに生命の昇華と呼んでいるものも，わたしたちが昇華を実行するはずの精神をその本質において無力そのもの考えねばならないとしたら，理解できないし，あり得ないであろう。また抑制〔または昇華〕は究極的には何らかの積極的な契機やある積極的な衝動に帰さなければならない。もし人が「精神」をもっぱらもともとのシェーラー的な定義の意味にとるならば，精神は何らかの形でもって，それ自身を超えて何かに影響することは，ともかく決して可能ではなかろう。そのような精神について，次のファウストの発言が全く妥当するであろう。

　　おれのこの胸のうちに住んでいる神は
　　おれのたましいの奥底を掻き立てることはできる。
　　その神はおれのもつあらゆる力に君臨しているのだが，
　　そのくせ外界のものは何一つ動かすことができないのだ[*22]。

　もし生命がひとたび精神に対して全く他なるもの，精神と全く矛盾的に対立するものとして立てられると，この対立がいつかどのように解消されるべきか，予測できない。つまり，どのように精神の呼びかけが虚無の中に次第に消えていかないで，生命の領域で聞き取られ，そこから理解されるべきか，予測できない。

第三章

このようにしてわたしたちは同時に，シェーラーの哲学的人間学の構想に対

22）　ゲーテ『ファウスト』手塚富雄訳，中公文庫，1566-69行。

して提起しなければならない，きわめて一般的な問いに到達する。シェーラーが論難する「古典的」教説と彼自身の根本的な観点との間には，——すべての現実に対する絶対的にして実体的な力を精神に対して認める見解と精神を生まれながら「無力である」原理として見る見解との間には——総じて厳しい対立関係，つまり純粋に「論理学的な離接」(logische Disjunktion) は成り立つであろうか。このような関係をわたしたちが提案できるのは，「力」そのものの概念が完全に限定され論理的に全く明白な概念であって，離接された二つのものが厳密に同じ意味，しっかりと限定された意味で，捉えられることがわたしたちに確実であるのが許されるときだけであろう。しかし，まさしくこの前提がここでは満たされていないように思われる。シェーラーと同じくヘーゲルの「力」の概念をいっそう厳密に分析してみれば，わたしたちがここで問題となっている本来的な根本問題を暴露したいなら，最初に取り除かれなければならない多義性がここに成り立っているように思われる。シェーラー自身は活動のエネルギーと形相を造るエネルギーを区別していない。後者は純粋な〔理念的な〕形と呼ばれることができる。それでもこの両者の間には，ある本質的で特別な差異がある。活動のエネルギーというものは，それが周囲世界をあるがままに捉え，自分のものにするためであれ，ある特定の方向に変更するためであれ，人間の周囲世界に直接的に立ち向かう。しかし，形相を造るエネルギーはこの周囲世界へと直接的に結びつけられておらず，自己のうちで充足的であり続ける。すなわち，それは「現実」(Wirklichkeit) の次元においてではなく，純粋な「イメージ〔像〕」(Bild) の次元において運動する。ここで人間精神は直接に事物に向かうのではなく，むしろそれ自身の世界に，記号の世界に，シンボルと意味の世界に自身を繭を作るように織り込んでいく。そしてそれとともに精神は，下等動物において「感受」と「反応」を連結する直接的な統一性を，当然のことながら喪失する。動物の世界においてはこの統一がもっとも厳格に保たれていることこそ，恐らく動物の世界，その有機的な堅固さ，そしてその内的な生命の健康という特徴的な特質の一つである[*23]。それに反し精神の世界は，生命の流れがただ

---

23) この議論は晩年のカッシーラーの著作『人間』に引き継がれている。同書，宮城音弥訳，岩波文庫，61-63頁参照。

流れ去っていくのではなく，ある地点で引き留められるとき，つまり生命が自分自身から途切れることなく新しい生命を生み出し，そして自己自身の誕生においてそれ自身を消耗してしまう代わりに，持続する形態をひとまとめにし，これらの形を自己自身から自己の前にたてるとき，精神が初めて成立する。したがって生命の単なる量的な増加，高まり，強化によっていつかは精神の領域に到達できるのではなく，精神の領域へ入るためには必然的に方向転換と帰還，すなわち「心的な傾向」(Sinn)の変化や方向性の変化がなければならない。ここにシェーラーの根本思想がもっている真理があるようにわたしには思われる。

　しかし，このことからは精神が固有の構成的な原理において全く無力であると，つまり精神が単なる静的に存立しているもの，「生の禁欲者」(Asket des Lebens)であると，理解されなければならないということは決して帰結しない。むしろ精神が生命から借りてきたものではなく，自分自身の存在の深みから引き出す力を生命に対して対立的に措定していなかったら，精神は生命をこの相対的な停止状態——この停止はある意味ですべての「理解作用」の開始である——にもたらすことはできないであろう。形相を造る間接的な活動は，なるほどそれが立てる方向とそれが目指す目標における仕事や行為の直接的な活動とは相違している。しかし，それはこのような純粋活動性と同じく「純粋な作用」(actus purus)なのである。真の「観念」(Idee)は——このようにスピノザは言っているが，またこのことは純粋認識の観念のみならず言語・芸術・神話・宗教の創造についても妥当する——黒板に描かれた静物画と同じようにあるのではない。そうではなく観念は自己自身を生みだし，自己を生み出す作用の中で同時に「客観的な」(objektive)実在の新しい生き生きとした表象を自己から産出する[*24]。

　この純粋な形相の機能的な性格から，つまり，それ自身を絶えず新たに産み出すということによってのみ存在するという状況から，すべての形相が自己において反定立的であること，およびその理由が，すなわち，なぜ必然的な対極性(Polarität)が形相に存在しなければならないかということの理由が，先ず完全に明らかになる。形相の中で作用を及ぼしているのは

---

24) スピノザ『倫理学』第2部43命題, Scholium.

いつも二重の運動なのである。それは引き寄せる力と突き放す力，引力と斥力の絶えざる交替運動である。「芸術に優って確実に世界を回避する道はない」とゲーテは言い，「また，芸術に優って確実に自分を世界につなぎとめる道はない」とも言う*25。この二重の自己規定は，あらゆる種類の造形的な活動とあらゆる種類の「象徴的な造型」(symbolische Formung)に妥当する。この造型する作用は，世界にいわばある距離をおくことによって，我と世界との間に仕切りの柵を立てることによって，いつも始まる。〔それに反し〕純粋に生命的な領域においてはこの種の分離はなお成立していない。この行動にはすぐ行動がつながり，作用には反作用が続き，さらにそこから新しい作用が発生する。相対的にはとても複雑な動物の本能的行動でさえ，そのような「反射連鎖」にほかならないように思われる。しかし人間においては精神的な世界がほのかに立ち現われることにより，この種の直接性はなくなっている。今や我とその周囲世界の間にある緊張は，もはや一撃をもって解決されはしない。両者の間にきらめく閃光はもはや直接飛び移ることなく，むしろ出来事と行動の世界による代わりに，形相を創り出す形態世界によって導く道にもとづいて媒介が続いて起こる。

　このような内的な形成過程の長く困難な道程の終わりに実在的なものが人間の視界に再び立ち現われてくる。ケーラーは類人猿のもとで彼の知能実験によって，動物に期待されうるもっとも高い能力が「回り道」(Umweg)の術であることを明らかにした*26。──またもっとも高尚な動物さえこの術をただ厄介で，非常に制限された程度においてのみ学習することを明らかにした。これに対して人間精神の世界は，言語や道具の使用および芸術的表現や概念的な認識において世界を構築するときのように，永続的で，不断に拡大され，洗練された「回り道の術」(Kunst des Umweg)にほかならない。人間が自分に世界を引き寄せるために世界を除去することを学べば学ぶほど──そして有効的な行為におけるこれら二つの相互に対立して措定された根本的な活動の方向が，人間を唯一の，自己において統一された働きに向けて融合させればさせるほど，この働きの

───────────
　25)　Goethe, Maximen und Reflexionen, in: Sämtliche Werke. Artemis-Gedenkausgabe, Bd. 9, S.503, S.176.
　26)　Scheler, GW 9, S.28ff. 参照。

両側面が，息を吸い込み吐き出すかのように，互いに代わる代わる制約し合う。人間は世界において，かつ，世界をとおして現実の世界を征服するために，「非現実」(Unwirkliche)の世界の中に，仮象と遊戯の世界の中に戻っていかねばならない。

　このような根本的な見解は，美学の理論に対しては，とりわけシラーによって樹立され，あらゆる方面にわたって発展させられた。この観点のもとに考察してみると，シラーの『人類の美学教育に関する手紙』は，現代の哲学的人間学もそれを基礎としている根本的著作の一つとして構築されたように見える。シラーが人間の本来的な性質を表現しようと試みている，あの有名な概念的な説明はここに根ざしている。すなわち，「人間は言葉の完全な意味において人間である場合にのみ遊技し，そして彼は遊技する場合にのみ完全な人間である」[27]。この人間性に関する含蓄ある表現は，もちろんシラー自身によって明確に美学の分野に限定される。彼によると人間は美と一緒にただ遊技すべきであるが，ただ美と一緒にのみ遊技すべきでもある。だが，もしわたしたちが遊技の観念をできるかぎり全面的に広げてとるならば，このように「美学」に限定することは根拠がなく不必要であることが判明する。むしろ遊技の機能が人間に対して美の領域のみならず，真理の領域をもはじめて全体的に開示するという逆説を敢えて発言すべきである。カントの『純粋理性批判』はそのもっとも深遠で実り豊かな一節において，純粋理性の機能が内容を欠いたままでいるべきではないとしたら，それを補完するもう一つの機能とその必然的な相関の機能を必要とすることを明らかにした。カントはその機能を「生産的構想力」(produktive Einbildungskraft)という名称によって言い表わす。そして彼はそこから続けて，わたしたちが単純に感覚的「知覚」(Wahrnemung)と呼ぶことに慣れているすべてのものも，この機能と密接に結合していることを詳細に解明した。つまり生産的構想力もまた「すべての可能な知覚の構成要素」(Ingrediens jeder möglichen Wahrnehmung)を形造っていることを解明した[28]。もしそうなら，わたしたちが「現実的なもの」(Wirklichen)の直観と呼んでいるものも，「可能なもの」(Mögliche)への将来的な一瞥

---

27) シラー『人類の美学教育に関する手紙』1795年，第15の手紙。
28) カント『純粋理性批判』A, 120の注参照。

と眺望なしには生じない。したがってまた「客観的な」経験世界の構成は精神の本源的な形成力と，それにしたがってこの形成力が働く根本的な法則とに依存している。

第四章

この根本思想から生まれる，重大かつ決定的な認識理論的帰結に入っていくことはここではできない。〔わたしはこの帰結を他の箇所で，つまり『象徴形式の哲学』の第三巻（これはブルノー・カッシーラーによって出版される）において，引き出そうと試みた〕*29。その代わりに出発点に立ち戻って，つまりシェーラーの哲学的人間学が問題にした立場に戻ってみて，わたしたちは今やこの人間学の根本命題をいっそう鋭い仕方で，積極的にも消極的にも，規定してみよう。彼が洞察したもの，── わたしたちがこれまでのところ所有しているすべてである彼の人間学の短いスケッチにおいてさえ ──，その非凡な弁証法的力量と名人芸とをもってシェーラーが際立った形で明らかにしたものは，「精神」の領域と「生命」の間に起こっている緊張・止揚できない差異・アンチテーゼなのである。ここにおいて彼は快適な「一元論的」（monistische）解決の試みのすべてを，勝ち誇った仕方で拒否した。しかしながらシェーラーは，これによって表明された方法論的で原理的な対立のもとに当然のことながら立ち続けてはいない。そうではなく，この対立からすぐにもう一つの形而上学的な対立が彼のもとで発生している。それは機能間の対立ではなく，実在する存在勢位（reale Seinspotenzen）の間の対立である。しかし形而上学における存在概念は特有なものであって，強力な絶対的性格をもっている。この概念の中にはその根底において異なる特性や異なる意味類型をもつ存在を受け入れる余地はない。むしろ，わたしたちはここで遅かれ早かれ，単純な「あれかこれかの二者択一」へと導かれるであろう。それはすでに西洋形而上学の最初の偉大な思想家であるパルメニデスが直面した，存在と非存在の間の「裂け目」（Krisis）のことである*30。このような形而上学の運命はシェ

29）　カッコ内の文章は本文の中に註として記されたものであるが，ここでは他の註と区別して本文中に挿入した。
30）　ソクラテス以前の哲学に関してはカッシーラーの『初期からプラトンまでのギリ

ーラーの哲学的人間学においても著しく，かつ，独自の仕方でもって改めて立証される。シェーラーは自分が精神に与えたものを生命から引き抜かねばならない。彼は生命に認めて与えるものを，精神には拒絶しなければならない。したがって彼のもとでは，最初から，生命とは異質な精神と観念には盲目な生命とが，互いに対峙している。そうはいっても結局のところ，お互い同士引き寄せられるため，奇跡によるかのように，お互い同士「相手を見いだす」(hinzufinden) ためにある。自分自身では無力な精神は，結局は自分自身の力を振り絞ることなく，その単なる現存と個別的な本質を通して，生命をそれ自身の軌道へと導く。そして生命は自らを精神にまかせる。生命はその前に提示される観念に従うのであるが，そのさい，たとえ生命自身の見地から純粋に見られると，これらの観念は，それ自身の固有な目標から偏向しているに過ぎないとしも，したがって脆弱化と阻止を意味しているとしても，そうである。したがって単なる生命の領域を超え出て伸展し，その特有な存在とその特有な価値に到達するために，人間が投入した最高にして唯一の力は，禁欲の力である。シェーラーは禁欲主義によってこの精神的で道徳的な力を引き出せると思った。しかしながら，このことはもしかすると，同時に，彼が自分の晩年の思想に与えた「無神論的」(atheistische) 形態さえも，未だに，見えない糸のように，彼のそれ以前の哲学的な思索の時期と結ばれているということの最も重要な兆候であるかもしれない[*31]。

　しかし，まさにここにおいてシェーラーの根本思想がもっている内面的で事態に即した結論は，彼自身がその結論を人間学への最後の著作まで追跡してきた論点を越えて，明らかに指し示しているようにわたしには思われる。というのは，それは禁欲主義がすでに手許にあって，自分の中で自立した力において，ある程度は，力への道を切り開いていると，なるほど理解させてはいるが，禁欲はこの力を無から呼び出すのではなく，それがそれ自体で無力な原理〔つまり精神〕に根源的に力を与えることができる

シア人の哲学』（デッサウアー編『哲学教本・哲学史』ベルリン，1925年) 7-139頁，この箇所に関しては10頁と38頁を参照せよ。
　31) シェーラーは晩年の人間学において無神論の立場をとっていると解釈されているが，カッシーラーはシェーラーがそれ以前の有神論の立場と繋がっていることを，これに続く「禁欲」の解釈をとおして解明する。これは注目に値する考察である。

と理解すべきである。実際シェーラーによって精神のすべての根本現象の前提条件および出発点とみなされる禁欲主義は，さらに鋭く考察してみると，絶対的な性格というよりも，むしろ関係的な (relative) 性格を抱いている。禁欲は生命そのものからの離脱ではなくて，むしろ生命がうちで経験する内的変化と転向である。この転向において，つまり「生命」から「観念」への途上においては運動と対立しているような静止状態はない。そこには休むことのない生成と対比されるような静寂主義的でそれ自体で無為な原理ではない。そこにあるのはむしろ異なる秩序とある意味で異なる次元からの諸々のエネルギーであって，それらはここで相互に対立し合っている。

　シェーラーによって立てられたもっとも包括的な「精神」の概念は，彼にとって精神が客観性を意味するという点に成り立つ。つまり「ことがらそのものの個別的な本質によって規定できる」(Bestimmbarkeit durch das So-Sein von Sachenselbst) という意味である。人間はその活動において，動物のように，抵抗を感受することによってではなく，対象の直観によって規定されている。このように静止的にそこにある状態を越えて対象的なものへの高揚，この純粋に対象としての存在 (dieses reine Gegenstand-Sein) は，精神の論理的側面のもっとも形相的なカテゴリーとなる。だが，わたしたちがまさにこの定義に同意する場合には，何によってこの客体化という根本的な作用自体が可能であるのか，また何によってその作用は条件づけられているのかという，さらに別の問が直ちに起こってこざるを得ない。その諸条件の全体性は，わたしの考えでは「象徴的な諸形式」(symbolische Formen) という〔事物と人間との〕中間の領域に入り込むとき，つまり人間が自己と実在との間に立てる，多様な像—世界をわたしたちが見わたすときにのみ，理解され，指摘することができる。そうするのは，人から実在を取り除いたり突き放すためではなく，そのように距離をとることによって初めて実在を自己の視界に取り入れるためである。つまり，直接実在に触れる近さを求める単に手で触って知ることから，しっかり目で捉えることへと実在を高めるためなのである。言語，芸術，神話そして理論的知識のすべては，精神が「距離を置く」というこの過程において，各々がそれぞれの内的な法則にもとづいて一緒に働いている。すなわち，それらすべては，動物がその中で手に取ったり，働きかけており，その中にい

わば監禁されたままでいる空間から，直観の空間と思惟の空間，つまり精神の「地平」(Horizont) へと導いていく途上の偉大な段階なのである。

この観点のもとに考察してみると，なるほどシェーラーの人間学の根本思想を構成する，精神と生命の対極性は決して止揚されていないが，方法論的に省察すれば，対極性はいまや他なる光の中で現われてくる。シェーラーは彼の思想のきわめてラディカルな改造を内に含んでいるその最後の作品においても，依然としてはっきりそれと分かる現実的な形而上学の言語で語っている。彼は精神と生命を存在がもっている始原的な勢位として相互に対立的に立てる。それらはある仕方で現実の全体に対する支配権を求めて互いに争う現実的な諸力なのである。しかし，こうして純粋に機能的な対立が実体的な対立へと解釈し直される。つまり，こうして現象の内に指摘できる区別から直ちに超越的な原根拠 (Urgrund) についての主張へと進展され〔変形され〕*32。確かにシェーラーはここにおいてもクラーゲスが試みた精神の神話化と悪魔化からはるかに遠のいたままである。シェーラーにとって精神は，自己を決して実体的な実在としてではなく，いつもただその純粋な遂行において，生ける活動性において提示させることによって，まさしく特徴づけられ，際立てられる。精神はまさに対象化を起こす原理であるがゆえに，自分が対象となることができない。精神は何らかの客体的実在の仕方においては把握することも，把握されることもできない。しかし，このように境界づけられ，このように批判的な制限をもうけられても，シェーラーのもとでは精神はいわば一種の実体的なもの (Substantivum) にとどまっている。彼においても，結局，形而上学的関心が純粋に現象学的な関心に優先している。精神は単なる生命の存在を超え，その上に立つ独自の存在となる。その代わりに人が生命と精神を相互の対立する実体的本質としてではなく，両者をその純粋な遂行〔機能的活動〕

---

　32) シェーラーは『宇宙における人間の地位』の終章において世界根拠の概念を神性が生成するプロセスの中で「原根拠」(Urgrund) から生成する神の誕生という形で捉えている。この原根拠から出た世界根拠こそ自律的存在者の自己実現する場所であって，それが人間的自己，つまり人間の「心」(Herz) である，と説かれた。「これらがわたしたちに近づきうる神生成 (Gottwerdung) の唯一の場所である」。ここでの「根拠」(Grund)「原根拠」(Urgrund)「産出」(Erzeugen)「心」(Herz) さらに「傾注」(Einsetzen)「神生成」(Gottwerdung) といった概念はすべて明らかにドイツ神秘主義の伝統に属しており，エックハルトからシェリングにいたる神秘思想と関連している。

の意味において捉えるならば，両者の間における反定立はただちに違った意義を獲得する。精神はもはやあらゆる生命に対して異質で敵対する原理として考えられる必要はなく，それは生命自身の一つの転向や転換として理解されることができる。一つの転向というのは生命が自分自身のうちで経験するものであり，それは生命が単なる有機的な形成と形態の圏域から「形相」や理念的な形態化の圏域に入り込む程度に応じて経験される。

　それゆえ，この点において「客観的観念論」(objektiver Idealismus) の根本的見解は，一九世紀と二〇世紀の生の哲学がそれに向けて行なった，すべての批判に対しても，自己の十全なる正当性を主張する。とりわけヘーゲルに関して言うなら，彼の哲学体系に対してその汎論理的傾向のゆえにそれが生命の権利を見損なっているとの，つまりそれが生命の領域を論理の領域の犠牲にしているとの非難を向けようと欲するなら，それは彼の体系についての完全な誤解であろう。ヘーゲルの教説の歴史的な発展に一瞥を加えるだけで，この反論を無効とするに充分である。なぜなら歴史哲学的な考察や宗教哲学的な考察との関連において，最高の意味で体系的に実り豊かな新しい生命の概念が打ち出されたのは，まさしくヘーゲルの初期の著作においてなのであるから。だが，それに続いて『精神の現象学』の緒論の中でヘーゲルは真に古典的な新しい表現からなる諸命題においてさらに前進し，最終的な突破を遂行した。彼は今や，自己のうちに閉じこめられた生命の実体性が〔可能性を〕開くことを，それが広がり，自己を開示することを要求する。というのは，ただこのプロセスにおいてのみ，またそのお陰で，単なる実体がその対自存在を獲得し，実体が「主体」(Subjekt) となることができるから[33]。「精神の力はただそれが外化する表現と同じだけ偉大である。その深さは精神が自己の解釈において拡がっていき，あえて自己を失うだけ，それだけ深まる」[34]。この原理を現実化することは，精神と生命の両者が自己を対立関係として認識するだけでなく，同時にまさしくこの対立のゆえに両者は相互に捜し合い，求め合うということを要求する。両者の間には対極性が存続するが，絶対的な異質性の外

---

33) これが有名な「実体─主体学説」である。これについての詳しい研究は樫山欽四郎『ヘーゲル精神現象学の研究』（創文社）を参照。

34) この言葉は緒言ではなく序文にある。『精神の現象学』ホフマイスター版 (Ph. B.) S.15。

観は消えている。本当にもしわたしたちが，精神が不当にも行使してきた精神の支配に反対して現代の生の哲学が立ち上げた告発の全系列を回顧するならば，一つの反論が直ちに心に浮かんでくる。ここで討論されている訴訟では誰が本来の原告なのかと，誰が被告なのかと，人は問うに相違ない。

あたかも生命は，精神の不当な侵略，その暴力と高慢に抵抗するために精神を法廷に召喚しているかのようである。とはいえ，このような印象は欺くものである。—— なぜなら，そのような生命は自己に閉じこもっており，この閉じこもりにおいて無言であるから。生命は精神の言語が生命に貸与するのとは別の言語をもっていない。それゆえ精神が呼び出されるところではどこでも，〔生命には言語が欠けているがゆえに〕実際には精神が一人の内で攻撃者と弁護人，告発者と裁判官なのである。本当のドラマは生命と精神の間で演じられるのではなく，精神自身の領域のただ中で演じられる。まさに問題の中心点において演じられる。というのは告発行為はすべて証言するという形でなされるし，判決はすべて判断の形でなされるから。証言と判断とはロゴスがもっている根本的で根源的な機能である。これと関係してわたしたちはギリシア語ではそれがカテゴレイン（述語する）とカテゴリア（範疇）という同一の言葉，同一の名辞であることを思い起こすかもしれない。この名辞は一般的に証言と同様に告発を言い表わす。現代の哲学的文献の中に多く見られる精神に対決する激情的な告発者の演説がすべて，ここでは本当は生命が精神に対立して戦うのではなく，精神がそれ自身に対して戦うという実情を，わたしたちに忘れさせることは決してありえない。そして，この内的葛藤は確かに真の運命であり，精神が免れえない永続の苦痛である。精神はただ，このような仕方で，それ自身に立ち向かうことによってのみ存在する。精神自身の固有の統一性はそのような分裂性においてのみ考えられる。それゆえ精神はシェーラーが定義しているように，生命に対する禁欲者，すべての有機的実在に対して「否」を言うことができるものだけでなく，それ自身の内において自身を否定できる原理でもある。そして精神の本性がもっている逆説は，この否定が自己を滅ぼさないで，精神をして真実にその本質を形成する点に成り立っている。精神が自分に対置する「否」において初めて，精神はその本来的な自己肯定と自己主張に向かって突破する。精神が自分に対置する問

題において初めて，精神は完全に自己自身となる。モンテーニュはかつて「人間は自己自身を憎むことができるなぞめいた動物である。自然の領域において他のどこにも前例のない変り種にして不条理である」[*35]と言ったことがある。自然は苦悩や死，破壊や絶滅を知っているが，人間が自己自身に敵意をいだく自己－分裂については何も知っていない。人間はただひとり問うことができる存在であり，自己にとって徹底的に問題的で，永遠に問い続けるに値する存在なのである。この意味において生命の名において観念を法廷に引きだす人はすべて，——ヘーゲルの表現を用いるならば——「観念の代理人」としてとどまる。というのは，まさに自分自身を裁判することは精神の根源現象であり，定言的命令にして無条件的な要求であるから。このような問題状況から必然的に帰結するのは，まさしく精神の告発者は結局は精神の弁護人となり，その証人とならなければならないということである。

第五章

この根本的な関係は，もしわたしたちが言語の側面からそれを把握しようと努め，また言語に独自な精神的な根本構造からそれに光をあてようと努めるならば，もっとも明瞭に，かつ，明確に現われてくる。言語哲学が存在しているかぎりは，言語に対する批判もまたあったと言いえよう。つまり言語の積極的力と積極的意味に対する洞察は，いつも影のように懐疑論を伴ってきた。そしてこの言語に対する懐疑，然り言語へのこの絶望は，哲学にのみ限定されたものではない。この懐疑は偉大な詩人にとっても，詩の分野における最大の創作者にとっても，無縁ではない。よく知られたベネチア風の風刺詩の中でゲーテは，ドイツ語という媒体に縛られているので，この「もっとも悪い素材」のゆえに，不運にも今や生命と芸術を堕落させざるをえないことを嘆き訴えている[*36]。しかし，彼の作品の中に「言語」(Sprache)と題されたもう一つの詩がある。それはこの風刺詩と比べてみるとこれと正反対の極地のようであり，その改詠詩としての姿を刻

---

35) モンテーニュ『エッセイ』第2巻，第3章参照。
36) Goethe, Sämtliche Werke, Artemis-Gedenkausgabe, Bd. I, S.227.

んでいる。

> 何が富なのだ，何が貧しさなのだ！　何が強さなのだ，何が弱さなのだ！
> 埋められた骨壺にある〔太鼓〕腹が富なのか？
> 兵器庫に収めた剣に強さがあるのか？
> その中へやさしく手を伸ばせ，そうすればさい先のよい幸運が，
> 神性よ，あなたから流れてくる。
> 勝利と力に向かって剣を取れ，
> そうすればあなたの隣人に栄光がもたらされる*37。

　ここに再び真正な創作者〔言語―創造者〕の気持ちが突発的に表われている。その気持ちとは，言語が根底においてはただ，その都度の衝動が，そこから活気や生命を与える一瞬が，創りだすものだけであるという感じである。言語の意味と価値は，言語がその形而上学的本質にしたがって「それ自身で」(an sich) ありうるものに左右されるのではなく，言語の使用の仕方に，言語の精神的な適用の仕方に左右される。なぜなら言語の意味と価値を決定するものは，言語の硬直した実体ではなく，生き生きとしたダイナミックな機能であるから。わたしたちが言語を何らかの仕方でもってそれ自体で物のようなもの (Dinghaftes)，人間と彼を取り巻く現実の間をのろのろと歩む実体的な媒体として捉えられるならば，言語を誤認する。しかしながら，人がこの中間にあるものをより詳細に規定できるときはいつでも，二つの世界を繋ぐ輪になろうとすることによって，どれでも同時に両者を互いに分ける遮断機のように思われる。わたしたちは言語をなお，とても透明で，なお，とても純粋な媒体としてみなしてもよい。この水晶のような透明な媒体は水晶のような硬さをとどめている，つまりそれは思考に対してはいつも透明であっても，それでも決して完全に貫き通るものではないという事実が絶えず存続する。その透明性は，その非浸透性を止揚していない。しかし，このような懸念は，わたしたちが根本的に自分で創りだした困難さを扱っていることを想起する瞬間に消滅する。つ

---

37) Goethe, op. cit., Bd. I, S. 445.

まり，〔あれかこれかという〕二律背反は言語自体の重荷となっているのではなく，むしろ言語の本性についての不適切な比喩表現にもとづいている。

わたしたちが言語を実在している物と比較する代わりに，言語を純粋な遂行において捉えるなら，わたしたちがフンボルトの要求にもとづいて，言語をエルゴン（所産）としてではなく，活動（エネルゲイア）として捉えるならば，そのとき問題は直ちに異なった様相をとるようになる。言語はもはや硬直した所与の形態〔構造物〕ではなく，むしろ形を創造するものとなり，同時にそれは明らかに形を破壊し，形を粉砕する力とならねばならない。そして文法的，統辞論的な形の世界も，単に一種の堅固な堤防やダム――それに当たって言語の形成的にして，本来的に創造的な諸力が絶えず砕けている――ではない。むしろ，この世界を通して氾濫し，いつも新しい運動衝動を言語に供給するのは言語の根源的創造力なのである。この過程において固定してしまった形が絶えず鋳直され，そのためそれは「硬い甲冑を身にまとうこと」（zum Starren waffnen）ができない。しかし，他方，この過程において瞬間的な衝動も，一瞬の創造も，初めてその恒常性と安定性を受け取る。もしその発生と生成のさ中に，それに先だって造形されたもの，すでに発生しており，生成されているものに――それに創造が付着して，安定したものとなる――この創造が出会っていなかったなら，それは，息が吐き出されるに先だって，水泡に帰さねばならないであろう。このようにすでに発生しているものは，言語にとって単なる素材ではない――この素材にはいつも異質で，見知らぬ素材が押し寄せている――。そうではなく，それは言語自体もその存在を負っている，同様に形成的な力が生じさせた産物と証拠である。個々の語る作用のすべては，再び言語自身の巨大な川底へ流れこんでいるけれども，そこでまったく失われたり，消滅したりすることはない。その代わりに，その創造者の独創性から借りた，彼自身の個性が強くなればなるほど，その個性はそれ自身を維持し続け，それ自身をますます強く伝える。そのように新しい瞬間的な衝動によって，その流れは全体としてその方向と強さ，その力動性とリズムにおいて変わることができる。このような転換は比喩にほかならないし，比喩以上のものでもないことは確かに明らかである。だが，いやしくもそうであるなら，言語における「個別」（Besondere）と「普遍」

（Allgemeine）との間の関連，言語における「精神」（Geist）と「生命」（Leben）の間の関係が適切に記述されるのは，ただそのようなダイナミックな比喩においてのみ可能であって，静的な世界，事物と事物関係の世界から借用された何らかの似像においてではない。そしてこの言語の内で明示された同じ根本的関係は，他の真正なシンボル形式（symbolische Form）のすべてにおいても〔真実なものとして〕反復される。そのような形式の各々に必然的に内住する内的な対立性や対極性はシンボル形式を破壊することも，引き裂くこともない。むしろそれは，対立からその統一性を造り上げ，外に向かって自らを表示しうるための条件を形成するのである。

あとがき

　本書は二年前に上梓した『ヨーロッパ人間学の歴史』の続編であって，現代ヨーロッパにおける人間学の展開を解明したものである。現代の人間学はマックス・シェーラーの『宇宙における人間の地位』(1927年)をもって始まった。この著作の出版当時からその基本姿勢が「精神と生命の二元論」であるとの批判がわき起こり，この批判から現代の人間学の流れが多様な仕方での展開と発展を見たといえよう。先の著作が心身論の観点から，とりわけ人間学的三分法の形成と展開という視点から人間学の歴史を考察したのであるが，同じ視点が本書で継続してはいても，現代では心身論はシェーラーの「精神と生命の二元論」との対決から展開している。この批判的対決の中でもカッシーラーの試みがゲーレンなどの単なる誹謗や中傷と較べると究めて優れた成果をもたらしたのであった。次に注目すべき点はメルロ＝ポンティが現象学的人間学の立場からシェーラーの問題意識を継承し，現代の人間学を大きく進展させた事実である。さらにシェーラーの人間学の影響は個別科学や学問領域に広く及んでおり，その足跡を訪ねて本書は叙述されることになった。

　本書の内容は前著と同じくもともと大学院の講義で語ったものであるから，概説的な叙述の傾向をもっており，細部にわたって学問的に研究したものではなく，現代の人間学の問題点を摘出して提示するにとどまらざるを得なかった。しかし扱った学問領域はかなり広範囲にわたったので，多くの方々による翻訳と研究に助けられた。とくに畏友久米博氏にはリクールに関する論文を貸与してくださり，お世話になった。また資料として巻末に加えたカッシーラーの論文の翻訳では高山裕君と齊籐伸君に協力していただいた。両君と一緒にわたしはカッシーラーの難解なドイツ語に苦しめられながらも研究を続けることができた。もちろん，こうした積み重ね

があったとしても，わたしが気づかない誤りも多々あろうと思われる。とはいえ，この種の研究の試みはわたしが知るかぎり，わが国にも外国にも，全く見当たらないので，何かのお役に立つことを願って刊行に踏み切った次第である。

　本書には二つの既発表の論文が含まれている。その初出を記しておきたい。本書第11章「医学的人間学と身心相関理論」は原題「現代人間学における心身相関の理解」のもとに聖学院大学総合研究所紀要，2007年，40号に発表したものである。また付属資料「エルンスト・カッシーラー『現代哲学における「精神」と「生命」』」は同紀要，2007年，39号に掲載したものである。

　出版に際しては今回も知泉書館の小山光夫氏にお世話になった。お忙しい中にもいつも激励していただいた。お世話になった方々に心から感謝したい。

　　　2010年4月10日

　　　　　　　　　　　　　　　　　　　　　　　金　子　晴　勇

参 考 文 献

序章　ヨーロッパ人間学における伝統的な三分法と世俗化の問題

ヴェーバー『プロテスタンティズムの倫理と資本主義の精神』大塚久雄訳，岩波文庫，1990

カッシーラー『人間 —— この象徴を操るもの』宮城音弥訳，岩波文庫，1997

キルケゴール『死にいたる病』桝田啓三郎訳,「世界の名著40」，中央公論社，1966

シェーラー「人間の理念に寄せて」林田新一訳,「シェーラー著作集4」白水社，1977

────「人間と歴史」亀井裕・安西和博訳,『哲学的世界観』「シェーラー著作集13」白水社，1977

────『倫理学における形式主義と実質的価値倫理学』下　小倉志祥訳,「シェーラー著作集3」，白水社，1980

ドーソン『キリスト教文化の歴史的現実』朝倉文市・水野敦子訳,「キリスト教文化」ノートルダム清心女子大紀要，1993

ハイデッガー『カントと形而上学の問題』木場深定訳,「ハイデッガー選集19」理想社，1967

ハイデガー『存在と時間』原佑・渡辺二郎訳,「世界の名著62」中央公論社，1971

パネンベルク『人間とは何か —— 神学の光で見た現代の人間学』熊澤義宣・近藤勝彦訳,「現代キリスト教思想叢書14」白水社，1975

バーガー『天使のうわさ』荒井俊次訳，ヨルダン社，1982

────『異端の時代 —— 現代における宗教の可能性』薗田稔・金井新二訳，新曜社，1987

ハーバーマス『イデオロギーとしての技術と学問』長谷川宏・北原章子訳，紀伊国屋書店，1970

Husserl, Krisis der europäischen Wissenschaft, 1936, Husseliana, Bd.,VI

M. Scheler, Der Formalismus in der Ethik und die materiale Wertethik, 4 Auf. 1954

I 現代ヨーロッパの思想状況と人間学の成立

青木茂「実証主義」，宮本武之助編『現代思想』，東京堂出版，1966
ヴェーバー『職業としての学問』尾高邦雄訳，岩波文庫，1952
サルトル『実存主義とは何か』伊吹武彦訳，「サルトル全集13」，人文書院，1955
シェーラー『宇宙における人間の地位』亀井裕・山本達訳，「シェーラー著作集13」，白水社，1977
ピーター・ゲイ『ワイマール文化』亀嶋庸一訳，みすず書房，1987
フォイエルバッハ『将来の哲学の根本命題』松村一人・和田楽訳，岩波文庫，1967
─────「ルターの意味での信仰の本質」木村彰吾訳，「フォイエルバッハ選集・宗教論集」，法律文化社，1969
ベンヤミン「破壊的性格」高原宏平訳，『暴力批判論』「ベンヤミン著作集1」晶文社，1969
ホルクハイマー「伝統理論と批判理論」角忍・森田数実訳，『批判的理論の論理学──非完結的弁証法の探求』恒星社厚生閣，1998
ホルクハイマー／アドルノ『啓蒙の弁証法』徳永恂訳，岩波文庫，2007
マルクス『ヘーゲル法哲学批判 序説』花田圭介訳，「マルクス・エンゲルス全集第1巻」大月書店，1959
山崎正一『西洋哲学史 (三)』，岩波全書，1965

II シェーラーの人間学とその二元論的構成

カッシーラー『人間──この象徴を操るもの』宮城音弥訳，岩波文庫，1997
ゲーレン『人間学の探求』亀井裕・滝浦静雄他訳，紀伊国屋書店，1970
シェーラー『倫理学における形式主義と実質的価値倫理学』中 小倉志祥訳，「シェーラー著作集2」，白水社，1976
─────『人間の理念に寄せて』林田新一訳，「シェーラー著作集4」白水社，1977
─────『人間における永遠なもの』亀井裕他訳，「シェーラー著作集7」白水社，1977
─────『同情の本質と諸形式』青木茂・小林茂訳，「シェーラー著作集8」白水社，1977
─────『現象学と認識論』飯島宗享他訳，「シェーラー著作集9」白水社，1977
─────『愛の秩序』平木幸二郎訳，「シェーラー著作集10」白水社，1978
─────『宇宙における人間の地位』亀井裕・山本達訳，「シェーラー著作集13」白水社，1977
─────「人間と歴史」亀井裕・安西和博訳，『哲学的世界観』「シェーラー著作集13」白水社，1977

Pravas E., The greate themes of Scheler, in: Philosophy Today, 1968

Scheler M., Die Stellung des Menschen im Kosmos, 6 Auf, 1962

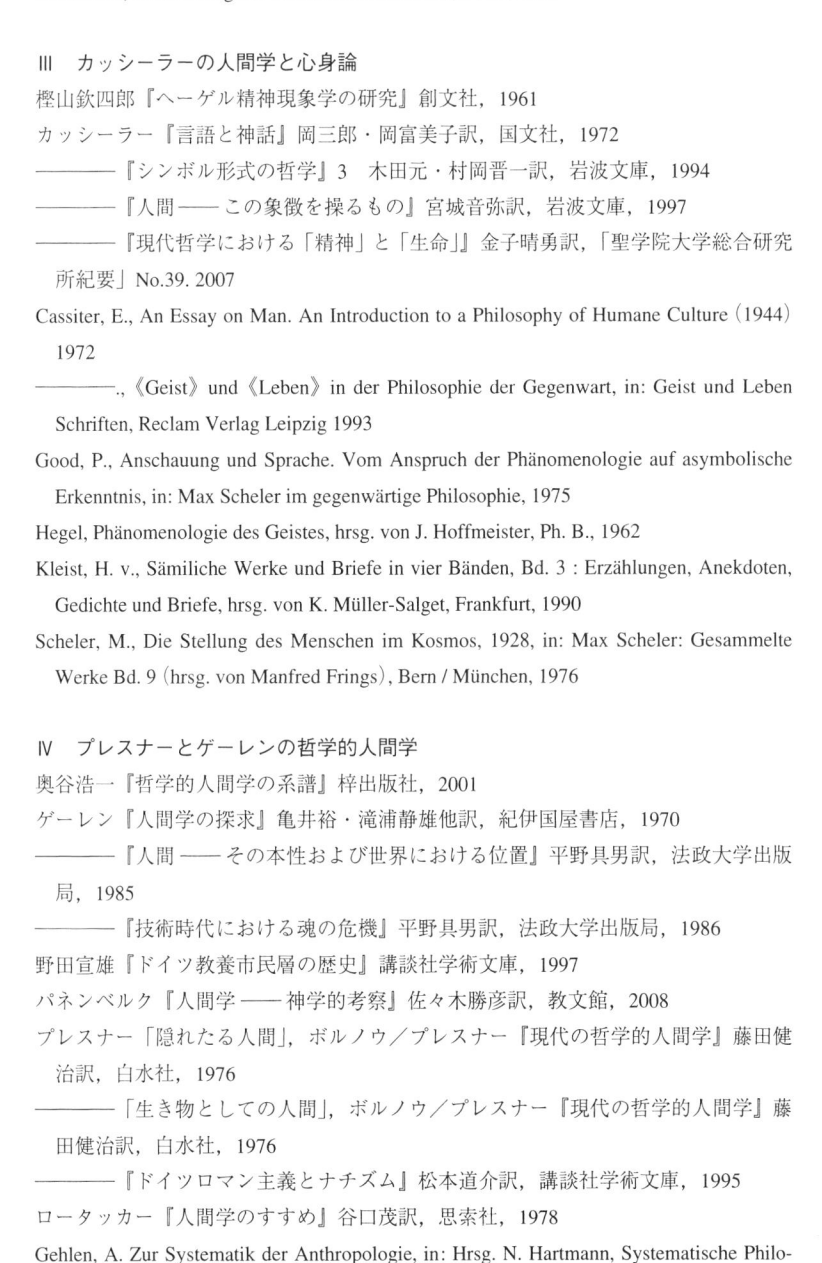

Ⅲ　カッシーラーの人間学と心身論

樫山欽四郎『ヘーゲル精神現象学の研究』創文社，1961

カッシーラー『言語と神話』岡三郎・岡富美子訳，国文社，1972

─────『シンボル形式の哲学』3　木田元・村岡晋一訳，岩波文庫，1994

─────『人間──この象徴を操るもの』宮城音弥訳，岩波文庫，1997

─────『現代哲学における「精神」と「生命」』金子晴勇訳，「聖学院大学総合研究所紀要」No.39. 2007

Cassiter, E., An Essay on Man. An Introduction to a Philosophy of Humane Culture (1944) 1972

─────., 《Geist》 und 《Leben》 in der Philosophie der Gegenwart, in: Geist und Leben Schriften, Reclam Verlag Leipzig 1993

Good, P., Anschauung und Sprache. Vom Anspruch der Phänomenologie auf asymbolische Erkenntnis, in: Max Scheler im gegenwärtige Philosophie, 1975

Hegel, Phänomenologie des Geistes, hrsg. von J. Hoffmeister, Ph. B., 1962

Kleist, H. v., Sämiliche Werke und Briefe in vier Bänden, Bd. 3 : Erzählungen, Anekdoten, Gedichte und Briefe, hrsg. von K. Müller-Salget, Frankfurt, 1990

Scheler, M., Die Stellung des Menschen im Kosmos, 1928, in: Max Scheler: Gesammelte Werke Bd. 9 (hrsg. von Manfred Frings), Bern / München, 1976

Ⅳ　プレスナーとゲーレンの哲学的人間学

奥谷浩一『哲学的人間学の系譜』梓出版社，2001

ゲーレン『人間学の探求』亀井裕・滝浦静雄他訳，紀伊国屋書店，1970

─────『人間──その本性および世界における位置』平野具男訳，法政大学出版局，1985

─────『技術時代における魂の危機』平野具男訳，法政大学出版局，1986

野田宣雄『ドイツ教養市民層の歴史』講談社学術文庫，1997

パネンベルク『人間学──神学的考察』佐々木勝彦訳，教文館，2008

プレスナー「隠れたる人間」，ボルノウ／プレスナー『現代の哲学的人間学』藤田健治訳，白水社，1976

─────「生き物としての人間」，ボルノウ／プレスナー『現代の哲学的人間学』藤田健治訳，白水社，1976

─────『ドイツロマン主義とナチズム』松本道介訳，講談社学術文庫，1995

ロータッカー『人間学のすすめ』谷口茂訳，思索社，1978

Gehlen, A. Zur Systematik der Anthropologie, in: Hrsg. N. Hartmann, Systematische Philosophie, 1942

―――, Der Mensch. Seine Natur und seine Stellung in der Welt, 6 Auf. 1962

―――, Urmensch und Spätkultur, 1964

―――, Rückblick auf die Antropologie Max Schelers, in: Gesamtausgabe, Bd. 4

Lorenz, K., Einfhrung in die philosophische Anthropologie, 1990

Plessner, H., Die Stufen des Organischen und der Mensch. Einleitung in die philosophische Anthropologie, 1928, 3 Auf. 1975

Plessner, H., Macht und menschliche Natur. Ein Versuch zur Anthropologie der geschichtlichen Weltansicht, 1931, in: Zwischen Philosophie und Gesellschaft（Suhrkamp）

Portmann, A., Zoologie und das neue Bild vom Menschen, 1951

Rothacker, E., Philosophische Anthropologie, 1964

V 実存哲学と人間学

キルケゴール『わが著作活動の視点』田淵義三郎訳，創元社版選集 8, 1954

九鬼周造『人間と実存』岩波書店，1947

サルトル『実存主義とは何か』伊吹武彦訳，「サルトル全集 13」人文書院，1955

―――『存在と無』2　松浪信三郎訳，「サルトル全集 19」人文書院，1960

シェーラー『同情の本質と諸形式』青木茂・小林茂訳，「シェーラー著作集 8」白水社，1977

ハイデッガー『カントと形而上学の問題』木場深定訳，「ハイデッガー選集 19」理想社，1967

ハイデガー『存在と時間』原佑・渡辺二郎訳，「世界の名著 62」中央公論社，1971

ブーバー『かくれた神』三谷好憲・山本誠作訳，「ブーバー著作集 5」みすず書房，1968

ボルノウ「哲学的人間学とその方法的諸原理」，ボルノウ／プレスナー『現代の哲学的人間学』藤田健治訳，白水社，1976

メルロ＝ポンティ『眼と精神』滝浦静雄・木田元訳，みすず書房，1966

ヤスパース『精神医学原論』西丸四方訳，みすず書房，1977

―――『実存開明』草薙正夫・信太正三訳，創文社，1997

Heidegger, Sein und Zeit, 1960

―――, Kant und das Problem der Metaphysik, 1929, 2 Auf. 1951

Jaspers, K., Existenzphilosophie, 1964

Leisegang, H., Einfuhrung in die Philosophie, 6 Auf., 1966

VI 現象学的人間学の展開

インガルデン『人間論 ―― 時間・責任・価値』武井勇四郎・赤松常弘訳，法政大学

出版局, 1997
エリアーデ『聖と俗——宗教的なるものについて』風間敏夫訳, 法政大学出版局, 1972
オットー『聖なるもの』山谷省吾訳, 岩波文庫, 1967
カント『純粋理性批判』高峯一愚訳,「世界の大思想10」河出書房新社, 1965
―――『実践理性批判』波多野精一他訳, 岩波文庫, 1979
シェーラー『人間における永遠なるもの』亀井他訳,「シェーラー著作集7」白水社, 1978
―――『倫理学における形式主義と実質的価値倫理学』上 吉沢伝三郎訳,「シェーラー著作集1」白水社, 1976
デュルケム『宗教生活の原初形態』下 古野清人訳, 岩波文庫, 1973
ハルトマン『存在論の新しい道』熊谷正憲訳, 協同出版, 1967
ボヘンスキー『現代ヨーロッパの哲学』桝田啓三郎訳, 岩波書店, 1956
フッサール『現象学と人間科学』粉川哲夫訳, 現象学研究会編『現象学研究』vol.2, 1976
メルロ＝ポンティ『眼と精神』滝浦静雄・木田元訳, みすず書房, 1966
―――「幼児の対人関係」,『眼と精神』滝浦静雄・木田元訳, みすず書房, 1966
―――『知覚の現象学』1 竹内芳郎他訳, みすず書房, 1967
―――『世界の散文』滝浦静雄・木田元訳, みすず書房, 1979
―――『意識と言語の獲得—ソルボンヌ講義1』木田元・鮫岡峻訳, みすず書房, 1993
レーウ『宗教現象学入門』田丸徳善・大竹みよ子訳, 東京大学出版会, 1979
Lauer ,Q., Phenomenology, It's Genesis and Prospect, 1958
Otto, R., Das Heilige 1963

Ⅶ 解釈学的人間学
ガダマー『真理と方法』1 轡田収他訳, 法政大学出版局, 1986
キルケゴール『現代の批判』桝田啓三郎訳, 岩波文庫, 1981
久米博『現代フランス哲学』新曜社, 1998
―――「ポール・リクール『時間と物語』における〈歴史学と物語論と現象学の三者会談〉について」『現象学研究』vol.18, 1992
ゲーテ『箴言と省察』岩崎英二郎・関楠生訳,「ゲーテ全集13」潮出版社, 1980
作田啓一『恥の文化再考』思想の科学, 1964,
―――「恥と羞恥」『価値の社会学』岩波書店, 1972
シェーラー『羞恥と羞恥心』浜田義文訳,「シェーラー著作集15」白水社, 1978
シュルツ『変貌した世界の哲学』2, 藤田健治他訳, 二玄社, 1979

杉村康彦『ポール・リクールの思想』創文社, 1998
ディルタイ「歴史的理性批判への試論」細谷恒夫訳,『歴史的理性批判』「ディルタイ著作集 4」, 創元社, 1946
ディルタイ『体験と創作』上　柴田治三郎訳, 岩波文庫, 1961
――――『想像力と解釈学』由良哲次訳, 理想社, 1962年
デカルト『省察』井上庄七・森啓訳,「世界の名著 22」中央公論社, 1967
ランガー『芸術とは何か』池上保太・矢野萬里訳, 岩波新書, 1967
リクール『解釈の革新』久米博他訳, 白水社, 1985
――――『人間　この過ちやすきもの』久重忠夫訳, 以文社, 1978
――――『フロイトを読む ―― 解釈学試論』久米博訳, 新曜社, 1982
――――『悪のシンボリズム』植島啓司他訳, 渓声社, 1977
――――『悪の神話』一戸とおる他訳, 渓声社, 1980
――――『時間と物語』3, 久米博訳, 新曜社, 1990
Bollnow, O. F., Das Verstehen. Drei Aufsätze zur Theologie der Geisttesswissenscaften, 1948
――――, O. F., Das Verstehen. Drei Aufsätze zur Theologie der Geisteswissenscaften, 1949
――――, R., History and Eschatology, 1959
Dilthey, W., Die Entstehung der Hermeneutik, Gesammelte Schriften, Bd. 7; Plan der Fortsetzung zum Aufbau der geschichtlichen Welt in den Geisteswissenscaften, Entwürfe zur Kritik der historischen Vernunft, Erster Teil: Erleben, Ausdruck, und Verstehen.
Gadamer, Wahrheit und Methode, 2 Auf. 1965
――――, Kleinere Schriften, I, Philosophie, Hermeneutik, 1967
――――, Mensch und Sprache, in: Kleine Schriften I, Philosophische Hermeneutik, 1967
Palmer, R. E., Hermeneutics Interpretation Theory in Schleiermacher, Dilthey, Heidegger, and Gadamer, 1969
Ricoeur, The Conflict of Interpretations Essays in Hermeneutics, 1974

Ⅷ　対話論的人間学

ガース／ミルズ『性格と社会構造』古城利明・杉森創吉訳, 青木書店, 1970
キルケゴール『愛のわざ』武藤一雄他訳,「キルケゴール著作集 15」白水社, 1964
小林政吉『キリスト教的実存主義の系譜』福村出版, 1975
小林政吉他『人間形成の近代思想』,「教育学大全集 2」, 第一法規出版, 1982
シュルツ『変貌した世界の哲学』2　藤田健治他訳, 二玄社, 1979
ブーバー『我と汝』田口義一訳,「ブーバー著作集 1」みすず書房, 1967
――――『人間とは何か』児島洋訳, 理想社, 1968
――――「人間の間柄の諸要素」佐藤吉昭訳,『対話的原理Ⅱ』,「ブーバー著作集 2」,

みすず書房，1968
——「原離隔と関わり」稲葉稔・佐藤吉昭訳，『哲学的人間学』，「ブーバー著作集4」，みすず書房，1969
——『忘我の告白』田口義一訳，法政大学出版局，1994
バフチン『ドストエフスキーの詩学』望月哲男・鈴木淳一訳，ちくま学芸文庫，1995
マルセル『人間の尊厳』三雲夏生訳，「マルセル著作集8」春秋社，1966
——『希望の現象学と形而上学に関する草案』山崎庸一郎訳，「現代人の思想3 現代の信仰」平凡社，1967
ミード，G. H.『精神・自我・社会』稲葉三千男他訳，青木書店，1973
村岡晋一『対話の哲学――ドイツ・ユダヤ思想の隠れた系譜』講談社，2008
ローゼンツヴァイク，「新しい思考」合田正人・佐藤貴史訳，『思想』第1013号，岩波書店，2008
——，『救済の星』村岡晋一他訳，みすず書房，2009
Gesammelt von M. Buber, Ekstatische Konfessionen,
Ebner, Das Wort ist der Weg. Aus den Tagebüchern. 1949
——, Das Wort und die geistigen Realitäten, 1952
T. J. Owens, Phenomenology and Intersubjectivity, 1970
Th. Schleiermacher, Das Heil des Menschen und sein Traum vom Geist, F. Ebner Ein Denker in der Kategorie der Begegnung, 1962
Strasser, S., The Idea of Dialogal Phenomenology, 1969
Theunissen, M., Der Andere. Studien zur Sozialontologie der Gegenwart, 1964

IX　社会学的人間学
ヴェーバー『支配の社会学』1　世良晃志郎訳，創文社，1960
——『社会学の根本概念』清水幾多郎訳，岩波文庫，1972
ガース／ミルズ『性格と社会構造』古城利明・杉森創吉訳，青木書店，1970
坂田太郎「歴史主義の立場」，阿閉吉男編『マンハイム研究』勁草書房，1958
シェーラー『同情の本質と諸形式』青木茂・小林茂訳，「シェーラー著作集8」白水社，1977
——「知の社会学の諸問題」浜井修他訳，『知識形態と社会』上　「シェーラー著作集11」白水社，1978
——『倫理学における形式主義と実質的価値倫理学』下　小倉志祥訳，「シェーラー著作集3」白水社，1980
ジンメル『社会学の根本問題』清水幾太郎訳，岩波文庫，1970
テンニエス『ゲマインシャフトとゲゼルシャフト』下　杉乃原寿一訳，岩波文庫，1957

バーガー『聖なる天蓋』薗田稔訳, 新曜社, 1979
───『天使のうわさ』荒井俊次訳, ヨルダン社, 1982
ハーバーマス『イデオロギーとしての技術と学問』長谷川宏・北原章子訳, 紀伊國屋書店, 1976
マルクス『ドイツ・イデオロギー』古在由重訳, 岩波文庫, 1956
───『経済学批判』向坂逸郎訳,「マルクス・エンゲルス選集」7, 新潮社, 1959
マンハイム『歴史主義』徳永恂訳, 未来社, 1979
森有正『経験と思索』岩波書店, 1977
和辻哲郎『倫理学』上 岩波書店, 1967
Barber, M. D., Guardian of Dialogue.Max Scheler's Phenomenology, Sociology of Knowledge, and Philosophy of Love, 1993
Lenk, K., Von der Ohnmacht des Geistes, 1959
J. Staude, Max Scheler.1874-1928, An Intellectual Portrait, 1967
Troeltsch, E., Gesammelte Schriften. Bd. III, 1922

X 生物学的人間学
ヴァイツゼッカー『科学の射程』野田保之・金子晴勇訳, 法政大学出版局, 1969
カッシーラー『現代哲学における「精神」と「生命」』金子晴勇訳,『聖学院大学総合研究所紀要』No.39, 2007
ゴールドシュタイン『生体の機能, 心理学と生理学の間』村上仁・黒丸正四朗訳, みすず書房, 1970
ボイデンディク『人間と動物』浜中淑彦訳, みすず書房, 1970
ポルトマン『人間がどこまで動物か』高木正孝訳, 岩波新書, 1971
───『生物学から人間学へ』八杉龍一訳, 思索社, 1981
ローレンツ『人間性の解体』谷口茂訳, 思索社, 1985
───『ソロモンの指輪 ── 動物行動学入門』日高敏隆訳, 早川書房, 1987
ユクスキュル『生物から見た世界』日高敏隆・羽田節子訳, 岩波文庫, 2005
Buytendijk, F. J. J., Das Menschliche. Wege zu seinem Verständnis, 1958
Entralgo, L., Teoria y realidad del otro, II, cf. Böckenhoff, Die Begegnugsphilosophie, 1970
Herder, Über den Ursprung der Sprache, 1770
Lorenz, K., Die angeborenen Formen möglicher Erfahrung, in; Zeitschrift für Tierpsychologie 5, 1943

XI 医学的人間学と心身相関論
ヴァイツゼッカー『ゲシュタルトクライス』木村敏訳, みすず書房, 1975
───『病因論研究 ── 心身相関の医学』木村敏・大原貢訳, 講談社学術文庫,

1994
――――『生命と主体』木村敏訳，人文書院，1995
――――『病と人―医学的人間学入門』木村敏訳，新曜社，2000
――――「医学的人間学の根本問題」『医学的人間学とは何か』青木茂・滝口直彦訳，知泉書館，2006
クンツ「精神分析に含まれている潜在的人間学」青木茂・滝口直彦訳，『医学的人間学とは何か』知泉書館，2006
シェーラー『ルサンティマン・愛憎の現象学と文化病理学』津田淳訳，北望社，1972
――――「愛の秩序」平木幸二郎訳，「シェーラー著作集10」白水社，1978
ビンスワンガー『現象学的人間学』木村敏訳，みすず書房，1967
フランクル『死と愛―実存分析入門』霜山徳爾訳，「フレンクル著作集2」みすず書房，1957
――――『精神医学的人間像』宮本忠雄・小田晋訳，「フレンクル著作集6」みすず書房，1961
――――『識られざる神』佐野利勝・木村敏訳，「フレンクル著作集7」みすず書房，1962
――――『苦悩の存在論』真行寺功訳，新泉社，1974
――――『制約されざる人間』山田邦男監訳，春秋社，2004
フロイト「性に関する三つの論文」，『性欲論』懸田克躬・吉村博次訳，「フロイト著作集5」人文書院，1969
宮本忠雄『現代の異常と正常―― 精神医学的人間学のために』平凡社，1972
リクール『フロイトを読む―― 解釈学試論』久米博訳，新曜社，1982
ロロ・メイ『愛と意志』小野泰博訳，誠信書房，1972
ワインシュトック『ヒューマニズムの悲劇』樫山欽四郎・小西邦雄訳，創文社，1976
Binswanger, Grundformen und Erkenntnis menschlichen Daseins, 1962
Scheller, M., Das Ressentiment im Aufbau der Moralen, Klostermann, 1978

XII　キリスト教神学的人間学

大塚節治『基督教人間学』全国書房，1948
ゴーガルテン『我は三一の神を信ず』坂田徳男訳，長崎書店，1936
近藤定次『バルト神学における神と人』新教出版社，1950
ティリッヒ『組織神学』第3巻，谷口美智雄訳，新教出版社，1984
――――『キリスト教思想史Ⅱ』佐藤敏夫訳，「ティリッヒ著作集」別巻3，白水社，1980
テイヤール・ド・シャルダン『宇宙のなかの神の場』三雲夏生訳，春秋社，1968
――――『現象としての人間』美田稔訳，みすず書房，1969

デュモリン『仏教とキリスト教との邂逅』西村恵信訳，春秋社，1975
ニーバー『人間の本性と宿命』第1部，武田清子訳，新教出版社，1951
────『責任を負う自己』小原信訳，新教出版社，1967
パネンベルク『人間とは何か──神学の光で見た現代の人間学』熊澤義宣・近藤勝彦訳，「現代キリスト教思想双書14」白水社，1975
────『自然と神』標宣男訳，教文館，1999
────『人間学──神学的考察』佐々木勝彦訳，教文館，2008
バルト「否！」，丸山仁夫訳編「自然神学の諸問題・神学思想解説叢書1」新生堂，1936
────『人間性について』山本和訳，「現代人の思想3 現代の信仰」平凡社，1967
────『ローマ書講解』上 小川圭治・岩波哲男訳，平凡社ライブラリー，2001
ベンツ「キリスト教から見た人間」宇野光雄訳「講座 現代の人間学6」白水社，1979
────『キリスト教──その本質とあらわれ』南原和子訳，平凡社，1997

Althaus, P., Die Theologie M. Luthers, 1962
Barth, K., Mensch und Mitmensch. Grundformen der Menschlichkeit, Kleine Vandenhoeck-Reihe 2, 1967
Benz, E., Der Mensch als Imago Dei, in: Urbild und Abbild, der Mensch und die mythische Welt, 1974
Gogarten, F., Das Problem einer theologischn Anthropologie, ZZ. 9, 1928
────, Der Mensch zwischen Gott und Welt, 1956
Martin, B., Paul Tillich's Doctrine of Man, 1966
Mühlen, K. H. z., Reformatorische Vernunftkritik und neuzeitliches Denken, Dargestellt am Werk M. Luther und Fr. Gogartens, 1980
Price, D. J., Karl Barth's Anthropology in Light of Modern Thought, 2002
Tillich, P., Theonomie , RGG. 2 Auf., Bd. 5, 1932
Tillich, Das Religiööse Fundament des morarischen Handelns, Gesammelte Werke Bd. III, 1965
Troeltch, E., Gesammelte Schriften, Bd.2, 1922

本書で多く使用した著者の書物
『ヨーロッパ人間学の歴史』知泉書館，2008
『愛の思想史』知泉書館，2003
『近代人の宿命とキリスト教』聖学院大学出版会，2001
『マックス・シェーラーの人間学』創文社，1995
『人間の内なる社会』創文社，1992

『恥と良心』教文館，1985
『対話的思考』創文社，1976
『ルターの人間学』創文社，1975
『人間と歴史』YMCA出版，1975

人名索引

アーレント　166
アウグスティヌス　49, 165
アドルノ　26
アリストテレス　59, 145, 166
アルスベルグ　79
アルトハウス　269
イエス・キリスト　290, 291, 295, 303, 307
インガルデン　130-34
ヴァイツゼッカー　238-42, 260-66
ヴェーバー　8, 10, 14, 25, 197, 201, 209, 210
エープナー　178-81
エックハルト　309, 311
エティンガー　312
エラスムス　6
エリアーデ　137, 138
エリクソン　301
オットー　136, 137
オリゲネス　5
ガース　191, 192, 216
ガダマー　144, 153-58, 165
カッシーラー　10, 12, 13, 53-72, 219, 222-24
カント　5, 6, 22, 28, 43, 62, 70, 71, 86, 88, 91, 105, 114, 120, 129, 134, 135, 143, 153, 199, 207, 215, 235, 251
キルケゴール　5, 6, 23, 87, 98, 100, 161, 215, 258, 271, 288
クラーゲス　54, 221
クライスト　55
クワント　125, 126
クンツ　264, 265
ゲーテ　150, 152

ケーラー　32, 37, 62, 84
ゲーレン　36, 73, 77, 79-84, 86, 92-94, 120, 123
ゴーガルテン　181, 279-83
ゴールドシュタイン　219, 220-25, 300
コント　29, 193-95
サリヴァン夫人　68
サルトル　24, 97, 106, 113-16
シェーラー　3, 4, 10, 11-4, 16, 31-33, 35, 52-54, 56, 58, 59, 61, 63, 73, 75, 76, 78, 80, 82-84, 86-89, 98, 102, 103, 106, 117, 119, 120, 122, 123, 139, 141, 145-49, 156, 169, 170-73, 179, 193, 194, 196-200, 204-07, 211, 214-16, 219-23, 243-46, 249, 251, 252, 269, 286, 294, 300
シュティルナー　218
シュトラッサー　126-30, 143, 186, 187, 189
シュペングラー　21
シュライアマッハー　8, 15, 271
シュルツ　170
ショウペンハウアー　83
ジンメル　215, 216
スタール夫人　93
ソクラテス　167
ソシュール　125
ダーウィン　301
テイヤール・ド・シャルダン　301-307
ティリッヒ　16, 291-45
ディルタイ　86, 144, 149-52, 154
デカルト　40, 41, 60, 114, 162
デュルケム　135, 201
テンニエス　208
トイニッセン　188

人名索引

ドーソン　4
トレルチ　203-05, 282
ニーチェ　83, 207, 243
ニーバー，ラインホルト　284-88
ニーバー，リチャード　289, 290
バーガー　14, 138, 201, 202
ハーバーマス　16, 17, 210, 211
パーマー　144
ハイデガー　15, 23, 97-103, 105-11, 113, 129, 143, 144, 153, 154, 158, 254-56
パウロ　51, 302, 303
パスカル　6, 50, 163
パネンベルク　3, 306
バルト，K.　269, 271-79, 289, 299
ハルトマン　40, 120, 172
パンネンベルク　295-301
バニヤン　9
ピーター・ゲイ　21
ヒトラー　27
ビンスワンガー　253-56
ブーバー　24, 169, 170-75, 182, 188, 189, 217, 218, 289
フォイエルバッハ　29, 30, 195, 247, 285
フッサール　24, 33, 108, 117-19, 121, 126, 131, 143, 160, 186
仏陀　39
プラトン　5, 67, 70
フランクル　256-60
ブルーメンベルク　7
ブルンナー　272-77, 310
プレスナー　11, 40, 73-78, 88-92, 100, 118, 298
フロイト　39, 60, 74, 247-53, 264, 265
フンボルト　64
ヘーゲル　42, 58, 64, 95, 122

ヘルダー　79, 225, 300
ヘレン・ケラー　68, 69
ベンツ　305, 308-12
ベンヤミン　22
ボイデンディーク　85, 231-34
ボス，メダルト　266
ボルク　79, 227
ホルクハイマー　20, 25, 26,
ポルトマン　79, 85, 228-30
ボルノー　152
マイネッケ　181
マインハイム　203-05
マッハ　30
マリオン・レヴィ　16
マルクス　195, 198, 207
マルセル　175-77
ミード　191, 192, 216
ミルズ　191, 192, 216
メーヌ・ド・ビラン　6
メルロ＝ポンティ　121-25
森有正　217
ヤスパース　23, 97-100, 104-06, 110-13
ユクスキュル　65, 220, 225-27
ライヘンバッハ　30
リクール　158-68
リンネ　36
ルター　6, 7, 51, 167, 282, 294
ルックマン　15, 138
レーウ　140, 141
ローゼンツヴァイク　181-86
ロータッカー　85
ローレンツ　85, 235-38
ワインシュトック　266
和辻哲郎　216

事項索引

ア　行

愛しながらの闘争　110, 112
愛の自然主義的理論　250
愛の秩序　43, 245
愛の良心　148
悪の可能性　161
悪の根拠　287
悪の神話　165
アダム神話　165
新しい思考　185
過ちやすいもの　161
イエスの人間性　273
医学的人間学　261
一般化された他者　190-92, 216
一般存在論　120, 121
イデオロギー　195, 204
宇宙生命力の原理　304
宇宙論的人間学　301
永遠の哲学　129
栄養衝動　206
エネルギー　303
エポケー　119
遠近法　75
応答愛　49, 185, 309
応答行為　184
応答的存在　276
応答的責任性　289

カ　行

悔悟　148
邂逅の現象学　231

解釈　129, 149
　――的方法　149
　――的人間学　168
解釈学　143, 144, 150, 153, 154
　――的思考　129
　――的地平　143
　――的動物　144
外存化　201, 202
快適価値　211
科学技術社会　211
科学主義　127, 238, 239, 242
科学信仰　239, 242
各自性　255
隠れたる人間　78. 85
過失　160
価値合理的行為　209, 210
価値錯覚　245
カテゴリー　56, 71, 166
化肉した　234
神開放性　297
神の死　15
神の蝕　99,
神の像　276, 278, 285, 309, 310
神の似姿　145
神の霊　305
間一人格論　179
間人格的　290
環境　220
　――世界　226
関係存在　189
間主観性　42, 44, 45, 105, 115, 119, 122, 156, 169, 171, 199, 216
　――の人間学　105
感情移入　124

事項索引　　　　　　　　　　　　　　　365

感情的行為　209
感得作用　47
疑似現実　133, 134
技術時代　92
　── の魂　93
基礎存在論　102, 144
基礎神学　297
義認論　312
機能的円環　227
規範　234
希望の現象学　175, 177
客観性の三つの水準　128
客体化　201, 202
共歓・共苦　43
共存在　106, 107, 113
兄弟愛　176
共同感情　43
共同体　207, 208, 210
共同的人間　272
距離と関わり　232
キリスト教神秘主義　308
キリスト教的救済史　305
キリスト教的共同体　214
キリスト教的人間学の三分法　270, 292
キリスト教人間学　89
　── の三区分法　262
禁忌　135
近代社会　209
禁欲　94
偶像化　47
訓育　80, 81
群衆　212
敬虔主義　8
経験科学　104, 105, 128
経済　198, 206
形而上学　36, 39, 73, 76, 117, 118, 120, 121
　── 的動物　128
　── 的なもの　121
芸術作品　130, 133, 151, 152
啓蒙　19, 20, 26, 27
　── 主義　8
ゲーム　158, 191

穢れ　164
ゲシュタルト心理学　86
ゲシュタルトクライス　262
ゲゼルシャフト　208
欠陥動物　79, 81, 84
結合点　277
ゲマインシャフト　208
限界状況　110
原義　276, 278
言語　66
　── 体系　125
　── 論　70
現象学　23, 24, 123
　── 的還元　13, 117, 118, 121, 122
　── 的直感　121
　── 的哲学　118
　── 的人間学　117, 121, 131, 141, 253, 254
　── 的な心身論　123
　── 的本質直観　13
　── 派　206
現存在　97, 99, 101, 102, 106, 110
　── の分析論　101
原体験　151
　── 的汝　232
現代的文化総合　203
権力　198, 206
　── 衝動　198, 206
行動　82
呼応の方法　289
コギト　160
心　126
個人主義　28
個体的人格　211, 212
個別科学　103
子たる態度　281
言葉　179, 180, 181
コミュニケーション　125, 156, 211
顧慮　107
根底　282

サ 行

作用史　154
　　—— 的意識　154
　　—— 的な経験　155, 156, 157
三分法　3-7, 18, 89, 193, 247, 253, 258, 266
自我　43
　　—— 関係性　298
　　—— 中心性　298
視界の融合　155, 156
子宮外早生の一年　79, 228
シグナル　67
自己超越性　288
自己超越の能力　286, 287
自己同一性　166
志向性　131, 146
志向的対象性　131
自然主義的愛　247
　　—— の理論　249
自然神学　291
実証主義　28-30, 194, 195
　　—— 者　193
実践的知能　39
実存　23, 97, 101, 106, 113
　　—— 因子　206
　　—— 開明　110
　　—— 思想　23
　　—— 社会学　196
　　—— 的因子　196, 197, 204
　　—— 的変様　108, 109
　　—— 的交わり　112
　　—— 哲学　97
　　—— と他者　112
　　—— の交わり　111
　　—— 範疇　109
　　—— 分析　257
　　—— 論的人間学　102
社会的協働　212
宗教現象学　50, 134
宗教の作用　46, 48, 50, 269
宗教的人間　51

宗教の本質現象学　139
羞恥感情　145-47
羞恥心　148
主観主義　127
主体性　116
呪術からの解放　138, 281
出世主義者　246, 321
受肉せる主体　123
純粋な作用　62
昇華　40, 60
象徴を操る動物　64
衝動　82
情動言語　66
触覚言語　68
進化論的解釈　305
人格　38, 43, 44, 104, 220
　　—— 価値　140
　　—— 共同体　213, 214
　　—— 主義的　193
　　—— 的意思　207
　　—— 的統一　310
　　—— の現前化　174
信仰　7
心身
　　—— を統一する精神　259
　　—— と精神との統合　288
　　—— の統一体　292
　　—— の統合　243
　　—— 二元論　5, 40, 41, 60, 246
　　—— 論　4, 59
心身相関　61
　　—— の医学　261
　　—— 論　260
神性　40
人生物語　166
身体性　85, 312
身体図式　124
身体との適応　220
心的諸機能　37
神秘家　311
神秘主義的人間学　308
神秘主義の霊性　287

事項索引

神秘的合一　309
シンボリック・システム　65
シンボル　53, 66, 67, 71, 72
　　——機能　64, 69
　　——形式　67, 70
　　——的動物　66, 68
神律　295
　　——文化　295
神話　71
　　——の解釈学　159
　　——論　70
聖　135
　　——価値　246
　　——と俗　138
　　——なるもの　134, 136, 137, 140
聖性　136, 139
聖体示現　137
性衝動　198
性欲動　251
西欧社会　216
生活世界　118
生産的構想力　62
生殖衝動　206
精神　38, 40, 42, 51-54, 56-58, 60, 63, 80, 87, 94, 100, 223, 264, 286, 292, 307
　　——＝身体性の新たな形式　312
　　——＝身体的な全体　310
　　——的価値　211
　　——と生命　41, 171, 224, 225, 306
　　——のエネルギー　302
生の歴史性　149
生物学　36
　　——的自然主義　91
生命現象　104
生命と精神の二元論　120, 220, 221, 252, 298
生命価値　211
生命共同体　45, 106, 200, 213
生命形而上学　42
生命　40, 42, 53, 54, 57, 80
世界開放性　3, 44, 78, 82, 152, 230, 286, 295, 296, 298

世界開放的　57, 118
世界超越性　49
世界—内—存在　107
世界根拠　76
責任意識　161
責任性　290
世人　101, 108, 110
世俗化　3, 4, 7, 8, 9, 14-17, 90, 91, 138, 238, 240, 241, 281-83
　　——の神学　279
　　——社会　14
世俗主義　4, 8, 15
選択意志　208
戦慄すべき神秘　136
相互主観性　108
相互主体性　113
相互的主体性　114, 115, 176
相互の空間性　256
創造的な主観性　86
総体的人格　211, 212
俗人　15
底なしの公開性　281
存在
　　——参与　44
　　——了解　101
　　——可能　102
　　——段階説　120
　　——の悲劇　132

タ　行

ダーウィン主義　91
対極性　61, 63, 222
体験流　45, 106, 199
対話　157, 184, 186
　　——の哲学　169
　　——的現象学　169, 187
　　——的人間学　173
　　——の原理　179
　　——的な生　182
　　——の現象学　186
　　——的構成　189

事項索引

他者　108, 109, 112, 114, 116, 125
　——認識　43
脱中心性　74-77, 88, 100, 230, 300
脱感性化　93
脱自性　293
タブー　135
魂　87
　——と身体　87
断層　161, 164
単独者　113
血　198, 206
知識社会学　194, 197, 203
知的中心　12, 13
　——の喪失感　10
超自我　264
超道徳的良心　294, 295
超越　49, 98
　——のしるし　202
　——の論理　167
　——論的現象学　119
　——論的主観性　86, 88
　——論的方法　235
追体験　151
罪　164
定向進化　303
停滞　79, 228
哲学的解釈学　153
哲学的人間学　11, 73, 78, 83, 84, 88, 101, 119, 158, 159, 164
転回　154
伝統社会　209, 211
伝統的行為　210
伝統的な三分法　257
同一性　299
トーテミズム　94
独我論　111, 218
特殊化　79, 228
虜となる　176

ナ　行

内存化　201, 202

ナチス　91, 92
汝の二項方式　218
汝の優位性　280
二元論　35, 36, 41, 52, 54, 56, 73, 80, 84, 148, 171, 172, 222
二元論的人間観　287
ニヒリズム　257, 299
日本社会　216
日本的人倫組織　216
人間科学　103, 122, 123, 127, 129, 130, 254
人間学　3, 98, 100, 150
　——的還元　29, 152
　——的三分法　95, 98, 225, 274
　——的三区分法　264
　——的二元論　219
　——批判　100
　——論争　270
人間
　——性　276
　——生物学　74, 81, 83
　——の内なる社会　200
　——の自己超越能力　285
　——精神　236
　——の創造性　284
ヌーメン　136
ヌミノーゼ　136, 137
熱狂主義者　18

ハ　行

恥を基調とする文化　216
ハシデイズム　182
パラドックス　288
パラダイム　263
パロール　125, 126
発語　125
汎神論　35
範疇間の法則　172
万有在神論　35, 39
ヒアトゥス　83, 84
秘奥人格　214
ひと　123, 124

事項索引

不安　292
不均衡　162-64
不整合　82
負担免除　79, 81, 82
布置性　74
フランクフルト学派　25, 26
プロテスタンティズム　25, 30, 90, 138, 293
プロテスタント神学　291
文化
　——社会学　196
　——神学　295
　——世界　131
　——的世界　133
　——的人間学　130
　——の人間学　85
ペルゾーン　127
弁証法
　——神学　270, 271, 274
　——的社会学説　201
　——的発展　205
　——的理性批判　115
変容の開始　312
変容の可能性　158
没落　21
微笑み　233
本質意志　208
本質直観　123
本質現象学　141
本来的存在　109

マ・ヤ 行

交わり　110, 112
マルクス主義　25
ミクロコスモス　311
魅する神秘　136
無関心　14-16
無神論　99
　——的実存主義　99
無制約性　294
無力なる精神　222

命題言語　66
命令　185
　——文　184
目的合理性　210
目的合理的行為　209
物語的自己同一性　166, 167
物語的理解　166
ものの虜となる　47, 319

唯物史観　195
有限性　287
ユートピア　197, 204
養育衝動　198
リアル・ファンタジー　174

ラ 行

利益社会　213
理解　44, 45, 149, 153, 156
理性　6, 19, 20, 28, 31, 51
理念化作用　38, 39
理念的因子　196, 197, 204, 206
リビドー　248-50
良心　110, 119, 260, 290, 294
　——の自由　294
　——の審級　259
類推　124
ルサンティマン　148, 243
霊　5, 7, 51, 52
霊性　4, 5, 7, 14, 17, 18, 46, 47, 51, 89, 214, 282, 285, 292, 306, 307
　——倫理　168
　——の回復　283
　——の復権　17
　——普遍性　308
　——の論理　167
　——理性・感性　31
霊的存在の位階秩序　180
霊的人間　51
歴史主義　204-07
歴史的作用　155
連帯性の原理　212

ロゴテラピー　256
ロゴス　257
ロマン主義　8, 55, 56, 90

ワ行

ワイマール文化　21, 22

わたしたちという存在　255
我―汝の関係　178
我と汝　256

金子 晴勇（かねこ・はるお）

昭和7年静岡県に生まれる．昭和37年京都大学大学院文学研究科博士課程修了．現在聖学院大学大学院客員教授，岡山大学名誉教授，文学博士（京都大学）

〔著訳書〕『愛の思想史』『ヨーロッパの人間像』『人間学講義』『ヨーロッパ人間学の歴史』『アウグスティヌスとその時代』『アウグスティヌスの恩恵論』ルター『生と死の講話』（以上，知泉書館），『ルターの人間学』『アウグスティヌスの人間学』『マックス・シェーラーの人間学』『近代自由思想の源流』『ルターとドイツ神秘主義』『倫理学講義』『人間学―歴史と射程』（編著）（以上，創文社），『宗教改革の精神』（講談社学術文庫），『近代人の宿命とキリスト教』（聖学院大学出版会），アウグスティヌス『ペラギウス派駁論集Ⅰ, Ⅱ, Ⅲ, Ⅳ』，『ドナティスト駁論集』『キリスト教神秘主義著作集 2 ベルナール』（以上，教文館）ほか

〔現代ヨーロッパの人間学〕　　　　　　　ISBN978-4-86285-082-9

2010年5月6日　第1刷印刷
2010年5月10日　第1刷発行

著者　金子晴勇
発行者　小山光夫
製版　野口ビリケン堂

発行所　〒113-0033　東京都文京区本郷1-13-2
電話 03(3814)6161　振替 00120-6-117170
http://www.chisen.co.jp

株式会社 知泉書館

Printed in Japan　　　　　　　　　印刷・製本／藤原印刷